당대사회언어학

이 번역서는 2015학년도 서울여자대학교 연구년 연구비의 지원을 받았음.

This work was supported by a sabbatical year research grant from Seoul Women's University(2015).

 ■ 한 손에 잡히는 중국, 차이나하우스

당대사회언어학

쉬따밍 · 타오홍인 · 셰톈웨이 지음

박찬욱 옮김

차이나하우스

초판 말머리

『당대사회언어학』은 세 사람이 같이 작업한 결과물이다. 이 책의 초고는 셰텐웨이[佩天蔚]가 작성했다. 초고는 비교적 간명했지만 기본적인 골격은 이미 갖춰져 있었다. 후에 총서의 편집자들이 내용을 더 확대시켜 줄 것을 요구했지만 일로 인해 셰텐웨이는 더 이상 책에 신경 쓸 수 없었고 그래서 쉬따밍[徐大明]과 타오홍인[陶紅印]에게 같이 해 줄 것을 요청했다. 쉬따밍, 타오홍인이 작업을 이어받은 후에는 셰텐웨이의 동의를 얻어 장, 절의 삭제와 합병 등 초고에 대한 대폭적인 정리와 수정을 가하였고, 특히 초고에서 소절로 출현하던 몇몇 내용들은 지금의 원고에서는 독립된 장이 되었다. 쉬따밍, 타오홍인은 아울러 다음과 같은 작업분담을 하였다.

쉬따밍
제1장: 서론
제3장: 언어변이와 언어변종
제4장: 언어변항의 기술과 연구
제5장: 언어변화
제6장: 언어접촉

타오홍인
제2장: 언어사용과 관련한 연구 학파와 방법
제7장: 언어계획
제8장: 사회언어학의 응용
제9장: 결론

그 외에, 영·중 용어 및 참고서목록 정리도 타오훙인이 책임을 맡아 작성했다. 초고 완성 후에는 상호 교정을 통해 전체 체계를 다시 조정하였다.

저자 3명이 각자 다른 학교에서 강의를 맡고 있었던 데다 각자 겹쳐있는 교육과 연구 때문에 집필기간 동안의 연락은 내내 이메일을 통하여 이루어졌다. 이메일이 비록 빠르다지만 책의 수준을 높이기 위해 저자 3명이 머리를 맞대고 철저한 토론을 하도록 이어주지는 못했다. 이점에 있어서는 유감스럽지 않을 수 없다. 그래도 매우 다행인 것은 집필과정 중 싱가포르에서 난양리공南洋理工대학을 방문 중이던 베이징대학의 천쑹천陳松岑 교수를 만났다는 점이다. 천 교수는 우리의 원고를 꼼꼼히 읽고 잘못된 점도 줄여 주었을 뿐만 아니라 좋은 의견까지 제시해 주었다. 이 외에 베이징대학의 후좡린胡壯麟 교수 역시 멀리서도 타오훙인에게 많은 자료를 부쳐주었다. 더욱이 후 교수 자신의 사회언어학논저들은 이 책의 집필에 상당한 도움을 제공해 주었다. 마지막으로 본 총서의 편집자인 쉬더바오 교수의 독촉과 격려가 아니었다면 이 졸고가 언제 완성됐을지 모른다. 위의 학자들께 진심어린 감사의 뜻을 전한다. 본고에 존재하는 모든 잘못들은 모두 저자 자신들의 책임이다.

제2판 말머리

『당대사회언어학』 초판의 발표 후 많은 동료들의 격려와 도움을 받았다. 특히 리웨이李嵬 교수가 『Pragmatics』 1997, 7.3: 428~429에 실은 서평으로 인해 우리 저자들은 매우 많은 것을 얻었다. 제2판은 출판사와 책임편집자의 요구로 초판에 약간의 수정을 거쳐 다시 출판한 것이다.

제2판에서의 수정은 주로 쉬따밍과 타오홍인이 맡았다. 활자 상의 수정 외에 내용상에도 증감이 있었으며 그 중, 제6장과 제9장은 처음부터 다시 재편하면서 꽤 큰 조정을 거쳤다. 나머지 각 장은 원고原文에는 손을 대지 않는다는 원칙 하에 새로 나온 연구 성과들을 보충해 넣었다.

독자께서 저자들에게 지속적으로 좋은 의견을 제기해 주시길 기대한다. 현재 저자들의 연락처는 아래와 같다.

쉬따밍徐大明 澳門特別行政區澳門大學人文學院中國語言文學係
E-mail: damingxu@umac.mo

타오홍인陶紅印 Department of Asian Languages and Cultures University of California, Los Angeles 290 Royce Hall Los Angeles, CA 90095-1540, USA
E-mail: tao@humnet.ucla.edu

세텐웨이謝天蔚 Department of Asian-Asian American Studies California State University Long Beach 1250 Bellflower Blvd. Long Beach CA 90840-1002, USA
E-mail: txie@csulb.edu

저자 약력

쉬따밍徐大明:

1951년 산동성山東省 칭다오시青島市 출생. 1982년 지린吉林대학교 외국어학과 졸업.
1984년 광쩌우와이궈위廣州外國語대학 대학원졸업, 언어학 및 응용언어학 전공 석
사학위 취득. 캐나다와 미국에서 언어학과 사회언어학 공부, 1992년 오타와 대학
에서 박사학위 취득. 싱가포르 난양리공南洋理工대학, 베이징위앤北京語言대학, 난징南
京대학에서 강의하였고 현재 마카오澳門대학교 인문대학 중문과 교수로 재직 중.

타오홍인陶紅印:

1962년 허난성河南省 출생. 1982년 쩡저우鄭州대학교 중문과 졸업, 학사학위 취득.
1985년 우한화중꽁武漢華中工대학 중국언어연구소에서 "어법이론" 전공으로 리린
띵李臨定 교수 지도 아래 석사과정 졸업. 1988년 도미, 1989년 캘리포니아대학
교 산타바바라 캠퍼스 입학, 탐슨Sandra. A. Thompson 교수에게서 담화분석 및 기능
주의 어법이론 공부. 1993년 박사학위 취득. 현재 UCLA 동아시아언어문화 및
응용언어학과 교수, 중문 전공 주임으로 재직 중. 2014년도 미국중문교사학회
회장 역임. 현재 국제 저널 *Chinese Language and Discourse*(『漢語語言和話
語學報』)의 공동편집장, *Studies in Chinese Language and Discourse*(『漢語
語言和話語研究』)의 인터내셔널 총서 시리즈 편집장, 기타 10여 저널지 및 총
서 시리즈 편집위원.

셰톈웨이謝天蔚:

1946년생. 1966년 상하이와이궈위上海外國語대학 러시아 언어문학과 졸업. 1981
년 상하이와이궈위上海外國語대학에서 언어학 석사학위 취득. 1985년 도미, 미국
의 펜실바니아주 피츠버그 대학에서 언어학 및 교육학 공부, 1992년 외국어교
육 전공 박사학위 취득. 현재 캘리포니아 주립대학교 롱비치캠퍼스에 재직 중.

『當代社會語言學』韓文版序

徐大明　陶紅印　謝天蔚

　　經過半個多世紀的發展和傳播, 社會語言學目前已經成為一門國際性的學科;側重研究不同語言和不同國家的語言狀況的社會語言學家之間的交流也日益頻繁。社會語言學的專著目前已有多種不同語言的發表, 其中也有多部翻譯成了其他語言的版本。社會語言學像其他語言學的分支一樣, 既包括普遍適用的理論和方法, 也包括對各種不同語言和言語社區的描寫和分析。由於一方面受到作者的寫作語言的限制,　另一方面也受到寫作內容的影響；語言學研究成果的傳播, 特別是在國際間的傳播, 在一定程度上依賴專業性的翻譯。通過China House出版社和學者朴贊旭的努力, 『當代社會語言學』韓文版目前能夠出版, 這是對於社會語言學的國際交流事業的一項重要貢獻。作為本書的作者, 我們對出版社和譯者表示衷心的感謝。同時, 我們也認為, 本書的出版為我們與韓國的學者之間的交流提供了特殊的方便,　我們希望能夠因此得到更多的批評和指教。

　　本書是黃正德、許德寶主編的『當代語言學理論叢書』之一種, 目前該叢書中包括『當代社會語言學』在內的數種已再版和重印多次。『當代社會語言學』于1997年初版, 2004年再版, 前後還有多次重印；我們在再版的重印的時候, 根據收到的批評和建議, 做過幾次修訂和增補。因此, 現在的版本, 其中不僅包括我們作者的思想和勞動,　還得益于很多學者的鞭策和智慧。我們相信, 譯者朴贊旭和韓文的編審也付出了許多創造性的勞動,　才使得本書可以得到韓文讀者的接受。

　　由於社會語言學早期在美國和歐洲發展, 許多內容多見於英文著作, 中文的『當代社會語言學』包括一些對這些內容的介紹, 但是已經變成了面向中國語言學界的一種獨特的詮釋。我們很高興這些詮釋能夠通過翻譯與韓文讀者接觸，能夠成為與其他視角的詮釋的一種比較。

『當代社會語言學』除了介紹和解釋社會語言學的一般原理和經典理論之外，還有一些創新性的觀點，例如"言語社區理論"，"語法作為社會規範"，"社會語言學的應用領域"，等等；這些內容自本書出版以來，曾引起許多討論，目前在中國語言學界和國際語言學界也得到一定程度的接受(參見Wang & Sun 2015, Smakman & Heinrich, 等)，希望通過與韓文讀者的交流，我們能進一步發展這方面的研究。

本書譯者朴贊旭先生曾經在中國學習社會語言學，在現代漢語的話語分析方面有獨到的研究，目前也是活躍在國際中國語言學界的一位青年學者。如上所述，通過本書的翻譯，他對國際社會語言學界也作出重要的貢獻。期望他今後有更大的發展。

我們也期望，今後中韓之間有更多的社會語言學的交流！

參考文獻：

Wang, William S-Y. and Sun, Chaofen (eds.), 2015. The Oxford Handbook of Chinese Linguistics, Oxford: Oxford University Press.

Smakman, Dick and Heinrich, Patrick (eds.), 2015. Globalizing Sociolinguistics: Challenging and Expanding Theory, London and New York: Routledge.

『당대사회언어학』 한국어판 서문

徐大明 陶紅印 謝天蔚

50여 년의 발전과 보급을 거쳐 온 사회언어학은 현재 국제적 성격의 학문 분야로 자리매김하였다. 각기 다른 언어와 국가들의 언어상황을 중점 연구하는 사회언어학자들 간의 교류 역시 점점 빈번해졌다. 그에 따라 사회언어학 전문서도 현재 여러 언어로 출간되었고 그것을 기타 언어로 번역한 번역본 역시 여러 종이다. 사회언어학은 언어학의 기타 하위 분야처럼 보편적으로 적용되는 이론과 방법, 그리고 다양한 언어와 발화공동체에 대한 기술과 분석을 모두 포괄한다. 한편으로는 저술에 이용되는 언어적 제약으로, 또 한편으로는 저술 내용의 영향으로 인해 언어학 연구 성과의 공유, 특히 국제적인 공유는 일정 정도 전문 번역에 의지하게 된다. 차이나 하우스와 박찬욱 선생의 노력에 힘입어 곧 출판될 『당대사회언어학』 한국어판은 사회언어학의 국제 교류사업에 중요한 기여를 할 것이다. 본서의 저자로서 차이나하우스와 역자에게 진심어린 감사를 표한다. 아울러 본서의 출판은 우리가 한국 학자들과 교류하는 데 있어 뜻 깊은 편리함을 가져다줄 것이라고 생각한다. 그리고 그로 인해 더 많은 질정을 받을 수 있길 바란다.

본서는 황쩡더黃正德와 쉬더바오許德寶가 책임 편집한 『당대언어학이론총서』 중 하나이다. 『당대사회언어학』을 포함한 총서의 여러 편이 이미 재판과 중쇄를 거듭하였다. 『당대사회언어학』은 1997년에 초판되어 2004년에 재판되었다. 또한 그 전후로 여러 차례 중쇄가 이뤄졌다. 재판의 중쇄를 하며 그간 받은 비판과 건의를 바탕으로 수정과 증보를 한 바 있다. 따라서 지금의 판본에는 저자들의 생각과 노고가 포함된 것은 물론 많은 학자들의 독려와 지혜에도 힘을 입었다. 더불어 역자와 한국어판 편집심사자의 새로움을 더하는 작업이 있었기에 본서가 한국어 독자들과 만날 수 있게 되었다고 생각한다.

일찍이 미국과 유럽에서 발전을 했던 이유로 사회언어학은 그것의 많은 내용들을 영미서로 더 많이 접해왔다. 중문으로 집필된 『당대사회언어학』은 영미서 내용의 소개들도 포함하나 그것들 역시 중국언어학계를 염두에 둔 독특한 해석으로 탈바꿈시켰다. 이들 해석이 번역되어 한국어 독자들과 만나고 또 다른 관점의 해석들과도 비교될 수 있다는 것이 매우 기쁘다.

『당대사회언어학』은 사회언어학의 일반적 원리와 고전적 이론을 소개하고 해석한 것 외에도 "발화공동체이론", "사회규범으로서의 어법", "사회언어학의 응용영역" 등과 같이 새로운 관점들도 포함하고 있다. 이들 내용은 본서가 출간된 이후로 일찍이 수많은 논의들을 불러 일으켰고 현재는 중국언어학계와 국제 언어학계에서 일정 정도 받아들여지기도 했다(Wang & Sun 2015, Smakman & Heinrich, 등 참조). 한국어 독자들과의 교류를 통해 이들 분야의 연구가 한걸음 더 나아갈 수 있기를 바란다.

본서의 역자인 박찬욱 선생은 일찍이 중국에서 사회언어학을 배우고 현대한어 담화분석 방면에서 독창적인 연구 성과를 거두었고 현재 역시도 국제 중국언어학계에서 활약하고 있는 청년학자이다. 앞서 언급했듯, 박 선생은 본서의 번역으로써 국제 사회언어학계에도 중요한 기여를 하였다. 그에게 향후 더욱 큰 발전이 있기를 기대한다.

나아가 사회언어학에서 앞으로 중국과 한국 간에 더욱 많은 교류가 있기를 기대한다.

참고문헌:

Wang, William S-Y. and Sun, Chaofen (eds.), 2015. The Oxford Handbook of Chinese Linguistics, Oxford: Oxford University Press.

Smakman, Dick and Heinrich, Patrick (eds.), 2015. Globalizing Sociolinguistics: Challenging and Expanding Theory, London and New York: Routledge.

역자 서문

　개인적인 시각에서 언급컨대, 2000년을 전후로 한 10년은 중국의 언어학연구가 음운, 어법, 문자라는 소위 연구영역의 3분법으로부터 벗어난 시기였다고 생각한다. 소학에 기반했던 전통적 영역 분류 기준이 자신들 간의 교류는 물론 전산, 심리, 사회, 교육 등과 적극적으로 만나며 본격적으로 그 외연을 넓혀가기 시작한 때가 그 즈음이었을 것이다. 한국의 중국언어 연구도 그것의 궤를 크게 벗어나지 않았다고 본다.

　중국의 사회언어학 연구는 유구한 역사의 방언 연구에 서양의 이론과 방법 등이 수용되며 빠르게 발전해온 연구 영역이다. 특히 2000년으로 들어서며 두드러지는데, 2002년 중국사회언어학회 국제학술대회를 시작으로 2003년 중국사회언어학회가 정식출범하였고 『중국사회언어학_{中國社會語言學}』이란 저널지가 출간되기 시작한 것도 역시 2003년이다.

　중국의 전통 언어학이 보여준 우수성에도 불구하고 오늘날 '응용'이란 말이 붙는 언어학의 제 분야는 그 연구 이론과 방법에 있어 서양에 많이 기대어 있는 것이 사실이다. 때문에 사회언어학을 비롯한 기타 학제적 분야는 기존의 학문, 본토의 언어자료, 외부로부터 수입된 이론과 방법 등을 어떻게 융합하고 적용할 것인가 하는 문제를 끊임없이 고민해야했다. 때문에 국내와 국제, 전통과 현대, 중국과 서양이란 대별 속에서의 접점찾기는 그것이 개론의 성격을 띠어야 할 경우라면 더욱 용이하지 않은 작업이 된다.

　본서에 대한 역자의 번역 동기는 중국어 전공자가 사회언어학을 공부하고자 할 때, 서양의 개론서 따로가 중국의 개론서 따로가 아닌, 양자의 관련지식을 본서를 통해 모두 접할 수 있을 것이라는 판단에서 비롯했다. 본서는 서양의 이론을 논하면서도 중국을 관찰한 결과가 언급되고 중국어를 논하면서도 기타 언어에 대한 논의와 궤를 같이하고 있다. 물론 한 권의 개론서로 사회언어학의 제분야에 접근할 수 있다고는 할 수 없을 것이다. 다만 사회언어학에서 논하는 개념들과 방법을 접하며 자신의 관심분야를 넓히고 필요하다면 좀 더 깊게 연구할 수 있는 출발점의 역할은 충분히 할 수 있을 것이라 생각한다.

본서의 저자들은 모두 중국 태생으로서 중국에서 언어학 기초를 다지고 영미권에서 학문적 성과를 이룬 학자들이다. 특히 徐大明은 변이 연구 분야에서, 陶紅印은 담화 연구 분야에서, 謝天蔚는 교육 분야에서 전문가로서 국제적인 인정을 받고 있다. 세 분야 전문가들이 공동 집필한 저서의 번역 기회를 얻었다는 자체만으로도 전공자의 한 사람으로서 매우 뜻깊은 일이었다. 그리고 그러한 생각에, 그들의 책을 번역하는 것이 한 자 한 자 조심스러운 과정이었다. 하지만 아무리 전력을 다했다고 해도 오류의 출현을 피할 수는 없을 것이다. 한국으로 소개하는데 있어 필자들에게 그저 누가 되지 않기를 바랄 뿐이다.

꾸준하게 연구할 수 있도록 독려해주신 연세대 김현철 선생님, 명지대 강윤옥 선생님, 마카오대 徐大明 선생님께 깊히 감사드린다. 아울러 역서의 출판을 기꺼이 맡아주신 차이나하우스께도 심심한 감사를 표한다.

역자 박찬욱

CON
TEN
TS

CONTENTS

목 차

01

제1장

서론

언어는 의사소통 도구이다. 사회언어학자들은 여기서 더 나아가 언어가 사회적 의사소통 도구임을 강조한다. 사회가 존재하지 않는 한 언어 역시도 존재할 수 없기 때문이다. 모든 개별적 언어현상들은 언어가 사회적 의사소통 도구로서 생산되고 존재한다는 기본사실로부터 연유한다. 언어의 존재와 사용이 인간이 가진 생리적, 심리적 조건들과 분리될 수는 없지만 이들 조건이 언어를 형성하는 충분조건이 되기에는 부족하다. 인류사회가 언어를 생산, 보존, 유지하려면 인간이 가진 발성, 소리분별, 기억, 사유 등의 능력에 사람들에 의해 구성된 사회 및 의사소통에 대한 사회의 요구, 그리고 사회적 의사소통 과정에서의 특징과 제약이 더해져야 그 기초가 형성된다. 따라서 사회와의 관계를 고려치 않은 언어연구에는 근본적인 결함이 존재할 수밖에 없다. 사회언어학의 출현은 기존의 언어학이 가졌던 단점, 즉 언어의 사회성을 무시한 연구 방식을 보완하기 위한 것이라고 해도 좋을 것이다.

본 장에서는 의사소통 도구로서의 언어를 논하는 것에서부터 시작하여 언어를 사용하는 사회적 의사소통과정을 분석하고 마지막에는 사회언어학의 필요성을 제기할 것이다.

제1절 언어와 의사소통

언어는 인류의 가장 중요한 의사소통 도구이다. 본 절에서는 먼저 의사소통이라는 각도에서 언어를 연구하는 것이 언어의 어떤 성질들을 이해하는데 도움이 되는지 살펴보도록 한다. 그런 다음 각 민족, 각 사회 공동체가 특정한 언어 환경 속에서 어떻게 언어를 사용하여 의사소통하는지 보도록 한다.

의사소통이란 무엇일까? 의사소통communication이란 이미 존재하는 기호체계를 이용하여 의식적으로 정보를 전달하는 것이다. 일상의 교류 속에서 언어는 일종의 기호체계, 즉 사회집단 속에서 이미 존재하는 기호체계이다. 인간들은 언어로 생각을 교류하고 관계를 맺음으로써 서로를 이해한다. 교류의 과정에서 인간은 언어뿐만 아니라 몸동작, 손동작, 표정 등의 비언어적 수단도 사용하며 그것이 실제 교류 속에서 담당하는 역할의 중요성으로 인해 사회언어학은 종종 이들 두 수단을 함께 논하곤 한다. 비언어적 의사소통 수단도 언어적 의사소통 수단과 마찬가지로 사회 요인의 제약을 받는다.

의사소통 모델, 유형, 내용과 전달경로

인간의 의사소통은 정보이론 모델을 이용하여 기술될 수 있다. "정보이론"information theory의 기초를 세운 사람은 셰논C. E. Shannon이다. 그는 자신의 통신기술이론에서 아래와 같은 정보전달 모델Shannon & Weaver 1964을 제시하였다.

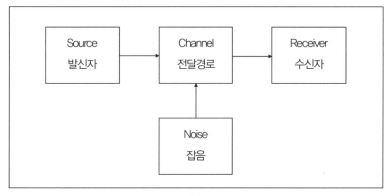

그림 1

그림 1은 가장 간단한 소통 모델로서 사람들의 발화과정도 이같이 하나의 모델로 구성될 수 있다. 화자는 발신자이고 청자는 수신자이며 전달경로는 구두 또는 서면이 된다. 과학기술이 발달된 지금은 전달경로가 전화, TV, 전신, 팩스, E-mail, 인터넷 등이 될 수 있다. 하지만 그 기저에서도 전달 수단은 여전히 소리, 그림, 문자 기호이다. 상기 모델은 한 명의 화자가 한 명의 청자에게 정보를 전달하는 과정이다. 물론 실제 의사소통 상황은 훨씬 복잡하지만 그 중에서도 위와 같은 일대일 의사소통은 가장 기본적인 의사소통 과정에 속한다.

의사소통 과정에서 가장 이상적인 조건은 메시지 발신자, 수신자 모두가 완벽하고 어떠한 잡음의 간섭도 없는 경우이다. 이런 경우, 발신자가 보낸 정보가 수신자에게 도착하기까지 어떤 변화도 없을 것이다. 하지만 모든 통신 시스템에는 간섭이 있을 수 있기 때문에 발신자가 보낸 정보를 결코 수신자가 백퍼센트 접수하지는 못한다. 언어적 의사소통 역시 예외는 아니다. 의사소통이란 사건의 각 구성부분 중 어느 한 부분에만 결함이 있어도 의사소통 효과에 영향을 줄 수 있다. 예를 들어, 화자의 발음기관에 이상이 생겨 말이 불명확하다든지 화자의 논리나 사유능력이 떨어져 담화를 조직하지 못하고 단어사용에도 뜻이 통하지 않는다든지, 또 반대로, 청자의 청력이 손실되거나 이해능력이 떨어져도 의사소통 효과에 영향을 미친다. 잡음이란 결코 발화 시 외부의 물리적 잡음만을 가리키지 않는다. 각종 언어변이도 화자와 청자의 언어수단에 불일치를 불러오기 때문에 일종의 체계를 가진 "잡음"이라 할 수 있다. 잡음의 성질을 규정하기 위해서는 "의사소통 언어목록"repertoire이라는 개념을 이용해야 한다. '의사소통 언어목록'이란 화자와 청자가 정보를 교류하는 과정에서 사용하는 의사소통 수단의 총화를 말하며, 인간의 언어능력은 물론 언어성분의 선택과 의사소통을 위한 사회규범 등을 포괄한다.

위의 그림1을 수정한다면 아래와 같은 그림을 얻을 수 있다.

두 원이 중첩된 부분은 의사소통 수단이 일치된 부분을 표시하고 그 외의 부분은 잡음이 된다. 만약 한 사람이 영어를 쓰고 다른 한 사람이 불

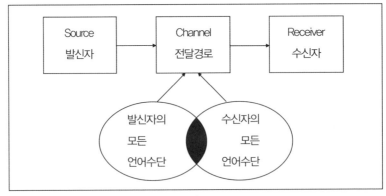

그림 2

어를 사용한다면 두 사람의 의사소통 수단이 일치된 부분은 적어지고 잡음은 커져 말을 나누거나 정보를 전달할 수 없을 것이다. 하지만 상하이 사람과 쑤저우蘇州 사람이라면 두 지방의 말은 어음, 어휘, 어법 면에서 중복된 부분이 상당히 많기 때문에 잡음은 적어지고 정보 전달은 많아진다.

의사소통 과정 중에는 "피드백"의 문제도 있다. 수신자가 의사소통 과정 중 발신자에게 끊임없이 듣고 있다, 이해했다는 정보를 보내는 것은 발신자가 보낸 정보를 수신자가 접수했음을 표하는 것이다. 실제 언어적 의사소통 과정에서 청자는 화자를 주시하면서 고개를 끄덕인다든지 미소를 짓는다든지 "嗯嗯(음음)" 소리를 낸다든지 하며 상대방의 "정보"를 "접수"하고 있다고 언어, 표정 등으로써 끊임없이 '피드백'한다. 서로 볼 수 없는 전화 대화라면 "피드백"은 더욱 중요하다. 청자는 끊임없이 "嗯(음), 啊(아), 是(그래), 好(좋아)" 등의 말을 하며 자신이 듣고 있음을 표현해야 한다. 청자가 이러한 "피드백"을 하지 않을 경우 화자는 곧바로 부자연스럽다고 느끼거나 심지어는 상대방이 듣고 있는지 의심하기까지 한다. 왜냐하면 전화 대화에서는 시각적 전달경로가 없어지면서 구두적 전달경로의 "기대치"가 증가하기 때문이다.

이론상으로는 의사소통에 참가하는 사람 수와 정보의 전달방향에 따라 아홉 종류의 유형으로 분류된다.

	일대일	일대다수	다수대다수
순방향	→	→	→
역방향	←	← 1)	←
쌍방향	↔	↔	↔

1) 원본에는 '→'로 되어 있으나 방향이 바뀌어 있어 역자가 임의로 고쳐 넣었다─역자 주.

구두와 서면으로 두 전달경로가 나뉜다면 더 많은 유형을 얻을 수 있다. 각각 예를 들면 아래와 같다.

사람 수	방향	구두/서면	예
1-1	순	구두	선생님 한 명이 학생 한 명에게 말을 하고 학생은 아무 말 하지 않는다
1-1	순	서면	갑이 을에게 편지를 쓴다
1-1	상호	구두	갑과 을이 대화를 나눈다
1-1	상호	서면	농아인과 정상인이 필담을 나눈다
1-다수	순	구두	선생님이 강의하는 것을 학생들이 듣는다
1-다수	순	서면	작가가 책을 써서 독자들에게 보인다
1-다수	역	구두	몇 사람이 동시에 한 사람을 비판한다
1-다수	역	서면	수많은 영화 팬들이 유명 영화배우에게 편지를 쓴다
1-다수	상호	구두	한 사람이 몇 사람과 논쟁을 벌인다
1-다수	상호	서면	편집인과 독자들 사이에 편지가 오고 간다
다수-다수	순	구두	단체가 낭송을 하거나 극을 연출한다
다수-다수	상호	구두	두 집단 간 말싸움을 벌인다

실제 상황은 더욱 복잡하지만 연구에서는 일대일의 단방향 교류를 기본 분석 단위로 간주한다. 따라서 정보이론 모델을 이용할 경우 의사소통이 어떻게 진행되고 어떤 부분들로 구성되는지, 또 어떤 규칙성이 있는지 그리고 각 사회 속에서의 의사소통은 어떤 점이 다른지를 알 수 있다.

언어는 전달경로를 통해 기능을 발휘한다. 언어 기호가 싣는 것은 정보 내용이다. 그러므로 전달경로와 내용은 의사소통 과정에서의 중요한 두 구성성분이 된다.

복잡한 의사소통 수단 중에서도 전달경로는 다음과 같이 세 가지 면에서 다르게 나뉜다. 독립적인 것과 비독립적인 것, 정태적인 것과 비정태적인 것, 청각적인 것과 시각적인 것이 그것이다.

언어는 독립적인 전달경로를 이루지만, 자세, 공간거리(대화 쌍방이 서 있거나 앉아 있는 거리), 몸짓, 표정, 음색 등은 비록 모두 일정한 전달경로를 이룸에도 비독립적이다. 이 외에 고개를 끄덕이거나 가로 젓는 것, 한숨을 쉬는 것도 독립적인 정보 전달이 가능하지만 언어는 아니다. 이것들은 음성 언어의 구조체계의 어떠한 부분에도 속하지 못하지 때문에 "비언어假語言"라고 하는 사람들도 있다.

정태적인 전달경로란 문자 등을 가리키며 동태적인 전달경로란 발화, 손짓, 음색의 특징 등을 말한다. 이들 구분이 결코 명확하지는 않지만 유용한 분류임에는 틀림없다.

청각적 전달경로는 음성 언어를 뜻하고 시각적 전달경로는 문자 정보, 그림 이미지 등을 가리킨다. 이 외에 어루만지기, 악수, 입맞춤 등의 촉각적 전달경로도 정보들을 전달할 수 있다.

특정한 사회규범에 따라 전달경로를 조절하거나 선택하는 것은 인간의 의사소통 활동 중에서 일어나는 보편적 현상이다. 전달경로 선택체계는 그림 3과 같은데, 보기에는 복잡하지만 질서정연할 뿐만 아니라 규칙적이며 순환적이다. 일반적 상황에서 정상적인 6세 아동이라면 이 체계를 완벽하게 습득할 수 있다.

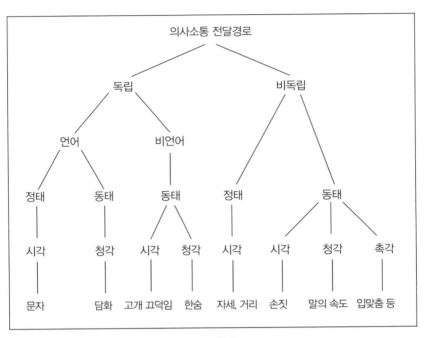

그림 3
(R.Bell, 1976년 『사회언어학』에 근거해 작성)

　각 민족과 사회 공동체마다 문화습관이 상이하기 때문에 이 체계에
반영되어 쓰이는 수단 역시 각기 다르다. 의사소통 중 독립적인 전달경
로에만 의지하는 경우도 있고 비독립적인 전달경로만 사용하는 경우도
있으며 정태적인 전달경로나 그 반대의 동태적인 전달경로만을 사용하
기도 한다. 중국인들이 자주 사용하는 전달경로는 언어적이며 정태적인
전달경로이다. 중국인들은 영미권 사람들처럼 어깨를 들썩이거나 손을
맞부딪히는 일없이 대부분 예를 갖추고 단정히 앉아 매우 얌전하게 말
을 한다. 각 국가에서 취하는 전달경로마다 매우 큰 차이들이 존재하기

때문에 이를 주의하지 않는다면 의사소통 과정에서 실수를 범하게 될 것이다. 예를 들면 다음과 같다.

인도 : 왼손으로 먹을 것을 들어서는 안 된다.

불가리아 : 고개를 가로 젓는 것은 동의를 나타내며 끄덕이는 것은 거절을 나타낸다(대부분의 지역이 그러하다) 예를 들어, 주인이 당신에게 차를 권할 때 고개를 끄덕인다면 원하지 않음을 표시하는 것이다.

사우디아라비아 : 술을 충분히 마셨다면 잔을 들어 좌우로 약간 흔들거나 손으로 잔을 덮고 있어야 한다. 그렇지 않을 경우 인심 좋은 주인은 계속해서 잔을 채워 줄 것이다.

태국 : 귀빈 앞에 앉을 경우 절대로 다리를 꼬고 앉아 있어서는 안 된다. 이는 예의 없는 행동이다. 이와 함께 성인의 머리를 쓰다듬어서도 안 된다.

기타 국가들에도 모두 이와 같은 규칙들이 존재한다. 그것이 비록 언어와 관계없다고 하더라도 의사소통에 있어서는 매우 중요하다. 일례로, 한 미국인이 남미인과 사업을 논할 때 그가 너무 가까이 앉아 상대방을 화나게 하여 일을 성사시키지 못했다고도 한다. 손짓도 매우 중요시 된다. 손을 들어 사람을 부를 경우 중국인들은 손바닥을 아래로 향하게 하지만 미국인들은 그와 반대로 손바닥을 위로 향하게 하거나 오른손 검지를 위로 하여 고리를 만든다. 중국인들 중에는 이를 보고 매우 불편해하거나 모욕의 의미가 있다고 여기는 사람들도 있다.

의사소통 내용은 각종 전달경로를 통해 전달되는 정보로서 인지정보cognitive information, 지표정보indexical information, 조절정보regulative information 세 종류로 나눌 수 있다.

인지정보 : 언어에 의해 실제 전달되는 내용, 즉 발화의 의미를 말한다. 전통 언어학에서 연구되는 것으로서 종종 언어의 "지시"정보라고 일컫는다.

지표정보 : 화자의 심리 상황, 사회적 지위 방면의 정보, 즉 화자의 개성, 특징, 취미 및 감정 상황을 전달함으로써 사람들에게 화자 자신과 상대방의 태도를 이해시킨다. 대화 과정에서 매우 중요하며 담화를 완전하게 이해하는데 있어 매우 중요한 기능을 발휘한다. 예컨대, 말의 속도가 매우 빠르다면 그는 매우 급한 성격일 수 있다. 또 말을 매우 조곤조곤 하는 사람은 성격이 내향적이거나 사려 깊은 사람일 수 있다. 이러한 인상들이 정확한 것은 아니더라도 사람들은 늘 이와 비슷한 인상을 갖는다.

조절정보 : 교류의 시작, 지속, 마무리에 이용된다. 순조로운 교류를 진행시켜야 하기 때문에 쌍방은 일정한 공간 위치를 파악하고 몸의 자세나 위치를 바꾸어야 한다. 또 교류의 마무리 단계까지 언어적 정보와 비언어적 정보를 제공하는 과정에서 피드백도 받아가며 점진적으로 정보를 전달해야 한다.

첫 번째 정보 유형은 일반적으로 화자가 주의할 수 있는 것이며 발화 준비에 있어서도 중요한 일부분이다. 그러나 나머지 두 유형은 화자가 잘 느끼지 못하는 정보유형들이다. 화자 본인은 정작 의식하지 못해도 청자라면 이들 정보를 명확하게 감지할 수 있다. 왜냐하면 청자가 어떤 태도를 취해야 하는지 어떤 역할을 해야 하는지는 주로 뒤의 두 정보에 의해 결정되기 때문이다.

의사소통에서의 전달경로와 내용 간에는 일정한 관계가 존재하는데 그것을 보여주는 것이 아래 그림이다.

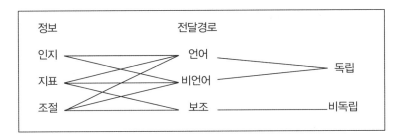

그림 4

인지정보는 주로 언어수단에 의해 표현되며 지표정보는 세 유형의
전달경로에 의해 전달된다. 교류의 지속을 위해서는 일반적으로 보조
전달경로, 특히 머리나 눈 동작을 사용하는데 이는 언어적 전달경로에
이미 정보가 가득 실려 있기 때문이다. 면대면 대화가 아닐 경우 조절
정보는 언어에 의해서만 전달된다. 예를 들어, 두 사람이 무전기를 이
용해 말을 할 경우, 한 쪽에서 말을 마친 후에는 반드시 "over(이상입
니다)"라고 해야 다른 쪽 대화자가 자신이 말할 차례임을 알 것이다.

제2절 언어와 사회

위에서 소개한 정보전달 관련 이론과 개념들은, 엄격히 말해, 결코 사회언어학의 내용이 되지 못하지만 사회언어학을 좀 더 깊게 공부하는 데에는 매우 유용한 기초지식이다. 하지만 그것의 유용함에도 불구하고 언어에 관한 기술에 사회적 변이와 관련한 내용이 부족하다는 점과 너무 간소화되었다는 점에서 사회언어학자들의 비판을 받기도 한다. 그 외에, 다음 장에서 논할 의사소통 환경의 중요성 및 상호작용 과정에서의 의미 생성 문제면에서도 비판의 대상이 된다. 이 역시 위의 모델이 소홀히 다뤘던 부분이기 때문이다. 그러나 이러한 비판에도 불구하고 정보전달 모델은 사회언어학과 결코 별개의 것이 아니다. 그와 반대로 오히려 사회언어학에서의 의사소통 이론은 완벽하게, 정보이론에서 제시한 정보전달 모델을 토대로 세워질 수 있다. 따라서 필자들은 사회언어학적 변이를 좀 더 심도 있게 논하기 위한 예비지식으로 간주하며 이 모델을 먼저 제시하였다. 정보의 송출과 접수, 잡음의 간섭에 기초한 셰논Shannon의 모델은 언어적 의사소통을 포함하는 소통 과정의 기본요인을 모두 포함하고 있다. 사회언어학에서 연구하는 언어의 실제 사용에 관한 여러 복잡한 상황들도 어떤 의미에서 보면 모두 정보나 잡음의 범주로 귀결될 수 있다. 그러므로 사회언어학적 연구도 이런 고도의 추상화된 소통 과정을 복잡 다양한 현실 세계의 언어적 의사소통 현상과 연계시킨 것이라고 할 수 있다. 아래에서는 사회적 요인을 정보전달 모델에 대입시켜 좀 더 구체화 시키고자 한다.

고도의 추상화된 정보전달 모델에서도 우리는 정보 발신자와 정보 수신자, 즉 일반적으로 "화자"와 "청자"라 불리는 두 명의 행위자에 의해 정보가 전달되는 것을 볼 수 있다.

고도의 추상화라는 함의에 비추어 "사회"를 "임의의 공동체들로 구성된 조직"으로 정의할 경우 이 두 참여자는 아주 작은 하나의 "사회"를 구성한 셈이다. 그러므로 추상적 모델에서의 의사소통 역시 개인적 성질의 활동이 아니며 그 속에는 항상 "사회"적인 내용이 내포되어 있어야 한다. 물론, 현실사회에서의 의사소통은 매우 복잡하기 때문에 참여자들의 의사소통 언어목록 간에는 매우 다양한 차이가 존재한다. 의사소통 언어목록의 상이함으로 생기는 간섭은 현실세계의 언어적 의사소통 과정에서 없앨 수 없는 잡음 부분이기 때문에 언어 연구자가 셰논의 모델 중 잡음 부분을 무시하고 언어의 정보전달 기능만 강조할 경우 현실과 괴리되는 실수를 범할 것이다.

어떤 언어학자들은 개인의 언어를 연구해야 한다든지 언어란 개인의 심리과정이라는 시각을 강조하기도 했다. 이론상으로는 의사소통의 정보 발송자와 수신자가 동일한 사람일 수 있다. 현실 생활 속에서 우리는 사람들이 혼잣말하는 모습을 보기도 한다. 그러나 이것은 일종의 비전형적인 언어적 의사소통 현상이다. 왜냐하면 유성언어 자체가 사람들 간의 의사소통에서부터 비롯된 것이기 때문이다. 만약 화자의 내적 소통만을 위한 것이었다면 이미 갖춰진 인체 신경, 근육 등 고효율적 협동 시스템으로도 충분하므로 음성의 도움은 굳이 필요 없었을 것이다. 언어와 사유의 관계를 논할 때 "언어는 사유의 물리적 외관"이라고 여기는 시각도 있다. 이러한 관점에서 인간은 언어로써 사유하므로 그 사유의 과정도 개인의 자아 소통 과정으로 묘사된다. 이에 기본적으로 동의는 하더라도 언어가 사회를 떠나 존재할 수 있다는 주장의 논거로 위와 같은 관점이 사용될 수는 없다는 점에서 다음 몇 가지를 특별히 지적하고자 한다. 첫째,

사유는 일종의 정신활동으로서 물리적인 의존과 발현을 필요로 한다. 둘째, 유성언어는 그것이 물리적인 음파로 표현되든지 아니면 인간의 기억 속에서 의미적 표지기호로서 존재하든지 인간 사유에 대한 표현 기능만은 틀림없이 지니고 있다. 그러나 인간의 사유는 반드시 자연 언어를 통해서만 진행되는 것이 아니다. 사유는 시각 이미지와 비언어적 기타 기호 체계에 의해서도 진행될 수 있다. 인간이 언어를 중요한 사유도구의 하나로서 간주한다는 사실은 인간 생활의 사회화 특징과 상호 관련되어 있다. 즉, 인간은 유성언어로 사회적 의사소통을 해야 했기에 자연스럽게 그것을 이용하며 사유도 진행시켰던 것이다. 셋째, 수많은 추상적 개념이 의존하는 의미 체계는, "자유", "민주", "행복" 등의 관념이 각 사회 속에서 매우 다양하게 이해되듯이, 그 자체가 곧 사회적 관념의 구현이다.

언어를 사유의 도구로 삼는 데는 그 나름의 편리함도 있지만 그로 인한 제약을 받기도 한다. 중국어, 영어, 아라비아어 등 각각의 자연언어들은 각 민족의 역사와 문화적 산물이다. 언어의 의미체계는 해당 민족의 오랜 생활 경험과 소통의 과정을 통해 점진적으로 형성된 것이다. 각 언어는 해당 언어를 사용하는 민족의 의사소통 요구에 맞추어져 왔고 또 그 민족의 생활 경험과 세계관의 제약도 받아왔다. 언어의 의미체계 간 차이로 인해, 각기 다른 말을 하는 사람들은 사물들을 인식할 때 자신이 소속된 민족의 의미체계가 제공하는 편리함을 얻을 수도 있고 그에 따른 제약을 받을 수도 있다. 이것이 바로 흔히 말하는 "언어 상대론"이다. 이것을 또 다르게는 사피어-워프 가설Sapir-Whorf Hypothesis이라고도 하는데, 이것은 일종의 언어와 세계관의 연계를 강조하는 이론이다. 지금은 "언어 상대론"을 극단적으로 따르는 사람들도 거의 없어졌을 뿐만 아니라 언어가 세계관을 결정한다는 견해를 무분별하게 얘기하고 다니는 사람들도 없어졌다. 하지만 언어 간 상호 번역이 가능함에도 불구하고 여전히 많은 사람들은 언어가 세계관을 형성하는 과정 중에서 상당히 큰 영향을 미친다고 여기고 있다. 인간은 새로운 언어를 배울 수도 있고 자신의 세계관을 바꿀 수도 있다. 때문에 언어와 세계관을 함께 연계시킬 수도 있지만 반대로 그 둘을 반드시 연계시킬 필요도 없다. 이는 사유와 언어가 매우 밀접하게 관련되어 있을 뿐 결코 동일한 것이 아님을 말해준다. 언어와 사유 간에 존재하는 중요한 차이 중 하나는, 사유는 개인적일 수 있지만 언어는 반드시 사회적이어야 한다는 것이다. 사회를 떠나도 사유는 여전히 요구되나 사회를 떠난 사람에게 언어는 더 이상 불필요하다. 언어가 언어일 수 있는 것은 그것이 사회적 의사소통 속에서 기능을 발휘하기 때문이다. 예를 들어, 중국어 화자는 최소한 자신이 하는 말을 듣고 이해하는 또 한 명의 중국어 화자가 있어야만 비로소 자신이 중국어를 쓰고 있다는 것을 확신할 수 있다.

앞 절에서 우리는 언어를 이용한 의사소통 진행과정상의 요소들을 이해했다. 예를 들어, 언어 전달 과정 중에서 발생하는 물리적 잡음의 간섭, 언어 구조 체계가 상이함으로써 생긴 "체계적 잡음"의 간섭, 다중 전달 경로와 비언어 전달 경로로 전달되는 정보의 보조나 간섭 등이 그에 속한다. 하지만 이들 내용을 서술하면서 사회 요인이 불러오는 복잡성을 강조하지는 않았다. 사회언어학자 수잔 로메인Romaine 1994은 언어만 사회로부터 떠날 수 없는 것이 아니라 사회 또한 언어로부터 벗어날 수 없다고 지적했다. 공동의 언어가 없는 사회가 어떻게 유지될지는 상상하기 어려울 것이다. 이에 반해 언어학자 촘스키N. Chomsky는 언어 연구를 통해서 인간의 사유를 이해할 수 있을 것이며, 그렇기 때문에 언어학은 심리학과 생물학의 일부분이라고 했다. 하지만 인간의 사유와 언어 모두 사회를 떠나서 존재하거나 발전하기란 불가능할 것이다. 따라서 언어에 대한 연구는 촘스키가 언급했듯 생물현상으로서의 인간을 이해하는데 도움을 줄 수 있을 뿐만 아니라 우리가 "사회적 동물"로서의 인간, 즉 인간의 사회성과 인간의 사유, 언어체계의 사회적 기초 및 사회 속에서 발휘하는 언어의 조직 기능을 이해하는 데에도 도움을 줄 수 있을 것이다.

인간이 언어를 가진 역사는 비록 인간 자신이 출현한 역사보다 짧지만 그 역사도 상당히 오래되었다. 전문가들의 추측은 수만 년에서 수십만 년까지 동일하지 않다. 그에 반해 현대 언어학은 20세기부터 시작되었다. 이에 언어에 대한 과학적 연구는 그 역사가 매우 짧다고 볼 수 있다. 언어에 대한 탐구와 토론을 과학적 연구로 보고자 하는 시각에서의 언어 연구란 최근 몇 십 년에서야 비로소 점진적으로 유행하기 시작한 것이다. 이에 따라 언어가 인간의 가장 기본적인 의사소통 도구라는 생각은 광범위하게 받아들여졌다. 하지만 이론에서 실천까지의 과정 속에서 사람들은 언어가 인간의 의사소통 도구라는 생각은 잊은 채, 자연계에 존재하는 수많은 사물들처럼, 자연언어를 조잡하고 불완전한 특징을 가진 것으로 여기기도 했다. 언어는 인간 사회가 진화한 결과의 일부분으로서 기본적으로 인간사회를 유지, 지속시킬 수 있는 기능을 갖고 있지만 인간이 필요로 하는 의사소통 요구 전부를 만족시키기에는 이미 역부족에 이르렀다. 현대 사회에서 다양한 비언어적 정보통신 시설은 없는 곳이 없을 정도로 생활의 필수적인 부분이 되었다. 언어의 전파 형식은 서면의 문자에서부터 전화, TV, 컴퓨터 네트워크, 다중매체 통신 등 매체 기술의 발달로 인해 그 사용 방식이 빠르게 변화해왔다. 인간의 자연언어를 일종의 자연이 진화한 결과로 보는 것은 기본적으로 그것이 여전히 입과 귀를 이용해 서로 전달하고 전달받는 면대면 교류에 가장 적합한 의사소통 도구로서일 것이다. 하지만 물질문명과 인류사회의 발전으로 통신기술의 이용에 대한 요구는 점점 높아지고 있다. 이런 상황을 대하면서, 어떤 이들은 교류의 정확성과 효율이라는 이상과 의사소통 과정에서 벌어지는 현실 간의 괴리를 인식해 가기도 하고, 또 어떤 이들은 새로운 유형의 의사소통 목적을 위해 지금의 의사소통 수단을 맹목적으로 이용하면서도 여전히 이상적인 결과만을 바라기도 한다.

필자는 이 장을 집필하면서 우연찮게 『USA투데이』에 실린 한 편의 평론 보도를 읽게 되었다.[1] 보도 내용은 근래 들어 생긴 일련의 비행기 사고들이 비행사와 비행장 간의 연락에서 발생하는 언어 문제와 매우 밀접하게 연관되어 있다는 것이다. 보도에 따르면, 1982년부터 1991년 사이에 발생한 전 세계의 대형 항공 참사 중 11퍼센트가 비행사와 관제사 사이에 생긴 통신 실수로 발생한 것이라고 하였다. 보도에서는 또 1993년 중국 우루무치烏魯木齊에서 발생했던 항공 참사가 항공기와 지상 간 통신 실수에 의한 것은 아니더라도 영어에 대한 비행사의 이해와 관련이 있다고 지적했다. 인명은 재천이라고 해도 이렇게 공공안전과 관련된 항공 통신까지 믿지 못하게 된 이유는 무엇일까? 기사의 필자는, 민간 항공사들의 통신에는 흔히 항공기와 지상 간 통신 언어로서 영어를 사용하지만 통신을 해야 하는 많은 사람들의 영어 실력이 부족하기 때문에 일련의 편차와 오해를 부른다고 하였다. 2차 세계 대전 이후, 국제 항공 사업은 왕성

----
1) USA투데이(1996)

하게 발전했다. 이에 따라 국제 민간항공 기구ICAO는 영어를 국가 간 민간 항공 통신 언어로 사용할 것을 제안했고 또 그것이 광범위하게 받아들여 졌다. 영어는 국제적으로 가장 광범위하게 사용되는 언어이면서 가장 광 범위하게 교육되는 외국어이기 때문에 국가 간 통신 용어로서는 단연 최 고의 선택이었지만 문제는 영어를 사용하는 각국의 항공요원 간 실력차 이가 상이하다는 점이다. 보도에서 필자는 결국 대부분 만족할 만한 영 어수준에 이르지 못했기 때문에 심각한 결과를 초래한 것이라고 밝혔다.

이 보도 기자는 미국 비행사들을 상대로 진행한 조사에 근거해 결론을 내렸다. 해당 민족어 화자로서의 미국 비행사는 당연하게 자신들을 영어 실력 판단의 기준이라고 여겼고 또 국외에서 부딪히는 영어 통신 상의 곤 란함은 현지 통신관의 영어 수준이 낮기 때문이라고 생각했다. 그러나 여 기에는 고려치 못한 문제가 하나 있다. 그것은 국가 간 통신용으로서의 영 어를 많은 사람들이 "국제영어"로 여긴다는 점이다. 마치 "보통화"와 한 어 방언들 간의 관계처럼 방언을 초월하는 이상적인 표준어라고 생각하는 것이다. "보통화"는 법률로 정해진 표준적 정의를 갖고 있다. 하지만 그 럼에도 구체적인 언어 형식과 만났을 때 표준적 정의는 항상 불분명해지 기 때문에 언어 표준화 작업에 종사하는 사람들은 해야 할 일이 항상 많 다. 그에 반해 "국제 영어"는 법률로 정해진 어떠한 표준적 언어 범주도 갖 고 있지 않다. 국제적인 정치 경제 방면의 영향 때문에 미국과 영국의 영 어가 보편적으로 기타 국가들에게 영어의 표준으로 받아들여졌지만 미국 과 영국 어느 나라도 보통화에 내린 정의처럼 표준어에 관한 법률적 정의 를 갖고 있지 않다. 때문에 음운, 어법, 어휘에 걸쳐 구체적으로 어떠한 형 식들이 유일한 기준이 되어야 하는지는 오랜 기간 끊임없이 논쟁해온 문제들이다. 이 밖에도, 영어를 민족어와 상용어로 여기는 국가와 지역들은 많으나 민족 감정 등을 이유로 이들 국가와 지역 사람들은 자신에게 익숙한 영어 변종을 이용하여 요구와 의사 결정을 표현한다. 이러한 원인들로 인해 국제 영어는 사실상 통일된 기준이 없거나 다중표준 상태에 처해 있다. 정보 이론적 각도에서 본다면 이러한 정보 체계는 매우 저효율적이다.

영어를 기술상의 통신 언어로 여김으로써 나타나는 문제들은 자연언어를 기술상의 통신 수단으로 설정했기 때문에 발생한 문제이지 영어 자체가 가진 개별적 문제 때문이 아니다. 세계에 현존하는 언어들 중 어떤 언어도 영어를 대체한다고 해서 국제 통신 상 발생하는 오차 문제를 피할 수는 없다. 그런데 항공 통신 상의 순간적인 실수는 곧 대형 손실을 초래하는데도 왜 꼭 자연언어를 통신 수단으로 여겨야 하는 것일까? 『USA투데이』의 기자도 이와 같은 문제를 제기했다. 기자는 관련 핵심 인사의 말을 빌어, 그러려면 컴퓨터 시스템을 응용하여 사람의 구두 통신을 대체해야 하는데 현재의 기술 발전 상황으로는 아직 보편적으로 응용할 수 있는 수준에 이르지 못했기 때문이라고 했다. 문제의 부분적 본질을 지적한 대답이다. 이렇듯 이상적이지 못한 통신 방법으로 수백 명이 목숨을 잃는 경우가 발생해도, 자연언어로 항공 통신을 하는 것만이 현재로서 행할 수 있는 유일한 방법이다.

긍정적인 측면에서 봤을 때, 자연언어를 이용하는 절대다수의 항공통신은 아직 유효하다. 특히 동일 언어를 사용하는 동일 민족의 화자 간, 더 나아가 동일 방언을 쓰는 화자 간에 사용되는 이런 통신 방법은 아직까지 믿을 만하다. 이러한 점을 바탕으로, 일본 항공회사에서는 미국 국경 내로 들어서면 종종 미국인 비행사로 교체하여 지상과 연락을 취하곤 한다.

여기에서 쉽게 이해할 수 있는 점은 생활 경험과 언어 경험이 비슷할수록 더 쉽게 통할 수 있으며 통신의 효율 또한 더욱 높아진다는 것이다. 동일 민족의 사람들 또는 동일 문화 구역에서 생활하는 사람들은 종종 유사한 생활 경험을 갖는데, 이것이 바로 현 시대 속에서 언어가 민족어와 방언으로 구현되는 기초가 된다.

하지만 또 다른 시각으로 본다면, 어떤 개인도 다른 한 개인과 생활 경험이 완전히 동일하지는 않으며 언어를 배우고 사용했던 경험도 같을 수는 없다. 이 때문에 동일 언어임에도 각자의 이해도가 모두 상이할 수 있으며 구체적인 음운, 어법, 어휘형식들에도 상이한 이해와 용법이 존재하게 된다. 같은 사회 속에서 생활한다 해도 사람들마다 처한 지위 역시 동일하지 않다. 활동 범위나 접촉 빈도가 타인들과 비교해 비슷한 사람들이 있으나 이들 개개인을 각자 비교해보면 그 범위나 접촉 인원은 다시 상이해진다. 때문에 동일 언어나 방언을 사용하는 사람들 사이에서도 또 다시 집단적 성질의 동일함과 상이함이 조성된다. 이처럼 사회에 존재하는 천차만별의 상이함과 동일함이 모두 언어에 반영될 수 있다는 점은 본서 뒷부분에서 이해하게 될 것이다.

본질적인 문제는 자연언어가 발본적으로 변이적이라는 점이다. 자연언어를 이용한 의사소통은 일반적으로 정확하지가 못하다. 사용되는 언어 형식의 정확한 함의는 종종 구체적인 언어 환경 속에서 얻어지며 언어 정보에 대한 이해를 위해서는 종종 상당한 정도의 비언어적 문화 배경과 유사한 의사소통 경험이 요구된다.

변이성과 비정확성(혹은 모호성)으로 인해 자연언어는 쉽게 습득되고 쓰이며 인간이 처할 수 있는 다양한 의사소통 환경 속에서 융통성 있게 사용된다. 사람들은 자연언어를 토대로 각종 형식언어를 발달시킴으로써 그것의 비정확성을 메우고 여러 특별한 의사소통 용도에 적용하기도 한다. 사실 민간항공 용어로 사용되는 영어 용어들에는 모두 이미 규정된 정확한 정의가 존재한다. 이런 면에서 항공 통신에 사용되는 영어는 형식언어이지 자연언어가 아니다. 아직까지 국제항공 영어의 발음 기준은 없지만 항공 승무원의 전문직 영어 훈련에 대한 강화는 항공 통신의 효율성을 크게 개선시킬 수 있을 것이다. 현재까지 발생한 많은 문제들은 모두 통신 당사자가 항공 통신 전문 영어를 마치 일반 영어와 같이 여기고 의미가 명확히 규정되지 않은 단어를 사용하거나 전문 용어를 오용했기 때문에 생긴 것이다. 다시 말해, 자연언어를 형식언어와 같이 여긴 데 있다. 결국 그들은 자연언어의 모호성과 임시적 환경에 대한 의존성(의사소통 대상 및 그 문화 배경에 대한 익숙함과 이해 등을 포괄한다)을 항공 통신에 이용함으로써 경우에 따라 심각한 오해를 부르는 결과를 초래했다.[2]

　민간항공 요원과 전공 영어를 사용하는 일반 개인이 함께 일할 때 업무 효율을 높이려면 형식화된 전공 영어를 변이로 가득한 자연 언어와 구별할 필요가 있다. 언어학자들에게는 대중들이 이 둘의 상이함을 충분히 이해하도록 도울 책임이 있다. 근래 들어, 자연 언어에 대한 형식화 연구는 상당한 발전을 거두었다. 이 같은 발전은 언어가 정보전달 도구라는 인식에 도움을 주었던 동시에 기계 언어 처리를 최종 목적으로 하는 전산언어학 연구의 발전을 촉진시켰다. 하지만 현재의 발전으로만 본다면, 전산언어학의 성과들은 현실 세계에서 실제로 응용되었을 때에야 비로소 자연언어

2) 21세기로 들어선 후, 세계적으로 점점 많은 사람들이 영어를 항공 관리 언어로 삼는데 대한 외교와 문화 문제를 논하고 있다. 근래 들어 국제 항공조직과 각국의 항공기구들이 모두 이 문제에 대해 좀 더 나은 인식으로써 "국제 항공영어"를 보통 영어와는 다른 일종의 전문직 언어로 보는 훈련을 강화하고 있다.

의 변이적 장애를 느낄 수 있을 것이다. 언어의 변이성과 사회적 의사소통 과정에서의 언어에 대한 과학적 연구 없이 초보적 단계의 기술적인 조절만 이루어진다면, 형식 언어학의 성과들을 실제의 필요에 따라 자연언어 처리에 응용한다고 해도 쏟아 붓는 노력에 비해 성과는 반비례할 것이다.

언어변이 연구는 언어 본질에 대한 연구이다. 변이 연구에서의 문제는 '언어에는 왜 변이들로 가득한가?', '변이로 가득한 언어가 어떻게 의사소통의 도구로 사용되는가?'이다. 앞서 소개한 정보전달 모델에서 의사소통에 참여하는 두 명의 개체個體는 그 코드[3]가 일치해야만 비로소 의사소통의 임무를 완성할 수 있었다. 그러나 현실 세계에서는 쌍방의 화자가 말하는 각각의 단어, 그리고 그 음운의 물리적 표현 형식과 의미의 구체적 지시의미가 모두 절대적으로 일치하지는 않는다. 기본적인 모순은 여기에서 발생한다.

발화되는 언어 형식과 의미는 모두 절대적으로 일치하지는 않는다. 이것은 매우 철학적 의미를 가진 명제로서 많은 해석을 필요로 한다. 음성 실험기계로 실험을 해봐도 완전하게 일치하는 음파 기록 구간은 거의 찾을 수 없다. 더 진보한 기계로 더욱 많은 부차적 부분들을 조사한다 해도 발견할 수 있는 차이들은 오히려 끝이 없을 것이다. 의미적인 측면에서도 고려해 보자. 인간의 생활과 자연계는 부단히 변화한다. 그로 인해 모든 인간과 사물도 매 순간마다 동일하지 않다. 이는 그것의 내부구성과 환경 그리고 그것이 환경과 맺는 관계가 모두 조금씩 다를 뿐만 아니라 또 이들 모두가 매 인간과 매 사물을 의미 있는 개체로 여기게끔 하는 구성부분이라는 점

----

3) 『應用漢語詞典』(2000, 商務印書館)에 따르면, 譯碼란 '정보를 표시하는 일련의 디지털 신호'를 가리킨다. 그러나 여기에서는 그림1에서의 '디지털신호'란 의미보다 그림2에서의 '코드'란 의미가 문맥상 더 부합하기 때문에 코드로 번역했다.─역주

에 연유한다. 다시 말해, 우리가 하나의 단어를 이용해 현실 세계에서의 동일 사물을 지시했다 하더라도 철학적인 관점에서 이 사물은 또 다른 순간에서 더 이상 동일 사물이 아닌 것이다. 따라서 지시 의미적인 면에서 봤을 때에도 단어의 의미는 변화한 것이다. 예를 들어 "탁자"라는 단어로 사무실의 업무용 책상을 지시할 수도 있지만 집에 있는 식탁을 지시할 수도 있다. 단어 의미가 가진 추상성으로 인해 단일 형식으로도 각기 다른 환경 속에서 각기 다른 사물을 지시할 수 있는 것이다. 하지만 여전히 언어의 가장 주요한 사용 가치는 구체적인 환경 속에서 구체적인 의미지시 기능을 갖는데 있다. 사무실에서 "탁자 옮기는"것을 도와달라고 도움을 청했을 때 청자는 "탁자"에 관한 추상적 개념도 알고 있어야 할 뿐만 아니라 방 안에서의 많은 사물들 중에서 옮겨야 하는 탁자, 즉 구체적인 사물을 분별할 줄도 알아야 한다. 그래야 비로소 도움을 청한 사람의 의도를 이해할 수 있다. 그리고 이 경우에만 도움을 청했을 때의 발화가 하나의 의사소통 활동으로서 원만히 이루어졌다고 할 수 있다. 언어를 사용할 때마다 구체적 지시 의미 속에서 발화된 의미는 절대적인 동일함을 갖지 않는다. 어제 집에서 "탁자"라는 발화로 식탁을 지시했다면 오늘 "탁자"라고 해도 여전히 그 식탁을 지시할 것이다. 그러나 이렇게 두 번 발화된 "탁자"가 같은 의미라고 할 수 있을까? 그럴 수도 있고 그렇지 않을 수도 있다. 화자에게는 이 두 "탁자"가 지시하는 대상이 동일하다. 화자의 말을 듣는 그 가족들도 역시 동일한 사물로 이해할 것이다. 그러나 어제와 오늘의 그 식탁은 여전히 동일한 사물일까? 엄격히 말한다면 동일하지 않은 사물로 간주해야 할 것이다. 제일 먼저 물리적 구성이 최소한 양적인 면에서 달라졌을 것이다. 나무의 분자가 마찰에 의해 닳았을 것이며 공기의 습도 변화로 인해 수분도 흡수했을 것이다. 사용 수명이 또 하루 짧아진 것이다. 그것의 시장 가치도 물가 변동으로 인해 내렸을 것이다. 또 방 안에서의 상대적인 위치도 의자의 위치 이동에 따라 바뀌었을 것이다. 이런 점에서보면 오늘의 탁자는 어제와 비교하여 모든 것이 상이해진 나무 분자와 물 분자로 구성된 것이면서 시장가격에 따라 더 싸졌음에도, 어제와 같이 옆으로 돌아가야만 앉아 식사할 수 있는 동일한 탁자이지 않을까? 물론 그렇다고 할 수도 있겠지만, 이 사물은 물리적 상태, 사용상의 기능, 경제적 가치, 기타 사물과의 상대적인 관계 면에서 모두 완전히 동일하지 않은 성질을 갖는다. 이 때문에 이 두 "탁자"의 구체적인 지시 의미에도 역시 변화가 따른다. 하지만 염두에 둘 점은, 여기서의 절대적인 "상이함"은 단지 언어학에서 더욱 의미 있는 "상이함"을 논하기 위한 기초일 뿐이라는 것이다. 화자의 집에서 화자의 말을 듣는 사람이 손님이라고 가정해 보자. 화자가 "탁자"라는 단어를 발화했을 때 청자가 설사 손님이라고 하더라도 그것이 화자가 지시하는 식탁—그 공간에서 눈으로 볼 수 있는 식탁—이라고 분명 이해할 것이다. 이 때 이 탁자는 손님에게 "주관적 지시의미"를 가지며, 이것은 화자의 "주관적 지시의미"와 크게 다르지 않다. "탁자 옆에 앉으세요"라고 말한 화자의 의미는 그저 손님에게 화자가 매일 식사하는 곳에서 같이 식사할 준비를 하자고 청하는 것일 수도 있지만, 화자가 말한 "탁자"가 손님의 의미 범주 속에서는 "고급식탁"일 수도 있는 것이다. 즉 의미범주 속의 특정 사물이 사람의 경제적 지위와 종종 연상될 수 있다. 또 손님이 먼 곳에서 왔다고 가정해 보자. 그의 문화에서는 탁자에서 밥을 먹는 습관이 없다. 이 경우, 손님은 화자의 지시 의미에 대해 빗나간 연상을 한다거나 심지어는 화자의 지시 의미를 확인하는 곤란함을 겪을 수도 있다.

언어의 실제 사용 속에서 보이는 차이는 의미면에서도 존재하지만 흔히 형식면에서도 존재한다. 한 단어를 진지하거나 엄중하게 표현할 때도 있는가 하면 상대방이 정확히 듣도록 하기 위해 또렷하면서도 크게 발음할 때도 있다. 또 어떤 경우에는 모호하게 발음할 수도 있으며 심지어는 말끝을 흐리기도 한다. 동일한 의미를 상이한 어휘들로 표현할 수도 있으며 어휘의 정확한 선택을 위해서 장소와 분위기, 대상까지 고려해야 할 때도 있다. 아래에서는 사람들마다의 언어 특징이 그들이 처한 사회적 배경을 알리는 표지라는 점을 논하고자 한다.

앞서서는 언어의 구체적인 실현이 모두 완전히 같지만은 않다는 생각을 특히 강조했다. 즉, 언어에는 절대적으로 동일한 표현 형식이 존재하지 않는다, 하지만 상대적으로 동일한 의미 범주와 형식 범주는 존재한다는 것이었다. 상대적인 동일성이 있어야만 비로소 언어적 의사소통이 이루어지기 때문이다. 쌍방이 절대적으로는 동일하지 않은 사물에 대해 상대적으로 일치된 "동일함"을 갖고 있다고 판단할 때 비로소 의사소통이 이루어질 수 있다. 여기서 "상대적으로 일치된"이란 말을 사용한 것은 "동일함에 대한 판단"의 상대성을 강조하기 위해서이다. 여기서의 상대성은 일련의 사회적 요인들과 관련되어 있어 사람들의 사회 경험이 일치할수록 생각도 일치하고 사물(언어를 포함한다)에 대한 동일 여부의 판단도 일치할 수 있다. 설사 그것이 여전히 절대적으로 일치하지 않을지라도 말이다. 사회언어학의 중요임무는 바로 사회에서의 어떠한 동일함과 상이함이 언어에서의 어떠한 동일함과 상이함을 만들어 내는지를 연구하는 것이다. 즉 언어적 의사소통의 사회적 상대성을 연구하는 것이다.

위에서 말한 내용을 되짚어 보면, 사회적 구조의 복잡성에 따라 언어의 여러 상이함과 상대적 동일함이 조성되었다. 그런데 이들 "상이함"과 "동일함"의 언어 현상은 의사소통에 미치는 기능이 다르다. 동일한 언어 현상은 의사소통에 유리하지만 상이한 언어현상은 의사소통에 유리하지 않다. 세계는 하나가 될 것이라는 것과 세계의 "언어는 하나가 될" 것이라는 이상은 모두 이미 오래 전부터 품어오던 이상이다. 여기서는 이런 이상들의 실현가능성에 대해서는 논하지 않겠다. 최소한 언어적 각도에서 그것의 실현가능성을 보았고 여기서의 "동일함"도 그저 상대적인 "동일함"일 뿐이기 때문이다. 현재까지는 어느 정도까지 동일해야 "동일하다"고 할 수 있는지 아직 해결을 보지 못했다. 그러므로 "동일함"의 표준이 아직 없는 이상 어떻게 이 표준을 실현시켜야 하는지는 논할 수 없다. 하지만 언어(자연언어)를 지시 정보 전달에만 사용하려 해도 동일한 의미를 상이한 언어 형식으로 전달한다는 점에 있어 불편은 여전할 것이다. 앞서 논했던 항공 전문용어처럼 의미와 형식의 고정된 일대일 대응은 일종의 이상적인 고효율 정보 교류 방식이다. 그러나 우리가 알다시피 언어의 기능은 지시 정보를 전달하는 데에만 그치지 않는다. 지시 정보 전달과 동시에 언어사용자의 사회적 관계에 관한 정보를 전달하는 데에도 언어는 사용된다. 어떤 면에서 보면, 화자와 청자에 관한 사회적 정보를 전달할 때, 화자는 때론 의식적으로 때론 무의식적으로 모종의 사회적 관계를 창출하거나 이미 정해진 사회적 관계를 유지하고 있는 것이다. 다음 장에서 우리는 사람이 발화할 때는 항상 안부, 감사, 문의, 정보 제공 등의 어떤 행위를 수행하고 있음을 볼 것이다. 이런 각도에서, 발화는 사람과 사람 간에 행해지는 상호 작용적 사회 행위이다. 실제로 화자가 언어변이로 사회적 관계를 표현할 때 그 발화는 더욱 구체적인 사회적 의미를 얻는다. 따라서 언어 행위를 사회적 행위라 하는 이유는 인간이 사회 속에서 언어로 "일을 하기"때문만이 아니라 발화 시 코드를 선택하는 그 자체가 바로 인간 간의 관계를 유지, 변화시키는 사회적 행위이기 때문이다.

『USA투데이』 기자의 보도에 따르면, 국제 노선을 타는 미국 비행사들은 일반적으로 유럽, 아시아, 아프리카에서 근무하는 관제사의 영어에 불만을 갖고 있다. 또 캐나다 몬트리올 관제사의 영어에 대해서 나무랄 것은 없다고 느끼지만 지휘 통신에 대해서는 여전히 불만을 갖고 있다고 했다. 몬트리올의 관제사가 미국 비행사들에게는 영어로 하지만 다른 비행사들에게는 불어로 한다는 것이 그 이유였다. 한 비행사는, 훌륭한 비행사는 자신에게 주어진 책임은 물론 다른 사람이 무엇을 하고 있는지도 알아야 하는, 그야말로 주변에서 발생하는 모든 것을 이해해야 한다고 했다. 관제사가 다른 비행사들에게 불어로 코드 스위칭을 했다고 해서 그들이 불이익을 받는다고 느꼈다면 전반적인 상황을 이해하지 못한 것이다. 이중언어 능력을 가진 몬트리올 비행장의 지휘관이 영어와 불어를 자주 교체하며 사용하는 것에는 그 나름의 이유가 있다. 첫째, 제1언어가 불어인 비행사에게는 불어로 통신하는 것이 더 용이하고 정확하며 더 신뢰할 수 있다. 몬트리올 비행장을 들르는 수많은 노선의 비행사들은 불어를 모어로 한다. 여기에는 주로 유럽과 캐나다 항공사의 비행사들이 포함된다. 둘째, 몬트리올시는 프랑스 교민 인구가 밀집해 있는 퀘벡주에 속해있으며, 그로 인해 이 주의 공용어는 불어이다. 따라서 현지 수많은 사람들이 쓰는 언어와 공식 언어를 사용하는 것은 자연스러운 일이다.

그런데 몬트리올 비행장의 지휘관처럼 고도의 이중언어 능력을 가진 사람이라 해도 두 언어에 대한 감정과 태도는 다를 수 있다. 일반적으로는 둘 중 어느 하나의 발화공동체에 더 강한 귀속감을 가지곤 한다. 그리고 나머지 발화공동체에 대해서는 귀속감은 없어도 언어 사용에서는 순수하게 공리주의적 태도를 취한다. 몬트리올 관제사의 구체적인 상황은 알지 못하나 사회심리학과 관련된 조사에서는 캐나다의 수많은 프랑스 교민 중 이중언어를 사용하는 사람들은 영어 사용에 대해 실용적 태도를 보여주었다. 감정 면에서 봤을 때 이들 교민들이 불어를 버린다는 것은 불가능하다. 그것은 자신의 문화적 신분을 부정하는 것과 같기 때문이다. 과거 북미에서는 영국 교민 문화가 주류 문화적 지위에 있었고 경제적인 영역에서도 영어가 지배적 위치를 차지하고 있었기 때문에 생계를 위해서는 불어를 모어로 하는 사람도 어쩔 수 없이 영어를 배워야 자신의 사회, 경제적 지위를 유지할 수 있었다. 이런 이유로 캐나다에서 이중언어에 익숙한 사람들 대다수는 프랑스 교민의 후손들이다. 퀘벡에서는 예부터 불어를 하는 수많은 사람들이 영어 문화의 압박과 잠식을 느끼고 불어 사용의 확대와 강화를 강렬하게 요구해 왔다. 이에 퀘벡 주정부는 이런 요구에 따라 상점에서 이중언어 표어나 포스터를 금지하는 등의 법령을 포함한 일련의 대책을 내놓기도 했다. 불어를 강화하고 기타 언어를 배척했던 이 같은 정책으로 많은 효과를 거두었는데, 1960~70년대 이후부터는 퀘벡 젊은이들의 이중언어 능력과 이중언어 사용비율이 모두 내려가는 경향이 보이기 시작했다. 이와 동시에 퀘벡의 독립 운동도 날로 강렬해지기 시작했는데, 독립 운동의 고조는 최근 1995년 캐나다로부터의 독립 결정을 묻는 전주민 투표에서 1% 표차로 성과를 얻지 못하는 정도에까지 이르기도 했다. 이 장을 쓰는 지금도, 퀘벡주에서는 여전히 독립을 주장하는 "퀘벡당"이 집권하고 있다. 퀘벡당의 독립 운동에는 언어보다 더욱 심각한 정치와 경제적 원인이 있지만 부인할 수 없는 사실은 그 원인의 출현과 심화가 모두 언어와 얽혀있다는 것이며 운동의 상당 부분이 언어 충돌의 방식을 통해서 진행된다는 것이다.

캐나다의 언어 충돌 문제는 이와 유사한 세계 각지의 많은 예들 중 하나일 뿐이다. 이후 제6장 언어 접촉과 제7장 언어계획 두 장에서는 이와 관련한 내용을 더욱 상세히 논할 것이다. 저명한 사회언어학자인 피쉬만 J.Fishman은 언어란 한 민족이 지니고 있는 영혼의 일부분이라고 했다. 한 사람이 하나의 언어를 사용한다면 그는 그 민족의 한 구성원이라는 것을 밝히고 있는 것이다. 이중언어 사용자가 선택의 상황에서 자신이 자신 있어 하는 한 언어를 사용했다면 이는 해당 언어에 대한 그의 태도를 밝히는 것이거나 특정 장소와 분위기에서는 그 언어를 사용해야 적절하다고 생각하고 있다든지 그 언어를 사용하는 것이 그의 신분을 더 잘 드러낼 수 있다고 여기고 있는 것이다. 단일 언어에 의한 의사소통에서 보이는 언어 형식의 각종 변이도 화자에게 위와 유사한 조건을 부여한다. 여기에 관해서는 제3장 언어변이와 제4장 언어변항이란 제하의 두 장에서 자세히 설명할 것이다. 결론은 언어의 여러 변이 형식이 의사소통에 불리한 잡음의 간섭만은 아니라는 것이다. 오히려 화자의 신분과 태도에 관해서 변이 형식이 전달하는 정보가 의사소통의 중요한 부분이 될 수 있으며 심지어는 제일 주요한 부분이 될 수도 있다. 본 절의 내용을 정리하자면 언어가 사회와 맺는 관계는 주로 아래 네 방면으로 나타난다. (1) 언어의 존재는 사회와 분리될 수 없다; (2) 사회의 구성에는 언어가 필요하다; (3) 언어 행위는 동시에 사회 행위이다; (4) 언어의 정보전달 문제와 언어에 대한 태도는 모두 심각한 사회 결과를 낳을 수 있다. 그러므로 언어가 사회와 맺는 관계를 연구하는 사회언어학은 매우 필요하다.

제3절 사회언어학

본 절에서는 사회언어학이 무엇인지를 개괄적으로 소개할 것이다. 소개 내용은 사회언어학의 정의와 그것이 출현하고 발전한 역사적 배경, 연구 대상과 범주, 다른 학문 분과들과의 관계 등 여러 가지 방면을 포괄한다. 그리고 마지막으로 본서의 전체 구조를 소개하면서 본 절을 마치겠다.

사회언어학의 정의

사회언어학은 상대적으로 아직은 신생 학문분야에 속한다고 할 수 있다. 그리고 언어학자와 사회학자들이 각기 다른 각도에서 접근하기 때문에 현재 사회언어학에 내려진 정의가 종종 서로 다르곤 하다. 아래에는 사회언어학에 대한 세 가지 정의를 예로 들었다.

영국의 언어학자 데이비드 크리스탈David Crystal은 『언어학과 음성학 사전A first dictionary of linguistics and phonetics』1980에서 "사회언어학"에 대한 정의를 다음과 같이 내리고 있다.

> 언어학의 한 갈래로서 언어와 사회의 각종 관계를 연구한다. 사회언어학은 사회 공동체의 언어 동일성, 언어에 대한 사회의 태도, 언어의 표준과 비표준 형식, 나랏말을 사용하는 방식과 필요, 언어의 사회 변종과 사회적 층차, 다중언어 현상의 사회적 기초 등을 연구한다. 사회언어학의 또 다른 명칭은 언어사회학이다.(언어 방면에서가 아닌 사회 방면에서 위의 현상들을 해석하는데 중점을 둔다)

미국의 사회언어학자 로저 샤이Roger W. Shuy 1975는 다음과 같이 말했다.

이 용어(사회언어학을 지칭)는 대략 1960년대 중반 무렵에 출현했다. 사회
언어학은 언어와 사회 영역이 상호 교차하는 복잡한 연구 영역이다. 사회학
자들이 언어학 자료를 통해 사회 행위를 기술, 해석할 경우 이를 보통 언어
적 사회학이라 부른다. 이와 반대로 언어학자들은 사회 행위를 통해 언어의
변이를 해석한다. 교학에서의 사회 방언과 언어 교학 방면의 문제들이 사회
언어학과 연관되어 있기 때문에 현실간의 비교를 통해 사회언어학을 이해
하는 사람들도 있다. 따라서 어떤 사람들에게 사회언어학이란 용어를 사용
할 권리가 있다고 하기 어려우므로 이 세 방면, 즉 사회학적, 언어학적, 교
육학적 연구 모두가 사회언어학으로 간주된다.

중국에서 출판된 『언어학백과사전』 上海辭書出版社 1993년판에서는 사회언
어학을 아래와 같이 정의하고 있다.

언어학과 사회학 등의 이론과 방법을 이용하여 사회와 연계된 언어 현상을
연구하는 신흥 학문분야로서 1960년대에 확립되었다. 주로 언어의 사회적
본질과 차이를 연구한다. 언어의 사회적 본질에 관한 연구는 언어 사회 본
질의 특징과 규율, 언어의 내부 규율과 외부 규율 간 상호 관계와 기능, 민
족 언어와 민족 형성의 관계, 민족 공동어의 형성과 사회 발전의 관계, 언
어 변화와 사회 변화의 관계 등의 문제를 포함한다. 언어의 차이에 관한 연
구는 언어의 지역 변종, 사회 변종, 이중 언어와 다중 언어 현상, 상이한 언
어 환경에서의 언어 변종 등을 포함하며 사회 구조 변이와 언어 구조 변이
간의 체계적 대응관계 및 상호적 인과 관계를 밝히는 데에 그 목적이 있다.
이 외에 사회언어학 연구는 국가나 민족의 표준어 확정이나 그 선택, 문자
의 제정과 개혁, 언어정책의 제정, 언어 계획의 초기 수립과 실시, 언어 교
학 및 그 연구 등에 근거 자료와 방향을 제시한다.

연구 방법은 주로 현지 조사, 수학적 분석, 대비 연구, 실험과 그에 대한 양
적, 질적 분석을 이용한다.

　이상의 몇 개 정의를 대비시켜봤을 때, "중국"의 정의는 비교적 사회
언어학의 다학제적 성질을 강조하고 있는 반면 서양의 정의는 사회언어
학의 서로 다른 두 측면을 구분하고 있음을 알 수 있다. 전자에서는 사회
언어학이 마치 어느 한 곳에 편중됨 없이 사회학과 언어학의 중간에 서
있는 것처럼 언급하지만 후자에서는 언어학에 치중된 사회언어학도 있고
사회학에 치중된 사회언어학도 있다고 지적하고 있다. 그러나 세 정의 속
에서 열거된 사회언어학의 연구 대상은 대부분 동일한데, 최소한 언어 변
종, 언어변이, 언어 변화, 언어의 동일성 등의 언어 현상, 언어에 대한 국
가와 여러 사회 공동체의 사용과 태도, 위의 현상들에 대한 연구를 통해
얻은 연구 성과와 응용 등이 포함되어 있다.
　사회언어학을 논한 문헌들에서는 사회언어학sociolinguistics과 언어사회
학sociology of language이라는 용어를 자주 볼 수 있는데 종종 학자들마다 이
둘을 다르게 보기도 한다. 두 분야에서는 모두 언어와 사회 간의 관계를
연구하지만 사회언어학은 언어 구조를 중시하여 언어가 의사소통 중에
서 어떻게 그 기능을 발휘하는지 탐구하고 언어사회학은 언어 연구를 통
해 사회 구조에 대한 좀 더 나은 이해를 시도 한다. 허드슨Hudson 1980은 이
둘의 차이를, 사회언어학은 "사회와 연계시켜 언어를 연구"하는 것이고
언어사회학은 "언어와 연계시켜 사회를 연구"하는 것이라고 간단명료하
게 논했다. 하지만 그 역시도 "둘의 차이는 단지 그 중점이 다르다는 것
뿐이다. 즉, 연구자가 언어에 대해 흥미를 가지느냐 아니면 사회에 대해

흥미를 가지느냐에 따른 것이며 또 그가 언어구조 분석에 능한지 아니면 사회구조 분석에 능한지에 따른 것이다. 이 둘 사이에는 매우 많은 부분이 중첩되어있기 때문에 이 둘을 확연하게 구분하는 것에는 어떤 의미도 없다"고 여기고 있다.

사회언어학의 출현과 발전

사회언어학의 출현에는 뚜렷한 내부 원인과 외부 원인이 존재한다. 내부 원인은 언어학 내부에서 사회언어학의 출현을 부추겼다는 것이고, 외부 원인은 사회 역사적인 원인을 말한다.

언어학 내부에서 봤을 때, 사회언어학의 출현은 언어 연구가 일정 단계까지 발전했을 때 생긴 필연적 결과였다. 언어학이라는 학문분야가 생겨난 이래로 줄곧 언어구조 체계에 대한 연구가 중시되었었다. 가장 이른 시기의 어법 연구에서부터 역사 언어학과 구조주의 언어학에 이르기까지 언어 연구의 대상은 항상 언어 체계 그 자체였다. 하지만 사람들도 언어연구가 반드시 사회와 연계되어야한다고는 일찍부터 인식하고 있었다. 예를 들어 소쉬르는 일찍부터 내부 언어학과 외부 언어학을 구분해야 한다고 했다. 그러나 그는 언어 체계에 대한 공시적synchronic 연구, 즉 언어 체계에 대한 내부적 연구만을 강조했다. 1950년대는 구조주의 언어학이 더욱 흥성했던 시기였고, 1960년대 이후로는 촘스키를 대표로 하는 "(변형)생성언어학"이 점점 언어학계의 주류학파로 자리매김해 갔다.[4] 촘스

---

4) 현재의 상황에서는 "생성언어학"이라고만 해도 될 것이다. "변형"에 관한 내용은 이미 존재하지 않으며 "변형"이라는 명칭도 더 이상 사용하는 사람이 없다.

키는 "언어능력"과 "언어수행"competence and performance을 구분하면서 다음
과 같이 언급했다.

언어학이론의 주요 관심은 완전하게 통일된 발화공동체 내의 이상적인 화자
와 청자에게 있다. 그들은 자신의 언어를 매우 잘 이해하며 실제 언어 행위
속에서 언어 지식을 이용할 때, 기억력의 한계, 주의력 분산, 주의력 및 흥
미의 전이 등과 같이 어법과 무관한 조건적 영향은 절대 받지 않는다. 나는
이러한 생각이 줄곧 현대 일반 언어학의 기초를 세운 사람들의 입장이었고
어떤 사람도 설득력 있는 이유로 이러한 입장을 바꾸지 못했다고 생각한다.
실제 언어 행위를 연구하려면 반드시 여러 요인들의 상호 작용을 고려해야
하며, 화자와 청자의 기저 능력도 그 중의 한 요인일 뿐이다. 이 점은, 언어
연구와 기타 복잡한 현상에 대한 실험적 연구도 다르지 않다. Chomsky 1965

촘스키 말에 따르면, 언어학의 대상은 "이상적인 화자와 청자"이고
언어학 연구도 일종의 실험적 연구여야 한다. 또 그는 언어의 공통성과
보편성universals을 매우 강조했다.

언어의 공통성 연구는 분명 필요하다. 언어의 보편성과 공통성에 대
한 사람들의 인식이 여전히 부족하기 때문이다. 그러나 언어의 공통성
연구는 결코 언어에 존재하는 차이와 변이variation를 배척해서는 안 된
다. 많은 학자들은 언어 구조의 공통적이고 규칙적인 현상들만 연구하
는데 대해 의문을 제기하면서, 언어적 차이와 다양성도 중시되어야 하
며 또 그 차이 역시도 규칙 없이 혼란스럽게 분포되어 있는 것이 아니
라고 여기고 있다. 차이 속에도 규율이, 그것도 더욱 복잡한 규율이 존
재한다. 영국의 언어학자 허드슨은 『사회언어학』 Hudson 1980에서 촘스키

의 견해를 비판하면서, 어떤 언어든 내부적 차이는 존재하며 언어 속에 존재하는 이 차이를 연구하는 것이 바로 사회언어학이라고 했다. 언어의 공통성과 차이에 대한 연구는 어느 한 쪽도 없어서는 안 되는 동일 사물의 두 양면이어야 하며, 이런 의미에서 사회언어학의 출현은 언어학에 대한 충격이었던 동시에 새로운 발전을 의미했다.

사회언어학의 출현을 부추겼던 외부 원인은 사회 역사적인 것이다. 1960년대, 서양 사회의 실업 인구수가 끊임없이 증가하면서 민족 간 갈등도 심화되어 갔다. 미국도 마찬가지여서 흑인과 기타 소수민족들의 취업률이 백인들보다 낮았다. 이에 대해 학자들은 흑인들의 학력學力이 낮기 때문에 취업률도 낮은 것이라고 해석했다. 학력이 낮은 것은 언어능력의 차이에 기인한 것이기 때문에 흑인과 소수민족의 취업 문제를 해결하려면 필히 그들의 학력을 올려야 했고 그들의 학력을 올리기 위해서는 언어문제를 해결해야 했다. 이에 흑인과 소수민족들에 대한 언어 교육을 강화하고 이중언어 계획을 실행해야 했다. 또 다른 외부 원인으로, 현대 사회의 인구유동이 점점 빈번해지면서 그로 인한 언어 문제가 더욱 복잡해졌다는 점을 들 수 있다. 세계에서 단일 언어 사회를 찾기란 이미 거의 불가능해졌다. 따라서 여러 언어가 사회 속에서 어떤 지위에 있어야 하는가, 어떻게 해야 여러 언어가 모순이나 충돌을 빚지 않고 서로 어울리며 의사소통을 촉진시킬까, 현대화된 사회 속에서 어떻게 해야 언어가 충분하게 기능을 발휘하며 의사소통 요구를 만족 시킬까 하는 것들이 모두 연구와 해결을 필요로 하는 문제들이었다.

사회언어학이라는 용어는 이미 1952년에 출현했다. 하버 퀴리Haver

C.Currie는 자신의 논문에서 "지금의 중요 임무는⋯⋯발화 요소의 사회적 기능과 의미가 폭넓은 연구영역을 제시했다는 점을 지적해야 한다는 것이다⋯⋯이 영역을 사회언어학이라고 한다"고 논한 바 있다. 이 논문에서 분명히 "사회언어학"이라는 용어를 언급한 바 있지만, 이 용어가 실제로 유행하기 시작한 것은 1960년대다. 그리고 『웹스터 신국제영어사전 제3판』의 1971년 수정판에 이 용어가 수록되었고 1972년판 『브리테니커 백과사전』의 "언어학" 항목에도 사회언어학을 전문적으로 논한 소절이 수록되었다.

제1차 사회언어학 회의는 1964년 미국 켈리포니아 로스엔젤레스에서 열렸다. 그리고 같은 해, 사회언어학자들의 또 다른 심포지엄이 인디애나 주립대학교의 언어학대학에서도 개최되었다. 이렇게 본다면, 1964년이 이 신흥 학문분야와 관련하여 계획적인 전파가 시작되었던, 언어 연구의 전환점을 상징하고 있다고 해도 좋을 것이다.

이어서 1966년 브라이트W.Bright는 최초의 사회언어학 논문집 Sociolinguistic: Proceedings of the UCLA Sociolinguistics Conference, 1964, The Hague: Mouton 으로서 1964년 사회언어학 심포지엄에서 발표되었던 논문들을 책으로 출판하였다. 이 논문집에는 당시 진행되었던 사회언어학 연구가 다음과 같이 7개 방면에 걸쳐 반영되어 있다. (1) 화자의 사회적 신분, (2) 의사소통 과정과 관련된 청자의 신분, (3) 발화사건 발생의 사회적 환경, (4) 사회 방언의 통시적 분석과 공시적 분석, (5) 발화 행위 형식에 대한 화자의 상이한 사회적 평가, (6) 언어변이의 정도, (7) 사회언어학 연구의 실제 응용. 위의 7개 방면으로부터 당시 진행되었던 사회언어학의 연구 범위를 엿볼 수 있다.

1964년 이후 사회언어학은 빠르게 발전하기 시작했다. 이를 보면서 사회언어학의 출현과 발전을 "지식 혁명intellectual revolution"이라고 하는 사람들도 있었다. 1966년부터 미국의 사회언어학자들은 대규모 실증 연구를 계획적이면서도 종합적으로 진행시키기 시작했는데, 그 주요 과제가 흑인과 소수민족의 언어 문제였다.[5] 또 1970년대에 이르러서는 사회언어학 이론을 종합적으로 결론 짓기도 했다. 1970년대 이후부터 응용 측면의 연구가 증가했으며 이와 동시에 이미 제기되었던 여러 이론들에 대해서도 심도 깊은 연구와 수정을 해 나아갔다. 그러면서 1980년대 이후부터 사회언어학은 점차 자신의 모습을 찾아갔다.

현재까지 사회언어학에서는 많은 연구 성과를 쌓았고 또 많은 이론 모델들도 제시했으며 적지 않은 문제들도 해결했다. 사회언어학 방면의 전문 저널지로는 몇 십 년의 역사를 지닌 *International Journal of the Sociology of Language*, *Language in Society*가 있으며 새로 생긴 사회언어학 저널지들로는 *Language Variation and Change*, *Journal of Sociolinguistics* 등이 있다. 이중언어를 전문 주제로 하는 많은 저널들도 사회언어학적 분야에 속한다. 이 외에, 대부분의 언어학계로부터 영향력을 인정받는 불특정 주제의 언어학 저널지인 *Language*, *Journal of the Linguistic Society of America*, *The British Journal of Linguistics* 등에도 사회언어학 관련 논문이 자주 발표된다.

New Ways of Analysing Language Variation은 언어변이를 중심으로 하면서 사회언어학 각 방면을 두루 포괄하는 연례 학술 심포지엄

---

5) 당시의 인식에는 확실히 일정한 편견이 존재했다. 이후의 사회언어학 연구 중에서 얻어낸 중요성과 중 하나는 언어적 사회 불평등 현상에 대한 개선이다. 소수 민족의 언어 능력이 열등하다고 하는 시각은 사실 언어적 사회 불평등 현상에 의해 조성된 편견이다.

으로서, 벌써 북미의 여러 대학들이 돌아가며 30여 회를 치러냈으며 수년 간 매 회마다 선발된 수백 편의 논문들이 발표되었다. 유럽에서 4년에 한 번씩 치러지는 Sociolinguistics Symposium도 앞으로 제 15회를 맞이한다.[6] World Congress of Linguistics에서도 이미 연속으로 수회동안 사회언어학 회의장이 마련되었다. 그 외에, "미주 언어학학회"LSA같은 지역성을 띤 언어학회와 "국제한어 언어학학회[7]" 같은 특정 언어를 연구 대상으로 하는 언어학회의 연례 회의에서도 끊임없이 사회언어학 논문이 발표되고 있다.

중국의 사회언어학은 천위엔陳原 등 앞 세대 언어학자들을 필두로 1980년대 말부터 조직적으로 활동하기 시작했는데, 그 중에서 1987년 언어응용 연구소가 개최한 사회언어학 심포지엄이 상징적 활동으로 꼽히고 있다. 그 후, 2002년 베이징위엔北京語言대학에서 개최되었던 제 1회 국제 사회언어학 심포지엄은 중국 사회언어학 연구가 국제적 발전 단계로 들어섰음을 상징한다. 이 때에는 국제적으로 제1세대 사회언어학자에 속하는 존 검퍼즈John J. Gumperz교수가 초청에 응해 주제 발언을 하면서 중국의 국내외 많은 학자들의 주목을 받았다. 그리고 2002년의 국제 심포지엄을 발판 삼아 2003년에는 중국 사회언어학회가 성립되었고 국제 간행물인 『중국사회언어학中國社會語言學』이 처음으로 발행되었다.

....
6) 현재는 격년으로 개최되며 가장 최근에 열린 대회는 제20회로서 2014년 필란드의 University of Jyväskylä 에서 열렸다.—역주
7) 2015년 제23회 국제한어 언어학학회는 서울의 한양대학교에서 개최되었다.—역주

사회언어학의 대상

모든 학문분야에 존재하는 필수 조건 중 하나는 자신의 연구 대상에 대한 명확한 목표가 존재해야 한다는 것이다. 이러한 문제는 자신이 기타 학문분야와 갖는 상관관계를 확정하여 자신의 지위를 확립하고 자신의 연구 목적, 임무, 배경, 방법론 및 연구 영역을 명확히 해야 한다는 또 다른 문제와 연관된다.

언어와 사회가 밀접하게 관련되어 있다는 사실은 이미 사람들에게 오래전부터 인정되던 바였지만, 사회언어학이 하나의 독립 학문분야로 성립된 역사는 그리 길지 않다. 따라서 사회언어학의 대상을 논할 때에는 항상 적지 않은 논쟁을 부른다. 사회언어학 자체의 지위 문제에 대한 상이한 견해가 그 예이다. 일각에서는 "사회언어학"이라는 용어가 학제적 연구 영역을 대표하기는 하나 독립된 학문분야는 아니라고 하였다. 하임즈D. Hymes는 일찍이 1970년대부터 이러한 생각을 여러 차례 밝혔었는데, 그는 사회언어학과 이전의 인류언어학, 심리언어학은 모두 인류학자, 심리학자, 사회학자 등 기타 학문분야 연구자들이 함께 참여해 온 일종의 과학적 연구 영역이라고 생각했다. 사회언어학이라는 용어의 출현은 신생 학문분야의 출현이 아닌, 이들 학문 연구에 종사하는 인류학자, 사회학자, 심리학자, 언어학자들이 모두 공통적으로 관심을 갖는 문제가 존재한다는 것을 대변해 줄 뿐이라는 것이다. 또 그는 시간이 지남에 따라 언어학자들도 언어학 대상 속에 사회 문화적인 연구가 반드시 필요하며, 기타 사회과학 연구자들도 자신들이 연구하는 내용이 언어학과 밀접하게 연관되어 있다는 것을 인정하게 될 때 "사회

언어학"이라는 용어는 더 이상 필요 없어질 것이고 하였다.Hymes, 1972

하지만 이와는 다르게, 훨씬 더 많은 사람들이 사회언어학을 하나의 독립적인 학문분야로 생각하고 있다. 하지만 여기에도 각기 다른 견해들이 존재한다. 하나는 사회언어학의 약한 요구라고 하고 다른 하나는 사회언어학의 강한 요구라고 할 수 있다. 전자는 사회언어학을 음성학, 어휘학, 어법학, 수사학처럼 언어학의 일부분, 즉 언어학의 한 갈래로 보자는 것이며 후자는 사회언어학을 언어학과 나란히 존재하는 독립된 학문분야로 보자는 것이다.

하나의 연구가 자신의 독립된 지위를 가질 수 있는지, 하나의 독립된 학문분야로 성립될 수 있는지에 대한 여부는 자신이 명확히 정한 대상이 있는가, 통일된 이론과 개념을 갖고 있는가, 상응하는 연구 방법이 존재하는가의 여부에 달려있다. 이들 방면에서 한 번 살펴보도록 하자. 각 학파에 속해 있던 이전의 언어학자들도 어느 정도는 언어의 사회성 및 사회적 요인들의 영향에 주의를 기울였다. 사회학자, 심리학자, 인류학자와 기타 사회과학 연구자들도 언어가 어떻게 사회 과정을 반영하고 있는지 연구했었지만 그들의 연구는 모두 그들 자신의 관심 범위를 벗어나지 못했었다. 하지만 40년간의 사회언어학 연구를 훑어봤을 때, 사회언어학은 물리화학과 화학물리처럼 두 학문분야의 기초 위에서 점진적으로 자신의 연구 대상을 형성하고 이론과 연구 방법을 성립시켜왔다.

그렇다면 사회언어학의 대상은 무엇일까? 1960년대, 사회언어학이 막 출현했을 시기의 연구 대상은 그다지 명확하지 못했다. 그러나 근래 들어서면서부터 사회언어학 연구는 깊이를 더해갔고 그에 따라 연구 대상이 점차 명확해져 갔다. 이와 더불어 여러 이론들이 끊임없이 출현하며 그 연구 방법도 나날이 발전해 갔다. 이에 연구 대상은 아래 세 가지 방면으로 귀납시킬 수 있다. 첫째, 언어의 변이variation 연구이다. 사회적 요인과 연계시켜 언어변이 출현의 원인과 규칙을 탐구하며 통계적 방법과 확률 모델을 이용하여 변이 현상을 기술한다. "미시사회언어학"micro-sociolinguistics 또는 "소사회언어학"이라고도 한다. 둘째, 사회속의 언어문제 연구이다. 이중언어bilingualism, 이중방언bidialectalism, 언어 접촉language contact 등의 문제를 연구하며 "거시사회언어학"macro-sociolinguistics 또는 "대사회언어학"이라고 부른다. 셋째는 사람들이 실제 환경 속에서 어떻게 언어로 의사소통을 하는지, 또 각기 다른 사회와 사회 공동체가 어떻게 언어 차이를 이용하는지를 연구하는 것이다. 이러한 연구를 "말하기 민족지학"ethnography of speaking이라고 한다. 대상에 어떤 이름을 붙이든지에 상관없이 사회언어학의 대상은 언어와 사회이다. 사회와 연계시켜 언어문제를 연구하든지 언어와 연계시켜 사회문제를 연구하든지 이들 모두는, 언어가 일종의 사회현상이라는 생각이 언어학계에서 기본적으로 인정받았다는 사실을 보여준다. 언어와 사회는 밀접한 관계에 있기 때문에, 사회를 떠나 언어를 연구한다면 근본적으로 언어의 본질을 이해할 수 없을 뿐만 아니라 수많은 언어 현상을 해석할 수도 없을 것이다.

　　몇몇 사회언어학자들은 "어떤 사람이 어떤 곳에서 어느 때 어떤 사람에게 어떤 말을 무슨 이유로 하는가"라는 통속적 표현으로써 사회언어학의 연구 대상을 설명하기도 했는데, 이러한 생각이 지금까지도 사람들에게 널리 알려져 있다.

사회언어학과 기타 학문분야와의 관계

사회언어학이라는 명칭에서부터 그것이 얼마나 사회학과 밀접한 관계에 있는지를 알 수 있다. 사회학이 하나의 학문분야로서 제기된 것은 1838년 프랑스의 사상가인 꽁뜨Auguste Comte에 의해서이다. 꽁뜨는 사회에 관한 모든 연구를 사회학이라고 통칭했기 때문에 당시 사회학의 영역은 매우 넓었다. 그러나 그 후 사회현상에 대해 진행된 전문적인 연구로 인해 정치학, 법률학, 교육학 등의 여러 사회과학이 출현하였고 이들을 제외한 나머지 문제들이 현재 사회학의 대상이 되었다.

사회학자 뒤르켐Emile Durkheim 1858~1917은 꽁뜨로부터 직접적인 영향을 받아 사회학에서는 "사회사실"을 연구해야 하며 "개인적"인 것과 "사회적"인 것 두 갈래로 나누어야 한다고 하였다. 이 생각은 언어학자 소쉬르F. de Saussure에게 큰 영향을 끼쳤고 그로 인해 소쉬르는 "언어사실"이라는 말을 언어학에서 사용했다. 그리고 뒤르켐의 방법에 따라 언어를 두 가지 측면으로 구분하면서 랑그langue와 빠롤parole이라는 개념을 탄생시켰는데, 사실상 이러한 구분이 사회언어학의 기초를 다졌다. 랑그는 언어의 구조 체계이며 빠롤은 언어의 사용이다. 지금 논하고 있는 사회언어학은 이 둘을 합친 것으로서, 랑그와도 연관되며 빠롤과도 관련된다.

인류학은 사회에 대한 기술에 있어 기능적 방법을 이용했다. 영국의 문화 인류학자 말리노브스키M. Malinowski는 인간들이 구체적인 사회 속에서 드러내는 행위와 표현을 상세하게 기술하였으며, 언어적 의사소통을 "독립적으로 간주될 수 있는 사회 과정의 작은 일부분"으로 생각했다. 그후로, 언어학자 퍼스J. R. Firth가 말리노브스키의 관점을 이어받아 전체 의사소통 환경 속에서 언어를 연구하였으며 발화상황맥락context of situation이라는 개념을 제시하면서 언어의 의미란 바로 그 맥락 속에서 발휘하는 기능이라고 하였다. 그는 언어학을 사회과학의 한 분야로까지 여겼으며 실험과 증명을 강조하면서 다음과 같이 말하였다. "기타 사회과학처럼 언어학에서도 그 출발점은 세계 속에 존재하는 인간의 적극적인 활동이다. 우리는 이러한 활동의 이론을 세우고자 하는 것이며……언어학은 빠롤과 랑그를 생활과 연계된 것을 간주한다. 그렇기 때문에 언어학은 생활의 '의미'와 서로 관련된다."Firth 1957 사회언어학은 바로 이처럼 의사소통 능력의 관점에서부터 언어를 연구하는 것이며, 이러한 점에서 기능에 대한 인류학적 원리가 사회언어학의 기초를 놓았다고 해도 좋을 것이다.

뤼슈샹呂叔相은 사회언어학을 역사언어학, 구조주의언어학과 동일 선상에 놓고 언어학의 제3차 해방이라고 하기도 하였다.呂叔相 1980 이는 언어학 영역 속에서 발휘하는 사회언어학의 기능에 대하여 매우 높은 평가를 내린 것이다. 위와 같이 사회언어학을 언어학과 동등한 위치의 학문분야로 여기는 사람들도 있으나 현재까지는 대부분의 사람들이 여전히 사회언어학을 언어학에 속하는 것으로 보고 있다. 후자의 견해를 견지하는 사람들에게 있어, 사회언어학이 언어학에서 점하는 위치는 언어학의 한 분야이기도 하고 한 학파이기도 하다.

어떤 사람들은 사회언어학을 언어학의 한 학파로 간주하고 변형생성언어학과 상호 대립되는 것으로 보기도 한다. 하지만 또 어떤 사람들은 사회언어학을 변형생성언어학과 아무런 관련이 없는 것으로 여기기도 한다. 하임즈Hymes 1971는 언어의 사회 본질적 관점에서 촘스키의 모델은 "발화공동체의 단일성을 연구하면서 화자의 역할, 수사적 의미, 사회적 의미를 완전히 배제하였기 때문에 구조 언어학의 모델과 다르지 않거나 심지어는 구조주의보다 더 퇴보한 모델이라 할 수 있다"고 하였다. 사회언어학은 사회적 맥락 속에서 언어를 연구하고 분석하며 규칙을 발견한다. 그래서 하임즈는 "그렇게 협소한 언어이론(즉, 생성언어학이론을 가리킨다―역주)이 부정되지 않을 경우 수많은 언어자료와 언어문제들은 이론적 연구 밖으로 내몰릴 것이다"라고 하였다.Hymes 1971 그러나 사회언어학은 실제로 생성언어학의 모든 개념과 연구 방법을 철저하게 포기하지는 않았다. 하임즈는 생성언어학이 언어변이 분석과 그 연구를 배척한 것에 대해서는 비판을 가했지만 여전히 촘스키의 "언어 능력"competence 개념은 이용하였고 또 이를 바탕으로 "의사소통 능력"communicative competence 이라는 개념을 제시하였다. 또한 생성언어학은 연구 방법상에서도 사회언어학에 영향을 끼쳤다. 많은 사회언어학자들이 생성언어학의 분석모델을 이용하였는데, 그 중에서 라보브William Labov 1972는 미국의 흑인영어 변종을 분석하면서 생성음계론의 분석방법들을 이용하기도했다. 언어 현상을 기술하는데 있어서도 사회언어학은 변형생성언어학의 형식 표현법을 이용했는데, 라보브가 미국의 흑인영어를 기술하면서 사용했던 변항규칙variable rule이 바로 그 예이다. 하지만 이러한 영향들은 표현 방법상에서의 차용이었을 뿐 사회언어학의 근본적인 방법론상의 원칙에까지 미치지는 못하였다. 모든 과학은 서로 다른 분야의 과학에 존재하는 합리적 연구 방법을 차용할 수 있다. "변항규칙"을 지금은 사회언어학에서 거의 이용하지 않지만 변항규칙으로써 만들어진 "변항규칙 분석법"variable rule analysis은 커다란 발전을 거두었다. 그리고 현재 이 방법을 이용할 때에는 "규칙"이라는 말도 잘 쓰지 않는다.

사회언어학은 방언학과 밀접한 관계에 있다. 여기서 말하는 방언이란 지리 방언을 가리키며, 방언학이란 전통적인 지역 방언 연구를 말한다. 방언학은 언어학의 한 분야로서 상이한 언어 형식의 지리적 분포 상황을 연구하며 발음, 어휘, 어법 방면에 존재하는 방언의 차이를 전문적으로 분석하고 기술한다. 이와 함께 방언학에서는 방언간의 관계를 연구하기도 하며 방언 간 대응규칙을 탐구하고 그것이 역사적으로 어떤 관계에 있는지를 살펴보기도 한다. 방언 연구에서는 현지조사를 통해 충분한 방언 자료를 얻은 뒤 그것의 음운, 어휘, 어법을 체계적으로 기술하고, 나아가 한 방언과 기타 방언을 비교하거나 언어사적 연구를 통해 방언의 분화와 발전과정을 탐구한다. 방언학 연구에서는 언어와 방언이 하나의 완벽한 구조 체계로 간주된다. 방언구와 방언구 간은 각 등어선isogloss에 따라 나누어지는데, 이상적인 상황에서만 그 구간을 분리하는 명확한 경계가 존재한다. 언어 자료를 수집할 때에는 일반적으로 한두 명의 방언 사용자를 찾아 그들에게 단어 리스트를 읽게 한 뒤 발음 특징을 기록하여 그 방언에 대한 기술 자료로 삼는다.

사회언어학 연구와 방언학 간에는 연계성도 있는 반면 차이점도 존재한다. 사회언어학에서 연구하는 것도 방언 변종이기 때문에 어떤 의미에서는 사회언어학도 일종의 방언학이다. 하지만 연구 대상은 지리적 변종이 아닌 사회적 변종으로서 "사회방언"이라고도 한다. 사회언어학과 전통적인 방언학 간에는 아래와 같이 네 가지 방면에서 차이를 보인다.

첫째, 사회언어학은 언어의 사회 변종을 연구할 뿐만 아니라 그 사회 변종을 사회적인 요인과 연계시켜 그들 간에 어떤 관계가 존재하는지도 연구한다.

둘째, 사회언어학은 주로 공시적인 연구방법을 이용하며 현상을 기술하고 일정한 규칙을 정리해내는 데 중점을 둔다. 그러나 방언학은 기술하는 것 이외에 역사상의 방언 분화 관계도 탐구한다.

셋째, 언어조사 대상을 선택할 때, 사회언어학은 소수의 전형적인 화자에만 국한하지 않고 과학적 표본조사와 함께 확률적 통계 방법을 이용한다.

넷째, 사회언어학자들의 입장에서 보면 방언 간에 명확한 경계란 존재하지 않는다. 한 방언에서부터 또 다른 방언까지는 점진적으로 넘어가는 하나의 연속체continuum이다. 뿐만 아니라 사회언어학에서는 방언의 구분기준을 순수하게 언어적 기준으로만 정해서는 안 되며 정치, 사회적 요인들도 고려해야한다고 여긴다. 그렇지 않을 경우 왜 어떤 때는 구조적인 차이가 큼에도 방언이 되는 반면 차이가 작음에도 두 개의 언어가 되는지를 해석할 수 없다.

상기 분석을 통해, 사회언어학은 방언학의 연구 성과를 흡수했으면서도 방언학의 연구 방법과 그 임무는 새롭게 확대, 발전시켰음을 볼 수 있다. 최근 몇 년 들어 미국 언어학계에는 다음과 같이 두 방면에 걸쳐 새로운 추세를 보이고 있다. 하나는 방언 지리학의 연구 대상들이 이미 사회언어학에 의해 포괄적으로 연구되고 있으며 그 속에 사회변이에 관한 내용들도 늘어났다는 것이다. 그리고 또 하나는 사회언어학의 연구에도 언어의 역사적 변화에 관한 내용이 보편적으로 늘어났다는 것이다. 미국 사회의 높은 도시화 과정 속에서 폐쇄적인 지방 경제를 기반으로 했던 전통적 지역 방언은 이미 대부분 사라졌고, 이에 따라 해당 언어 상황에 맞춰져 있던 전통적 방언학 방법도 대부분 폐기되었다. 이렇듯 미국의 방언학은 이미 사회언어학으로 녹아들었다고 할 수 있다.

사회언어학은 수사학과도 밀접한 관련이 있다. 이 두 분야의 범위가 많은 방면에서 중복되지만 차이는 여전히 존재한다. 수사학은 고대부터 사람들에게 "발화예술"의 과학으로 불려왔었다. 고대 로마에서는 웅변술rhetoric을 가르치는 사람도 있었는데, 그 목적이 언어적인 수단과 비언어적인 수단을 포함한 모든 수단(그 중 주요하게는 언어적인 수단)을 동원해 청중들을 감동시키고 설득시키는 데 있었다. 이 때문에 언어에 대한 연구는 사람을 설득시키는 수단을 어떻게 이용할 것인가에 치우쳐 있었다.

　　사회언어학과 수사학의 공통점과 차이점은 아래와 같이 네 부분으로 나눌 수 있다.

　　첫째, 이 둘은 모두 언어의 변종을 연구한다. 사회언어학은 사회 변종을 연구하고 수사학은 풍격의 기능 변종을 연구한다. 그러나 사회언어학은 풍격의 문제, 즉 어떤 상황에서 어떤 말을 해야 가장 적절한가도 연구하며 이런 점에서는 사회언어학과 수사학이 일치한다. 하지만 수사학(특히 전통적인 수사학)은 언어 체계 속에서 어떤 수단들이 선택되어 쓰이는지를 주로 연구하며 이들 수단이 사용되는 맥락은 고려하지 않는다. 사회언어학이 문체 변이를 연구할 때는 해석을 중시하며 객관적이고 중립적인 태도를 견지하지만 수사학은 응용적 성격의 연구로서 언어 사용자에게 언어 수단들을 추천한다.

　　둘째, 이 둘은 모두 텍스트, 즉 문장의 범위 그 이상의 언어단위를 중시한다. 수사학은 문장 간의 관계와 텍스트의 구성을 중시하기는 하지만 그것을 작문의 시각에서 많이 고려한다. 반면에 사회언어학은 단락과 텍스트 속에서 단락의 일관성 및 사회적 상징 의미와 같은 문장 이상의 단위 규칙을 연구한다.

셋째, 수사학은 비교적 서면 형식을 많이 연구하지만 사회언어학은 서면 언어뿐만 아니라 구두 언어도 연구한다. 더욱이 사회언어학은 일반적으로 기타 학문분야보다 구두 언어를 더욱 중시한다고 할 수 있다.

넷째, 사회언어학에서는 언어 변종을 연구하는 것 외에 이중언어 등 비교적 커다란 언어의 사회 문제도 연구하지만 수사학에서는 이들 내용을 포함하지 않는다.

본서의 전체 구조

본서는 총 9장으로 나누어져 있다. 제1장에서는 주로 문제 제기와 함께 사회언어학의 기본 개념들을 간략하게 소개하고, 제2장부터는 사회언어학 각 방면의 연구 성과와 그 방법들을 중점적으로 소개한다. 제2장부터 제9장까지의 구체적인 내용은 다음과 같다. 제2장 "언어 사용과 관련한 연구 학파와 방법"에서는 언어 사용 범위의 사회 분화적 시각에서 몇 개의 각기 다른 학파와 그 이론 체계에 관련된 연구를 소개한다. 제3장 "언어변이와 언어변종"에서는 언어변이의 여러 모습들을 논하고 제4장 "언어변항의 기술과 연구"에서는 언어변이에 관한 사회언어학의 연구 방법을 소개한다. 그리고 제5장 "언어변화"에서는 "진행 중인 변화"에 대한 연구를 소개하고 제6장 "언어접촉"에서는 이중언어와 이중방언 현상에 대한 사회언어학의 연구를 소개한다. 또 제7장 "언어계획"에서는 언어 계획 문제에 대한 사회언어학의 인식을 소개하고 제8장 "사회언어학의 응용"에서는 각 방면에서 사회언어학의 연구 성과가 응용된 실제 응용사례를 소개한다. 끝으로 제9장은 "결론"으로서 앞의 각 장에서 논했던 내용들을 바탕으로 사회언어학의 이론적 의미를 종합하고 이와 관련된 언어의 본질적 문제들을 논의한다. 그 문제들에는 어법의 정의, 언어와 사회 그리고 언어와 개인 간의 관계, 자율적 현상으로서의 언어와 인위적 현상으로서의 언어 간의 관계 등이 포함된다. 더불어 사회언어학에 나타난 신경향들을 바탕으로 이들 문제에 대한 새로운 시각을 제시해 보고자 한다.

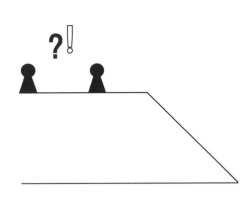

02 제2장

사회언어학의 지향점은 사회문화와 인간이라는 커다란 환경 속에서 언어 현상 및 그 규칙을 연구하는 것이다.(서론을 참고할 것) 사회적인 각도에서의 언어문제 연구는 언어 사용을 연구하지 않고서는 불가능하다. 하지만 언어 사용은 매우 광범위한 개념으로서 그것이 소급되는 범위가 매우 넓다. 예를 들면, 서로 다른 사회 환경 속에서의 사람들은 언어 사용에 대해 서로 어떤 다른 기대들을 품고 있는가, 또 그 속에는 어떠한 규칙이 존재하는가, 언어 사용 중 언어 형식을 선택하는데 영향을 주는 요인은 어떠한 것들이 있는가, 문화 배경이 의사소통 책략에 미치는 영향은 어

언어 사용과 관련한 연구 학파와 방법

떠한가 등 어느 하나의 문제에만 그치지 않는다. 언어학계에서는 아주 습관적으로 "언어는 의사소통의 도구"라는 말을 하는 것 같다. 그러나 구체적으로 들어가서 언어가 의사소통 도구로 어떻게 충당되는지 또 실제로 어떻게 운용이 되는지에 대해서는 체계적인 연구가 부족하다. 본 장에서는 상기 문제들을 다루는 광의의 사회언어학을 다섯가지 측면에서 소개하고자 한다. 그 다섯 개 측면에는, 의사소통 민족지학, 다문화 의사소통 연구, 상호작용 사회언어학, 사회화 과정에서의 언어 습득 그리고 대화분석이 포함된다. 이들 영역은 각각 언어 사용에 관한 연구의 중요한 방법론적 학파를 대표하며 상이한 연구중점을 갖고있지만 언어와 인간의 사회생활이 분리될 수 없는 밀접한 관계에 있다는 점에서는 일치한다.

제1절 의사소통 민족지학

의사소통 민족지학Ethnography of Communication(의사소통의 인종지학이라고도 번역된다)에서는 언어와 문화, 언어와 사회 간 상호관계 속에서 언어의 사용규칙을 연구한다. 이 학파는 문화인류학적 관점에서 언어 사용을 기술하는데, 특히 서로 다른 공동체나 조직 및 사회 속에서 문화적 습관의 상이함이 언어 사용에 미치는 제약의 특징을 중점적으로 연구한다.

서양학자들에 의해 사용된 "의사소통 민족지학"이라는 용어가 처음 접할 때는 마치 언어학과 요원한 것처럼 들리지만, 실제로는 주로 언어적 의사소통과 관련된 민속 문화 측면의 요인들을 가리킨다. 민족지학이란 원래 각 민족의 형성, 발전, 생활 거주환경, 습속 신앙 등을 연구하는 인류학의 한 갈래였다. 그런데 사회언어학자들은 이 용어를 이용하여 언어이면에 깔린 인간적(즉 문화적 측면의) 제약 요인과 환경적 제약 요인을 표시하였다. 어떤 장소와 분위기에서 어떤 말을 해야 하는가는 로마에 가면 로마의 법을 따라야 하는 것과 같은 이치이므로 매우 쉽게 이해될 것이다. 그러나 언어 이론적 시각에서 볼 때, 무엇을 "상황에 맞는 발화"라고 할 것인가, "상황"에는 어떤 것들이 있고, 언어 사용상의 "규범"에는 또 어떤 것이 존재하는가 하는 것은 모두 심도 깊은 연구를 요하는 문제들이다. 일반인이라면 "상황에 맞는 발화"와 함께 자신의 "상황"과 "규범"을 체험했을 것이고 내면적으로도 그것을 이해했을 것이다. 하지만 그는 그것이 왜 그러한가에 대해서 설명할 수도 없을 뿐만 아니라 자신과 다른 여러 "상황"과 "규범"을 알 필요도 없을 것이다. 그러나 언어 사용을 연구하는 사람들에게 있어 이러한 것들은 매우 흥미로운 문제가 된다. 따라서 의사소통 민족지학이라는 용어를 사용하는 사람들의 연구 대상은 현지인들이 언어사용에 관해 지니고 있는 (광의의) 이념과 실천이 된다. 비록 그것이 명확하게 표현된 것이든 잠재적인 것이든 말이다.

의사소통 민족지학은 언어학, 인류학, 심리학, 민족학 등의 방면과 불가분의 관계에 있다. 그러나 하임즈Hymes 1974가 언급했던 바와 같이 의사소통 민족지학은 결코 이들 학문분야의 하위 갈래에서 조금씩을 취해 완성된 것이 아니다. 그와는 반대로, 의사소통 민족지학은 자신만의 독립적인 이론과 방법을 세우고자 시도해왔다.

의사소통 민족지학에서 제일 먼저 주의를 기울인 것은 의사소통 상황의 구성요소였다. 이 학파에서는 발화 환경을 분석하는 것이 매우 중요하다고 여겼기 때문이다. 언어 사용의 각 요소들을 철저하게 연구해야만 비로소 사람들이 어떻게 각 환경에 따라 그에 알맞은 특정 행위를 하는지 정확히 이해할 수 있지만 발화환경은 매우 복잡하기 때문에 의사소통상황의 모든 요소들을 찾아내기란 극히 곤란하거나 심지어 불가능하기도 하다. 따라서 여기서는 언어 행위에 영향을 주는 주요 특징들에만 주의를 기울이고 영향이 비교적 작은 특징들은 잠시 뒤로 하고자 한다. 예를 들면, 2인대화 시 어떤 색의 넥타이를 하고 어떤 모양의 구두를 신었는가 하는 것은 잠시 중요치 않게 생각할 것이다. 또 대화를 빗속에서 진행하든지 햇볕아래서 진행하든지 이 역시 중요치 않게 생각할 것이다.(그러나 이러한 요인들도 대화에 영향을 줄 수 있으므로 절대적으로 배제할 수는 없다) 하지만 부부 간의 대화가 처음 만난 직장동료 간의 대화와는 다르다. 이 때 대화를 진행하는 쌍방의 관계는 언어행위에 영향을 주는 중요한 요인이 되는데, 의사소통 민족지학에서 찾고자 하는 것이 바로 이러한 상관relevant 요소이다.

예전에는 의사소통 상황에 화자, 청자, 화제라는 세 가지 기본적 요소가 존재한다고 여겼었다. 현재의 시각으로 본다면 이러한 구분은 상당히 불완전하다. 왜냐하면 언어행위에 영향을 주는 요소가 이들 세 개만 있는 것이 아니기 때문이다. 영국의 언어학자 퍼스는 저명한 인류학자였던 말리노브스키 사상의 영향을 받아 1930년대에 "발화 상황" 또는 "상황 맥락"context of situation이라는 개념을 제시했다. 퍼스가 말한 상황 맥락이란 "언어사건에 이용되는 개괄적 구조로서 어법의 차원과는 구별되는 하나의 추상적 범주이다. 그것은 어법과 밀접한 관계를 가진 언어의 또 다른 측면이다."Firth 1957 그는 언어의 의미가 맥락화된 기능 속에 있다고 여겼으면서도 "발화 상황"을 세 가지 방면으로 밖에 나누지 않았다. (1) 참여자와 관련된 특징. 참여자란 발화사건에서의 참가자를 말한다. 특징에는 참여자의 개성, 언어적 활동과 비언어적 활동이 모두 포함된다; (2) 관련된 사물; (3) 언어활동에 의한 효과. 이 개념은 후에 할리데이M. A. K. Halliday, 데이비드 크리스탈David Crystal의 언어 기능과 변종 연구에 커다란 영향을 주었다. 그러나 퍼스가 제시한 범주는 사실 충분히 명확하지는 못했다. 이 때문에 미국의 얼빈-트립S. Ervin-Tripp, 피쉬만Joshua Fishman, 하임즈Dell Hymes등이 모두 발화 환경에 대한 분석을 시도했었다. 예를 들어, 얼빈-트립Ervin-Tripp, 1964은 의사소통의 기본 구성부분으로 다음과 같이 다섯 가지가 존재한다고 여겼다. (1) 참여자participants; (2) 상황situation; (3) 의사소통 형식forms of communication; (4) 언어행위, 화제와 내용speech acts, topic and message; (5) 의사소통 기능function of communication.

의사소통 민족지학의 대표적 인물인 하임즈Hymes 1972는 "언어와 사회생활의 상호 영향 및 그 모델Models of the interaction of language and social life"이라는 논문에서 의사소통 상황의 구성성분을 13개로 분류한 후 "SPEAKING"이라는 어두약어로 귀납하였다. 이러한 공식은 실제 발화 활동과 관련된 요소들에 대해 광범위하고도 일목요연한 설명을 제공해 준다. SPEAKING은 축약어로서 "발화 상황의 구성성분"을 대표하는데, 구체적으로 설명하면 아래와 같다.

Setting and scene(S) 배경과 장
배경과 장은 나누어 설명할 수 있다. 배경(setting)이란 1994년 4월 8일 오전 11시, 강당이라고 하는 것처럼 의사소통 사건이 발생한 시간, 장소(물리적)를 말한다. 그리고 장(scene)이란 사건에 대한 문화적 정의로서 예를 들면 격식적인 장과 비격식적인 장이 그에 속한다.

Participants(P) 참여자
면대면 대화에서 참여자는 화자, 청자가 되며, 전화 대화에서는 송화자와 수화자가 된다. 또 강의 등의 규모가 큰 교류에서 참여자는 보고자와 청중이 된다.

Ends(E) 목표와 효과
이 부분에서는 두 가지 면으로 나누어 논할 수 있겠는데, 그 중 하나는 결과(outcome)로서 예측할 수 있는 결과와 예측할 수 없는 결과로 나뉜다. 그리고 나머지 하나는 목적(goals)으로서 개별적 목적과 일반적 목적으로 나뉜다. 예를 들어, 보고자는 청중을 사로잡는 효과를 얻고자 했지만 오히려 불분명한 강의로 인해 사람들이 지겨워하는 결과를 얻을 수 있다. 보고자의 목적은 청중으로 하여금 사회언어학에 흥미를 느끼도록 하는 것이었던 데 반해 청중의 일반적인 목적은 그저 따뜻한 강당에서 한 시간 앉아있고자 했을 뿐일 수도 있다.

Act sequence(A) 정보내용과 형식

표현 형식(form)은 사건이 발생한 순서를 어떠한 형식으로 발화하는가 이고 내용이란 무엇을 말하는가이다. 예를 들어 50분간의 보고가 형식이고 사회언어학이 그 내용일 수 있다.

Key(K) 정보 전달의 방식, 논조

같은 내용을 다른 표현방식으로 전달할 경우 상대방에게 전달되는 의미는 크게 달라질 수 있다.(이후에 나올 상호작용 사회언어학 참고)

Instrumentalities(I) 의사소통 수단

광의의 수단에는 채널(channel)과 발화 형식(forms of speech)이 모두 포함된다. 채널이란 구두어나 서면어 등을 가리키며 발화 형식이란 그것이 언어인가 방언인가를 가리킨다.

Norms(N) 교류에서의 행위규범

규범이란 발화자의 시각과 청자의 시각을 모두 포괄한다. 화자에게 있어 규범이란 발화 규범을 가리키며 청자에게는 해석 규범을 의미한다. 예를 들어, 영국에서는 보고자와 청중이 강의 중에 말을 끊어서는 안 되며 질문도 나중에 제기해야 한다고 여긴다. 그 중에서도 청중은 자신이 듣고 있는 보고, 특히 학술보고에서는 유머가 출현하지 않을 것이라고 생각하는데 이것이 바로 일종의 해석 규범이다.

Genres(G) 발화체재

언어형식의 유형과 체재를 가리킨다. 예를 들면, 대화와 독백(서사)은 전형적으로 상이한 두가지 체재이다. 그리고 이들 체재 내부에서도 다시 서로 다른 체재로 세분될 수 있는데, 예를 들어 강좌도 독백의 한 체재이다.

물론, 발화환경분석이 서양언어학자들만의 전유물은 아니었다. 중국의 수사학자들도 발화환경에 상당한 주의를 기울였었다. 예를 들어 천왕따오陳望道는 『수사학발범修辭學發凡』에서 일반 작문서에서 자주 언급되는 "육하"(왜, 무엇을, 누가, 어디서, 언제, 어떻게)를 논하였었는데, 이 역시도 발화환경에 대한 분석으로 보아야 할 것이다.

발화환경분석 자체는 최종목적이 아니다. 사회언어학에서 궁극적으로 밝히고자 하는 것은 사람들이 구체적인 발화환경 속에서 이들 구성요소에 근거해 어떠한 선택을 하는가, 그리고 그 속에는 어떠한 규칙이 존재하는가이다. 발화 환경의 요소에는 거시적인 것과 미시적인 것이 모두 존재한다. 상술한 상황 요소들은 기본적으로 미시적인 범주에 속한다. 거시적인 관점에서 본다면, 상이한 지역의 민족과 문화 환경 속에서 생활해온 사람들간에는 언어 사용에 있어 매우 상이한 이해범주가 존재할 수 있다. 예를 들어, 각각의 민족과 공동체에는 언어 사용(혹은 언어 금기)에 관한 각자의 규칙이 존재하는데, 이와 유사한 현상들이 의사소통 민족지학의 발전을 부추기는 주요 요인 중 하나가 된다. 언어학자 워더프R. Wardhaugh는 자신의 『사회언어학개론社會語言學槪論』에서 다음과 같이 재미있는 예들을 들었다.

서남 아프리카에는 삼림 속에서 수렵과 과일채집에 의존해 살아가는 "쿠엉"Kung이라는 민족이 있다. 생존을 위해 서로 협동 해야 하지만 부족 내부 및 부족 간의 마찰과 다툼이 늘 존재하였기 때문에 그로 인한 그들의 풍속도 이러한 사회적 요구에 맞춰져야 했다. 이에 쿠엉족 사람들은 말하는 것을 매우 좋아하게 되었으며, 말을 나누는 것으로 부족 내부의 의사교류, 감정 표현, 사회 준칙을 어겨서는 안 된다는 일깨움,

개인 간의 충돌 방지가 가능했다. 그들이 나누는 대화 내용은 광범위하지만 주요 얘깃거리는 일반적으로 먹을거리와 인사치례에 관한 것이다.

그 외에, 그들은 항상 그들이 숭배하는 신의 이름을 큰 소리로 외친다. 또 농담을 하거나 이야기를 할 때에도 자신만의 스타일을 구사한다. 이야기의 내용들은 현실에서 일어나는 일 또는 대대로 전해 내려오는 것들에 관한 것일 뿐 절대로 자신이 마음대로 지어내서는 안 된다. 그들은 또 독특한 언어방식으로 분쟁들을 해결하며, 어떤 위험한 사건들이 발생할 경우(초가집에 불이 났을 경우처럼) 큰 소리의 고함으로 긴장된 분위기를 완화시킨다. 이렇듯 쿠엉족 사람들은 말로써 조화로운 사회관계를 유지하고 사람들과의 접촉을 이어가며 각자가 무엇을 생각하고 어떻게 느끼는지를 파악한다.

미국의 아리조나 동부에는 서아파치인Western Apache들이 살고 있는데 그들의 발화습관은 쿠엉족과 반대로 많은 경우 말을 하지 않는 것이다. 예를 들어, 자민족이든 외부민족이든 낯선 사람이 방문한 경우에는 모두 침묵으로 맞이하며 방문자 역시 침묵해야만 한다. 그들은 새로운 사회관계 정립에 익숙하지 않기 때문에 불확정적인 사물이나 관계들에 대해 모두 침묵으로 일관한다. 더욱 재미있는 것은 그들의 아이들이 외지에서 학교를 다니며 기숙하다가 돌아왔을 때에도 침묵으로 맞이하고 아이들도 침묵을 지켜야 한다는 것이다. 이러한 침묵은 쌍방이 서로 상대방에게 습관이 든 후에야 깨질 수 있다. 기타 수많은 경우에서도 이들에게 있어 침묵은 반드시 수행해야 하는 예절에 속한다. 물론 고인이 된 사람이 있다면 침묵은 애도나 동정을 더욱 잘 표현할 수 있는 방법이 된다.

이들과는 확연하게 반대되는, 순수히 말하는 것을 낙으로 여기는 사람들도 있다. 인도 동부의 어느 한 섬에 사는 주민들은 말하는 것을 인생 최대의 즐거움으로 생각하여, 잡담뿐만 아니라 말다툼이나 자신의 발화능력을 뽐내는 것조차도 일종의 즐거움으로 여기고 있다. 그들이 침묵할 경우 그 때는 분명 우울하거나 유쾌하지 않은 일이 생긴 것이다. 세계의 많은 지역 사람들은 자신이 이야기 짓는 능력을 가진 것에 대해 매우 자랑스럽게 생각한다. 하지만 칠레의 아루오카니인들 Aroucanians사이에서는 남성들만 이야기를 지을 수 있을 뿐 결혼한 여자들은 남편 앞에서 반드시 침묵을 지켜야 한다.(천쑹천陳松岑의 『사회언어학도론社會語言學導論』에서도 화본소설인 『快嘴李翠蓮記』의 여주인공이 말을 너무 많이 한다는 이유로 사람들로부터 용서를 받지 못한다는 점을 언급하고 있다)

한편 말하는 방식에 있어 재미있는 지역도 있다. 서인도 군도의 안티과Antigua에 거주하는 주민들은 같이 모여 있을 경우, 누가 주의를 하고 있는지 또는 누가 말을 듣고 있는지에 상관없이 각자 자신의 말만을 늘어놓는다. 그저 다른 사람들이 자신의 말을 멈추고 당신의 말을 들어줄 때까지 큰 소리로 말하기만 하면 될 뿐이다. 그렇기 때문에 함께 모여 있을 때에는 종종 목소리가 클수록 타인에게 관심받을 기회가 많아진다. 무슨 말을 하는 지에 대해서는 중요치 않다. 상점에서 물건을 구입할 때나 식당에서 밥을 먹을 때에도 마찬가지이다. 손님에게 다가와 무엇을 원하는지 물어보려 하는 사람이 없기 때문에 큰 소리로 원하는 것을 말해야만 한다. 게다가 손님의 요구를 종업원이 접수했는지를 알리는 어떠한 메시지도 없다. 따라서 상대해 주는 사람이 없다고 느꼈을 경우 다시 반복하거나 목소리를 높이면 된다. 여러 번 반복해서 말하든지 목소리를 높여 말하든지 그것은 전적으로 그 사람의 성격에 달려있다. 하지만 왜 나를 상대해 주지 않느냐고는 말하지 말아야 한다. 그럴 경우 다른 사람으로부터 욕을 먹을 수 있다.

의사소통 민족지학의 대표인물인 하임즈는 이들 현상을 근거로 언어 사용에 대한 연구가 반드시 전통적인 인류학, 언어학 또는 사회학의 시각으로 진행될 필요는 없다고 지적하며 위와 유사한 현상들에 대해 진행하는 연구를 의사소통(혹은 말하기)의 민족지학이라고 부를 수 있다고 하였다.

의사소통의 민족지학에 관한 연구는 1960년대 하임즈가 쓴 일련의 글로부터 시작되었다. 처음 시작에서부터 하임즈는 정치, 종교, 경제와 같은 기타 사회 조직처럼 언어와 말은 각기 자기 자신만의 모델을 가지고 있기 때문에 인류학자들이 주의를 기울일 만한 가치가 있다고 하였다. 그러나 여기에서 말하는 모델이란 전통적으로 이해되는 어법규칙과는 다른 것으로서, 언어적 요소들은 물론 문화, 사회 조직적 요소들도 포함된다. 이러한 연구 대상의 특이성은 의사소통 민족지학의 독특성 또는 포괄성을 형성했다.

스스로의 체계를 갖춘 사회언어학의 한 분야로서 의사소통의 민족지학에 대한 연구 범위는 다음과 같이 개괄될 수 있을 것이다.

(1) 특정 공동체의 사회언어학적 자원을 연구한다. 이들 자원에는 전통적으로 언급되는 어법형식은 물론 사회적 의미와 사회적 가치를 지닌 언어 방면의 가용수단들을 포함한다. 변종 형식, 스타일 형식, 지칭 형식, 호칭 형식 등이 그 예가 된다.

(2) 실제 발화 활동 및 의사소통의 장에서 상술한 사회언어학 자원들이 어떻게 개발되고 이용되는 지를 연구한다. 예를 들면, 실생활 속에서 사람들은 "동의"와 "비동의"를 어떻게 표현하는가, 어떠한 방식으로 타인과의 다른 관점을 표현하면서 타인에 대한 배려도 보이는가, 또 인사말이나 끝맺음 대화는 어떻게 이뤄지는가 등이 그것이다.

(3) 상이한 유형의 발화활동과 사회교류형식이 공동체 속에서 어떻게 서로 관련되어 있는가, 그리고 이러한 관련은 어떠한 틀을 구성하고 있으며 그 속에는 어떠한 규칙성이 존재하고 있는가를 연구한다.

(4) 의사소통 규약은 그 공동체 구성원의 기타 문화생활적인 면과 어떠한 관계를 맺고 있는가를 연구한다. 예를 들면 화자의 발화규약은 사람들 간의 사회조직, 종교활동, 경제활동, 정치활동 등과 어떤 관계를 맺고 있는가를 연구하는 것이다.

의사소통 민족지학적인 측면에서, 특정 공동체 구성원들의 발화 활동에 대한 포괄적 기술을 위해서는 되도록이면 상술한 각 방면을 두루 섭렵할 필요가 있다. 하지만 실제 연구에서는 종종 그 중 어느 한 면에만 집중하곤 하는데, 예를 들어 특수한 대화 스타일이 어떻게 형성되는 지(남자나 여자의 대화 형식, 유아의 대화 등)를 연구하기도 하고 비교적 특수한 형식의 발화 사건을 분석(인사말의 방식, 술자리에서의 대화 등)하거나 생활의 어느 한 방면(정치 방면과 같은)에 있어 발화 활동이 작용하는 기능을 연구하기도 한다.

주목할 만한 것이, 의사소통 민족지학의 탄생은 1960년대 말이었으나 당시 일반인들은 언어의 사용이 어떻게 사회 조건적 제약을 받는지에 대해 조금도 관심을 갖지 않았다는 점이다. 의사소통 민족지학의 출현으로 1970년대 이후로는 이 방면의 문제들을 연구한 다량의 저작들이 나오기 시작했다. 비교적 중요한 저작들로는 검퍼즈J. J. Gumperz와 하임즈D. Hymes가 공동 편집한 『의사소통 민족지학The Ethnography of Communication, 1964』과 『사회언어학의 방향: 의사소통 민족지학Directions in Sociolinguistics: The Ethnography of Communication, 1972』, 바우만Bauman과 쉐르쩌 Sherzer가 공동 편집한 『말하기 민족지학 탐색Explorations in the Ethnography of Speaking, 1990』 등이 있다. 이들 저작에서 논한 문제들은 모두 당시의 언어학, 인류학, 사회학에서는 논하지 않았던 새로운 것들로서, 이는 "6개 언어에서의 유아 담화 형식", "수바눈어Subanun로는 음주를 어떻게 이야기 하는가", "부룬디어Burundi의 '수사', '논리' 및 '시학': 발화 활동의 문화 규약론", "담화 개시의 순서 특징", "지시의미와 표지: 미국 흑인언어의 두 가지 발화 행위", "언어 구조의 사회의미: 노르웨이의 코드 스위칭 현상" 등과 같이 몇몇 논문들의 제목만 살펴보더라도 쉽게 알 수 있다.

　의사소통 민족지학의 커다란 특징 중 하나는, 그것의 시작에서부터 실제의 발화 의사소통에 큰 관심을 보이며 발화 행위, 발화 사건, 발화 상황을 포함하는, 일상의 발화 생활을 구성하는 모든 면을 파악하려 했다는 점이다. 연구 대상 면에서보면 의사소통 민족지학은 진지하고 격식적인 발화 사건도 중시하였지만 평범하면서도 자연적인 발화 사건을 더욱 중시하였다. 이러한 사상적 영향 속에서 연구자들은 자연스럽게 텍스트와 언어환경 간의 관계 및 전사와 번역, 분석과 이론 등 여러 측면 간 상호 관계에 주의를 기울여 갔다. 의사소통 민족지학에서는 발화된 담화를 말이 사회문화와 연결되는 핵심으로 보고 있다. 다시 말해 언어와 문화, 사회 및 개인 간의 관계는 발화된 담화 활동 속에서 가장 충실하게 실현되며, 바로 그러한 활동 속에서만 문화 자체를 체험할 수 있고 문화 규칙도 전파, 창조 및 재창조될 수 있다는 것이다.

의사소통 민족지학 이론은 세계 언어 공동체 내의 발화 운용과 실천 과정이 수없이 다양함에도 내부적으로는 조화를 이룬 그리고 사회적 의미를 가진 모델이 존재하고 있음을 설명하였다는 데에 그 의의가 있다. 상이한 문화 환경 속에서의 모델들이 종종 상당한 차이를 내포하고 있다는 것은 사회 속에서 언어의 지위를 간단하게 위치시킬 수 없다는 점, 단순히 개인의 경험에만 의존해 경솔하게 판단해서는 안 된다는 점, 그리고 한 언어, 한 사회 또는 한 문화 상황에 근거해 내 기준으로 남의 것을 다루듯 다른 언어, 사회, 문화를 다루어서는 안 된다는 점들을 보여준다.

사회언어학에 미친 의사소통 민족지학의 영향은 매우 크다. 그러한 영향 속에서 언어 운용에 대한 연구가 각기 다른 방면으로 발전하기 시작했고 연구 중점의 상이함으로 인해 상대적으로 독립된 학문 분야들까지 발전하기 시작했다. 이에 대해서는 제2절부터 제5절에 걸쳐 다문화 의사소통 연구, 상호작용 사회언어학, 사회화와 언어습득, 대화 분석 등 언어 운용에 관한 몇 가지 중요 분야들을 각각 소개하고자 한다.

제2절 다문화 의사소통

의사소통 민족지학의 연구로 사람들은 언어의 운용이 문화적 제약을 받고 있음을 인식했다. 이에 따라 상이한 문화 공동체 출신의 사람들이 함께 있을 때의 상황은 어떻게 되는지, 상이한 언어문화 환경 속에서의 대화 전략에 보편성은 존재하는지, 구체적인 차이로는 어떠한 것들이 있는지, 대화 책략은 어떻게 비교되는지 등의 문제들이 매우 자연스럽게 제기되었다. 과학 기술이 진보함에 따라, 특히 교통과 통신기술이 날로 발전해 가면서 상이한 문화 공동체의 사람들이 서로 교류할 기회는 전에 없이 많아졌다. 하지만 문화 가치관 및 습속의 차이로 인해 동일한 발화 행위라도 사람들에게 종종 상이한 의미로 받아들여지기도 하고 아예 받아들여지지 않거나 심지어는 오해를 불러일으키기도 한다. 한 예로 미국의 주간지 『타임』에는 다음과 같은 사건이 실린 적이 있다. 한 일본 회사와 미국 회사의 업무 책임자들 간에 몇 백만 달러가 걸린 무역 협상이 열렸는데, 협상이 일정 단계로 진척되자 미국 측이 상대방의 생각이 어떠한지를 물었다. 그러자 일본 측은 잠시 침묵한 후 본부와 연락을 취한 뒤 다시 얘기했으면 좋겠다고 제안을 했고, 미국 측은 이를 일본 측이 처음부터 관심이 없어 무역을 포기한 것으로 받아들였다. 하지만 미국 측은 사후에야 일본이 이미 무역 거래를 성사시키기로 결정했었던 것임을 알게 되었다. 이는 미국 측이 일본 측의 침묵을 일본인의 습관으로 이해하지 못하였기 때문에 대규모 무역 거래의 실패를 자초했던 것이다. 이와 같은 경제적 영향 외에도, 다문화 의사소통의 심각한 실패는 종족 충돌과 같은 폭력 사건을 불러일으킬 수도 있는데 이는 미국에서 끊임없이 발생해

왔다. 이 때문에 다문화간의 의사소통 문제는 점점 많은 사람들의 주의를 끌게 되었다. 특히 미국과 같이 민족이 매우 다양하고 사회가 상당히 개방된 지역과 국가에서는 위와 같은 문제가 많이 발생함은 물론 그 문제 또한 심각하다. 때문에 다문화 의사소통Cross-Cultural Communication과 같은 학문 분야는 날이 갈수록 발전하였고 미국에서는 요즘 거의 모든 대학에서 이와 관련된 과정을 개설해 놓고 있다.

짚고 넘어가야 할 점은, "다문화"라는 말에 대한 이해가 서로 다른 국가 간 사람들의 교류에만 국한해서는 안 된다는 점이다. 문화란 그 자체가 문화적이고 상대적인 개념으로서 국가나 지역의 구분과는 필연적인 관련이 없기 때문이다. 따라서 미국과 같이 동일한 국가라 하더라도 민족에 따라 상이한 문화권이 형성될 수 있다. 즉, 미국의 흑인 문화가 유태인 문화와는 완전히 다르며 아시아 민족의 후대 문화 역시 앵글로-색슨족의 후대 문화와 크게 다르다. 아시아 민족의 후대라는 큰 테두리 내에서도 일본의 후대 문화는 베트남 문화나 필리핀 문화 등과 명확하게 구분된다. 여기에 사회계층 개념이나 성별, 사회 계급, 연령 등의 요인이 부가될 경우, 다시 상위문화와 하위문화(또는 자문화Sub-Culture) 공동체로 나뉠 수 있다. 하지만 하위문화에 대해서는 분명한 시각차가 존재한다. 다문화간 의사소통 연구는 종종 커다란 문화적 계통에서부터 시작되지만 하위문화 범위에 대한 연구는 깊이를 더해가며 쉽게 이질화되기 때문이다.

의사소통 민족지학의 개척자 중 한 명인 검퍼즈는 일찍부터 다문화간 의사소통 문제에 주의를 기울이며 체계적인 연구를 진행시킨 학자이다. 검퍼즈는 미국 대도시에 사는 흑인과 백인 중산층 간의 의사소통 상황과 런던에 거주하며 영국영어를 구사하는 사람과 인도영어를 구사하는 사람들 간의 의사소통 상황을 연구했다. 그가 진행시킨 연구는 각 단계별로 다음과 같이 상당한 창의성을 지니고 있다.

제일 먼저, 상이한 문화권의 사람들이 상호 교류하는 상황을 녹음기를 이용하여 기록한다.

그 다음, 대화에 참여한 각각의 참여자들을 인터뷰한다. 인터뷰 과정을 통해 다문화간 의사소통에 대한 화자의 느낌을 이해한 뒤, 구체적으로 어떤 측면의 요인 때문에 그런 느낌을 갖게 되었는지 또는 그에 대해 어떤 판단을 내리는지 밝힌다.

세 번째로, 가능하다면, 같은 발화활동이 다문화 장과 단일 문화 장에서 어떻게 다른지를 비교한다.(즉, 대화자 쌍방이 공통의 문화배경을 갖고 있는지 아닌지를 구분한다)

이에 이어서, 녹음된 자료 및 녹음에 근거해 기록한 전사 자료를 분석한다. 문화적 특징을 설명하는데 있어 어떠한 언어 전략이 결정적 작용을 하는지, 문화 배경이 상이한 대화자들이 의사소통의 성공도에 대해 상이한 판단을 내리도록 유도하는 발화행위는 어떤 것이 있는지를 고찰한다.

그런 다음, 이상의 자료를 기초로 의사소통에 대한 각 문화 시스템의 이해 준칙을 종합한다. 연구자들은 이를 바탕으로 상이한 문화 시스템이 어떻게 사람들로 하여금 발화 행위에 대한 상이한 해석을 갖게 하는지, 특히 상이한 이해 준칙들이 어떻게 다문화 의사소통의 실패를 유도하는지를 설명한다.

마지막으로, 종합한 준칙들을 다시 해당 문화 시스템에 대입해보고 이들 준칙이 갖는 해석력이 어떠한지를 검증한다. 구체적인 방법으로서, 다문화 의사소통에 관련된 녹음 내용의 일부를 그와 비슷한 문화 배경을 갖고 있지만 대화에는 참여 하지 않았던 사람들에게 들려준 후 그 사람들의 반응과 그와 관련된 문화 시스템에 대해 내렸던 연구자들의 결론이 일치하는지 고찰한다.

이와 더불어 요즘의 다문화 의사소통 연구에서는 또 다른 방법을 이용하기도 한다. 즉, 상이한 문화 배경의 사람들이 함께 모여 어떻게 의사소통을 하는지 연구자가 반드시 조사를 나가지 않더라도 유사한 의사소통 전략들을 근거로, 동일한 의사소통 전략이 서로 다른 언어를 사용하는 문화 시스템 속에서 어떻게 기능하는지 고찰하는 것이다. 예를 들면, 본서의 저자 중 한 명이 캘리포니아대학이 지원한 "환태평양 다문화 발화 의사소통 전략"이라는 연구 프로젝트에 참여한 적이 있었다. 그 중의 중요 연구 주제 중 하나가 중국어, 일본어, 영어의 구어 대화에 출현하는 "대응어"(또는 반응어Reactive Token) 사용 상황을 고찰하는 것이었다.Clancy et al., 1996 대응어(또는 반응어)란 대화 과정에서 주요화자가 발화할 때 청자가 내뱉는 주의, 경청, 동의 등을 의미하는 간단한 어음형식을 말한다. 대응어는 일반적으로 영어의 Uh huh, Mh hum, 중국어의 "噢"등과 같이 어휘의미가 없는 소리들로 이루어지지만, 중국어의 "對", "好"나 영어의 "I see" 등과 같이 어휘의미가 있음에도 담화 속에서는 그 의미가 두드러지지 않는 것들도 있다. 이들 모두가 전형적인 대응어지만 대응기능을 할 수 있는 광의의 발화형식으로는 아래와 같이 다섯 가지로 나뉠 수 있다.

(1) 무의미 반응식(또는 배경 피드백(Back-channel)). 즉 의미를 갖지 않는 짧은 소리로서 상기 예를 든 바 있는 영어의 uh huh나 일본어의 un 등이 그 예가 된다. 청자가 상대방의 말을 들으며 내는 소리로서 자신이

상대방의 발화에 주의하고 있음을 표시한다.[1]

(2) 관용 표현식(Reactive Expression). 영어의 really, yeah, 일본어의 sugoi, hontoo, 중국어의 "就是", "對" 등이 그 예에 속한다. 상기 언급한 바와 같이, 여기에 속한 형식들은 모두 일정한 어휘 의미를 갖고 있다. 하지만 담화 속에서는 그 어휘 의미가 이미 허화되었다.

(3) 협력적 완성식(Collaborative Finish). 일종의 대화방식으로서, 화자가 말을 끝마치기도 전에 또는 화자가 생각 중일 때, 화자 대신 청자가 나머지 어구를 완성시키는 것이다. 여기에 속한다고 할 수 있는 고정된 어법 격식이 존재하지는 않지만 화자의 어구 완성을 청자가 돕는다는 것 역시도 화자의 발화에 청자가 귀 기울이고 있음을 표시하는 것이다.

(4) 반복식(Repetition). 청자가 정도의 차이를 두고 화자가 방금 했던 말을 반복하는 것이다. (3)과 같이 여기에서도 고정된 형식이 존재하지는 않으나, 마찬가지로 화자의 발화에 청자가 주의하고 있음을 표현한다.

(5) 대화이음(Resumptive Opener). (1)의 유형처럼 여기서도 비어휘형식의 간단한 어음형식들을 가리키지만 출현 위치와 기능이 배경 반응식과는 다르다. 아래 예문에서 B가 하는 첫 번째 반응처럼 대화이음에 속하는 어휘는 청자의 발화 개시 부분에 자주 출현한다.

A: (這種熱門學校恐怕)復旦也趕不
上。可能。
B: 哎,
復旦,
甚麼同济,
全都趕不上這個學校。

A: (이런 인기 있는 학교는)푸단대
학도 못 따라갈 걸. 아마도.
B: 맞아,
푸단,
뭐냐 통지,
이런 학교들 모두 이 학교를 따
라잡지 못할 거야.

---

1) 여기서 "의미가 없다"는 것은 물론 순수하게 어휘 의미론적 각도에서 언급한 것이다. 의사소통의 각도에서 본다면 부각형 피드백에 속한 형식들은 분명 일정한 의미를 갖는다.

이러한 어휘 형식의 기능은 다중적이다. 즉, 앞 화자의 발화는 인정하면서(선행 화행을 잇고), 동시에 자신의 발화도 이끌어낸다(후행 화행을 이어간다).

미국인이 영어를 할 때나 중국인이 중국어를 할 때, 또는 일본인이 일본어를 할 때 영어와 일본어 대화 속에서 보이는 대응어의 사용이 중국인 간의 중국어 대화에서보다 크게 웃돈다는 인상을 받은 적이 있을 것이다. 다량의 실제 녹음 자료에 대한 통계를 통해 우리는 이러한 인상이 실제로도 옳다는 것을 발견하였다. 구체적으로, 청자의 대응어 하나를 한 번의 화자 교대Speaker Change로 삼을 경우 영어 대화에서는 37.3%의 화자 교대가 대응어로 이루어졌고, 일본어 화자의 교대는 39.5%가 대응어로 이루어진 반면 보통화普通話로 진행된 중국어 대화에서는 겨우 10%만이 대응어로 화자 교대가 이루어졌다. 이와 더불어 연구에서는 화자의 언어마다 청자가 사용하는 대응어 형식 역시 각기 상이하다는 점도 발견하였다. 그 결과는 아래의 표와 같다.

언어의 종류	배경 피드백	관용 표현식	반복식	대화이음	협력적 완성식
일본어	68.3%	17.0%	2.2%	12.5%	0
영 어	37.9%	34.2%	1.3%	10.4%	15.6%
중국어	47.2%	31.1%	5.8%	14.5%	8.9%

위의 표에서 다음과 같이 몇 가지 의미 있는 경향들을 볼 수 있다. 대응어의 사용을 대화에 대한 협력적 태도의 표현으로 볼 경우, 일본어에서는 협력을 표현하는 방식으로서 배경 피드백이 두드러지게 쓰인 반면

상대방을 도와 어구를 완성하는 협력적 완성식은 쓰이지 않았다. 영어 대화에서는 배경 피드백과 관용 표현식이 비슷한 비율을 보이고 있는 반면 상대방의 말을 반복하는 방식은 상당히 적게 쓰이고 있다. 중국어에서는 뚜렷한 경향이 없는 듯 배경 피드백, 관용 표현식, 반복식의 우열을 구분하기 힘들다.[2] 하지만 전체적으로 보면, 중국어에서 사용되는 대응어는 영어나 일본어에 비해 매우 적게 쓰인다. 이러한 의사소통 전략들을 이해하는 것은 매우 중요한데, 이는 각기 다른 대응어의 사용으로 각 언어의 화자가 받는 느낌이 매우 다를 수 있기 때문이다. 예를 들어, 영미권 사람들과의 대화에서 과도한 반복적 대응은 영어 화자들을 매우 의아하게 할 수도 있고(반복적 대응은 중국어 화자의 언어습관이다), 일본인과 일본어로 대화 시 상대방에게 배경 반응식을 빈번하게 제공하지 않을 경우 일본어 화자는 청자가 자신의 말을 경청하고 있지 않다고 느낄 수도 있다. 반면, 중국어 화자는 상대방이 아무런 대응어를 사용하지 않는다고 해도 별로 이상함을 못 느끼겠지만 일본인처럼 대응어를 끊임없이 사용한다면 재촉하는 사람으로 상대방을 오해할 수도 있다.

끝으로, 또 다른 방식의 다문화 의사소통 연구가 있다. 이러한 연구에서는 비교의 내용도 포함되나 그보다는 비교를 배경으로 한 문화 공동체 내의 의사소통 현상을 중점적으로 연구한다. 이 방면의 연구는 종종 동양의 언어문화에 대한 서양학자들의 오해와 편견을 반박하는 데에 이용된다. 아래 내용에서는 중국어와 관련된 일련의 연구와 논쟁을

....
2) 백분율만 보면 우열이 구분되는 듯 보이나. 원문(Clancy et al., 1996, 원서명 「참고문헌」 참조)에 근거하면, 양적인 측면에서 중국어의 반응어가 일본어와 영어에 비해 약 1/3 수준으로 출현하기 때문에 우열을 논하기 힘들다고 한 것으로 사료된다. 그리고 이러한 양적차이를 토대로 본문의 그 다음 문장을 이해할 수 있다.-역주

중점적으로 소개하고자 한다.

최근 서양 학계에서 많이 토론되고 있는 논제의 하나로서 자신의 생각을 표현할 때 사용하는 동양인과 서양인간의 각기 다른 대화전략을 들 수 있다. 미국의 교육 심리학자인 카플란Kaplan 1966은 외국 학생들이 쓴 약 600편의 영작문을 분석하여 영어, 중동언어, 동양언어, 러시아어, 로망스어족에 속한 언어 문화권 마다의 상이한 사유도식을 도출해냈다.

여기에서는 영어의 사유모델과 동양의 사유모델만을 논하고자 한다. 카플란의 주장에 의하면 영어의 사유 모델은 하나의 직선으로 표현되는데, 이는 작문에서 보이는 영어 문장의 조직 구조가 직접적이라는 특징을 반영한다. 영어문장에서는 일반적으로 화제문을 서두로 한 뒤 예문과 세부적 내용을 이용하여 단락 하나를 구성하는데, 이러한 순서로 주제에 대한 충분한 설명을 하고나서 하나의 결론으로 전체문장을 마무리 짓는다. 그에 반해, "동양의 나선식 사유모델"은 일련의 원 또는 일정치 않은 간격의 굴곡이 여러 다른 각도에서 주제를 둘러싸고 도는 것으로 표현되는데, 이는 주제 자체가 직접적으로 분석되지 않음을 반영한다. 이러한 사유 모델에서는 사물의 발전을 논할 때 부수적인 면부터 논하기 시작하며 영어 화자가 기대하는 것처럼 중심적인 면부터 논하지 않는다.

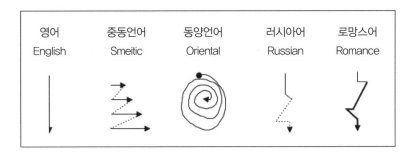

카플란의 이러한 주장은 많은 논쟁을 불러 일으켰다. Wai Ling Young1982은 자신의 논문에서, 서양의 학자들은 동양인들의 사유 형식을 완전하게 이해하지 못할 때가 있는데 이런 이유로 동양인의 동기나 능력을 종종 의심하기도 한다고 지적하였다. 일반인들은 언어를 배운다든지 언어학습의 효과를 측정할 경우 종종 어법의 적합성 여부와 발음의 정확도에만 치중할 뿐 각기 다른 언어에서 언급되는 습관에는 그다지 주의를 기울이지 않곤 한다. Young은 중국어 화자의 사유 방식이 사실과 이유를 먼저 언급한 뒤 결론을 끌어내는 식이라 하였는데, 이는 입장과 견해를 먼저 밝힌 후 논증을 덧붙이는 영어 화자의 습관과는 다른 것이다. Young의 견해를 따른다면, 영어 화자는 "논제가 어디로 흘러가는가"Where the argument is going에 관한 사유 모델을 준수하고 있고 중국어 화자는 "논제가 어디에서부터 시작했는가"Where the argument is coming from에 관한 사유 모델을 준수하고 있는 것이다. Young은 홍콩의 비즈니스 업계 인사들이 영어로 회의와 토론를 진행하고 문제를 관리하는 상황을 관찰하면서 다음과 같은 점을 발견하였다. 팀장이 팀원들에게 의견 표명을 요구하자 거의 대부분의 팀원들이 because와 같은 단어로 사실을 먼저 언급한 후 그에 대한 정황을 논한 뒤 so를 이용하여 자신의 결론을 이끌어 냈던 것이다. 사실을 진술할 때도 팀원들은 in view of the fact that, to begin with, in conclusion과 같은 영어의 개괄성 서두어를 사용하지 않았다. 자신의 입장을 왜 서두에 표명하지 않았는지 몇몇 팀원들에게 묻자 그렇게 할 경우 너무 직접적으로 보일 수도 있고 예의 없는 것으로 보이기까지 할 수도 있기 때문이라고 하였다. 그 외에, 입장을 서두에 표명할 경우 보는 이들로 하여금 계속 보게 할 흥미를 잃게 할 수도 있다는 사람도 있었고 비즈니스상의 문제를 토론할 때 자신의 결론을 시작과 동시에 제시할 경우 팀장이 동의하지 않는다면 체면을 잃을 수 있다는 사람도 있었다.

흥미로운 점은, Young이 중국어 화자의 이러한 사유 방식을 중국어 문장의 주제-평언적 특징과 연계시키며 그 둘이 일정한 관계를 맺고 있다고 생각했던 점이다. 짜오위엔런趙元任, 리너李訥와 안싼디安珊笛 및 기타 중국 언어학자들은, 주제와 평언으로 구성되는 문장 유형이 중국어 문장의 중요한 특징이라고 하면서 그 둘의 관계는 긴밀하지 않을 수 있고 주제가 구정보를 제시한다면 평언은 신정보를 제시한다고 한다. Young은 중국어 화자가 발화 시 서두에 제시하는 부분이 중국어 문장의 주제에 해당되며 서두에서 구정보를 제시하고 결론부분에 이르러서야 비로소 신정보를 제시한다고 보았다. 바로 이러한 중국어 화자의 발화 순서때문에 서양인들은 중국어 화자의 사유가 핵심을 찌르지 못하거나 새로운 내용을 제시하지 못한다고 여겼던 것이다. Young이 조사한 중국어를 모어로 하는 학생들 중에는 영어를 유창하게 하는 학생들도 있었으나 그들 역시도 미국인들의 시각에서는 사유능력에 문제를 안고 있는 사람들이었다. 하지만 그 학생들은 자신들의 시각에서 봤을 때 결코 영어식의 발화 방법만이 유일하게 효과적인 것이라고 생각하지는 않았다. 따라서 이러한 점들로부터 Young은 다음과 같은 결론을 내렸다. 서양의 학자들은 종종 동양인들을 "헤아리기 힘들"inscrutable다고 하지만 이는 그들 자신이 동양인들의 사유 습관 및 가치관을 이해하지 못해 생긴 결과이다.

Wang Xia1994는 이 문제에 관해 좀 더 심도 있는 고찰을 하면서, 중국어 화자가 입장이나 견해를 직접적으로 표명하지 않는다는 견해가 전혀 타당하지 않음을 알게 되었다. 비록 작품을 써낸 많은 작가들이 결론을 맨 뒤로 놓는 것을 선호하긴 하나 결론을 앞뒤로 놓는 경우가 모두 존재하기 때문이다. Wang은 작문 기교를 논하는 일련의 책들을 분석하면서 중국어 글쓰기의 전통 중 수사 방면에 대해 반복해서 강조되는 하나의 요구가 있음을 발견했다. 즉, 글을 쓸 때에는 간접적인 기교를 이용하여 독자의 흥미를 불러일으켜야 하며 모든 얘기를 처음부터 끝까지 다 풀어낼 필요도 없다는 것이다. 이러한 점에서 중국어로 글을 쓰는 사람들의 수사적 가치관이 영어의 글쓰기 전통과 완전하게 일치하지 않는다는 것을 볼 수 있다.

Young과 Wang의 논문 외에, Erbaugh1990도 영어와 중국어의 구술체 이야기 구조 등을 비교한 뒤 두 언어의 화자가 한 억양 단위 내에서 전달하는 정보량이 유사하다는 점, 이야기체의 배열 방식이 모두 선형적이라는 점 등 여러 면에서 동일한 표현 방식과 기교를 사용한다고 하면서 위에서 언급했던 일련의 편견들을 한층 더 반박하였다.

이상으로 우리는 다문화 의사소통 연구를 세 가지 면에서 소개하였다. 상이한 문화 배경을 가진 사람들 간의 직접적인 교류에 대한 연구, 동일한 의사소통 전략과 유사한 의사소통 전략이 상이한 언어문화의 배경 속에서 발휘하는 서로 다른 기능과 지위에 대한 연구, 그리고 비교를 배경으로 한 단일 공동체의 의사소통 전략에 대한 연구가 그것이다.

다문화 의사소통에 대한 연구는 중요한 이론과 실용적 가치를 지닌다. 먼저, 이 방면에 관한 연구는 의사소통 민족지학 연구의 방법론상에 보이는 문제를 보완한다. 다문화 연구는 비교에 중점을 둠으로써 연구 범위를 단일 문화 공동체의 의사소통 전략에만 국한시키지 않기 때문이다. 더불어 다문화 의사소통 연구는 종종 다문화 의사소통의 실패까지 설명할 수 있다. 다문화 의사소통의 실패에 대한 해석은 단일 문화 환경 속에서 이뤄진 의사소통 상의 성공을 설명하는데 도움을 준다. 왜냐하면 단일 문화 환경 속에서 이루어지는 의사소통 상의 성공은 매우 일상적이지만 오히려 그로 인해 그 구성원들에게는 주목을 받지 못해 왔기 때문이다.

실용적 가치 면에서, 다문화 의사소통 연구는 정책제정자와 비즈니스업계, 교육계 인사 등에게 상이한 문화 배경과 관련하여 매우 유용한 의사소통 전략을 제공한다. 제2언어 습득과 관련해서, 과거에는 언어 구조의 습득만을 강조했을 뿐 의사소통 습관과 전략은 논한 바가 없었다. 그러나 의사소통 습관과 전략의 습득도 어음, 어법, 어휘 습득과 마찬가지로 중요하다. 생각해 보자. 유창한 일본어 발음을 가진 사람이 일본인과 대화하면서 적극적인 대응에 소홀하다면 이 역시도 일본어 교육의 실패이지 않은가. 실제로, 다문화 의사소통에 대한 응용연구는 이미 많은 영역에 영향을 미쳤다. 이러한 점은 아래에 나열된 서명들이 설명해 준다.

『일미합자기업에서의 관리직원과 예하직원 간의 직접적인 의사소통 기교』
(Communication skills between Japanese and American managers and
subordinates in a Japan-U.S.cross-cultural corporation. Ann Arbor,
Mich.: University Microfilms International, 1990)
『다문화 의사소통에서의 영어』(English for cross-cultural communication,
Edited by Larry E. Smith. London: Macmillan, 1981)

『국제 비즈니스 의사소통: 관리 능력 개발에 있어서의 언어 훈련과 다문화 의사소통 문제』(International business communication: putting language training and cross cultural communication on the management development map. West Yorkshire, England: MCB University Press Limited.)

『다문화 의사소통에서의 의미 협상: 의사와 환자 간의 교류 연구』(Negotiation of meaning in cross-cultural communication: a study of doctor-patient interaction, by Siti Adiprigandari Adiwoso suprapto. Washington: Georgetown University, 1983)

제3절 상호작용 사회언어학

상호작용 사회언어학Interactional Sociolinguistics, IS은 의사소통 민족지학의 영향을 받아 발전한 사회언어학의 또 다른 하위 분야로서, 언어학적 지식을 이용하여 의사소통의 과정과 결과를 해석한다는데 그 특징이 있다. 상호작용 사회언어학은 다문화 의사소통 연구와 중첩되기도 하는데, 이는 두 연구 분야 모두가 의사소통 전략을 연구하기 때문이다. 하지만 상호작용 사회언어학은, 예를 들면 동일 민족 화자의 남녀 성별 차이가 의사소통 전략에 미치는 영향을 연구하는 것과 같이 동일 민족 공동체 내의 의사소통 차이를 중점적으로 연구하지만 다문화 의사소통 연구는 상이한 종족이나 민족 간의 의사소통에 관심을 갖고 있기 때문에 두 분야의 연구 중점이 다르다고 할 수 있다.

상호작용 사회언어학 연구는 대면을 통해 진행되는 대화 자료를 기본 자료로 한다. 이러한 자료는 주로 음향 및 녹화기기를 이용하여 남기는데, 이렇게 남긴 자료와 함께하는 것이 전사이다. 하지만 전사에 있어 일치된 방법이 존재하지 않기 때문에 학자들마다의 전사 체계는 서로 차이가 난다. 그러나 일반적으로, 의사소통 사회언어학 연구에 종사하는 학자들 대부분은 리듬의 속도, 휴지의 길이, 음조의 고저 등 대화 자료 속에서 보이는 음률적prosodic, intonation 특징들에 주의를 기울이는 편이다. 그 이유는 이러한 특징들이 종종 대화에 내재된 규칙을 해석하는데 매우 유용하기 때문이다.

상호작용 사회언어학의 이론 틀은 대체로 고프만E. Goffman, 브라운 R. Brown, 레빈슨S. P. Levinson 등이 공손 현상politeness phenomena에 대해 논한 내용들과 관계가 깊다. 고프만Goffman 1967은 대화 참여자들이 의사소통을 할 때 두 종류의 체면 요구—적극적 체면positive face과 소극적 체면negative face—를 만족시켜야 한다고 하였다. 적극적 체면이란 의사소통을 할 때 참여자가 타인들과 매우 잘 어울리고 있음을show involvement with others 표현하고자 하는 것이며, 소극적 체면이란 의사소통 시 상대방에게 폐를 끼치지 않으려 하는 것을 가리킨다. 레이코프R. Lakoff 1979도 언어형식의 선택은 친밀도의 원칙Rule of Rapport에 준하고 있다고 하였다. 레이코프는 이러한 원칙으로써 대화 속에서 자주 보이는 현상을 해석할 수 있다고 하였는데, 그것은 화자는 상대방을 배려함으로써 자신이 전달하고자 하는 의미를 직접적으로 말하지 않는다는 것이다. 레이코프는 구체적으로 세 가지 화용 규칙을 종합하여 세 가지의 서로 다른 의사소통 태도를 해석하였는데, 이 세 가지 태도는 대화 시 보이는 세 종류의 친밀도를 보여준다.

(1) 상대방에게 강요하지 않는다. 이 규칙은 상대방과 거리(Distant)를 유지한다.
(2) 선택의 여지를 남긴다. 이 규칙은 상대방을 존중(Deferent)하는 태도를 보여준다.
(3) 우호적으로 보이고자 한다. 이 규칙은 우애적인(Camaraderie) 분위기를 유도한다.

브라운과 레빈슨Brown & Levinson 1987은 이러한 문제들을 보편적 공손 원칙Universals of Politeness으로 귀결시킴으로써 이 분야의 연구에 큰 영향을 미쳤으며 그와 동시에 적지 않은 논쟁도 불러 일으켰다.

검퍼즈Gumperz 1982는, 대화 참여자들은 지시적 기능을 담당하는 일련의 단서들Contextualization Cues을 자주 사용하는데 화자는 이러한 단서들을 이용하여 자신이 전달하고자 하는 의미를 표현하는 동시에 진행되고 있는 발화 사건의 유형Speech Activity, 즉 현재 진행되고 있는 발화 활동에 대한 화자 자신의 인식 정도까지 드러낸다고 하였다. 검퍼즈가 말하는 맥락화 단서에는 운율적인 특징과 비언어적인 특징 및 습관적인 발화, 관용어 등이 포함된다. 예를 들면, 화자는 서로 다른 억양을 사용하여 무겁거나 즐거운 감정을 전달할 수 있는데, 이로써 화자는 자신이 전하고자 하는 의미내용을 전달하는 동시에 발화 당시의 의사소통 활동을 진지한 것으로 여기는지 아니면 대수롭지 않은 것으로 여기는지도 드러낸다. 검퍼즈의 연구는 정통 언어학 속에서 중시되지 않았던 현상들(운율, 관용어 등)이 의미하는 바를 전에 없이 중요한 것으로 받아들이고 있다.

발화 사건에 대한 검퍼즈의 개념과 "논조Key"에 관한 하임즈의 견해에는 유사한 부분이 존재하는데, 그것은 이 두 개념이 공통적으로 바테슨Bateson 1972의 틀Framing 개념에 기원을 두고 있다는 점이다. 바테슨은 어떠한 어구도 그에 맞는 틀을 벗어나서는 해석될 수 없다고 여겼다. 예를 들어, 정상적인 매 어구에 대해 여러 가지 완전히 상반된 이해를 부여할 수 있는데, 이는 화자가 그 어구를 농담조로 말하느냐 아니면 조롱조로 말하느냐에 달린 것이다. 여기에서는 조롱과 농담이 바로 두 개의 다른 틀이 되고 그에 상응하는 어조가 이 두 틀을 가리키는 언어적 단서가 된다. 어떤 문헌들에서는 틀과 유사한 개념이 기호의 문맥 의존성Indexicality of Sign에 관한 퍼스Peirce의 이론에서부터 유래되었다고 하는 학자도 있다. 그 유래가 어찌되었든 간에 어휘 의미학과 의사소통 사회언어학에서 틀은 매우 중요한 개념이다. 의사소통 사회언어학에서는 의사소통 활동 속에서 언어로 표현되는 의사소통 행위의 성질도 참여자 사이에서 틀이 전환되는 하나의 과정으로 해석된다.

현재 미국에서 제일 유명한 의사소통 사회언어학자로서 탄넨D. Tannen을 꼽을 수 있다. 일찍이 언어학자인 체이프Wallace Chafe의 지도를 받았던 탄넨은 구어 자료의 분석방법을 집중적으로 연구하였다. 그녀는 이론 방면에 있어 다문화 의사소통에 대한 검퍼즈 등의 연구방법과 쉐글로프Schegloff 등에서부터 시작한 대화분석(CA, 본 장 제5절 참조)방법 및 라보브의 미시 사회언어학적 방법을 계승하고 종합하면서, 미국의 서로 다른 계층 간에 사용되는 의사소통 전략의 공통점과 차이점을 특히 주의 깊게 연구하였다. 탄넨은 또한 상이한 사회적 배경의 화자들이 대화할 때 행하는 말순서 취하기에 대한 이해와 행동 그리고 말방해, 침묵의 길이 등과 같은 현상에 대한 참여자의 이해와 용인도 등을 연구하였다. 그녀의 연구 대상에는 미국에 거주하는 서로 다른 민족들과 서로 다른 성별의 화자들이 포함된다. 탄넨은 특히 대화의 협동성이나 대화 진행의 규율성을 강조하였는데, 이를 통해 같은 문화 배경을 가진 화자들끼리는 대화의 규율에 대해 매우 민감하다는 점을 알아냈다. 다시 말해, 말순서를 언제 어떻게 취하는지, 상대방의 말을 중복해도 되는지, 상대방의 말을 언제 끊어도 되는지 등을 같은 문화 배경의 화자들이라면 모두 명확하게 인식하고 있다는 것이다. 이러한 것들을 탄넨은 대화의 리듬이라고 불렀다. 이에 대한 연구를 통해, 탄넨은 문화 배경의 유사함 정도가 높은 화자들일수록 대화 규율에 대한 서로 간의 협동 정도도 더 좋아지며, 반대로 문화 배경이 서로 다른 화자들일수록 우를 범할 기회도 많아진다는 것을 발견했다. 여기서 문화배경이 다르다는 말에는 남성과 여성 간에 존재하는 차이까지 포함한다(제3장 제4절의 성별이 언어변종과 갖는 관계에 관한 부분을 참조하시오). 탄넨은 이 방면의 연구 성과를 일련의 저서로 묶어 내며, 미국 학계의 안팎으로 상당한 센세이션을 몰고 왔다. 특히 남성과 여성의 대화 차이에 관한 『어떻게든 당신은 나를 이해 못해요!』[1]You Just Don't Understand! New York: William Morrow, 1990가 한동안 미국 내 베스트 셀러 목록에서 선두를 차지하기도 했었는데, 언어학계에서는 가끔씩 이것이 미담으로 전해지기도 한다.

결론적으로, 상호작용 사회언어학은 다문화 의사소통 연구의 전통을 계승하고 언어학, 사회학 및 인류학적 방법을 이용함으로써 하위문화 내의 의사소통 전략에 관한 연구에서 일대 학파를 형성하며 학계 안팎의 관심을 불러 모았다.

---

1) 한국에서는 『(성공적인 부부 연인관계를 위한)대화 통로 뚫기』(1996), 『남자의 말 여자의 말: 남녀 대화방식에 관한 금세기 최고의 명저』(1999), 『남자를 토라지게 하는 말 여자를 화나게 하는 말』(2001), 『그래도 당신을 이해하고 싶다』(2012)등의 제목으로 번역, 출판되어 있다.-역주

제4절 언어사회화와 언어습득

언어사회화Language Socialization란 언어의 본질에 관한 사회문화관을 가리킨다. 이러한 개념은 상술한 의사소통 민족지학 및 사회언어학의 기타 하위 분야들이 견제한 언어 인식-언어는 본질적으로 일종의 사회 현상이다-과 밀접하게 관련된다. 하지만 언어사회화란 개념은 언어 습득 연구와 연관을 맺어가며, 언어사용과 관련한 연구에서 하나의 특수한 분야를 형성해 가고 있다. 구체적으로, 이 분야에서는 언어사용이 언어습득에 미치는 영향을 연구하고 그에 대한 해석을 부여함으로써 인간의 언어습득에 관한 본질을 설명하려 한다. 이는 언어 습득 영역에서 사회언어학적 이론과 방법이 직접적으로 구현된 결과이다.

사회화와 관련된 언어습득 이론의 기본적 생각은, 언어구조에 관한 인간의 지식은 그들이 갖고 있는 사회 문화에 관한 지식과 분리될 수 없다는 것이다. 아동의 언어능력 발달은 그들의 사회능력 발달과 매우 밀접하게 관련되어 있다. 아동이 언어적 지식을 습득하려면 동시에 그들이 생활하고 있는 사회에 관한 지식도 필히 습득해야만 한다. 언어 지식의 습득과정과 사회 지식의 습득과정은 서로 영향을 미치기 때문에 어느 하나라도 부족해서는 안 된다. 그리고 이렇게 상호 영향을 주고받는 과정에서 발화활동은 이 두 지식 사이를 연결하는 매개체가 된다-아동은 발화활동 과정 속에서만 이 두 지식을 동시에 습득할 수 있다. 이에 대해 아래부터 구체적으로 논의해 보자.

아동의 언어습득 분야에서는 줄곧 주요한 두 개의 대립된 견해가 존재해 왔다. 그 중 하나가 소위 말하는 자극-반응이론으로서 스키너 Skinner 등이 대표적이다. 자극-반응 이론에서는 아동 언어습득의 주요 기제로서 외부 신호의 반응에 대한 강화를 들고 있는데, 이 학파를 "행동주의 학파"라고 부른다. 이 이론에 따르면, 언어 형식에 대한 아동의 습득능력과 언어를 외부 세계 사물과 연계시키는 능력은 외부 자극의 역할에 달려있다. 즉, 아동은 지식의 수동적 수용자일 뿐인 것이다. 촘스키는 자신의 변형생성 문법이론에서 이러한 견해를 특히 비판하며 이성주의적 언어습득이론도 정립한다. 촘스키의 습득설은 순수하게 생물학적인 기초 위에 세워진 것으로서, 언어에 대한 아동의 습득능력이란 근본적으로 일종의 생물학적 능력에 따라 좌우된다는 것이다. 촘스키는 아동의 이러한 생물학적 능력을 그의 "보편문법"과 접목시킴으로써, 보편문법을 아동의 언어 습득에 필요한 내재 장치로 보았다. 아동은 외부의 언어 신호를 접하면서 보편문법을 근거로 특정한 언어 시스템을 형성하는데, 이를 통해 한 언어를 습득하는 경지에까지 다다른다는 것이다. 이 때문에 촘스키는 언어 연구의 중점이 내재된 언어능력, 즉 보편문법의 정립이어야 한다고 주장했다. 행동주의 학파와 이성주의 학파를 서로 비교해보면 두 학파 모두는 각각 내재된 능력이나 외재하는 신호처럼 언어습득과정 중의 어느 한 부분을 강조하고 있지만 발화의 의사소통적 특징interaction에는 똑같이 소홀했다. 이로 인해, 일단 어법 규칙을 습득했다면 인간관계 속에서 보이는 사회적, 언어적 교류는 언어 습득에 별다른 영향을 미치지 않는 것처럼 보았다.

바로 이러한 점에서, 언어사회화의 습득이론은 상술한 두 견해와 차이를 보인다. 사회화의 언어습득 이론은 인간의 이원성, 즉 개별성과 사회성을 강조한다. 또한 인간의 고차원적인 지적 능력higher mental functions(언어능력, 연산조작능력 및 기억능력 등을 포함한다)이 사회활동의 중재mediated를 통해서만 실현 가능하다고 본다. 인간은 생리적인 면에 있어 확실히 개인적이지만 심리적, 정신적인 면에 있어서는 많은 부분 사회적−개인은 사회적 제약을 받는다−이다. 이 때문에 사회심리 언어학자들에게 사회문화적 환경은 언어습득의 규칙을 밝히는데 있어 하나의 결정적 요인이 된다.

언어사회화의 습득이론은 구소련 학계의 영향을 상당히 많이 받았다. 하지만 구소련 학계에는 마르크스주의 철학의 뚜렷한 흔적들이 남아 있었다. 때문에 심리학계에서는 언어사회화 학파가 비고츠키Vygotsky의 사회역사적sociohistorical 심리발달설−개인의 심리발달에는 뚜렷한 사회적 흔적들이 동반되므로 심리의 발달은 개인과 사회가 상호 교류한 역사적 산물이다−을 주로 계승하였다. 언어 분석에 있어 이 학파는 바흐친Bakhtin의 언어철학관으로부터 영향을 받는다. 바흐친은 언어란 본질적으로 대화성dialogic을 갖고 있기 때문에 개인이 만들어낸 언어 형식이란 존재하지 않는다고 하였다. 모든 어구는 일정한 사회 환경 아래에서만 출현할 수 있고, 발화 대상으로서의 특정 청자를 가지며 대화를 위해 설계된다는 것이다. 여기서의 청자는 과거나 지금 현재의 청자일 수도 있고 미래나 상상 속의 청자일 수도 있다. 설령 개인이 혼잣말을 하는 경우라 하더라도 자아는 두 명이 존재한다. 또한 단어 하나에도 자신의 사회적 역사가 존재한다.

사회화의 언어습득이론과 관련한 미국의 대표적 인물로는 오크스

Elinor Ochs, 듀란티Alessandro Duranti, [1] 쉐프린Bambi Schefflin, 클렌시Patricia Clancy 등이 있다. 이들은 인류학적 방법들을 적극적으로 이용하여 언어습득 현상, 그 중에서도 특히 비현대화 사회 속 아동들의 언어발달과정을 연구하였다. 오크스는 현존하는 언어습득이론이 실제로는 미국 중산층 연구자들의 사상과 관념 및 이들에게 익숙한 아동들의 언어자료에 기초하고 있다고 지적하였다. 물론 이러한 언어자료를 사용하지 못하는 것도 아니고 현존하는 습득이론이 전혀 쓸모없는 것도 아니다. 문제는 그들의 연구가 아동의 언어습득 중에 보이는 특정 현상에 국한되어 있다는 것을 많은 사람들이 모르고 있다는 점이다. 특정 현상으로써 아동 언어습득의 전부를 설명하는 것은 매우 위험하다. 예를 들어, 미국 중산층 가정 상황에 대한 이해를 바탕으로 한 사람들은 일반적으로 아동 언어습득의 주요 매개는 성인의 입말이라고 생각한다. 그러나 실제로 세계의 많은 지역에서 아이를 부양하는 주요 책임자는 그 아이보다 나이가 조금 더 많은 소년이지 성인이 아니다. 오크스 등은 파푸아뉴기니에서 오랫동안 거주하면서 현지 아동들이 어떻게 특정 사회 환경 속에서 사회 생존능력과 언어활동능력을 습득하고 발달시키는지 연구한 바 있는데, 본 절에서는 이들의 연구와 발견들에 기초하여 인류학적 관점에서의 사회화 언어습득 이론을 설명하고자 한다. 아래는 많은 면에서 새로운 성과들을 거둔 습득이론 분야의 연구에서도 오크스1988를 바탕으로 논하고자 한다.

---

1) 원서에는 'Sandro Duranti'로 되어 있으나 'Alessandro Duranti'로 수정하였다.−역주

간소화된 언어에 관한 문제

아동언어 연구자들은 대부분, 아이를 돌보는 사람care-giver(어머니와 그 외의 사람들을 포괄한다)은 아동의 언어능력에 대해 특정한 가정을 하고 있다는 것에 주의한다. 아이를 돌보는 사람은 아이의 언어능력이 성인의 능력에 아직 못 미친다고 생각하기 때문에 대화를 할 때마다 아이에게 일종의 편의accommodation(제8장 "사회언어학의 응용" 제5절을 참고)를 봐주는데 자주 볼 수 있는 것으로는 간단한 "애기말"Baby Talk을 이용해 아이와 대화를 나누는 것이다. 그러나 파푸아뉴기니에서 오크스 일행은 아이를 돌보는 사람(주로 보살피는 아이보다 나이가 조금 더 많은 소년)이 여타 공동체의 사람들과는 다르게 유아와 애기말로 대화하지 않는다는 것을 발견했다. 즉, 그곳에서 아이를 돌보는 사람은 아이와 대화 시 자신의 언어형식을 결코 크게 간소화시키지 않았다. 이러한 사실은 간소화된 언어형식을 이용하여 언어를 입력시키는 것이 결코 아동 언어습득의 보편적 현상이 아님을 말해주고 있다.

자아 중심적 행위를 대하는 태도

사람들은 종종 자신을 중심으로 문제를 생각하고 사물을 대한다. 많은 문화 공동체 속에서 아이를 돌보는 사람들은 자신도 모르게 아이가 이러한 취향을 발달시키도록 도움을 준다. 예를 들어, 어른들은 어린 아이가 하고자 하나 능력 부족으로 못 하는 일을 돕기도 하고, 대화 시 아이가 말하지는 않았지만 할 것이라고 생각하는 말을 보충해 주기도 한다. 하지만 파푸아뉴기니에서 오크스 일행은 아이를 돌보는 사람들이 결코 상술한 시각으로 아이를 돌보지 않는다는 것을 발견했다. 그곳에서 아이를 돌보는 사람들은 아이의 얼굴을 항상 외부로 향하게 하면서 아이로 하여금 외부 세계의 활동에 주의하고 타인의 이름을 기억하게 하였으며 자신이 하는 발화를 반복하게끔 했다. 또한 어린 아이가 자아 중심적인 발화(이런 발화는 가끔 사회 기준에 어긋난다)를 할 때에도 아이를 돌보는 사람들은 아이의 시각에서 말을 재구성해주지 않았다. 이렇듯 자아 중심적 태도를 습득하는 것도 파푸아뉴기니에서는 필연적 과정이 아니었던 것이다.

언어 습득의 순서

아동 언어 연구자들 대부분은 어떠한 언어구조가 아동들에게 쉽게 습득되고 어떤 성분이 뒤늦게 습득되는지에 깊은 관심을 보여 왔다. 아동들이 배우는 최초의 형식이 어휘 항목이기 때문에 연구자들도 이 방면에 적지 않은 이론들을 내놓았다. 일반적으로는, 형식상 쉽게 감지되고 구조나 내포된 의미가 쉽게 구분되는 어휘 항목이 아동들에게 가장 빨리 습득된다고 여겨져 왔다. 하지만 오크스 등은 이들 이론이 일정 정도 해석력은 있으나 결코 모든 현상에 적용될 수는 없다고 한다. 왜냐하면 어떤 현상은 아동이 생활하는 사회문화 환경과 규범에 의해서만 해석이 가능하기 때문이다. 예를 들면 플랫Platt이 발견한 것으로서, 파푸아뉴기니에서는 아동들이 방향동사(예를 들면 "오다", "가져오다, 주다" 등)를 습득하는 순서가 일반적인 습득 이론이 예측하는 순서와 정반대이다. 많은 언어들에서 "오다"류의 어휘는 "가다"류의 어휘보다 먼저 습득되는데, 이는 후자에 내포된 의미가 더 복잡하기 때문이다. 파푸아뉴기니의 언어에서도 "가져오다"가 어휘형식 상 "오다"보다 더 복잡하므로─"가져오다, 주다"는 aumai, "오다"는 sau이다─습득의 순서가 위의 예와 같아야 하지만 실제로 파푸아뉴기니 아동이 언어를 습득하는 과정에는 "쉬운 것을 먼저 배우고 어려운 것을 나중에 배운다"는 경향을 띠지 않았다. 무엇때문일까? 그것은 바로, 파푸아뉴기니 사회에 매우 뚜렷하게 존재하는 사회계층과 지위의 개념이 사람들의 발화와 행위 규범에 영향을 미쳤기 때문이다. 지위가 높은 사람은 "오다" 같은 단어로 지위가 낮은 사람을 부를 수 있지만 지위가 낮은 사람은 그럴 수 없다는 사회적 배경이 아동은 왜 "오다" 같은 어휘를 적게 말하고 쉽게 습득하지 못하는지 간명하게 설명해준다. 즉, 아동들은 그들보다 지위가 낮은 사람을 마주칠 기회가 많지 않으므로 근본적으로 그러한 어휘 성분을 사용할 기회를 갖지 못했던 것이다. 실제로, 아이들 자신도 어휘 사용에서의 이러한 사회적 함의들에 대해서 일정정도는 인식하고 있었다. 이러한 점은 관찰을 통해 알 수 있었는데, 아이들이 자라서 "오다"와 같은 방향동사를 사용하기 시작할 때쯤이면 그들 역시도 그와 같은 어휘를 자기보다 지위가 어리거나 동년배인 사람들에게 사용했기 때문이다. 때론 어린 아이가 이런 어휘를 자기보다 높은 지위에 있는 사람에게 사용할 때도 있지만 이러한 경우 대부분은 돌보는 사람이 아이에게 다른 사람을 불러오라고 시켰을 때 나타나므로 진정한 반례라고는 할 수 없다.

사회적 조건과 관련된 습득순서의 또 다른 예로는 일인칭 형식의 습득이 있다. 오크스 일행이 조사했던 사모아어Samoan와 뉴기니아어에서는 일인칭 형식이 다양하다. 중성 표시의 지시의미를 가진 것이 있는가 하면 강한 감정적 뉘앙스를 가진 것도 있어 "가엾은 나"같은 의미를 내포하기도 한다. 또 사모아어와 뉴기니아어에서는 영형식의 일인칭도 허용된다. 오크스 일행의 연구에 의하면, 사모아어와 뉴기니아어의 아동들은 감정적 뉘앙스를 내포한 일인칭과 영형식의 일인칭을 가장 먼저 습득하고 그 다음으로 중성적 일인칭을 습득한다고 한다. 그 이유는, 뉴기니아 사회에서 아동은 물건이나 협조를 얻을 때 항상 "구걸Begging"하는 식으로 말해야 하기 때문이다. 그래야 청자의 동정을 얻는다는 것이다. 그리고 그 동정을 얻기 위한 언어수단에 강렬한 감정적 뉘앙스를 내포한 일인칭 형식들이 포함되어 있다. 이러한 현상은 인간관계에 미치는 사회구조의 제약이 상이한 인칭 형식에 대한 아동의 습득순서를 결정짓고 있음을 보여준다. 결론적으로, 학습대상으로서의 언어성분이 갖는 용이함과 난해함으로는 앞서 논한 두 가지 습득현상 중어떤 것도 설명할 수 없다.

끝으로 덧붙일 것은, 사회화의 언어습득이론은 물론 사회언어학의 기타 하위 분야에서 모두 강조하는 것처럼 진정한 언어습득이란 의사소통 능력communicative competence에 대한 습득으로 구현되는 것이지 결코 언어구조를 습득했다는 것만으로 끝나지 않는다는 점이다. "상호작용 사회언어학"부분에서 이미 언급했던 것처럼, 언어능력의 우열에 대한 판단은 언어의 구조 성분에 대한 학습자의 습득정도에 국한되어서는 안되며 학습자의 실제 의사소통 능력까지 함께 고려되어야만 한다. 이러한 의미에서, 언어습득은 아동기에만 겪는 과정이 아니라 개인이 일생

동안 겪는 과정—성인이 되어도 자각적으로든 비자각적으로든 끊임없이 언어를 습득해야 한다—이라고 할 수 있다. 사회의 일개 구성원으로서 살아가길 바란다면 일생동안 필연적으로 이러한 언어습득과정과 함께 해야 할 것이다.

사회화와 관련된 아동의 언어습득에 대한 해석은 이론적 성격이 매우 강한 분야이다. 왜냐하면 촘스키를 대표로 하는 형식 언어학 이론이 기본적으로 아동 언어습득에 대한 선험론적 가설 위에 정립되었기 때문이다. 뿐만 아니라 이 분야의 연구가 인류학, 사회언어학, 대화분석 등에서 거둔 성과들을 흡수해야 하면서도 여타 학문분야에 도전적인 문제까지 자주 제기하기 때문이다. 그러므로 설사 아동 언어습득을 연구하는 사람이 아니더라도 이 분야의 성과들에 계속 주의를 기울인다면 그 속에서도 분명 얻는 것이 있을 것이다.

제5절 대화분석

대화분석Conversation Analysis, CA은 하나의 전문적인 학파(영어로 된 문헌들에서는 대문자 CA로 자주 대체된다)를 의미하는 용어로서 대화에 대한 모든 연구를 뜻하는 용어가 아니다. 대화분석은 의사소통에서의 형식, 그 중에서도 가장 중요한 형식인 두 명 또는 두 명이상에 의한 대화를 연구한다. 비록 지금은 이 분야에서 연구하는 언어학자들이 점점 많아지고 있지만 사실 대화에 대한 연구를 시작한 학자들 대부분은 언어학자가 아닌 사회학자였다. 그러므로 엄밀히 말하면 대화분석 학파는 언어학의 한 학파가 아니다. 그러나 이 분야의 연구가 언어적 의사소통에서 가장 주요한 방식을 대상으로 하고 있는데다 발화 의사소통에 관심을 갖고 있는 기타 사회언어학 분야에 매우 유용한 분석틀을 제공하면서 당대 사회언어학 분야에서 그들의 영향을 받지 않는 학파가 없게 되었다.

사회학자들이 대화에 관심을 가지게 된 데에는 다음과 같은 이유가 있었다. 전통적인 사회학에서 연구자들의 관심은 사회질서social order 그 자체, 그리고 정상적인 사회질서(개인 일상의 질서도 포함한다)가 어떻게 유지되는가를 기술하는데 있었다. 연구 방법에 있어서도 전통적인 방법은 설문지를 돌려 피조사자에게 일련의 문제들을 대답하도록 한 뒤 그 속에서의 규칙을 사회학자가 귀납하는 것이었다. 그러나 대화분석 학파의 방법은 이와 반대였다. 대화분석 연구자들은 사람들이 어떠한 방법으로써 전체 사회 구성원들에게 특정한 사회질서에 대한 공동의 인식을 갖게 하는지를 이해하고자 했다. 그들은, 하루라도 하지 않으면 안 되는 질서정연한 사회활동의 하나가 일상의 대화이므로 그러한 대화를 분석할 경우 사회질서 연구에 유용한 정보를 제공할 수 있을 것으로 생각했다. 연구 방법에 있어서도 그들은 전통 사회학의 설문지 조사 방법을 철저히 배제했다. 왜냐하면 이미 많은 연구들이 증명하듯, 자연스런 상황에서 행하는 행동과 자신이 어떻게 할 것이라고 하는 말 사이에는 항상 차이가 존재하기 때문이다. 그로 인해 대화분석 학파는 자연스런 상황에서 얻은 사회행위 자료를 관찰해야 한다고 강조했다.

대화 분석 학파는 담화 의사소통에 대해 다음과 같은 기본적 가설들을 취한다. (1) 상호작용interaction은 사람들 간에 행해진 구조화된structured 사회활동이다. (2) 사람들이 상호작용 속에서 어떻게 행동하는지를 이해하려면 불변의 추상적 원칙이 아닌 실제의 발화 상황을 항상 고려해야 한다. 추상적 원칙은 매우 상대적인 것이거나 본래 존재하지 않는 것일 수도 있다. (3) 앞서 언급된 두 가지 특징은 상호작용의 모든 부분에서 구현된다. 그러므로 상호작용의 어떤 부분도 우연적이거나 무질서하다든지 무관하다고 여겨져서는 안 되며, 더욱이 그러한 이유로 사전에 고려 대상에서 배제되어서도 안 된다.

일상의 대화에 대한 대화분석 학파의 이러한 가설들은 학파의 유래와 관계가 있다. 초기에는 대화분석 학파도 "민족방법론"Ethnomethodology이라 불렸다. 가핑켈Harold Garfinkle에서부터 시작된 민족방법론의 관심은 서로 다른 문화 배경 속에서 사람들이 어떻게 행동하고Doing 어떻게 지식 습득을 하는지Knowing를 비교하는데 있었다. 가핑켈1974은 자신의 저서에서 그가 왜 ethno(민속, 민족)라는 단어를 사용하고 있는지 설명한 적이 있었는데, 그것은 ethno가 특정 문화 환경 속에서 특정한 지식에 대해 해당 구성원들이 지니고 있는 공동의 인식을 표시하는데 사용할 수 있기 때문이라는 것이다. 예를 들어, 공통된 문화 배경 하의 구성원들이라면 모두 어떤 일이 어떠한 장에서 어떻게 행해져야 하는지, 어떤 사물이 무슨 속성을 갖고 있는지 등을 공유하게 된다. 민족방법론의 연구자들은 이러한 지식의 유래, 변화와 발전 및 그것들이 상이한 문화 속에서 보이는 차이를 연구한다. 이러한 점에서 보면 사회학의 민족방법론Ethnomethodology과 사회언어학의 의사소통 민족지학Ethnography of communication(본 장 제1절 참조)은 서로 공통된 부분을 공유하고 있다. 하지만 전자가 상당히 넓은 연구 범위로서 인식론적 문제까지 섭렵하고 있는 반면 후자는 발화에 의한 의사소통 자체에만 집중한다는 점에서 완전하게 같지만은 않다.

대화분석 학파는 대화를 매우 강한 구조 규칙을 갖고 있는 것으로 보고, 그에 상응하는 일련의 개념들을 제시함으로써 대화 구조의 구성방식을 분석해왔다. 이러한 개념들은 의사소통 사회언어학과 대화 분석 등의 분야에 없어서는 안 될 분석틀을 제공하고 있는데 편폭의 관계로 인해 여기서는 말순서 취하기와 인접쌍이라는 개념에 대해서만 간단히 소개하고자 한다.

말순서와 말순서 취하기

대화할 때 참여자가 부딪히게 되는 중요한 문제 중의 하나는 어떻게 상호협동을 해야 대화를 순조롭게 진행시킬 수 있을까하는 것이다. 이에 대해서는 일반적으로, 발화 시 가급적이면 한 번에 한 사람만 발언하면 된다. 두 사람이 동시에 발언할 경우 말중복Overlap이 생길 것이고 반대로 동시에 발언하지 않을 경우 침묵Silence이 생길 것이기 때문이다.

정상적인 상황에서 사람들은 보통 한 사람에 한 번의 발언, 한 번의 물음과 한 번의 대답 등의 형식을 준수하며 대화를 이어 나간다. 대화분석적 용어로 말하면, 대화 속에서 한 명의 화자는 발화의 시작에서 마무리까지를 관여하며 하나의 말순서Turn를 형성한다. 말순서 하나가 마무리되면서 또 다른 말순서의 시작으로 이어지는 순환규칙이 소위 말순서 취하기Turn Taking라는 것을 구성한다.

색스 등Sacks et al. 1974이 개괄해낸 영어 대화의 말순서 취하기 모델은 추상적이면서도 말순서 취하기의 기본적인 운용상황을 설명하는데 사용된다. 이 모델에 근거하면, 말순서 취하기가 가능한 모든 지점에서 아래의 규칙들이 쓰일 수 있다. 아래 규칙들은 크게 두 갈래로 분류될 수 있는데, 그 중 하나는 기본규칙이고 나머지 하나는 기본규칙의 재적용이다.

첫째, 기본 규칙이다. 선행 말순서의 맨 처음 출현하는 추이적정지점 Turn Transition-Relevance Place에서 말순서의 교체가 이루어질 수 있는 가능성은 다음 세 가지이다.

(1) 현행 화자가 직접 다음 화자를 선택할 경우 선택된 화자는 발화할 권리와 함께 발화 수행에 대한 책임도 부여 받는다. 반면 기타 대화 참여자들은 이러한 권리와 책임을 갖지 못한다.

(2) 현행 화자가 직접 다음 화자를 선택하지 않았다면, 이때에는 누구든지 자발적으로 발화할 수 있다. 그러나 이것이 필수적인 것은 아니다. 이러한 상황에서 먼저 발화한 사람은 누구나 발화 또는 말순서를 다른 화자에게 넘길 권리를 갖는다.

(3) 현행 화자가 다음 화자로서 직접 누군가를 선택하지 않았다면, 누군가는 자발적으로 발화해야 한다. 현행 화자 자신이 계속 발화할 수도 있지만 이 역시도 필수적인 것은 아니다.

둘째, 운용 규칙이다. 선행 말순서의 맨 처음 출현하는 추이적정지점Turn Transition-Relevance Place에서, 만약 (1)과 (2)에 기술된 상황이 모두 출현하지 않았다면 (3)에 기술된 규정에 따라 현행 화자가 계속해서 발화할 수 있다. 현행 화자가 연이어 계속 발화했다면 (1)에서 (3)까지의 규칙은 다시 다음의 추이적정지점까지 반복된다. 이러한 규율은 말순서 취하기가 끝날 때까지 연이어 출현하는 추이적정지점에 순환적이고 연속적으로 적용된다.

말순서 취하기에 관한 규율을 둘러싸고 많은 논쟁이 있어 왔는데, 주로 말순서 취하기 규칙의 성질 및 여러 언어에 걸친 보편성과 관련한 문제였다. 그러나 이러한 논쟁의 결과가 어떻든 간에 말순서 취하기 규율에 대한 대화분석 학파의 개괄은 더욱 심도 깊은 연구를 이끄는데 쓰일 수 있다. 예를 들어, 탄넨Tannen의 경우, 상이한 사회계층이나 민족 공동체에 속한 구성원이 말순서 취하기 방식에 대해 거는 기대라든지 상이한 문화 공동체 속에 속한 사람들이라면 말순서 취하기 방식에 대해서도 상이한 규약을 지니는지 등에 대해 특히 주의를 기울인 예가 그렇다.

인접쌍

대화 속에서 가장 잘 구조화 된 규율을 가진 대화 형식으로 인접쌍 Adjacency Pairs이 있다. 인접쌍이란 두 개의 인접한 말순서로서, 이 두 말순서는 서로 다른 화자에 의해 발화되지만 관계가 매우 밀접하여 선행 말순서가 출현할 경우 그 다음 말순서도 출현해야 하는 것을 가리킨다. 예를 들면 다음과 같다.

A:	你好!	A:	Ah Hi!	A:	안녕하세요!
B:	你好!	B:	Hi!	B:	안녕하세요!

　　A가 B에게 인사를 하자 B도 A에게 반응하고 있다. 이 때, A의 선행 말순서가 출현했기 때문에 B의 그 다음 말순서가 출현할 것이라고 기대하는 것은 당연하다. 물론 B가 A를 아는 체하지 않는 경우처럼 그 다음 말순서가 출현하지 않을 가능성도 있다. 하지만 이럴 경우 사람들은 곧바로 이 상황이 상식을 벗어난 예외officially absent라고 인식할 것이다. 따라서 이 때 화자는 온갖 방법을 궁리하여 그 예외를 만회하려 할 것이다. 예를 들어, A는 자신의 목소리가 너무 작아서 B가 못 들었을 것이라고 생각하고 좀 더 큰소리로 다시 인사를 건넬 수도 있다.

　　인접쌍의 강제성은 상술한 예에서뿐만 아니라 삽입현상을 포함한 기타 여러 예에서도 구현된다. 예를 들면 다음과 같다.

(0)		(汽車公司電話鈴響)	(0)		(버스회사의 전화벨이 울린다)
(1)	A:	你好, 我是公共汽車公司。	(1)	A:	안녕하세요, 버스회사입니다.
(2)	B:	請問有沒有一個34路車在 七點半左右離開大學?	(2)	B:	저, 7시 반 쯤 대학을 나가는 34번 버스가 있나요?
(3)	A:	你說的七點半是早上還是 下午?	(3)	A:	말씀하신 7시 반이 오전인가 요 저녁인가요?
(4)	A:	噢,	(4)	A:	아,
(5)		是早上。	(5)		오전입니다.
(6)	A:	有一輛車。	(6)	A:	한 대 있습니다.
(7)	B:	謝謝你。	(7)	B:	감사합니다.
(8)	A:	不客氣。	(8)	A:	별말씀을요.

(2)와 (6)이 본래 하나의 문답 인접쌍이지만 위의 예에서는 그 둘이 긴밀하게 이웃해 있지도 않을 뿐만 아니라 또 하나의 인접쌍인 (3)-(4), (5)도 그 중간에 삽입되어 있다. 흥미로운 것은, (3)에서 A가 B의 질문에 바로 대답하지는 않았지만 그래도 결국 (6)에 와서는 B의 질문에 대답 했다는 것, 그리고 B 역시도 이러한 것을 어느 정도는 기대했다는 점이다.

기능 면에서, 인접쌍은 여러 유형으로 나눌 수 있다. 아래는 자주 볼 수 있는 인접쌍의 예이다.

질문-대답[1]
요청-접수 또는 거절
요구-접수 또는 거절
칭찬-동의 또는 동의하지 않음
인사-인사
제공-접수 또는 접수하지 않음
평가-동의 또는 동의하지 않음
질책-인정 또는 부인
건의-접수 또는 거절

인접쌍의 두 부분을, 중국의 전통적인 대련對聯의 이름을 빌어 각각 "첫째 연"First Pair Part, "둘째 연"Second Pair Part으로 부를 수 있다. 인접쌍과 관련된 발화 활동 유형이 이처럼 많은 것을 보면 짝을 맞춰 진행하는pairwise 대화방식이 일상 대화에서 가장 중요한 구조 방식이라고 충분히 짐작할 수 있을 것이다.

----

1) 인접쌍의 각 유형에 대한 논의는 리우훙(劉虹, 2004, 『會話結構分析』, 北京大學出版社, pp.109~113)을 참고할 수 있다.-역주

청자 중심의 설계원칙

청자 중심의 설계원칙Recipient Design이란 어형 선택에 작용하는 기본 원칙을 말한다. 자연스런 대화 속에서 사람들은 다음과 같은 현상을 관찰할 수 있을 것이다: 세상 속의 인간과 사물에 관한 현상에 대해 각각의 언어들은 그 현상을 지칭할 수 있는 무한히 많은 방식을 갖고 있다. 예를 들어, 유명 인물로서 마오저뚱毛澤東은 자신의 아이들에게는 아버지나 할아버지 등으로 불릴 수도 있고 직장 동료들에게는 지도자, 주석, 전우, 동지 등으로 불릴 수도 있으며 적들에겐 그 자, 1호, 1조, 심지어는 B-52 등으로 불릴 수도 있다. 물론 청자 중심의 설계원칙은 어휘나 호칭어의 선택에만 국한되지 않고 모든 표현 구조의 선택 문제일 수 있다. 여기서 화자가 왜 다른 형식이 아닌 그 형식을 취했는가에 영향을 미치는 주요 요소 중의 하나가 청자이다. 각기 다른 표현 형식을 선별하여 사용함으로써 화자의 입장과 견해 등을 청자에게 이해시켜야 하는 것이다. 이러한 설계원칙은 우리가 언어구조의 실제사용 및 화자의 사회관계가 언어에 미치는 영향을 이해하는데 도움을 줄 수 있다.

대화분석 학파는 일상대화의 구조에 대해 심도 있는 연구를 진행함으로써 일련의 분석틀과 개념들을 제시하고 사회언어학과 담화분석 등의 분야에 막대한 영향을 미쳤다. 이론 면에 있어, 대화분석 학파가 주로 기여한 부분은 대화에 반복되는 구조 규율이 있다는 것을 사실로써 설명했다는데 있다. 대화는 정보를 교류하는 도구일 뿐만 아니라 사회활동의 일종, 그것도 흔히 접할 수 있는 사회활동의 일종이다. 그들의 연구에서 제기된 대화구조라든지 통사구조와 인간의 사회관계라든지 하는 문제들은 사람들로 하여금 언어와 어법의 성질을 더 깊게 이해할 수 있게끔 하였다. 예를 들어, 현재 기능어법학자들이 마주하고 있는 주요 문제 중의 하나가 바로 어떻게 하면 대화 운용의 구조규율을 사용하여 어법규율을 해석할 수 있을까하는 것이다. 언어 규율은 상호 작용 속에 존재하며 발화 활동의 주요 내용이 곧 대화이기 때문에 어법의 규율과 대화가 아주 밀접하게 연계되어 있을 것이라고 기대하는 것은 당연하다.

제6절 나가며

본 장에서는 언어사용 문제에 대해 당대언어학계가 논하고 있는 다섯개의 주요연구 영역을 소개하였다. 의사소통 민족지학, 다문화 의사소통연구, 의사소통 사회언어학, 사회화와 관련된 언어습득 및 대화분석 학파가 그것이다. 이들 영역이 비록 연구중점에 있어서는 상이해도 연구의 취지 면에서는 일치한다. 즉, 언어와 인간의 사회생활은 분리해서 생각할 수 없다는 것이다. 또한 이들 연구는, 언어를 이해하려면 반드시 화자가 처해있는 사회 환경을 연구해야 한다는 것과 함께 사회생활의 내재규율을 이해하는데 있어 언어가 직접적 증거를 제시해 줄 수 있다는 것을 각기 다른 시각에서 설명하고 있다. 물론, 본 장의 말머리에서도 언급했듯이 언어사용은 다양한 측면에서 다룰 수 있는 광범위한 문제이므로, 여기서는 그저 언어사용 연구에 있어 비교적 큰 영향을 미친 사회언어학의 하위 연구 분야만을 소개했을 뿐 결코 모든 연구를 설명했다든지 몇 몇 방면으로만 연구되어야 한다든지 한 것은 아니다.[1]

....
1) 학문분야의 경계를 어떻게 인식할 것인가 하는 문제에 관해서는 제9장의 "소결"에 언급된 간략한 설명을 참고하기 바란다.

당대사회언어학

03 제3장

언어학의 출현과 발전은 하나의 목표—즉, 언어의 규칙성을 발견 또는 귀납해낸다—에 맞추어져 있다. 하지만 언어학이 규칙성을 귀납하는데 성과를 거둠에 따라, 특히 언어의 규칙성과 체계성이 이론화된 이후, 언어학자들은 종종 언어 현실 속의 불규칙 현상들을 과도하게 무시하는 경향을 보이기도 했다. 언어학자인 사피어Sapir. 1929는 사회언어학이 세상에 빛을 보기 훨씬 이전인 1929년부터 이미 이러한 문제를 지적했었다. 그는 언어의 규칙성으로 인해 언어 연구가 마치 자연과학과 흡사하게 보일 수도 있지만 언어학자라면 가지런하게 정돈된 언어학의 모습은 그저 끊임없이 변화하는 사회문화 행위에 대한 일종의 개괄적인 귀납일 뿐이라는 것을 잊지 말아

언어변이와
언어변종

야 한다고 했다. 그 후로 한동안 무시되었던 언어변이 현상은 1960년대 사회언어학이 출현하면서 언어학에서 새롭게 각광을 받았고 현재는 사회언어학에서 가장 중요한 연구대상의 하나로 자리하게 되었다. 그와 동시에 일군의 사회언어학자들은 라보브William Labov를 위시하여 "변이학파"를 형성하였다. 변이학파는 언어변이를 주요 연구대상으로 하면서 발화공동체 조사와 언어자료 수집 및 계량분석 등 일련의 연구방법을 발전시켰다. 변이연구 성과들이 초기에는 주로 어음 방면에 집중되어 있었지만 현재는 어법, 의미, 담화분석 등 각 방면의 언어연구로 점차 확대되어가고 가고 있다. 20세기 서구 언어학계의 주류학파(먼저 구조주의 학파, 그 뒤로는 생성주의 학파)들은 줄곧 언어를 하나의 동질체로서 생각하고 연구하였다. 하지만 이러한 관점은 라보브의 스승인 바인라이히Uriel Weinreich. 1926~1967를 중심으로 한 학자들이 변이학파의 선언서로 대변되는 글을 통해 언어를 하나의 "질서 있는 이질체"로 규정하고 있다는 점과 대비된다Weireich et al. 1968. 그 뒤로 근 30년 동안 사회언어학 연구는 위의 관점을 지지할 수 있는 다량의 증거를 축적해왔다.

제1절 라보브의 뉴욕시 조사

뉴욕시 거주민 발음에 대한 라보브의 조사Labov 1966는 가장 널리 알려진 사회언어학 연구이자 창의적인 언어변이 연구로 알려져 있다. 라보브 이전부터도 뉴욕시 영어를 연구하는 학자들은 이미, 현지인들이 car, cart, four 등과 같은 단어를 말할 때 (r)음을 발음할 때가 있고 하지 않을 때가 있다는 것에 주목하였었다. 하지만 어느 때 발음하고 어느 때 발음하지 않는 지, 여기에는 마치 아무런 규칙이 없는 듯 보였다. 그래서 학자들은 뉴욕 영어를 기술할 때 모음 뒤에 출현하는 (r)을 "자유변이"로 규정하였었다. 그러나 라보브는 광범위하게 자료를 수집하고 화자의 사회적 지위와 발화의 장을 기준으로 계량 분석을 실시한 결과, 겉으로 보기에는 혼잡하고 질서 없이 보이는 현상들이 실제로는 매우 일관된 규칙성을 갖고 있음을 발견하였다. 이러한 규칙성은, 모음 뒤에 출현하는 권설음 (r)이 화자의 사회계층과 발화 스타일 모두에 관련되어 있으며 질적 대비보다는 확률 분포상의 양적인 차이로 나타난다.

라보브의 조사에 의하면, 뉴욕시에는 발화의 장을 불문하고 일관되게 모음 뒤 (r)발음을 하는 화자도 극히 드물었지만 반대로 절대로 하지 않는 화자도 극히 드물었다. 설령 그러한 사람들이 실제로 존재한다고 해도 진정한 뉴욕어 사용자는 아닐 것이다. 왜냐하면 뉴욕에서는 변이의 어떠한 형식이 아닌, 변이 그 자체가 지역어의 한 특징을 이루고 있기 때문이다. 그와 더불어, 모음 뒤 권설 현상의 출현 비율은 뉴욕의 본토박이에게 있어 화자의 사회적 배경을 드러내는 기능도 함께 수행한다. 즉, 모음 뒤 권설음이 출현할 가능성을 가진 단어 중에서 그것을 발음할 횟수와 실제로 발음한 총 횟수 간 비율은 화자가 뉴욕의 어느 계층 출신인지를 보여준다. 물론 이러한 비율은 확률적이며 상대적인 분포이지 절대적인 것은 아니다. (r) 변이는 사회계층과 함께 사회적 장과도 관련이 있다. 사회경제적 지위가 높을수록 발화 중 권설음의 출현 비율도 높아지지만 계층을 불문하고도 공식적인 장일수록 권설음의 출현 비율 역시 높아지기 때문이다.

라보브는 사회학 방면의 연구를 바탕으로 뉴욕에서 조사한 화자들을 몇 개의 사회 경제 등급으로 분류한 뒤 "사회계급social class"이라는 명칭을 부여했다. 또 언어자료를 수집할 때에도 녹음기를 이용하여 여러 조건의 발음 샘플을 수집했다. 동일 화자가 친구와 스스럼없이 나눈 대화와 낯선 사람과 나눈 제한된 대화를 녹음하기도 했고 문장 한 단락이나 단어 한 개, 특별하게 선별된 "최소 대립 단어쌍"minimal pair(예를 들면 god/guard, beard/bird 등)을 낭독할 때의 발음도 기록하였다. 라보브는 상기 조건 하에서 수집된 발음들을 모아 하나의 "발화 유형 연속체"style continuum를 구성하였는데, 스스럼없이 나눈 대화를 한쪽 극단에 놓고 최소 대립 단어쌍의 발음을 또 다른 한쪽 극단에 놓았다. 전자는 가장 격식이 없는 발화장을 대표하고, 후자는 가장 격식을 갖춘 발화장에서도 화자 스스로가 자신의 언어에 매우 주의를 기울일 때의 표현을 대표한다.

유 형	단어쌍 낭독	단어표 낭독	단락 낭독	격식대화	비격식대화
하층계급	50.5	76.5	85.5	89.5	97.5
노동계급	45	65	79	87.5	96
중등계급	30	44.5	71	75	87.5

세가지 상이한 사회계층의 (r) 변이지표

위와 같은 방법을 바탕으로, 라보브Labov 1966는 발화와 낭독 녹음 자료에서 산출된 (r) 변이 비율에 따라 발화유형 속에 구현된 "사회계급" 각각의 (r)"지표"index를 구했다. 예를 들어, "하층계급"은 단어쌍 낭독 시 50.5, 단어표 낭독 시 76.5, 단락 낭독 시 85.5, 격식 대화 시 89.5, 비격식 대화 시 97.5의 지표를 갖는다. 이들 지표는 실제값(즉 대화에서 권설음을 발음할 가능성이 있지만 그 현상이 실제로는 출현하지 않을 확률)으로 볼 수 있는데, 만약 뉴욕의 "하층계급"이라면 그가 비격식적인 대화에서 권설음을 거의 하지 않을 것이라는 점을 말해준다. 발화 유형이 점점 격식적일수록 화자는 자신의 발음에 점점 주의하게 되며 그에 따라 권설음 실현율도 높아져 마지막의 단어쌍 낭독 시에는 약 50%까지 올라간다. 이와 상대적으로, "중등계급"은 단어쌍 낭독, 단어표 낭독, 단락 낭독, 격식 대화, 비격식 대화 시의 지표가 각각 30, 44.5, 71, 75, 87.5이다. 여기서 우리는 발화유형이 격식적일수록 권설음 실현율이 높아지는 추세가 "중등계급"에서도 나타난다는 것을 알 수 있다. 하지만 "중등계급"은 비격식 대화에서도 일정정도의 권설음 실현율(10% 이상의 실현율)을 보이고 있으며 가장 격식적인 단어쌍 낭독에서의 권설음 실현율도 "하층계급"을 크게 넘어 70%에까지 이르고 있다. 흥미로운 것은, 라보브가 사회적 지위를 "하층계급"과 "중등계급" 사이에 위치시킨 "노동계급"의 변이지표 역시도 각각 45, 65, 79, 87.5, 96으로서 두 계급 간 변이 지표의 중간 값을 보인다는 것이다. 여기에서 우리는 어떤 발화유형에 대해 한 계급이 보여주는 지표가 그보다 한 단계 낮은 계급의 더 격식적인 발화유형에 대해 보이는 지표와 동일할 수 있다는 것에 주의할 필요가 있다. 예를 들어, "중등계급"의 단어표 낭독 시 지표는 "노동계급"의

단어쌍 낭독 시 지표(각각 44.5와 45)와 거의 동일하다. 또 "중등계급"의
비격식 대화 시 지표는 "노동계급"의 격식대화 시 지표(모두 87.5)와 동
일하며 이는 다시 "하층계급"의 낭독 시 지표(85.5)에 근접한다. 라보브
Labov 1972a는 일찍이 이러한 현상에 대해, 매 계급은 모두 자기보다 한 등
급 높은 계급의 변이 지표를 자신이 모방할 목표로 삼는다고 해석하였다.
이렇듯 현상에 대한 묘사적 측면에서 뉴욕인들의 언어표현에는 층차가
나누어져 있다고 볼 수 있다. 그리고 이에 따라서 이후 이와 유사하게 출
현하는 사회언어 현상들은 모두 "층화" 현상이라고 불렸다. 권설음 층화
현상에 대한 라보브의 기술에는 여섯 개의 사회계층으로 세분화되어 있
는데, 이들 계층과 관련된 권설음 변이의 통계 결과는 다음 도표와 같다.

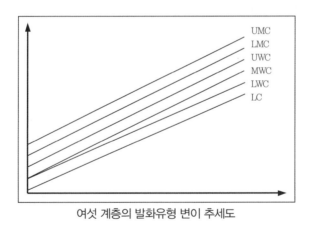

여섯 계층의 발화유형 변이 추세도

도표의 세로축은 권설음 실현율을 나타내며, 화살표는 높은 실현율
을 가리킨다. 반대로 가로축은 발화 유형의 변화 방향을 의미하며 화살
표는 좀 더 격식 있는 발화유형을 지향한다. 표 속 6개의 사선은 각각
6개 계층의 발화 실현도를 표시한다. UMC는 "중상위 계층", LMC는

"중하위 계층", UWC는 "상위 노동계층", MWC는 "중위 노동계층", LWC는 "하위 노동계층", LC는 "하위 계층"을 각각 의미한다. 발화 유형이 격식을 갖출수록 각 계층의 사선은 위를 향해 평행하게 이동하고 있다. 그리고 각 계층의 변이 지표도 고정적인 배열 형식을 보이며 사회경제적 지위의 배열과 일치한다.

라보브가 행한 뉴욕시 방언의 몇몇 변이 특징 중에서도 모음 뒤 권설음 변이의 사회적 상관성이 가장 두드러졌다. 실제로 이러한 변이가 갖는 사회적 상징의미에 대해 뉴욕의 화자들은 매우 민감한 반응을 보이기도 한다. 이러한 언어변이는 사회계층을 구별하는 기능이 매우 강하면서도 발화 유형에 따른 변화도 매우 뚜렷하기 때문에, 라보브는 이를 "표지항marker"이라고 불렀다. "표지항"은 "지시항indicator"과 상대적인 개념이다. "지시항"도 일종의 사회적 의미를 내포한 언어변이로서 사회적 집단을 구별하는 기능이 있지만 발화 유형 변화는 고려하지 않았다는데 표지항과 차이를 둔다.

표지항과 함께 자주 나타나는 현상으로 "초월현상"이 있다. 라보브가 뉴욕을 조사하면서 제일 먼저 발견한 것으로서 이 현상은 뒤이어 진행된 기타 조사에서도 반복적으로 출현하고 있다. "초월현상"이란 일반적으로 최상위 계층의 뒤를 잇는 사회계층의 언어표현이 가장 격식을 갖춘 발화유형에서 그보다 높은 계층을 초월하는 현상을 가리킨다. 따라서 라보브가 뉴욕에서 실제로 발견한 권설음 층화 상황은 아래의 도표에 더욱 접근해 있으며 "초월"현상이 없는 언어층화 상황은 위의 도표에 더 잘 묘사되어 있다.

다음 도표에서는 굵은 선으로 "중하위"계층의 권설음 지표 곡선을 표시하였다. 가장 격식적인 발화 유형에서 "중하위"계층의 권설음 실현율이 "중상위"계층을 넘어서고 있다. 라보브는 "초월"crossover에 대해

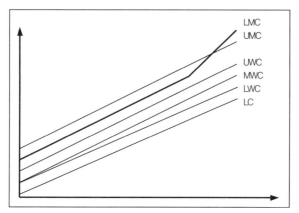

뉴욕시 여섯 계층에서 보이는 모음 뒤 권설음 변이의 변화 추세도("초월현상"포함)

다음과 같이 해석하고 있다: "이런 표현을 쓰는 화자들은 종종 사회적 계층의 상승 기회와 욕망을 더 많이 갖고 있다. 그로 인해 사회적 지위에 대한 언어의 표지 기능에 더 민감하고 결국 "과잉교정"hypercorrection의 단계까지 이르게 된다."

결론적으로, 변이 자체도 뉴욕 말투의 한 특징을 이루고 있지만 그 중에서도 (r) 변이는 뉴욕 화자들에게 있어 사회적 상징 의미까지 함께 있다고 할 수 있다. 뉴욕의 본토박이 화자들은 모두 대화 속에서 실현되는 권설음의 출현빈도로써 그에 해당되는 상징적 의미를 가늠하는 능력이 있다. 이러한 연구가 전통 방언학과 다른 점은, 그 구별기능이, 방언의 어떤 한 단어나 어음이 출현했느냐의 여부로 결정되는 것이 아니라 권설음 출현율의 높고 낮음이라는 양적인 구분에 의해 구현된다는 점이다. 이러한 양적 구분은 변이 연구에 있어 매우 중요한 개념이기 때문에 이에 대해서는 다음 절에서 더 자세하게 논하고자 한다.

라보브는 도시 공동체 속에 존재하는 언어변이의 분포를 조사함으로써 발화 공동체라는 새로운 개념을 제시하였다. 과거의 연구자들은 발화 공동체의 가장 중요한 특징이 언어 행위에 대한 공동체 구성원들 간의 일치성이라고 생각했다. 생성언어학의 창시자인 촘스키는 이 일치성에 대한 시각을 유지하기 위해 이상적인 발화 공동체로 정의되는 이론모델을 제기하여 일각의 논쟁을 불러일으키기도 하였다. 그러나 이러한 촘스키의 이상적 모델은 현실 세계의 곳곳에 존재하는 언어변이를 외면하기 위해 제기된 것으로서, 언어 공동체의 동일성이라는 자신의 견해를 관철시키는데 그 목적이 있었다. 상식선에서는 일반인들도 촘스키의 견해에 동조할 것이다. 발화 공동체의 구성원들 간에 언어행위가 일치하지 않는다면 발화 공동체의 존재 기반도 사라지기 때문이다. 하지만 라보브는 발화 공동체 구성원 간의 일치성이 동일한 언어태도에 표현되는 것이지 결코 언어행위의 일치로 표현되는 것이 아니라고 생각했다. 뉴욕의 권설음 변이를 예로 들어보자. 뉴욕 화자들이 어떤 하나의 발화 공동체에 소속된다고 간주될 때에는 그들이 의사소통 장에 따른 권설음 실현율에 있어 동일한 증가 추세를 보이기 때문이지 그들 모두가 발화 중 동일 비율로 권설음을 실현하기 때문이 아니다. 즉, 동일한 발화 공동체의 구성원일 수 있는 것은 화자들이 동일하게 말을 해서가 아니라 동일한 언어현상에 대해 대체적으로 동일한 평가와 근본적으로 같은 이해를 화자들이 공유하고 있기 때문이다. 이렇듯 화자의 언어 평가기제를 발화 공동체의 일치성 기준으로 삼았다는 점은 발화 공동체 연구에 있어 하나의 진전이었다. 라보브의 연구를 통해 사회언어학은, 현실을 무시하고 발화 공동체의 동일성만을 강조하지 않으면서도 "질서 있는 이질체"라는 이론적 전제 하에 발화 공동체 내부구조에 대한 연구를 전개시킬 기반도 다지게 되었다.

제2절 언어변이, 언어변종, 언어변항

언어학 연구에서 해결해야 할 문제들은 종종 실제로 그것들이 "같은 가" 또는 "다른가"에 대한 판단에까지 소급된다. 예를 들면, 전통 음운 론에서 하는 일은 두 개의 서로 다른 소리가 한 언어 속에서 의미 구분 기능을 갖는지 아니면 "동일한 음"으로 간주되어야 하는지를 발음의 각 도에서 결정하는 것이다. 중국어 화자에게 있어 "媽", "麻", "馬", "罵" 는 각기 상이한 음이다. 네 개의 형태소로 구분되기 때문이다. 하지만 이 음들은 성조가 없는 언어를 모국어로 하는 외국 학생들이 듣기에는 별 차이가 없다. 왜냐하면 외국 학생들은 음의 높낮이가 다른 음절을 같은 의미로 파악하는 방법에 익숙해져 있기 때문이다. 어떤 어법이론 에서는, 인간은 태어나면서부터 각 소리의 미세한 차이도 분별할 수 있 는 능력이 있다고 한다. 그에 따르면 제1 언어습득은 차이를 무시하는 것을 배우는 과정이지 차이에 대한 분별을 배우는 과정이 결코 아니라 고 하였다. 언어습득과 마찬가지로 언어사용도 그렇다고 믿었기 때문 에 언어학자들은 한 언어 속에서 형태소를 구분할 수 있는 일련의 "변 별적 특징들contrastive features"을 찾는데 주력하였다. 하지만 실제 사정은 결코 그렇게 간단하지가 않다. 앞서 소개했던 뉴욕시 영어화자의 권설 음은 형태소를 구분하는 기능이 없었다. 그럼에도 본토박이 뉴욕사람 이라면 그것이 전달하는 사회적 의미만은 모두 분명하게 알고 있다. 이 는, 해당 언어의 어음체계에 수용되지 못한 변별적 특징들을 성인이 되 어서도 여전히 구분해가며 상이한 사용 맥락 속에서 사용하고 있다는 것으로 이해 할 수 있다. 이러한 뉴욕 권설음 변이의 예는 사회언어학 연구의 성격을 전형적으로 설명해 주고 있는데, 그것은, 일반적으로 혹은 전통적으로 동일하다고 여겨온 그러나 언어적 의사소통 속에서는 서로 다른 의미를 드러낼 수 있는 상이한 언어형식을 연구한다는 것이다.

일상생활 속의 현상 중 하나는, 우리가 전화를 받을 때 단지 소리만으로도 익숙한 사람을 분별해낼 수 있다는 것이다. 이는 매 사람마다의 발성특징과 발화습관이 모두 다르기 때문이다. 첨단 스펙트로그램 분석 장비를 이용하여서도 개개인의 소리 특성을 분별해낼 수 있는데, 이러한 기술은 "음성 자물쇠" 등과 같이 녹음된 자료에 대해 피녹음인의 음성이 확실한지 법원이 사실관계를 확인하는데 쓰일 정도로 이미 실용화되어 있다. 하지만 이와는 반대로, 자연언어 처리에 대한 일반적인 응용에서는 어음 식별을 위해 각 개개인의 변이에 의한 간섭을 철저하게 배제하고 있다. 예를 들어, 컴퓨터로 제어되는 전화정보 서비스센터의 어음식별 장비는 각기 다른 문의자가 발화하는 동일한 단어를 (발성특징이 다름에도 불구하고) 동일한 단어로서 받아들일 수 있어야 한다. 사회언어학에서 연구해야하는 언어변이는 이들 양 극단의 현상 중간에 있다. 단지 어느 한 개인만이 갖고 있는 특유한 언어현상이나 발화 공동체 전체가 동일하게 표현하는 언어현상은 사회언어학자들에게 있어 연구 대상이 아니다. 변이 연구 중에서도 특히 관심을 받아온 대상은 "사회적" 변이이다. 사회적 변이는 발화 공동체 내에서 사회조건들에 의해 제약을 받는 각종 집단적 성질의 변이들과 특수한 사회적 신분에 의해 만들어진 여러 개인 변이들을 포괄한다. 후자와 같은 상황에서도 연구의 중점은 여전히, 어떤 한 개인의 특수성을 강조하기보다는 해당 공동체의 구성원들이 공동체와 맺는 관계가 반영된, 공동체 내 조직구조와 관련된 일반 규칙이다. 나아가 연구에 있어 더더욱 배제시켜야 할 것은 생리적인 개인 요인 등과 같이 비사회적 성질의 것들이다.

전통적인 언어학 연구에서는 언어의 사회적 환경에 대한 구체적 분석이 부족했지만 그래도 언어의 사회성만큼은 상당한 정도로 인식하고 있었다. 구조주의 언어학파의 창시자인 소쉬르F. de Saussure는 일찍이 언어란 공동체에 귀속되므로 공동체 속에 존재한다고 한 바 있다. 그 후 언어학자들은 언어가 공동체와 상호 연관되어 있다는 소쉬르의 견해에는 결코 이의를 달지 않았지만 그와는 반대로, 언어가 개인적인 심리 현상이라거나 개인적으로 실현되는 언어 현상들이 공동체의 언어와 동등하다는 견해를 무리하게 강조하곤 했다. 이에 관한 문제는 본서의 마지막 장에서 좀 더 논하겠다. 단지, 여기에서 지적하고자 하는 것은 사회언어학도−발화 공동체 내의 체계적인 변이현상을 기술하는데 주력하지만−언어의 보편적 규칙성을 추구한다는 점이다. 이러한 면에서 사회언어학자들은 대다수의 언어학자들과 동일선 상에 있다. 요컨대, 사회언어학자들도 여전히 언어의 계통성과 통일성을 믿고 있다. 그러나 변이 연구자들은 언어가 복잡하고 무질서하며 규칙성이 없다는 견해에 동조하지 않는다. 그보다는 오히려, 복잡한 변이 현상들이 언어의 이론적인 계통성과 어떠한 관계가 있는지 그에 대한 해답을 적극적으로 찾아보려 한다.

일반적으로 우리는 소쉬르를 대표로 하는 구조주의학파가 현대 언어학의 기반을 다졌다고 여기고 있다. 이는 구조주의 언어학자들이 언어의 일반적 규칙에 관한 연구를 시작했기 때문이다. 초기 언어학의 연구중점은 몇몇 구체적인 언어들과 그 언어들 간의 관계를 파악하는데 늘 집중되어 있었다. 언어의 일반적 규칙에 대한 초기의 구조주의 언어학 연구는 촘스키를 대표로 하는 생성언어학파에 의해 빛을 발했다. 촘스키는 언어에 대한 연구로써 인간만이 가진 심리적 특징을 파헤칠 수 있다고 주장했다. 따라서 언어학 연구란 모든 언어에 적용되는 "보편규칙"을 발견하고 그것을 인간이 공통적으로 지닌 심리 기제적 관점에서 해석해야 한다고 했다. 이러한 생성학파는 곧바로 언어학의 주류학파로 올라섰다. 언어의 "보편규칙"에 대한 탐구가 유행이 되었고 비생성학파의 학자들도 그에 따른 영향을 받았으며 언어학을 처음 배우는 학생들까지도 언어의 "보편규칙"을 학기말 과제논문에서 한두 줄 논해보려 했다.

그러나 지금 와서 보면 언어의 사회성이야말로 언어의 근본적인 특징 중 하나였다. 이는 연구되었던 모든 언어들에 나타난 공통적인 특징으로서 그 속엔 모두 언어변이가 포함되어 있기 때문이다. 덧붙이자면, 인간이 갖고 있는 생리, 심리 기제를 기초로 한 언어란 사실, 그 표현형식에 있어, 현존하는 수 천 종의 각기 다른 구체적 언어를 말한다. 이전에 수없이 많이 존재했던, 그리고 촘스키가 존재할 것이라고 여겼던 여러 언어들도 물론 마찬가지이다. 이러한 현상들이 바로 언어의 변이성을 보여주는 예이다. 언어에 보이는 복잡다단한 변이현상의 주요 원인은 언어가 필연적으로 복잡 다변화한 사회조직 속에 존재한다는데 있다. 언어가 공동체에 속해있다는 소쉬르의 견해를 계승한 변이학파의 사회언어학자들은 줄곧 발화 공동체를 기본 연구 단위로 삼아 왔다. 연구 대상이 구체적인 연구 속에서 일정 정도의 한계를 가질 수도 있겠으나 변이학파 사회언어학자들은 늘 발화 공동체라는 확실한 개념을 염두에 두고 눈앞에 놓여진 언어자료가 발화 공동체와 갖는 관계를 정확하게 인식하고자 했다. 라보브가 진행했던 (r) 변이 연구를 예로 들어 보자. 그는 표본조사 범위를 맨하탄의 남동 구역으로 정하였었는데, 표본 수집 방법의 대표성을 근거로 그 조사결과가 그 지역의 언어상황을 효율적으로 보여주고 있음을 조심스럽게 발표할 수 있었다. 사회언어학자들은 맨하탄이 뉴욕시에서 갖는 지위를 바탕으로, 더욱이 선행연구의 범위보다 더 큰 범위를 대상으로 진행된 후속 조사를 바탕으로, (r)변이의 상황이 뉴욕시라는 발화 공동체의 특징을 상당한 정도로 보여준다고 믿었다. 발화 공동체라는 개념을 현실세계 속에 응용할 때에는 상대성이 존재한다. 즉 이론상 "성층구조"라고 불리는 것이 현실 속에서는 다층적이고 포괄적인 모습을 띠기 때문이다. 뉴욕시라는 발화 공동체는 미국의 북부지구라는 더 큰 발화 공동체에 속하지만 여기서의 권설음 변이는 뉴욕시에서 보여준 전형적인 사회 지표적 기능이 부족하다. 하지만 이 발화 공동체에는 미국의 기타 지구의 영어와 구별되는 또다른 공통적 언어특징이 존재한다. 이는 다시 미국 영어, 영국 영어, 오스트레일리아 영어 등 더 큰 범위에서 영어라는 언어단위가 형성되기 때문에 영어를 모어로 하는 화자들은 모두 영어라는 하나의 큰 발화 공동체에 속해있다고 할 수 있다. 아주 흔히 목격되는 사실이지만 언어를 연구하는 사람들은 이들 각 층위별 단위속에 존재하는 여러 변이들을 종종 소홀히 대하곤 한다. 영어 공동체의 한 지역 표준이 반드시 모든 영어 공동체의 표준은 아니며 한 영어 화자의 감각에 부합하는 어법 현상이 모든 영어 화자들에게 반드시 합어법적인 현상으로 받아들여지지도 않는다. 임의적으로 선택된 일부 언어 현상은 외부적인 참고기준이 없을 경우 설령 그것을 모국어 화자로부터 취했다고 해도, 그것이 곧 화자 전체 또는 그 언어를 쓰는 화자 대부분의 상황을 대표한다고 하기는 매우 힘들다. 우연하게 접하게 된 언어 표현이나 특징이 반드시 보편적 대표성을 갖지 않는 이유는 그것이 갖는 대표적 특징이 개인 변이이거나 어떤 계층의 사회 변이 또는 지역 변이의 일부일 수 있기 때문이다.

영국의 언어학자 허드슨Hudson 1980은 "언어변종variety"을 핵심 개념으로 하는, 매우 유용한 개념체계를 제기하여 언어의 변이성을 기술하였다. "언어변종"의 기술적 정의는 "동일한 사회적 분포를 갖는 한 세트의 언어형식"으로서 여러 층위 상에 존재하는 언어 단위를 지칭하는데 쓰일 수 있다. 여기에서 말하는 "사회적 분포"란 일정한 언어형식을 받아들이고 사용하는 일군의 화자를 가리킨다.

"언어변종"이란 술어의 사용은 사회언어학자들에게 많은 편리함을 가져다주었다. 먼저, "언어", "방언", "지방어", "토착어" 등과 같이 이미 선입견에 치우쳐 가치판단이 부여된 명칭을 사용하지 않고도 구체적인 언어변종들을 기록할 수 있게 되었다. 이들 명칭에는 그에 딱 맞는 정의가 부족하였기 때문에 그것을 사용하는데 있어서도 종종 일상의 편견들을 내포하곤 했다. 하지만 사회언어학자라면 자신의 연구대상을 객관적이고 중립적으로 대할 수 있어야만 과학적인 연구 성과를 도출할 수 있기 때문에 연구의 출발점에 있어 유행을 타는 비과학적 관념의 영향을 가급적 수용하지 말아야 한다. 이러한 관점에서 "언어변종"이 가진 중립성은 연구자들이 객관적인 입장을 유지하는데 도움을 줄뿐만 아니라, 그것의 추상성은 연구의 이론성과 정확성을 견지하는데도 도움을 준다. 이에 힘입어 현실세계의 복잡다단한 변이 현상 앞에서, 연구자들은 응용이라는 개념으로써 효율적인 범위 한정과 신중하면서도 정확한 결론 도출을 꾀할 수 있었다. 예를 들어 우리는 "여성언어변종"을 언급하면서 그것이 한 공동체 내의 여성들이 자주 사용하는 한 세트의 언어형식임을 뜻할 수 있었다. 만약 "언어변종"이라는 술어가 없었다면 그와 관련된 언어현상 간의 경계를 구분할 때 많은 어려움과 불편을 계속 겪었을 것이다. 이는, 현실세계에서는 해당 변종을 사용하는 여성이 오직 여성들이 있는 공동체에서만 교류하지도 않으며, 또 한 언어체계로서의 "여성(언어)변종"이라고 해도 완전하게 상이한 언어형식만을 포함하지는 않기 때문이다. 따라서 그것을 "여성언어"라고 부르는 것은 결코 적절치 못하다. 이같이 복잡다단함에도 이와 관련된 현상들은 분명 언어와 사회라는 관계 속에서 연구할만한 가치가 있는 문제이며 또 연구를 통해 그에 걸맞는 표지를 붙여주어야 할 필요도 있다.

어떤 경우에는 한 변종의 "방언"과 "언어" 간의 지위문제를 해결하는 것이 연구의 목표가 되기도 한다. 이 때, 명확한 결론을 도출하기에 앞서 그 변종이 "방언"이냐 "언어"냐 하는 것에 의견대립이 생겼다면 "변종"을 기술의 단위로 삼는 것이 대립을 자연스럽게 피하는 방법이다.

그 외에도, 몇몇 "방언"과 "언어"가 필요에 의해 함께 분류되어야할 때가 있는데, 이 때 "변종"과 같은 통칭이 없을 경우 이 둘을 표현하는데 매우 불편할 것이다. 예를 들어, 동일한 어원을 갖는 똥깐어東幹話, 꽌쭝어關中話, 옌치어焉耆話의 변천을 논할 때 이들을 "동일한 어원, 상이한 환경의 세 방언"이라고 한다거나 "동일한 어원, 상이한 환경의 세 언어"라고 하는 것은 모두 적절성이 떨어진다. 바로 이 때 필요한 것이 "언어변종"과 같은 술어이다.[1]

----

1) 劉俐李(2003) 참고.

언어의 변이는 지역과 관련되기도 하고 발화자의 사회적 신분(연령, 성별, 지위 등을 포괄한다)과 관련되기도 하며 언어를 사용하는 장과 관련되기도 한다. 이럴 경우, 첫 번째 언어변종을 지역변종으로, 두 번째 언어변종을 사회변종으로, 세 번째 언어변종을 기능변종으로 부를 수 있다. 그러나 현실 속에서 종종 이들 세 변종은 상호 관련된다. 예를 들어 뉴욕의 권설음 변이 상황은 각 사회계층의 권설음 실현율과 같은 양적 변화를 보여주는 동시에 사회적 장에 대한 발화자의 이해와 반응도까지 나타낼 수 있다. 뿐만 아니라, 권설음 변이는 영어가 뉴욕시의 지역 변종으로서 역사 속 일정 기간 동안 어음 계통의 변화를 겪었다는 상징도 되기 때문에 다시 지역 변종의 표지가 된다.

변종이라는 개념과 관련된 또 하나의 개념으로 "언어변항linguistic variation"이 있다. 앞서 언급했던 (r) 변이가 바로 변항의 전형적인 일례이기 때문에 "(r) 변항"이라고도 한다. "변항"이라는 개념은 변이의 구체적 표현형식들이 모인 집합으로 정의될 수 있다. 따라서 하나의 "변항"은 항상 한 세트의 특정 "변이형variant"으로 구성된다. 예를 들어, 뉴욕의 "(r) 변항"은 두 개의 변이형을 포함한다: 하나는 "-r"이고 또 하나는 영형식(즉, "-r"이 없다)이다. 이러한 언어변항에 관해서는 뒤에서 다시 논하고자 한다.

아래에서는 우선 언어의 지역변종, 사회변종, 기능변종을 각각 논하고 실제 언어사용 속에서 상이한 변종을 번갈아 선택하는 경우에 대해 논할 것이다. 그리고 다음 장에서는 언어변항을 연구하는 구체적인 방법을 좀 더 심도 있게 논하고자 한다.

제3절 언어의 지역변종

언어의 지역변종에 대한 전통적인 연구가 바로 방언학 연구이다. 예를 들어, 일반적으로 중국어는 여덟 개의 방언체계-북방방언, 오방언, 상湘방언, 감贛방언, 민남閩南방언, 민북閩北방언, 월粤방언, 객가客家방언-로 분화되어 있다고 알려져 있다.[1] 이들 방언은 서로 간에 차이를 두며 각자의 시스템을 구성하고 있다. 하지만 어음 등에 있어서는 다시 일정한 대응관계를 유지하며 어법과 단어에 있어서도 상당한 동일성을 공유한다. 중요한 것은, 방언을 쓰는 각 화자들은 모두 보통 자신이 하는 말을 한어의 한 방언으로 여기거나 그 자체가 곧 "한어漢語"라고 생각한다는 점이다. 이를 통해 우리는, 8대 방언으로 불리는 이들 지역변종이 그보다 더 높은 층위의 언어변종, 즉 한어를 형성하고 있다고 할 수 있다. 중국의 방언 연구는 아직도 끊임없이 발전하고 있으며 그에 따라 새로운 방언의 갈래 또는 여러 하위 방언과 대하위 방언에 대한 새로운 분류방법 등을 계속해서 제기하고 있다. 이러한 상황 속에서 "변종"이라는 중립적 개념을 받아들인다면, 연구대상을 지칭하거나 그에 대해 다층위적인 기술로 결론을 내리고자 할 때 편리하다.

미국의 언어학자인 하우근Haugen은 일찍이, 언어language와 방언dialect은 여러 가지로 해석이 가능한 용어라고 한 바 있다. 사실, 끝없이 복잡한 현실에 비해 이와 같이 언어 아니면 방언이라는 식의 이분법은 지나

---

1) 새로운 방법으로는 7대 방언, 9대 방언, 또는 10대 방언으로도 나뉜다. 이렇게 상이한 분류는 그 분류기준이 통일되어있지 않다는 것을 반영한다. 물론 분류기준은 분명 확고한 이론적 기초 위에 세워져야 할 것이다. 이러한 분류기준 확립에 있어, 사회언어학의 발전은 언어변종의 성층구조에 상응하는 분류 근거를 제공할 것이다.

치게 간략하다. 불어에는 un dialect, un patois라는 용어가 있다. 전자와 후자 모두 지역변종을 가리키지만 전자에는 문화적 전통이 포함되는 반면에 후자는 문화적 전통을 포함하지 않는다. 불어에서 "dialect"는 표준어를 지칭하는 데 사용할 수 없지만 영어에서는 표준어도 하나의 "dialect"로 쉽게 받아들여진다. 이러한 사실은 이 두 "dialect"가 중국어에서 모두 "방언"으로 번역되더라도 의미 간에 큰 차이가 여전히 내포되어 있음을 뜻한다.

검퍼즈Gumperz 1982는 방언을 구분하는데 있어 사회 역사적 요인이 매우 중요한 기능을 담당한다고 생각했다. 예를 들어, 인도의 힌디어Hindi와 우르두어Urdu, 유고슬라비아의 세르보어Servo와 크로아트어Croat, 서아프리카의 판티어Fanti와 트위어Twi, 노르웨이의 보크말어Bokmal와 뉘노르스크어Nynorsk, 페루의 케츠와어Kechwa와 아이마라어Aimara는 사용 인구수나 법적인(지위) 면에서 모두 다른 언어로 인정받아왔지만 어법적인 면에서는 거의 유사하다. 또, 이라크, 모로코, 이집트의 아랍어로 쓰인 문학형식과 구어형식, 남웨일즈와 북웨일즈의 웨일즈어, 북인도의 라제스탄Rajesthan과 비하르Bihar 방언은 어법 면에서 전혀 다르지만 동일한 언어로 인정받아왔다. 세르보어 화자와 크로아트어 화자는 모두 자신들이 사용하는 언어가 서로 다르다고 생각하고 있지만, 사실 두 언어 간 차이는, "기차"를 세르보어로 voz라 하고 크로아트어로 vlak라고 하는 것에서 볼 수 있듯 그저 몇몇 어휘들이 다르다는 데 있을 뿐이며 어음과 어법 면에서는 결코 별다르지 않다. 많은 사람들은 세르보와 크로아트 간에 이렇듯 과장된 언어적 차이가 전쟁을 야기 시킨 중요 원인 중 하나였다고 생각한다. 반대로, 이와는 상반된 예가 네덜란드와 독일의 접경지역에 존재한다. 네덜란드어와 독일어는 원래 이 곳의 방언이 규범화 과정을 통해 바뀐 것이지만 지금의 표준 독일어와 표준 네덜란드어 간 차이는 매우 크다. 그러나 이 접경지경의 사람들이 상대국가의 말을 듣고 이해하는 정도는 자신의 수도 지역 사람들이 하는 말을 듣고 이해하는 정도이며, 심지어 그 정도를 넘어서기도 한다. 이러한 현상들을 근거로 적지 않은 언어학자들은 방언을 구분하는 중요 기준의 하나로서 "이해 가능도intelligibility"를 꼽는다. 만약 두 개의 서로 다른 언어변종을 사용하는 화자라 하더라도 서로 이해가 가능하다면 방언이고, 반대로 이해가 불가능하다면 상이한 언어라는 것이다. 이렇게 간단한 기준에 의할 경우 중국의 광동 방언은 북방 방언과 완전히 다른 하나의 언어가 된다. 따라서 해외의 언어학자들 중에는 중국의 방언들을 각각 상이한 언어로 여기는 학자들도 있다. 하지만 다수의 언어학자들은 언어와 방언을 구분하는 가장 중요한 기준으로 사회 정치적 기준을 꼽는다. 어떤 언어학자는 재미있는 비유를 들어, 하나의 언어변종이 언어인지 방언인지는 해군이 있는지 없는지를 보면 된다고 했다. 언어와 방언의 구분문제가 줄곧 언어학계 내외의 중심 화제로 이어져 오면서, 해군 보유설과 유사한 비유로 "군대의 존재 유무"설 또는 "관료체제의 존재 유무"설도 생겼다. 또, "그 변종을 사용하는 사람들이 그것을 언어라고 생각하면 그것이 곧 언어가 되고 방언이라고 생각하면 곧 방언이 된다"고 한다든지, "관료체제를 가진 방언은, 설령 그것이 관료체제의 유지를 위한 방언이 아니었다 해도 관료들이 그러한 방언을 만들고자 함으로써 곧 하나의 언어가 된다"고 하는 지금까지의 견해를 종합한 설도 있었다. 이러한 설들을 통해 우리는 언어가 국가와 맺게 되는 관계의 윤

곽을 자연스럽게 엿볼 수 있다.

언어의 지역변종은 언어의 사회변종과 항상 연관되어 있다. 예를 들어, 한 국가의 표준어는 보통 수도의 방언을 토대로 형성되는데, 수도 방언 중에서도 사회적 특권을 가장 많이 갖는 지역변종은 늘 수도의 상업중심 지역에서 가장 널리 보급된 지역변종이 된다. 이와는 상대적으로, 지역성을 지닌 변종 같지만 실제로는 사회변종일 경우도 있다. 그 예로서, 부르클린은 뉴욕시의 한 지역이지만 "부르클린 영어"는 일정 사회계층이 사용하는 변종이란 꼬리표를 달고 있다. 다시 말해, 부르클린에 사는 중상류층의 화자들은 부르클린 영어와 아무 연관이 없다.

방언의 구획에 있어 대체 어느 정도까지 사회 역사적 요인을 고려해야 할 것인가, 또 언어 구조적 요인으로 방언을 구분할 만한 근거는 어디에 있는가 하는 것들이 향후 연구에서 필요로 하는 문제들이다.

제4절 언어의 사회변종

사회언어학 연구에서는 언어변이와 가장 두드러진 상관성을 갖는 사회적 요소가 성별, 연령, 사회계층, 민족과 종족임을 발견했다. 아래는 이들에 대한 논의이다.

사회계층과 언어차이

상이한 사회계층이 사용하는 언어 간에는 뚜렷한 차이가 존재한다. 여기서 말하는 사회계층이란 사회 경제적 기준을 근거로 분류한 각각의 집단계층을 가리킨다. 서양에서는 사회 경제적 요인이 사회집단을 구분하는 중요 기준의 하나다. 일반적으로는 사회적 지위의 높고 낮음이 주로 한 개인의 경제적 수입에 좌우된다. 일례로, 미국에서 한 가정의 연간 수입이 3만 달러에서 24만 달러 사이일 경우 그 가정은 중등 수입의 가정에 속한다. 현대 서구사회는 중산 계층이 골간을 이루는 사회라는 말이 널리 퍼져있다. 이와 더불어 중산 계층의 언어가 전체 사회의 언어주류와 그 실제기준이 되었다고 하는 언어학자들도 있다. 그러나 서양 사회와 확연한 차이를 둔 사회 구조 하의 발화 공동체 조사도 여전히 많다. 그에 관해 지금까지 진행된 연구로는 모다레시-테라니Modaressi-Therani 1978가 진행한 이란의 테헤란시 조사와 쉬따밍Xu 1992의 중국 빠오터우包頭시 조사 등이 있다. 이들 조사가 제공해 준 근거들은 중산 계층의 언어가 전체 사회의 주류언어라고 한 것과 달리, 사회구조가 다르면 그 속의 발화 공동체도 상이하다는 것을 설명해주고 있다. 물론, 서양 사회 내에서 다양하게 진행된 연구들도 다양화된 구조모델을 제시해왔다. 밀로이 부부Jame Milroy 1933, Lesley Milory 1944가 추종한 "네트워크 분석 Network Aanalysis"모델이 그 예로서(자세한 내용은 L.Milroy 1980, 祝畹瑾 1992, Li Wei 1994 등을 참고), 이 모델은 특히 중산 계층이 주류인 사회에서 소외된 하층민들의 언어연구에 적용되었다. 사회언어학 연구에서 밀로이 부부는 1975년에서 1977년까지 북아일랜드의 수도인 벨파스트의 방언을 조사하며 "네트워크 분석"의 이론모델을 처음으로 사용하였는데, 그들이 언어자료를 수집하고 분석한 방법은 라보브의 그것과 다소 상이했지만 그 목적은 여전히 연구 대상의 구체적인 상황에 되도록 맞추려는 데 있었다. 쉬따밍徐大明은 1987년에 빠오터우를 조사하면서 라보브식 연구 방법과 밀로이식 연구 방법을 결합하여 적용하였으며 그 후 선행 조사를 바탕으로 라보브의 "성층화" 모델과 밀로이의 "네트워크" 모델을 비교하기도Xu 1993, 徐大明 2001 했다. 이를 통해 쉬따밍은 네트워크 모델이 중국의 발화 공동체 대부분의 상황에 더 적합하다는 결론을 내렸다. 그 이유는, 중국 사회는 미국과 같은 고도의 사회경제적 계층 분화가 발달하지 않았고 시장화에 의한 인구유동도 활발하지 않기 때문에 "포괄적包裝式"수단을 이용한 사회적 지위 상승의 기회가 대다수의 사람들에게 주어지지 않는다는 데 있다. 이와는 대응되게, 중국인이 일상생활 속에서 의지하는 "관계의 네트워크"는 밀접한 의사소통 활동과 뚜렷한 문화적 동질감으로 맺어지고 유지된다. 이 때문에, 중국에서 언어변이의 표지 기능은 소집단의 내부 단결을 강화하는데 많이 쓰이는 반면 큰 범위의 기준에 대한 익숙함의 정도를 표시하는 데에는 비교적 덜 쓰인다. 하지만 쉬따밍의 조사는 1987년에 수행된 것으로서, 피조사 대상은 개혁개방 전의 기관 또는 집단들이 사회화를 거쳐 형성된 신흥공업도시 내 공동체들이었다. 이들 공동체는 현재의 경제개혁 속에서 모두 이미 커다란 변화를 겪었기 때문에 사회적 변화에 따른 언어변화에 대해 심도 있는 후속 연구가 요구된다.

라보브가 뉴욕시 조사를 토대로 세운 발화 공동체 모델은, 내부적으로는 계급에 따라 분화된 성층적 특징을 갖고 있으면서 외부적으로는 기타 연구에 적용 가능한 일관된 기준도 제시하고 있다. 따라서 그의 발화 공동체 모델은 노르위치Norwich 시에 대한 트루길Peter Trudgill의 조사와 같이, 대도시(의 사회 변종)에 대한 일련의 조사를 통해 검증되었고 그에 따른 지지를 받았다. 트루길의 조사 보고는 1974년에 발표되어 큰 반향을 불러일으켰는데, 그 중에는 "숨겨진 위세covert prestige"라고 하는 중요한 사회적 언어현상이 포함되어 있다.

투르길은 노르위치 화자 60명의 발화 표본을 무작위적으로 추출하여 직업, 교육정도, 수입, 주거조건, 거주지, 피조사자 부모의 직업 등 6개의 사회 구성 요소를 종합한 후 이를 바탕으로 피조사자들의 발화 속에 보이는 16개 어음 변항의 분포상황을 연구하였다. 그 결과, 이들 언어변이는 일반적으로 사회계층과 관련된 성층적 분포를 보이는 것으로 나타났다. 미루어 짐작이 가능하듯, 높은 계층일수록 변이 지수는 사회적으로 공인된 기준에 가까웠다. 화자가 실현한 발음을 기록하고 통계 내는 것 외에도 투르길은 라보브가 행했던 "주관 측정"을 자신의 피조사자들에게도 행했다. 라보브가 발견했던 것은 원래, 많은 화자들이 자신이 속한 공동체의 표준 변이형을 과도하게 높이 평가하여 자신이 일상에서 사용하는 언어의 정확성을 부인하기도 한다는 이른바 "언어 불안감linguistic insecurity"이었다. 그러나 그와 다르게, 투르길은 영국의 노르위치시에 대한 조사에서 뜻밖에도, 표준 변이형을 화자가 과도하게 높이 평가할 때도 있지만 그와는 반대로 비표준 변이형에 대해 과도하게 높은 평가를 할 때도 있다는 것을 발견했다. 후자와 같은 상황은 주로 비교적 낮은[1] 계층의 남성 화자에게서 보였다. 이에 대해 투르길은 피조사자들이 시 전역에 걸쳐있는 표준 발음의 "드러난 위세"뿐만 아니라 현지 노동자 계급의 발음이 갖는 "숨겨진 위세"의 영향까지 받고 있는 것으로 해석했다. 여기서 "드러난 위세"는 사회가 공인하는 사회 경제적 지위를 대표하고 "숨겨진 위세"는 남자의 강하고 거친 기질을 대표한다. 이러한 발견은 특히, 발화 공동체의 단일한 위세 기준이 갖는 추상성을 드러냄으로써 발화 공동체의 복잡한 상황에 대한 우리의 좀 더 나은 이해를 돕고 있다.

통일성을 강조하는 발화 공동체 개념은 구체적인 실례에 적용될 때도 그리고 이론적인 면에 있어서도 난관에 부딪힌다. 가이Guy 1988는 라보브의 언어 성층화 모델이 지위와 위세를 동일하게 보는 사회 모델위에 세워진 것이라고 지적하면서, 현대 사회의 계급 분화는 결코 지위와 위세라는 두 요소만으로 해석할 수 없다고 하였다. 가이는 마르크스Karl Marx의 정치경제학적 계급설—계급은 생산활동 속에서 생산관계에 의해 결정되는 상이한 이익집단이다—을 예로 들고 있는데, 다시 말하면, 계급간 이익은 상호 상충되기 때문에 사회발전의 역사란 곧 계급투쟁의 역사라는 것이다. 이러한 해석에 따르면, 한 사회에 존재하는 서로 다른 계급들간에는 사회 전체에 적용될 수 있는 일치된 지위와 위세 기준

....
1) 원문에는 '높은(高)'으로 되어 있으나 문맥상 불일치하므로 '낮은'으로 임의 수정하였다.—역주

을 가질 수 없어야 한다. 실제로 라보브 등의 연구, 특히 미국 대도시 내 "도심inner city"을 상대로 한 언어조사(그 예로서 Labov 1972b)에서도 이미, 같은 도시라 해도 상이한 언어 표준을 갖는 공동체가 존재한다는 것을 수많은 근거자료로 제시해왔다. 하지만 라보브는 결코 이를 이유로 자신의 발화 공동체 이론을 수정하지는 않았다. 그는 오히려 그 반대로, 상이한 언어 표준을 갖는 사람들이 실제 서로 다른 발화 공동체를 구성한다고 생각했다.

사회언어학에서는 지금도 계급과 언어 및 발화 공동체에 관한 이론을 끊임없이 발전시켜 나가고 있다. 라보브 자신은 어떠한 사회학 이론도 결코 사회언어학 연구에 결정적인 영향을 미치지 못할 것이라고 여겼다. 이는, 현재로서는 사회구조를 포괄하는 각종 사회 요소들이 언어에 미치는 영향과 그 둘 간의 관련성을 발견하고 기술하는 것이 사회언어학의 중요임무이고 또 사회학 이론과의 주요 차이점도 사회에 대한 기술이 아닌 해석에 있기 때문이다. 사회언어학에서 기술한 자료에는 언제든지 상이한 해석이 있을 수 있다. 그간의 많은 조사들이 라보브의 성층화 모델을 검증해왔지만 밀로이 등의 연구자들은 언어변이에 대한 구체적인 해석—언어변이는 상이한 사회 네트워크 관계에 의해 형성된다—면에서 네트워크 모델이 한 발 앞선다고 여기고 있다. 성층화라는 것으로 광범위한 상황을 기술해왔지만 의외로 그것 역시도 해석할 수 없을 정도로 추상적이라고 보았기 때문이다. 우리는 언어 성층화를 사회적 이질감과 상대적 기준이라는 시각에서 해석할 수 있다고 본다. 이러한 견해는 발화 공동체의 정의에 대해 논하는 제6장에서 좀 더 다뤄질 것이다.

성별과 언어차이

언어사용 상에 존재하는 남녀 차이는 그것의 뚜렷함으로 인해 쉽게 발견된다. 생리적인 것에서부터 남성과 여성은 차이를 보인다. 발성기관을 보면 여성의 성대는 남성보다 짧다. 때문에 여성이 내뱉는 소리가 상대적으로 날카롭고 톤도 높다. 그런데 더 중요한 것은 언어상에 보이는 남녀의 차이가 사회적으로 형성되었다는 점이다. 그 차이는 어음, 단어의 구성, 어휘, 어법 등 각 방면에 걸쳐 나타난다.

어음 면에서 보이는 남녀의 차이는 여러 언어들에서 찾을 수 있다. 미국 북부의 그로스 벤쳐Gros Ventre어에서 여성은 "빵"이란 단어를 kjatsa(설근 구개음화 파열음)로 발음하는 반면 남성은 djatsa(순치 구개음화 파열음)으로 발음한다. 시베리아의 척치어Chukchi에서도 남성은 종종 모음 사이의 (n)과 (t)를 생략한다. 예를 들어 여성이 nitvaqenat라고 발음하는 것을 남성은 nitbaqaat(q 뒤의 e는 음변화를 통해 a로 변한다)라고 발음한다. 또 캐나다 몬트리올의 많은 남성들은 프랑스어를 말할 때 il, elle, la, le 등의 대명사와 관사 속 l을 모두 발음하지 않는다. 그리고 베이징의 젊은 여성들은 j, q, x를 설첨음(z, c, s과 유사한 발음)으로 발음하곤 한다.

남녀의 차이는 단어의 구성과 어휘 면에서 더 많은 예를 찾을 수 있다. 이 방면에서는 영어의 예가 꽤 많은데 이는 연구가 주로 영어를 대상으로 진행되었기 때문이다. 예를 들면, 여성들은 adorable, charming, divine, lovely, sweet와 같은 형용사들을 선호하는 반면 남성들은 그러한 단어를 극히 적게 사용한다. 또 영어에서도 actor/

actress, waiter/waitress 등과 같이 그 자체에 "남녀구분이 있는" 단어들이 있다. 일본어에서 보이는 단어 사용상의 남녀 차이도 매우 좋은 예가 된다. 일본어에서 남성은 자신을 wasiわし 또는 oreおれ로, 여성은 watashiわたし나 atashiあたし로 칭한다. 태국어에서 남성은 phom으로 자신을 칭하고 여성은 dicham으로 자신을 칭한다.

어법 면에서 봤을 때, 영어를 제1언어로 하는 미국 여성들은 They caught the robber last week, didn't they?(그들이 지난 주 도둑을 잡았어요. 그렇죠?)에서 보는 바와 같이 자신의 진술 뒤 종종 부가의 문문을 부가한다. 그 외에도 "sort of", "I guess" 등과 같이 불확실한 어기를 표현하는 "(손실, 위험에 대한) 방지어hedges"가 여성들의 대화 속에서 높은 출현빈도를 보인다. 남녀의 언어 차이는 문자 방면에서도 보인다. 근래 들어 중국의 후난성湖南省 찌앙용현江永縣에서 발견된 "여서女書"가 국내의 흥미와 관심을 불러 일으켰는데, 여기서 "여서"란 여성들 사이에서만 쓰이던 문자를 말한다. 이 문자는 제사(기혼 여성의 행복을 담은 염원이나 액운을 쫓는 기도를 종이나 부채에 써서 사당에 가져가 읽는다)에 쓰이거나 여흥으로 읽고 부른다든지 여성들끼리 서신을 교환할 때 쓰였다. 이러한 문자는 배운 사람만이 이해할 수 있었으며 그 중 소수만이 여서로 창작을 하거나 한자 운문을 옮겨 적을 수 있었다. 현재 이 여서를 쓸 줄 아는 사람들의 맥은 거의 끊어졌다趙麗明, 宮哲兵 1990.

언어사용에 보이는 남녀의 차이를 어떻게 해석할 것인가

언어 사용에 남녀 차이가 있다고 인식한 것 그 자체는 결코 신선한 일이 아니다. 문제는 현재의 사회언어학자들이 이러한 차이를 어떻게 연구, 분석, 해석하는가에 있다.

크래머Kramer 1974는 매우 흥미로운 연구를 진행하였다. 1973년 2월 17일부터 5월 12일까지 출판된 『The New Yorker』 잡지의 만화 13편을 수집한 뒤 이들 만화에서 여성이 어떻게 표현되고 있는지 분석하였다. 그는, 그림 속에 남성의 발화와 여성의 발화가 모두 있지만 남성의 발화부분이 여성의 그것보다 2배나 많다는 것을 발견했다. 발화 시 관여하는 주제 역시 남녀 간 차이를 보였는데, 남성은 사업, 경제, 정치, 스포츠 등과 같은 주제를 논했고, 여성은 사교생활이나 무엇을 먹고 마실까, 또는 집에 어떤 불편함이 있는지 등의 주제를 논했다. 또 여성의 발화가 남성만큼 박력있지는 못했고 욕설, 맹세 등은 여성보다 남성이 많이 사용했다. 기타 연구자들에 의한 연구에서도 남성과 여성이 같이하는 장에서 여성보다는 남성이 많은 말을 한다는 것과 남성과 남성 간의 대화 주제와 여성과 여성 간의 대화 주제에 현저한 차이가 존재한다는 것도 발견했다. 또 남녀가 함께 대화를 나눌 때에는 남성화자가 항상 주도적인 위치에서 주제를 제기하지만 그 화제가 일단 논의되기 시작하면 남녀 모두가 상대방이 제기한 주제에 보조를 맞춰간다고 하였다. 그 외에도 여러 연구자들에 의해 발견된 다양한 차이들이 존재하는데 그 예로서, 남성은 타인의 발화를 자주 끊거나 논쟁 시 상대방의 말에 아랑곳 않고 시종 화제를 장악하려 하며 결론을 내릴 때에도 절대적인 편이다. 이들 연구결과를 종합해 보면, 남성화자는 사회적으로 남성의 통치, 여성의 복종과 같은 인간 간에 존재하는 "위세power"관계를 드러내고자 한다. 이를 근거로, 여성의 어투를 "위세 없는 언어powerless language"라 부르는 학자들도 있는데, 이들은 여성의 어투와 관련된 특징들이 위세가 없는 비여성 화자들의 언어에도 출현한다는 것을 증명하고자 했다. 한편, 또 다른 연구자들은 성별에 따라 보이는 차이를 일종의 사회 언어의 자문화subculture적 반영이라고 해석하기도 한다. 북미 국가들의 남녀는 각각 상이한 사회언어를 사용하는 자문화에 속해있다고Maltz & Borker, 1982 보는데, 이는 남녀가 비록 한 사회에 속해 있다고 해도 동일 언어로 각기 다른 일을 성취하는 방법을 습득한다는 것이다. 그로 인해 생기는 자문화 간의 차이 때문에 남녀 간에는 의사소통 시 종종 오해가 발생할 수도 있는데 그 예로, 남성과 여성은 상대방의 말을 청취하면서 공통적으로 '음흠mhmm'을 자주 사용하지만 여성은 그저 자신이 지금 듣고 있다는 것을 의미하는 반면 남성은 종종 상대방에 대한 동의까지 표시한다고 한다. 이러한 이유로, 남성은 시종 여성이 모든 것에 동의했다고 여기긴했어도 도대체 무엇을 생각하고 있는지 까지는 정확하게 파악하지 못하며 또 반대로 여성은 남성이 시종 자신의 말을 건성으로 듣고 있다고 여긴다는 것이다. 레이코프R. Lakoff는 남녀의 언어차이란 일종의 문화적인 문제로서, 결코 언어상의 차이 그 자체가 문제되지는 않는다고 생각했다. 한 사회 속에서 구성원들은 항상 남녀의 흥미가 다르고 대화 유형이 다르며 상대방에 대한 반응도 다를 것이라고 기대하고 있기 때문에 정작 문제는 언어자체가 아닌 사회 구성원들의 사회가치관에 있다고 여긴 것이다.

이러한 생각을 바탕으로 본다면 영어 속에서 성차를 내포하는 단어들을 바꾸어야 한다는, 예를 들어 history를 herstory로 바꾸어야 한다는 일부 페미니스트들의 주장은 아무런 의미를 갖지 못한다. 한 사회 속에서 차지하고 있는 남녀의 사회적 지위가 다르고 기능과 역할이 다르다면 언어는 자연스럽게 그러한 차이들을 반영할 수 있기 때문이다.

언어변이에 대한 계량 연구에서도 성별 차이를 나타내는 다량의 현상들을 발견했다. 그 예로서, 라보브는 미국 방언의 어음변화를 연구할 때 모든 피조사 공동체 내에서 여성이 주도적인 위치에 있다는 것을 발견했다. 전통적으로 여성은 남성에 비해 표준 변종과 변이형을 사용하는 경향이 짙다고 여겨왔고 또 상당량의 사회언어학 조사에서도 이러한 견해를 지지해왔다. 하지만 특히 비서구지역의 공업국가에서 진행된 조사에서는 이와 완전히 상반된 경우가 발견되기도 했고 그와 다르게, 변화 중인 성별차이를 보이지 않는 언어변이 현상이 발견되기도 했다.

언어와 성별 간 관계에 대한 최근 연구들에서도 주목할 만한 성과를 거두었는데 이는 사회언어학자들이 성별 차이를 나타내는 사회적 표현 특징들에 좀 더 많은 주의를 기울여온 결과이다. 사회언어학자들은 인간의 생리적 차이와 그로 인해 발생한 언어적 차이가 주지의 사실이라고 해도, 연구자적 입장에서, 선입견에 의한 성별관념으로 언어현상을 이해할 경우 결코 사회 현실을 반영해 내지 못할 것이라는데 주의하였다. 일례로, 기업의 여성총재가 쓰는 언어를 결코 간단하게 "여성화"라는 말로 설명할 수는 없을 것이다. 회사 직원과 대화할 경우 그녀는 부드러운 어투로만 하지는 않을 것이다. 그에 따른 특수한 목적이나 요구가 동반되어야 하기 때문이다. 하지만 귀가한 후 남편이나 아이들과는 매우 부드러운 방식으로 이야기를 나눌 것이다. 마찬가지로, 남성의 언어도 모든 환경 하에서 남성적 특징이 표출되지만은 않는다. 이는 성별과 언어의 문제가 실제로는 상당한 정도로 여전한 사회적 문제임을 말해준다. 인간은 실제로 언어상의 성별특징을 부단하게 수행doing gender 하지만 각각이 갖고 있는 성적 역할(및 그에 따른 언어적 특징)은 의사소통 상황에 따라 끊임없이 조율될 수 있는 것이다. 이와 같은 사회언어학적 관점—성별에 따른 역동적인 역할과 그에 따라 표현되는 언어적 특징—은 에커트와 맥코넬-기넷Eckert & McConnell-Ginet 1992, 2003, 존슨과 마인호프Johnson & Meinhof 1997, 리비아와 홀Livia & Hall 1997, 부콜츠Bucholtz et al. 1999 등과 그 외 저서에서 논의되고 있다.

연령과 언어차이

연령에 따라 하는 말이 달라진다는 사실은 매우 명시적이다. 이러한 차이는 두 종류로 나뉠 수 있는데, 세대차generation difference와 연령단계age grading가 그것이다. 세대차란 한 세대와 또 한 세대 간의 차이를 가리키며, 연령단계란 동일한 세대 속에서 연령이 다른 사람들 간에 존재하는 발화차이를 의미한다. 세대차란 용어는 일찍부터 언어의 차이를 해석하는데 쓰였었다. 화자 개개인마다는 모두 어렸을 때 습득했던 언어모델을 간직한다. 예를 들어 현재는 refrigerator라고 하지만 미국의 어떤 노인들은 냉장고를 아직도 ice-box라고 부르기도 하는 것처럼 말이다. 어음과 어법 면에서도 세대간 차이를 보인다. 같은 세대 속에 산다고 해도 어떤 발화방식은 특정 연령과만 호응하는 경우가 있는데, 베이징의 "여국음女國音"이 바로 그러한 예이다. 이 발화방식은 일정한 연령대에서 점진적으로 발생, 소멸되지만 16세 정도의 여성화자들 사이에서 만은 갑작스럽게 큰 폭의 사용빈도를 보인다胡明揚 1991. 개인의 언어변화는 종종 그 개인의 성장단계 변화와 함께한다. 그 중에서도 청소년 언어는 특히 눈여겨 볼만하다. 그들의 언어가 어휘 면에서 의심의 여지 없이 뚜렷한 특징을 보일 뿐만 아니라 어음, 어법에서도 일반 성인과는 상당부분 다르기 때문이다. 하지만 세심하게 분석하지 않을 경우 이들 특징은 결코 쉽게 관찰되지 않는다. 그 일례로서 울프램Wolfram, 1969은 디트로이트 흑인들에 대한 언어조사를 통해 (VBE의) 이중부정 형식을 청소년들이 가장 많이 사용하고 있음을 발견했다. 미국 영어에서 I don't know nothing을 쓰는 사람들이 종종 있곤 하는데도, 일반 어법서들에서는 모두 이를 잘못된 형식으로 규정했었다. 그러나 지금의 사회언어학자들은 그것을 잘못된 형식으로 봐서는 안 된다고 한다. 왜냐하면 실제로 미국에서 많은 사람들이 그렇게 말하고 있고 또 그러한 용법이 특정한 사회계층 및 연령과의 상관성을 맺고 있기 때문이다. 울프램의 연구에서는 피조사자 집단을 우선 세 개의 연령대—10-12세, 14-17세, 성인—로 나눈 뒤 매 연령대를 다시 네 개의 사회계층—중상층UM, 중하층LM, 상위계층 노동자UW, 하위계층 노동자LW—분류하였다. 아래 도표에서 볼 수 있듯이, 이중부정 형식을 가장 많이 사용하는 집단은 하위계층 노동자 가정의 10-12세 사이 소년들이었으며 연령의 증가에 따라 이 형식에 대한 사용빈도도 점차 낮아졌다.

연령단계에 관해서는 제5장에서 좀 더 깊이 있게 논하고자 한다.

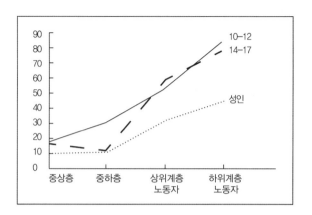

네 계층의 서로 다른 연령대가 이중부정식 변이를 사용하는 지표 곡선도

언어와 민족, 종족

중국의 "민족"언어 연구란 기본적으로 소수민족 언어연구를 말한다. 이 방면의 연구 대다수는 인류학anthropology의 전통을 이어받아 상당한 성과를 거두었다. 일부 국가, 예를 들면 싱가포르와 같은 나라에서는 현지의 특수한 상황으로 인해 "민족"과 "종족"이 종종 동의어로 쓰이기도 한다. 하지만 미국의 사회언어학 연구에서 "민족ethnicity"은 주로 유럽 이민가정을 바탕으로 한 문화배경을 가리키며 "종족race"은 주로 흑인과 백인 간의 차이를 의미한다.[2] 언어변이에 대한 연구를 통해 연구자들은 "민족"이 언어변이와 밀접하게 연관되어 있음을 발견하고

2) 현재 미국에서 하는 "정치적으로 올바르다"(politically correct)라는 말은 "아프리카계 미국인!"(African Americans)과 "유럽계 미국인"(European Americans)에 해당된다. 본고에서는 여전히 옛 화법, 즉 '민족'과 '종족'이란 용어를 이용함으로써 독자의 편의를 도모했다. 이는 새로이 생겨난 이들 화법이 중국어에서 아직 유행하지 않고 있으며 옛 화법 역시도 정치적 함의가 그리 강하지 않기 때문이다.

민족의 문화배경에 따라 발화 공동체 내부가 재분류된 상황을 "민족"
이 말해준다고 생각했다. 미국 흑인들이 말하는 영어는 다수의 백인들
이 말하는 방언 및 표준영어와 여러 방면에 걸쳐 다르기 때문에 학자들
은 "흑인 영어"라고 하는 언어 변종의 존재를 일반적으로 믿고 있다.

　　19세기 일부 언어학자들은 세상의 다양한 언어를 형태에 따라 고립
어, 굴절어, 교착어로 나누고 나아가 그러한 분류가 언어 발전의 각 단
계를 대표한다고 단언했었다. 그들은 고립어가 초급단계에 속하고 교착
어가 최상위 단계에 속한다고 생각하고 이를 근거로 교착어를 제일 우
수한 언어로, 고립어를 제일 열등한 언어로 여겼다. 종족 우열론과 일맥
상통하는 이 논조는 곧바로 언어학자들의 비판을 받았고 더 이상 지금
은 지지하는 사람이 없다. 그러나 사회 속의 여러 언어변종에 대해서는
학자들마다 상이한 견해를 갖는데, 그 중에는 변종이 다르면 "사회적
가치" 또한 상이하다고 여기는 연구자들도 있다. 언어변종 중에는 위세
를 얻어 받아들여진 영국의 RP(표준발음 Received Pronunciation)가
있는가 하면 저급하고 열등하다고 인식된 영국 런던의 Cockney 방언
도 있다. 이 방언은 그것을 쓰는 화자들조차도 듣기 거북한, 또는 순화
되지 않은 것으로 여기고 있다. 언어에 대한 이러한 평가들은 사실 그
언어를 사용하는 사회계층에 대한 평가를 반영한다.

　　언어변종에 우열의 구분이 존재한다는 견해에 가장 큰 영향을 미친
사람은 영국의 번스타인Basil Bernstein이다. 런던 대학교 교육대학의 사회
학과 교수인 그는, 발화자는 다듬어진 코드elaborated code와 제한된 코드
restricted code라는 두 가지 언어변종을 가질 수 있다고 한다. 전자는 주로
공식 변론이나 학술토론 같은 장에서 쓰이는데, 발화는 이 코드의 효과

로 인해 개성(한 개인이 가진 고유한 성질을 강조한다)을 얻고 의미 전달 시 얼굴표정이나 대화자 쌍방의 공통 배경지식과 같은 언어 외 수단에 힘을 빌리지 않을 수도 있다. 또 종속절, 피동표지, 형용사가 상대적으로 많이 사용되는 것이 그 특징이다. 반면, 제한된 코드는 발화자가 한 그룹의 일원임을 강조하도록 하는 효과가 있어 발화 환경과 긴밀하게 관련되며 어떠한 언어형식이 사용될지도 상당부분 예측 가능하다. 인칭 대명사, 특히 "you", "they"와 "wouldn't it", "aren't they" 등의 반문어가 자주 사용되는 것이 언어구조 상의 표지로 꼽힌다.

번스타인이 구분한 두 가지 코드는 언어변종 연구에 상당한 기여를 했다. 그로 인해 사람들은 상이한 계층 간 발화에 체계적인 차이가 존재함을 인식했기 때문이다. 그는 두 코드에 대한 이해에서 더 나아가 중산 계급에 속한 아이들이 두 코드를 모두 갖는 반면 일부 노동자 계급의 아이들은 제한된 코드 하나만을 갖고 있다고 생각했다. 그는 이러한 생각을 바탕으로 노동자 계급의 아이들이 왜 학교에서 같은 아이큐의 중산계급 아이들보다 성적이 좋지 않은지에 대해서도, 제한된 코드가 추상적인 개념을 표현하고 논리적 논증을 하는데 적합하지 못하기 때문이라고 해석했다. "언어 결함론Deficit Hypothesis"이라고 하는 이 이론은 제기되자마자 광범위하게 받아들여졌을 뿐만 아니라 실제에도 응용되었다. 미국에서는 이 이론을 기반으로 많은 "보조적 성격의" 교육계획을 세우고 노동자 계급과 하층 계급 아이들이 언어수정을 통해 학업이 개선되길 희망했다.

그러나 1960년대 후반으로 접어들면서 이 이론을 비판하는 사람들이 점점 많아졌다. 특히 주목을 끄는 것은, 미국 사회언어학자인 라보브

가 제기한 증거를 바탕으로 "제한된 코드"만 사용한다던 노동자 계급의
아이들도 추상적인 개념을 능숙하게 사용할 수 있다는 것이 설명되었다
는 점이다. 라보브Labov 1972a는 뉴욕의 흑인영어를 연구하면서 그것이 백
인영어와 언어형식에 있어 차이를 보이기는 하나 그 역시도 상당히 논
리적이라는 것을 증명하였다. 아래의 대화가 그 예이다.

질문: What happens to you after you die? Do you know?

대답: Yeah, I know.

질문: What?

대답: After they put you in the ground, your body turns into-ah-
bonesan' shit.

질문: What happens to your spirit?

대답: Your spirit-soon as you die, your spirit leaves you.

질문: And where does the spirit go?

대답: Welll, it all depends······

질문: On whtat?

대답: You know, like some people say if you're good an' shi, your
spirit goin' t' heaven······n' if you bad, your spirit goin' to hell.
Well, bullshit! Your spirit goin' to hell anyway, good or bad.

질문: Why?

대답: Why? I'll tell you why, 'Cause, you see, doesn' nobody really
know that it's a God, y'know, 'cause I mean I haven seen black
gods, pink gods, white gods, all color gods, and don't nobody
know it's really a God, an' when they be sayin' if you good,
you goin' t' heaven, that's bullshit, 'cause you ain't goin' to no
heaven, 'cause it ain't no heaven for you to go to.

질문: 죽으면 어떻게 되는 거야? 너 알아?

대답: 어, 알아.

질문: 어떻게 되는데?

대답: 사람들이 널 땅에 묻지, 그럼 너의 육체가 변하겠지-아-뼈와 재로.

질문: 그렇다면 영혼은 어떻게 되는데?

대답: 영혼은-네가 죽으면 네 영혼은 널 떠나.

질문: 영혼이 어디로 가는데?

대답: 음, 그건 때에 따라……

질문: 무엇에 따르는데?

대답: 있잖아, 사람들이 말하는 것처럼 네가 좋은 사람이면 영혼이 천당으로 가고…… 나쁜 사람이면 지옥으로 가지. 어, 엉터리야! 네가 좋은 사람이든 나쁜 사람이든 네 영혼은 모두 지옥으로 갈거야.

질문: 왜?

대답: 왜냐고? 잘 들어봐, 왜냐하면, 봐봐, 하느님이 누구인지 아무도 모르잖아. 그러니까, 난 검은색의 하느님, 자주색의 하느님, 흰색의 하느님, 여러 색의 하느님을 봐왔기 때문에, 그리고 아무도 그 중에 누가 진짜 하느님인지 아무도 모르기 때문이지. 그들은 네가 선한 사람이라면 천당에 갈 거라고 하지만, 헛소리야, 네가 천당으로 들어갈 수도, 들어갈 천당도 없기 때문에.)

영어를 이해하는 사람이라면 상기 원문의 언어형식이 일반 영어와 크게 다르다는 것을 바로 알았을 것이다. 이는 예문상의 영어가 전형적인 흑인영어로서 사회 변종의 일종이기 때문이다. 라보브는 위 예문에 대한 분석을 통해 화자들의 발화에 상당한 논리성이 있다는 것을 증명하였다. 사회언어학자들은 모두 언어 변종 간에는 우열의 구분이 존재하지 않는다고 일관되게 여겨왔다. 또 모어란 아동이 가장 숙련되게 사용하는 언어이기 때문에 모어를 통한 지식습득이 가장 효과적이라고 생각해왔다. 미국의 각 민족학교에서는 이러한 생각을 바탕으로 이중언어 교육이 실행되고 있는데 미국 캘리포니아 주에 많은, 영어와 서반아어를 함께 사용하는 이중언어 학교들이 그 예가 된다.[3]

사회계층은 교육수준과 밀접한 관계를 갖는다. 미국에서 흑인은 사회계층이 보편적으로 낮지만 교육을 통해 비교적 높은 지위로 상승하는 일부 예들도 존재한다. 또 백인이라고 해도 교육수준이 상당히 낮다면 그들이 쓰는 언어 역시도 높은 교육수준의 백인들과 차이를 보인다. 하지만 낮은 교육수준의 백인과 그와 같은 교육수준의 흑인이 쓰는 언어는 또 다르다. 그리고 그럼에도 교육수준의 제고에 따라 그들의 언어는 점차 표준어에 가까워져 간다. 따라서 TV 시청 시 화면을 보지 않는다면 교육수준이 둘 다 높은 흑인과 백인의 발화에 어떤 차이가 있는지 분별해내기란 쉽지 않다.

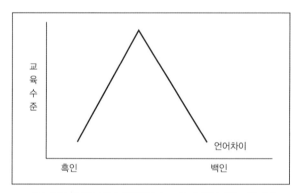

미국 흑인과 백인의 언어차이가 교육 수준과 맺는 관계도

....

3) 미국에서는 이중언어 학교의 설립이 여러 번 번복된다. 세계적으로 이중언어 교육은 전체적으로 발전하고 있는 추세이나 각 공동체마다 상당히 복잡한 여러 방면의 제약요인들을 안고 있기 때문이다. 이중언어와 이중언어 교육에 관한 내용은 제6장에서 볼 수 있다.

그러므로 언어의 종족 간 차이는 기본적으로 계급간 차이의 반영물이다. 미국의 흑인 모두가 "미국 흑인영어"를 쓰는 것은 아니기 때문이다. 그리고 또, "흑인영어"를 흑인화자와 구분되지 않을 정도로 사용하는 백인화자도 있다. 하지만 그럼에도 "흑인영어" 변종의 주요 사용자는 역시 대다수의 미국 흑인화자들이다. 흑인영어에 대한 사람들의 태도가 "열등한 언어"–"하층계급의 표지"–"문화적 특징"이라는 흐름에 따라 점진적인 인식의 전환이 생겼다는 것도 근래 들어 생겨난 변화이다. 이와 더불어, 사회적 지위가 많이 상승하여 자신의 언어를 바꿀 기회를 가진 흑인인사들도 흑인영어의 일부 특징만은 일부러 유지하고 있다. 동시에, 미국 흑인영어로 분류될 수 있는 언어변종에서도 유형의 분화로 보이는 일부 흔적들이 출현하기 시작했다.

제5절 언어의 기능변종—사용역과 문체

사회언어학에서는 "사용역"register이란 술어가 매우 광범위하게 사용되어왔다. "사용역"이란 "언어사용에 따른 변종"varieties according to use, 즉 한 개인이 각각의 장에서 동일한 의미를 상이한 언어형식으로 표현하는 것을 가리킨다. 예를 들어, 편지 한 통을 쓰더라도 상당히 격식있는 어투를 사용해야 할 경우가 있는가하면 형식에 얽매이지 않고 쓸 경우도 있다. 할리데이 등Halliday et al. 1964은 언어사용을 세 가지 측면으로 구분하였는데, "범위field, 방식mode, 대상tenor"이 그것이다. "범위"란 무엇을, 왜 말하는가를 지칭한다. 또 "방식"은 어떤 방식으로 정보를 전달하는가, 즉 서면으로 전달하는가 구두로 전달하는가의 문제이다. 그리고 "대상"은 어떤 사람에게 말하는가, 다시 말해 화자와 청자는 어떤 관계에 있는가를 의미한다. 같은 내용이라고 하더라도 각각 다른 사람에게 쓰는 편지라면 그에 따라 상이한 형식을 갖는다.

本人已於本月初正式參加……(본인은 이미 이 달 초 정식으로 ……에 참가했습니다.)
我已經在這個月的月初參加了……(난 벌써 이번 달 초에 ……에 참가했다.)

위 예문에서의 두 형식은 "대상tenor"이 누구인가에 따라 결정된다. "범위"와 "방식"이 모두 같고 동일한 사건이 언급되며 서신이라는 방식으로 정보가 전달되기 때문이다. 할리데이의 모델에 따르면 "사용역"은 앞서 소개한 세 가지 측면을 포괄한다.

서양의 사회언어학도 여타 학문분야 연구와 마찬가지로, 어떤 학파인가 또는 어떤 사람의 저작인가에 따라 같은 용어도 완전하게 상이한 함의를 갖게 된다. register란 용어 역시 시각에 따라 각기 상이한 함의를 갖는데, 이는 이 용어에 대한 학자들마다의 해석이 다르기 때문일 것이다. 예를 들어, 워더프Wardhaugh 1992의 저서인 『사회언어학 입문 An introduction to Sociolinguistics』에서 register란 용어는 전문 용어(의사, 파일럿, 은행지점장, 회사 직원 등 각기 다른 직업에 종사하는 사람들이 쓰는 어휘들)를 의미한다.

"문체語體"란 의사소통 환경에 따라 다르게 형성된 언어의 상이한 형식들을 가리킨다. "대화 문체", "정론 문체", "과학 문체", "사무 문체" 등이 그 예로서, "기능에 따라 분류된 표준어의 상이한 유형들"로 요약된다. 이 방면에서는 서양의 언어학자들보다 구소련의 언어학자들이 행한 연구작업이 더 깊이 있고 세밀하다.(『외국의 현대수사학 개황』이라는 책을 참고하시오)

뉴욕 영어에 대한 라보브의 연구를 소개하면서 우리는 언어변이형의 사용 빈도가 장에 따라 변화한다고 언급했었다. 공식적인 장일수록 높은 위세를 가진 변이형의 사용빈도가 높아졌던 것이다. 라보브는 이러한 현상을 근거로 "맥락 문체contextual style"라는 개념을 제기하고 변이형의 사용빈도가 바뀌는 현상을 "문체 전환style-shifting"이라고 불렀다. 그간의 연구를 기반으로 라보브는 문체를 "화자가 자신의 언어로 의미를 표현할 때 쏟는 주의력"의 차이가 불러온 결과라고 정의하기도 했다. 물론 이러한 정의는 그가 "기준의 일치"를 근거로 한 발화 공동체 이론과 관련되어 있다.

"주의력"을 바탕으로 내린 라보브의 문체에 대한 정의는 너무 간략화시켰다는 이유로 후에 많은 비판을 받았다. 하지만 우리는, 문체를 언어표현에 대한 화자의 주의력이란 말로 간단하게 귀결시킬 수는 없다고 해도 그 정의만은 여전히 문제의 핵심을 논하고 있다고 생각한다. 라보브의 문체 이론을 비판한 사람들 중에는 벨Bell 1984이라는 학자가 있는데, 그는 라보브를 비판하면서 "청자 중심의 설계audience design"라는 새로운 문체이론을 제기하였다. 청자의 사회적 지위를 기준으로 설계한 화자의 생산물이 곧 문체라고 생각한 벨의 이론도 상당히 큰 영향을 미쳤다. 전체적으로 보면 라보브의 이론은 화자 요인을 더 중요하게 보고 벨의 이론은 청자 요인을 더 중요하게 여겼다고 할 수 있으나 그 중에서도 화자 요인이 더 결정적인 역할을 한다고 볼 수 있다. 왜냐하면, 발화 행위가 의사소통 행위인 동시에 자아에 대한 표현 행위인 이유로, 일반적으로 화자는 대화 상대에 따라 자신의 발화 방식을 결정하지만 그렇다고 항상 상대방의 발화 방식에 맞추려고 만은 하지 않으며 또 때와 장소, 상대에 따라 정해진 발화 규범을 꼭 준수하지만도 않기 때문이다. 자아 표현은 상당부분 해방감 같은 심리적 만족을 얻기 위한 것으로서 그러한 행위로는 관찰자가 없는 상황에서 화를 낸다든지 노래를 부른다든지 하는 등 일상생활 속의 예가 있다. 또, 화자가 대화 상대에 따라 자신의 발화 특징을 조절해야 할 경우라도 그의 문체 전환 능력은 여전히 자신의 언어표현을 조정하고 있을 것이다. 앞서 논했던 것처럼, 개인의 생활환경이 다르고 언어를 학습할 기회와 능력도 다르기 때문에 화자의 문체 전환 능력도 다소 차이를 보일 수 있다. 또 뉴욕 영어에 대한 조사에서 보여줬던 것처럼, 문체 전환의 범위도 사회계층마다 차이를 보일 수 있다. 요약하면, 문체 표현,

특히 대화 상대에 따른 의식적 조절이란 늘 화자 주의력의 정도에 따른 제약을 받는다. 화자가 다양한 문체들에 대해 그 파악정도를 달리한다면, 문체 사용 시마다 언어 형식에 상당히 많은 주의력을 기울여야 한다. 반대로, 화자가 모든 주의력을 발화내용에 쏟을 경우 이때의 대화는 완전히 화자가 해당 언어체계를 능숙하게 파악한 그리고 의식적으로 조정한 산물이 될 것이다.

문체에 대한 사회언어학 연구는 이전에 문체학이 갖고 있던 표준어와 서면어 중심의 한계를 극복하였다. 그리고 그 영향으로 인해 문체가 구어와 방언을 포괄하는 여러 언어변종의 기능 간 전환이라고 여겨지게 되었다. 또 이러한 극복은 어법학 연구와 같은 기타 언어학 영역의 발전도 불러왔다(陶紅印1999를 참고하시오).

제6절 언어변종 간의 전환: "힘"과 "유대감"

매 언어들마다에는 많은 변종이 존재한다. 그렇다면 어떤 요인이 화자로 하여금 임의의 한 변종을 선택하도록 하는 것일까? 이것을 설명하기 위해 사회심리학자 로저 브라운Roger Brown은 힘power과 유대감solidarity이라는 두 개의 개념을 사회언어학에 도입했다Brown & Gilman 1960. 이는 언어의 사용이 화자와 청자 간의 사회적 관계를 반영하기 때문이다.

"힘"은 이해하기가 비교적 쉽다. "힘"이란 화자와 청자 간에 존재하는 지위차의 크고 작음을 의미하며, 지위가 높은 사람의 "힘"이 크다. "유대감"은 화자와 청자 간에 존재하는 사회적 거리의 멀고 가까움을 가리킨다. 유대감은 대화자 쌍방의 공통점에 초점이 맞춰져 있다. 다시 말해 사회적 조건의 각 방면에 있어 대화자 쌍방이 일정한 공통점을 갖고 있는지의 여부를 중시한다. 예를 들어, 공통된 사회적 배경이나 종교적 신앙을 공유하고 있는지의 여부, 연령이나 직업 또는 사회경력이 비슷한지의 여부 등이 그것이다. "유대감"이 크다는 것은 두 사람 간의 사회적 거리가 가깝다는 것이고 반대로 그것이 작다는 것은 쌍방 간의 사회적 거리가 멀다는 것이다. "힘"과 "유대감"의 크고 작음은 의사소통 과정에서 화자가 어떤 언어변종을 선택할 것인가에 결정적인 영향을 미친다.

다음과 같은 예를 들어보자. 존 브라운John Brown이라는 사람이 있다. 사람들은 그를 존John이라 부르기도 하고 미스터 브라운Mr. Brown이라 부르기도 한다. 그가 교수라면 브라운 교수Professor Brown라 부를 수도 있겠다. 이 때 그를 어떻게 부를 것인가는 "힘"과 "유대감"의 크고 작음에 의해 결정된다. 존과 대화 상대 간에 "유대감"은 크지만 존의 "힘"이 작다면 상대방은 그를 존이라고 부를 것이다. 이러한 예에서 대화 상대는 그의 아버지일 가능성이 크다. 반대로, 대화 쌍방 간에 "유대감"은 적지만 존의 "힘"이 크다면 사람들은 그를 미스터 브라운이라고 칭할 것이다. 이러한 예에서 존은 회사 사장일 가능성이, 대화 상대는 회사 직원일 가능성이 크다. 위의 두 상황은 모두 비교적 간단하다. 하지만 상당히 복잡한 경우가 이 두 상황 간에 존재한다. 예를 들면, 대화 쌍방이 서로 익숙하고 관계도 꽤 긴밀하다. 하지만 둘 간의 사회적 지위차가 비교적 크다면 어떻게 상대방을 칭해야할까? 영미 쪽 대학에서 교수의 "힘"은 단연 학생들보다 크다. 또 교수와 학생이 막 대면하기 시작했다면 "유대감" 또한 상당히 적을 것이다. 하지만 그 날 후로 둘은 서로 익숙해졌고 그에 따라 "유대감" 또한 가까워졌다면 학생은 교수를 어떻게 불러야할까? 무슨 무슨 교수라고 할까 아니면 직접 이름을 부를까? 이때야말로 쌍방은 "유대감"에서 균형점을 찾아 어떻게 불러야 할지를 결정해야 한다. 각각의 사회 속에 존재하는 이들 규칙은 결코 동일하지 않은데, 미국 대학에서라면 선생은 강의 첫 날 학생에게 어떻게 불러야 할지를 물어볼 것이고 선생도 학생들이 선생의 이름을 직접 불러도 되는지를 알려 줄 것이다. 중국 학생들이라면 스승에 대한 존엄에 기인하여 교수의 이름을 직접 부르는 것에 매우 익숙치 않아할 것이나 미국 학생들은 어렵지 않게 교수의 이름을 직접 부르곤 한다.

또 다른 예로는 유럽의 많은 언어들에서 보이는 두 가지 형식의 2인칭 대명사가 있다. 불어에서는 tu와 vous, 독일어에서는 du와 Sie, 이태리어에서는 tu와 Lei, 러시아어에서는 Tbl와 Bbl의 구분이 존재한다. 둘 중 어느 형식을 선택하느냐는 대화자 쌍방의 "힘"과 "유대감"의 크고 작음에 따라 결정된다. 이 방면에 있어서는 상당히 많은 연구결과가 있다(독일어와 이태리어의 예는 브라운과 길만Brown & Gilman, 1960을, 러시아어의 예는 프리드리히Friedrich, 1972, 이태리어의 예는 바테스와 베니그니Bates & Benigni, 1975를 참고하기 바란다).

호칭 형식의 변이에 관한 연구는 중국어에서도 많이 이루어졌는데, 스코튼과 주Scotton & Zhu, 1983, 팡과 헝Fang & Heng, 1983, 천쑹친陳松岑, 1986, 쥐Ju, 1991 등이 그 예가 된다. 이들 연구 중에서도 "同志"와 "師傅"의 사용 상황에 관한 기술과 분석은 매우 자세하고 치밀하다. 이들 연구 역시 모두 앞서 논의된 "힘"과 "유대감"의 원리를 반영하고 있다.

지적해 두어야 할 것은, 각 사회마다의 사회적 가치가 모두 같지 않다는 것이다. 그 결과 각 사회마다의 "힘"과 "유대감"이 갖는 절대치는 모두 각각 다르다. 하지만 이 두 개념은 보편적 의미를 갖기 때문에 서로 다른 사회 속에서 사람들이 왜 이 형식 또는 변종을 선택하지 않고 다른 형식이나 변종을 선택하는지를 설명하는데 사용될 수 있다. 또 이 두 개념은 뒤에 있을 이중언어와 이중방언에 관한 논의에서도 사용될 것이다. 간단한 예로서, 싱가포르 택시 운전자의 언어 선택과 사용상황에 대한 조사Xu 1995에서 쉬따밍徐大明은 이중언어 능력을 지닌 택시기사가 승객과 영어로 대화할 것인지 "화어華語"[1]로 대화할 것인지를 결정할 때 일련의 요인들로부터 영향을 받지만 결국에는 "힘"

----

1) 싱가포르에서는 기본적으로 보통화를 표준어로 삼는 한어(漢語)의 기본 변종을 "華語"라고 부른다. 그리고 그것을 해당 지역에서 유행하는 한어 방언과 구별짓는다(후자를 "방언"으로 통칭한다).

과 "유대감"이라는 이 두 요인들로 귀결될 수 있음을 발견하였다. 즉, 화교 운전자가 화교 승객을 만나면 보통 화어로 대화하려고 하지만 이 둘 간에 돈 관계가 강조될 경우에는 영어가 더 자주 사용된다. 언어의 선택과 사용이 문화의 정체성 표현과 갖는 관계는 제6장에서 더 논의 될 것이다.

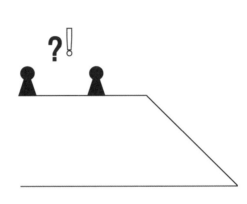

04

제4장

언어변항의
기술과 연구

제1절 변항규칙

언어변항에 대한 연구가 어떻게 진행되어 왔는지를 설명하기 전에 먼저 몇 가지 개념—언어변이, 언어변항, 언어변이형과 변항규칙—간의 관계를 설명하고자 한다.

언어변이

전통 언어학에서는 언어를 하나의 추상적인 단일 기호체계로 보았다. 그러나 사실 일상생활 속에서 사람들이 사용하는 언어는 상당히 다양하게 구현되기 때문에 개개인의 어음, 어휘, 어법 모두가 완전하게 같을 수 없다. 이러한 다양성 속에서 우리가 특히 의미를 둘 부분은 상이한 사회 공동체 간의 언어 차이이다. 이러한 언어 차이를 우리는 언어변이라고 하는데, 언어변이란 어음, 어휘, 어법 등에 반영될 수도 있고 단락의 특징, 서술 문체의 조직 구조 등 비교적 큰 언어구조에 반영될 수도 있다.

언어변항과 변이형

임의의 한 언어형식이 각각의 환경 속에서 서로 다른 표현형식을 가질 때, 그 임의의 추상적인 언어형식이 바로 언어변항이며 각기 다른 표현형식이 바로 그 변항을 이루는 변이형이 된다. 영국 영어에서 car, farm 같은 어휘의 r은 발음되지 않는다. 하지만 미국 영어에서 위 단어들의 r은 식별 가능한, 최소 세 개의 다른 어음을 갖는다. 그 중 하나는 [r]로 발음되고 두 번째는 [ɹ]로 발음되며 나머지 하나는 r 앞의 모음만 길게 발음될 뿐 정작 r은 발음되지 않는다. 이 때 r이 갖는 세 발음의 조합이 바로 변항이며 이는 보통 (r)로 적는다. 그리고 변항이 구현되는 세 개의 구체적인 발음 형식 하나하나가 바로 변이형이다. 사회언어학자가 연구해야 할 것은 바로, 어떤 맥락 하에 어떠한 사람들이 어느 변이형을 사용하는가이며 또 그러한 사용에 규칙이 있는지 없는지를 살펴보는 것이다.

언어변항은 다시 다음 세 종류로 나뉜다.

지시항(indicator)−지표 의미(indexical meaning)를 갖는다. 이러한 변항에 근거하여 화자가 어느 사회경제 계층에 속하는지, 교육수준이 어떻게 되는지, 어떤 직업에 종사하는지 등을 알 수 있다. 화자의 발화 스타일 변화는 반영하지 않고 오직 개인이나 집단이 늘 갖는, 환경에 따라 변하지 않는 특징만 반영한다.

표지항(marker)−위에서 언급했던 지표 의미에 화자의 발화스타일까지 반영한 변항이다. 예를 들면 뉴욕어의 (r)변항이 바로 표지항인데, 이는 화자의 사회계층을 반영하는 것은 물론 발화스타일이 조곤조곤한지 제 멋대로인지의 여부까지도 반영하기 때문이다.

원형항(stereotype)−어느 사회집단이나 고유한 특징이 있다는 사람들의 고정관념을 대표한다. 과거 잉글랜드의 동북부 사람들은 프랑스 사람들처럼 목젖으로 (r)음을 내던 적이 있다. 현재는 (예부터 내려오는) 이야기를 할 때나 노인들만 이렇게 발음한다. 하지만 그 지방 사람들이 어떻게 말하느냐고 누군가 물어올 경우 대부분은 목젖으로 (r)음을 내며 그 지역 사람들을 모방해 보인다. 일반인들의 이러한 견해는 선입견에 의해 형성된 편견을 반영한다.

아래 표에 변항의 종류를 정리해 놓았다.

종류	사회계층	스타일의 변화
지시항	+	−
표지항	+	+
원형항	−	+

사회언어학에서의 언어변항 연구는 항상 사회적 요인들과 관련을 맺어 왔다. 변이의 출현은 언어 내적 원인에도 기인하지만 동시에 외적 원인에도 기인하기 때문이다. 그러나 전통언어학에서는 언어 내적 원인에 의한 변이에만 관심을 가져왔다. 예를 들면, 언어학에서는 그동안 영어 형태소 {D}(동사의 과거형을 표시한다)가 어떤 어음 환경에서 [t], [id], [d]로 실현되는지만 기술해 왔던 것이다(worked, studied, played 속에서 과거형은 각각 세 가지 변이형을 가지며 그것의 실현은 어음 환경에 따라 결정된다). 그리고 그 언어변이의 외적 원인에 대해서는 방언학과 수사학을 통해 연구해왔다. 그러나 사회언어학에서는 언어변이 형성의 외적 원인을 사회요인으로 보고 언어변이를 사회요인과 연계시키기 시작했다. 그리고 언어변이가 결코 절대적이지 않을 때도 있기 때문에 확률모델을 이용한 기술이 훨씬 나을 것이라고 생각했다. 확률모델은 다음과 같이 말할 수 있다.

"어떤 사람에게 특정 특징들이 있다는 것을 이미 알고 있을 때, 그 사람이 변이형 a, b, c를 사용할 확률은 X%이고 x, y, z를 사용하지 않을 확률은 X%이다."

이후 논의되는 변항규칙은 바로 이러한 확률 모델에 기반을 두고 있다.

변항규칙variable rule은 라보브가 촘스키의 변환문법에 있는 다시쓰기 규칙을 개조하여 만든 것이다. 라보브는 표준 영어와 비 표준 영어에서 보이는 계사copula의 축약과 생략을 분석하면서 처음으로 변항규칙에 준한 기술방법을 이용하였다.Labov 1969:715~762 참고

변환문법에서 각 규칙은 모두 X→Y의 형식으로 쓰인다. 이 규칙은 다음과 같이 읽힌다: X는 Y로 고쳐 써야 한다. 예를 들어, S→NP+VP는 S(문장)가 반드시 한 개의 NP(명사구)와 한 개의 VP(동사구)로 고쳐 쓰여야 한다는 것을 의미한다. 이러한 규칙에는 어떠한 제약도 없기 때문에 우리는 이것을 문맥자유context-free규칙이라고 부른다. 또 다른 규칙은 조건의 제약을 받기 때문에 문맥제약context-sensitive규칙이라고 한다. 예를 들면 X→Y/A_B가 있는데 이 규칙은 다음과 같이 해석된다: X가 A와 B 사이에 출현했을 때 X는 반드시 Y로 고쳐 써주어야 한다.

변항규칙과 변환규칙은, 변항규칙이 일종의 확률모델이기 때문에 그에 따라 기술된 언어현상이 절대적이기 보다 하나의 가능성을 표현한다는 데 그 차이점이 있다. 다시 말해, 변항규칙은 어떤 상황아래 (어느 언어현상이) 몇 퍼센트의 (출현)가능성을 갖는가를 보여주는 것이다. 추상적인 기호로 다음과 같이 표현했다고 하자.

X→(Y) 또는 X→(Y)/A_B

변환규칙과 비교해볼 때 위의 규칙에는 Y의 양쪽에 괄호가 부가되어 있음을 발견할 수 있다. 이 괄호는 X가 Y로 쓰일 수도 있고 Y로 쓰

이지 않을 수도 있다는 것을 표시한다. 이 '( )' 기호는 "선택 가능", 즉 쓰일 수도 쓰이지 않을 수도 있다는 것을 의미한다. 다시 말해, 이 규칙 은 절대적인 것이 아닌, 어떤 상황에서는 쓰이지만 또 어떤 상황에서는 쓰이지 않는 가변적인 것이다. 그렇다면 도대체 어떤 상황에서 쓰이거 나 쓰이지 않는 것일까? 문제 해결을 위해 우리는 화자의 사회계층과 발화 스타일을 연계시켜 살펴보아야 한다. 쉽게 말해 우리가 살펴보아 야 할 것은, 어느 한 사회계층에 속한 사람이 어떤 임의의 장(격식적인 또는 비격식적인)에서 특정한 하나의 언어변이형을 사용할 확률이다. 공식으로써 이를 나타낸다면 다음과 같다.

K=f(x.y)=f(사회계층)(스타일의 변화)=a(사회계층)+b(스타일의 변화)+c

여기서의 K는 언어변항이며 f(x.y)는 x와 y의 함수(관계)를 나타낸 다. 이 공식에는 다음과 같은 의미가 있다: 언어변항 중 임의의 한 변이 형을 사용할 가능성은 사회계층, 발화 스타일의 변화 및 기타 요인들이 서로 작용하여 얻게 된 결과이다. 영어 어음의 실례로써 설명해보자. 영 어에는 매우 안정된 사회언어 표지항인 (th)가 있다. 이 표지항은 화자 의 사회계층을 표시하는 동시에 그의 발화 스타일까지도 반영한다. 미 국인이 이 음을 발음할 경우의 수는 세 가지-[θ], [t], [tθ]-이며, 이 중 에서 [θ]가 표준음이다. 이는 변항 (th)가 세 개의 변이형을 가지며 이 중 어느 한 변종을 사용할 가능성의 대소 여부는 화자의 사회계층, 발 화 스타일과 관계가 있다는 것을 말한다. 변항규칙의 형식을 사용하여 기술할 경우 다음과 같은 쓰기 규칙을 얻을 수 있다.

[θ]→([t] 또는 [tθ])

[θ]가 [t] 또는 [tθ]로 바뀌는 데에는 일정한 확률이 존재하는데 이는 화자의 신분 그리고 발화가 행해지고 있는 장과 관련이 있다.

변항규칙은 단지 언어변이를 기술하는 여러 방법 중 하나일 뿐이다. 그러므로 여타 다른 방식으로도 언어변항이 사회변항에 따라 변화하는 상황을 설명할 수 있다. 예를 들면, 단지 표현방법의 차이일 뿐 도표나 통계표 등으로도 변항이 출현할 확률을 나타낼 수 있는 것이다. 변항규칙을 설정한 가장 큰 의의는 결코 수학공식에 근접한 표현방식에 있는 것이 아니다. 그 의의는, 언어규칙 속에서 언어 내 규범은 물론 그 보다 더 복잡한 규범까지 밝힘으로써, 절대적인 규칙들만을 언어규칙으로 삼아왔던 (종전의) 시각에서 벗어나 화자의 언어능력linguistic competence을 반영하는 변항규칙도 인간이 지닌 언어 지식의 일부로 봐야한다는 것을 사람들로 하여금 인식토록 했다는 데 있다.

제2절 계량연구

계량연구란 무엇인가?

자연과학 연구에서는 종종 독립변인自變項에서부터 시작해 종속변인因變項을 관찰하고, 이를 통해 독립변인과 종속변인 간에 어떤 상관성이 있는지, 혹시 인과관계가 존재하는 것은 아닌지 고찰해 보곤 한다. 예를 들어 식물의 성장조건을 연구한다면, 일조량 같은 하나의 독립변인을 선택한 뒤 물을 주는 시간과 양 등 기타 조건들을 조절함으로써—변화가 없도록 함으로써—식물의 성장 결과가 어떻게 다른지를 보는 것이다. 일조량이 길 경우 식물의 성장이 빠르고 반대로 일조량이 짧을 경우 성장이 느리다면 과학자들은 햇볕을 쬐는 시간이 식물의 성장 속도와 상관성correlation을 갖는다고 결론내릴 것이다. 사회언어학자들도 이와 유사한 방법으로 사회변항과 언어변항 간의 상관성 유무를 관찰한다. 사회적 지위의 높고 낮음을 하나의 변항으로 설정하고 어음 변이를 또 하나의 변항—예를 들면, 미국 뉴욕 화자가 r을 발음할 때와 발음하지 않을 때—으로 설정했을 때 우리가 연구해야 할 문제는, 사회적 지위의 높고 낮음이 r발음의 출현과 어떤 관계에 있는가 또는 이 둘이 상관되어 있는가 하는 것이다. 위와 같은 연구를 상관성 연구라고 하는데 계량 연구 중 하나에 속한다.

전통적인 언어학 연구에서는 자연과학적 계량 연구방법을 거의 사용하지 않았다. 전통적인 기술언어학 속에서 언어학자들의 임무란 해당 언어의 모어 화자를 찾아 그 언어자료를 기록하고 귀납법을 이용하여 규칙을 발견해내는 것이었다. 그리고 촘스키로 대표되는 생성학파의 기본적인 연구방법은 가설과 검증이었다. 그들의 언어자료는 해당 언어의 모어 화자가 내린 어법적 판단에 근거해 수집되었는데 그 화자가 언어학자 자신일 경우도 있었다. 하지만 사회언어학은 종전의 언어학 연구방법과 달리 현지조사 방법을 이용하였는데, 계획적인 표본조사와 계량통계 분석을 통해 사회와 언어자료에 대한 확률적 언어규칙을 얻어냈다. 따라서 연구방법 상 사회언어학은 전통언어학과 상당히 큰 차이를 보이며 사회학과 자연과학적 연구방법에 더 접근해 있다. 이러한 연구방법은 최근 코퍼스 언어학 같은 분야에서 더욱 큰 빛을 발하고 있다.

사회변항social variable의 확정과 양화

사회언어학 연구의 중요한 개념 중 하나가 바로 사회변항이다. 사회언어학은 언어변항과 사회변항 간 관계를 연구해야 하기 때문에 사회변항을 필히 확정해야 한다. 예를 들어, 사회계층을 나누려면 사회계층이라는 사회변항 중에 어느 변이형—예를 들면 하류 계층, 중류 계층, 상류 계층—이 존재하는지를 확정해야 하는 것이다. 연령도 하나의 사회변항이다. 이 변항을 청년, 중년, 노년이라는 세 개의 구분 가능한 변이형으로 나눌 수 있기 때문이다. 그런 다음 이들 각 변항에 "편의상의 정의operational definition"를 부여해야 한다. 그렇다면, 한 개인의 사회적 지위에 편의상의 정의를 부여해 줄 합리적 방법을 어떻게 선별할 수 있을까? 즉, 어떠한 사람들이어야 중류 계층, 하류 계층, 상류 계층에 속하는 것일까? 두 가지 주요 기준이 존재한다. 하나가 객관적 판단기준이고 나머지 하나가 주관적 판단 기준이다.

객관적 판단 기준이란 사회구성원으로서 자신을 어떻게 생각하든지에 상관없이, 연구자가 사회의 실제 상황에 대한 관찰지표를 바탕으로 한 개인의 사회 층차를 정하는 것이다. 이러한 방법을 "지위특징 지수 Index of status characteristics, ISC"측정법이라고 한다. 이 방법에서는 먼저 교육수준, 수입, 거주상황 등과 같은 사회요인을 몇 개의 등급으로 나눈 뒤 이들 등급을 종합하여 특정 계층을 대표하는 하나의 지수를 구한다. 예를 들면, 미국에서 직업은 7개 등급으로 나뉠 수 있다.

급수	직업	급수	직업
1	대기업 대표	5	숙련 노동자
2	중기업 대표	6	반숙련 노동자
3	소상업 경영자	7	비숙련 노동자
4	기술자, 소기업주		

교육수준도 7개 등급으로 나뉠 수 있다.

급수	교육수준	급수	교육수준
1	대학원 학위를 취득한 사람	5	10학년 이상의 고등학생
2	4년제 대학 졸업자	6	중학생(7학년에서 9학년까지)
3	1학년 또는 1학년 이상의 대학생	7	7학년 이하
4	고등학교 졸업자		

(Shuy et al. 1968 참조)

같은 원리로, 2만 달러, 2만 달러에서 3만 달러, 3만 달러 이상 등과 같이 경제수입에도 등급을 나눌 수 있다. 주거조건은 개인주택과 일반 주거구역으로 나눌 수 있으며 개인주택(자신이 집을 산 경우)이라면 다시 면적, 조건, 각 방의 실제 거주인 수와 설비 등을 고려한다.

ISC에는 통일된 절대기준이 존재하지 않는다. 직업과 교육수준에 더 많은 주의를 기울이는 학자들도 있고 주거유형과 거주 구역에 주의를 기울이는 연구자들도 있다. 급수 구분에도 고정적인 기준이 존재하지 않기 때문에 모든 기준은 상대적인 것이다.

미국 디트로이트 방언 연구Shuy et al.1968에서 사용된 기준은 직업, 교육수준, 주거상황이었다. 피조사 대상은 모두 각각 세 개의 지수를 갖는데, 직업 지수(1–7), 교육수준 지수(1–7), 주거상황 지수(1–6)가 그것이다. (조사 후 얻은) 이들 세 지수를 각각 5, 9, 6으로 곱하고 그 결과를 서로 더하면 바로 피조사자의 사회계층 지수가 된다. 예를 들어, 고급 주거지역에 사는 변호사라면 직업 지수 1, 교육수준 지수 1, 주거상황 지수 1을 얻을 수 있다. 이 지수를 각각 5, 9, 6으로 곱한 뒤 서로 더하여 얻은 사회층차 지수는 $20(=1 \times 5+1 \times 9+1 \times 6)$이다. 그와 반대로, 또 다른 사람이 얻은 지수가 7, 7, 6(모두 가장 낮은 등급이다)이라면 그의 사회(층차) 지수는 $7 \times 5+7 \times 9+6 \times 6$해서 134가 된다. 사회층차 지수가 작을수록 사회 층차는 높아지고 반대로 지수가 클수록 층차는 낮아진다. 지수를 확정했다면 그 뒤에는 계층을 구분할 수 있다. 위의 예에서, 지수가 20–48인 사람은 중상류 계층, 49–77인 사람은 중하류 계층, 78–106인 사람은 상위 계층 노동자, 107–134인 사람은 하위 계층 노동자에 속한다.

ISC를 이용하는 데는 두 가지 이유가 있다. 첫째는 경제 조건과 사회적 지위는 밀접하게 연관되어 있기 때문이고 둘째는 사회요인들과 경제요인들은 어느 계층의 사회행위에나 영향을 줄 수 있기 때문이다. 하지만 이 방법에도 단점은 있다. 바로, ISC를 근거로 어느 특정 계층에 속해 있다고 판단한 사람의 사회행위가 실제 그 계층에 속하지 않는 경우도 있기 때문이다. 이때의 결정 요인은 현실 속 사회행위이지 경제지수가 아니다. 거기다 각 사회마다의 경제기준도 제각각인 이유로 결과들 또한 상이할 수 있다. 따라서 ISC를 이용하는 연구자들도 많지만 다른 방법을 사용하는 연구자 역시 많다.

주관적 판단 기준이란 와너Warner(Shuy et al. 1968 참조)가 제시한 일종의 "참여 평가"법Evaluated participation, EP을 가리킨다. 와너는, 사회 구성원들은 의식적으로든 무의식적으로든 자신과 다른 사람들을 항상 각각의 계층으로 귀속시킬 것이라고 가정했다. 그리고 이러한 가정 하에서 연구자들은 다음과 같은 질문을 던질 수 있었다. 구성원들은 어떻게 서로를 대하는가, 또 자신을 어느 계층에 귀속시키는가. 하지만 이론적으로든 실천적으로든 이러한 참여평가법에도 문제는 존재한다. 사회계층에 대한 시각이 각 계층에 속한 사람들마다 제각각인 이유로 사회계층을 3개로 구분하자고 주장하는 사람도 있고 5개로 구분하자고 하는 사람도 있었기 때문이다. 대체 몇 개의 사회계층이 존재할까? 소수가 다수를 따라야 할까? 이 때문에, 어떤 학자들은 주관적 방법과 객관적 방법을 결합하기도 했고 가급적이면 인류학과 사회학 연구에서 취했던 선행 연구자들의 층차 구분기준을 이용하려고도 했다.[1]

....

1) 본고의 초판이 출판될 당시만 해도 중국의 사회언어학은 그에 상응하는 사회학 이론이 부족했기 때문에 발전에 상당한 제약을 받았었다. 그 때문에 여기에서는 서양의 사회언어학자들이 사회변항 문제를 해결하기 위해 사용했던 방법만 소개했다. 그러나 최근 몇 년간 상황이 크게 변함에 따라 중국의 사회학도 커다란 발전을 거두었다. 지금 중국 사회언어학자들이 해야 할 일은 중국 사회학의 발전을 되도록 빨리 뒤따라가는 것이다. 중국 사회계층의 구분에 관해서는 중국사회과학원에서 지은 「현대 중국 사회계층에 대한 연구보고서(當代中國社會階層研究報告)」를 참고해 보기 바란다.

표본추출 방법

전통적인 언어학 연구, 특히 방언학 연구에서는 일반적으로 소수의
표본sample만을 수집했다. 한 명의 발음, 또는 몇 명의 발음에만 의존했
던 것이다. 그래서 언어학자 자신이 발화자이거나 피조사자일 때도 있
었다. 예를 들어, 언어학자 짜오위엔런趙元任의 창쩌우常州어 음계 조사는
자신의 발음을 연구의 대상으로 삼아 진행했던 조사였다(짜오위엔런의
『중국사회언어학의 제문제』 Aspects of Chinese Sociolinguistics 참
고).[2] 반면 전통적인 사회학 연구는 종종 몇 만 명의 표본을 추출했었
다. 그러나 현재의 사회학 표본 연구가 이미 상당히 성숙되었기 때문에
엄격한 표본추출 방법으로써 표본량을 크게 줄일 수 있게 되었다. 조사
수행에 있어, 사회언어학자들은 이들 방법의 중간적 태도를 취한다. 비
록 개인 표본을 임의로 추출하여 전체를 대표하던 과거의 방법을 버리
긴 했어도 사회언어학 연구 대다수가 아직 사회학적 표본추출 방법을
엄격하게 적용할 정도에까지는 미치지 못했기 때문이다. 하지만 그동
안의 경험이 증명하듯 사회언어학에서 추출한 표본 대부분은, 비록 사
회학에서 요구하는 표본 규범보다 일정정도는 부족해도, 충분한 대표
성을 갖는다. 사회언어학적 표본추출 방법에 대해 이론적 연구는 아직
충분하게 이뤄지지 않았다. 그러나 우리는, 기본적인 원리상에 있어,
언어란 고도로 규범화된 사회적 산물이기 때문에 일반적인 사회행위와
비교해 연구대상으로서 상당히 높은 동질성을 지니고 있다고 생각한다.

....
2) 논문명은 The Changchow Dialect(1970년)이고 *Aspects of Chinese Sociolinguistics* pp.48~71에
실려 있다-역자 주.

이러한 동질성에 대한 계량화와 표본추출 방법 및 기준에 동질성이 미치는 영향은 모두 앞으로 연구되어야 할 문제들이다.

사회언어학 연구에서는 가급적이면 무작위 표본추출 방법을 취한다. 표본 추출이란 어느 일정 범위 내에서 소량의 표본을 추출하는 것이다. 여기서의 범위란 연구할 대상을 가리키며 이를 모집단population이라고 부른다. 예를 들면, 상하이 중고등학생들이 보통화로 zh, ch, sh 세 음을 정확하게 발음할 수 있는지 알고 싶다고 할 때, 상하이시의 전체 중고등학생이 이 연구의 모집단이 된다. 모집단인 상하이시 중고등학생 중에서 우리는 무작위로 3천 명을 뽑아 연구의 표본으로 삼을 수 있다. 여기서의 무작위란 실제로 모든 사람들이 추출되지는 못했어도 해당 범위 내의 사람들 각각이 균등한 피추출 기회를 갖는다는 것을 의미한다. 문제는, 이 3천 명이 상하이의 모든 중고등학생을 대표할 수 있는가이다. 추출된 학생이 마침 보통화를 매우 잘하는 사람일 수도 있고 또 그 반대로 매우 못하는 사람일 수도 있기 때문이다. 그러므로 표본추출로 얻은 결과란 단지 오차를 가진 일종의 확률적 통계일 뿐이라는 점을 우리는 짚고 넘어가야 한다. 그럼에도 해당 표본이 엄격한 무작위 방법으로 추출된 것이 확실하다면 상술한 바와 같은, 추출된 표본이 대표성을 못 가질 확률은 줄어들 것이다. 또한 표본이 갖는 대표성도 확률로 계산해 낼 수 있을 것이다.

상하이 중고등학생들의 (전체)상황뿐만 아니라 상하이 남자 중고등학생과 여자 중고등학생이 이 세 음을 발음할 때 어떤 차이가 있는지도 알고 싶다면 성별이라는 요인(변항)까지 고려해야 한다. 고려해야할 요인이 많을수록 표분추출 과정도 복잡해지는데 이때에는 층화추출 방법

stratificational smapling을 사용한다.

이 방법을 이용하기 위해서는 먼저 고려해야할 요인들(또는 변항)을 열거해야 하는데, 예를 들어 남녀 간 차이와 함께 연령 간 차이도 고려해야 할 경우 아래 표와 같이 나열할 수 있다.

		연령대		
		12-14	14-16	16-18
성별	남			
	녀			

위와 같이 6개의 집단을 구할 수 있는데, 전체 중고등학생 중 남녀 인구수와 각 연령대 인구수의 비율에 근거해 매 집단마다 대략 비슷한 비율의 인구수를 구해야 한다. 요컨대, 어떤 방법으로 표본을 추출할 것인가는 전적으로 연구목적에 따라 결정된다.

제3절 언어자료 수집방법과 기술

언어자료 유도기술

사회변항과 언어변항을 확정한 뒤 수행되는 언어자료 수집은 매우 중요한 과정이다. 사회언어학자들이 얻고자 하는 것은 정상적인 상황 하에 사람들이 실제로 언어를 사용했던 자료이다. 아래에는 그러한 자료를 수집할 때 자주 사용되는 방법들이다.

1. 사회언어학 탐방 또는 "녹음 탐방"

사회언어학 연구의 기본적 수집방법 중 하나로서 비격식적 대화문체의 언어자료를 얻을 수 있다. 그러나 대화 과정 중 녹음을 해야 하는 관계로 피조사자가 부담을 느껴 취재 시 하는 말이 평소에 실제 하는 말과 다를 수도 있다. 라보브는 이러한 상황을 "관찰자의 패러독스the observer's paradox"라고 부르면서 "가장 중요한 언어자료를 얻기 위해 우리는 사람들이 관찰 당하지 않는 상황 하에 수행하는 대화 모습을 관찰할 수밖에 없다"고 하였다.Labov 1972a

피조사자의 동의를 얻었다면 조사자는 되도록 빨리 "일상 회화" 모드로 들어가야 한다. 왜냐하면 일상의 자연스런 대화 자료를 되도록 많이 얻어야 하고, 또 화자의 주의력을 대화 방식에 주의시키지 말고 대화 내용에 집중토록 해야 하기 때문이다. 위와 같은 이유로, 때론 피조사자가 자연스럽고 편안하게 발화한다는 사실이 중요하지 무슨 말을 하는지는 중요하지 않을 때가 있다. 이때에는 피조사자가 계속 자연스럽게 발화하도록 격려해야 하며 화제를 벗어나도 무방하다.

하지만 연구의 목적을 고려한다면 연구자들이 여전히 일정 정도는 화제를 조절할 필요가 있다. 연구자들은 마음속에 피조사자로 하여금 조사자가 얻고자 하는 자료를 발화하도록 유도해야 할 목표들이 있기 때문이다. 예를 들어, 영어의 과거형과 관련한 문장구조를 얻고자 한다면 과거의 사건과 관련한 것들을 물어볼 수 있다.

아래는 일상의 대화자료를 얻을 수 있는 테크닉들이다.

(1) 조사자의 질문들은 약간 커야한다. 피조사자가 간단하게 "예" 또는 "아니오"라고 대답하도록 해서는 안 된다. 예를 들어, 놀이에 관한 얘기를 나누며 피조사자에게 "평소에 어떤 놀이를 하나요?", "술래잡기는 어떻게 하며 놀죠?"라고 물을 수는 있어도 "술래잡기를 하나요?"라고 물어서는 안 된다.

(2) 조사자의 질문들은 피조사가 평소 친숙해하던 활동과 관련이 있어야 한다. 사회 계층, 성별, 연령, 종족, 개인의 흥미에 맞춰 질문함으로써 피조사로 하여금 할 말이 생기도록 해야 한다. 그 예로서, 비둘기 사육이 뉴욕 도심지(Inner City)에서 매우 흔한 일이라는 점에 착안한 울프램(Wolfram)은 뉴욕 할렘의 동부지역에 사는 푸에토리코인 2세들과 비둘기 사육에 대한 대화를 나누며 상당히 풍부한 언어자료를 얻을 수 있었다.

(3) 조사자는 피조사자가 대화 도중 드러낸 단서들을 잘 포착해야 한다. 조사 중에는 피조사자의 관심이 어디에 맞춰져 있는지 조사자가 모를 때도 발생하지만 대화 과정 중 그것을 포착할만한 단서들이 출현할 때도 있기 때문이다. 이 때 조사자는 대화의 실마리를 잘 파악하여 깊이 있는 대화를 진행해야 한다. 또 피조사자가 (대화진행에) 유리한 주제를

꺼낼 경우 조사자는 그 주제가 끊어지지 않도록 주의해야 한다. 예를 들면 다음과 같다.

問: 你們玩不玩捉迷藏?　　질문　술래잡기를 하나요?
答: 我們常玩。　　　　　　대답　자주 하죠.
問: 你們還做甚麼游戲?　　질문　또 어떤 놀이를 하나요?

위의 대화에서 조사자는 피조사자의 대답을 듣고 곧바로 어떻게 술래잡기를 하는지 물어봤어야 했으나 그에 관한 화제를 파악하지 못함으로써 깊이를 더할 수 있었던 대화의 실마리를 놓쳐버리고 말았다.

(4) 조사자는 피조사자가 자신의 발화 방식에 주의력을 흐트러뜨리지 않도록 해야 한다. 조사자의 질문에 맞춰 피조사자는 생각을 집중해 어떻게 대답할 지 고려한다. 언어와 관련된 질문을 직접적으로 제기하는 것이 조사에는 도움이 될 수 있으나 이는 종종 피조사자의 경각심을 불러와 발화 방식에 영향을 줄 수가 있다. 그러므로 언어와 관련된 질문을 하고자 한다면 조금 뒤로 미루거나 피조사자가 발화 방식에 주의를 많이 기울이지 않을 때 해야 한다. 예를 들어 라보브는 다음과 같은 사실을 발견했다. 그는 피조사자에게 죽음의 위협을 느껴본 적이 있느냐고 물었다. 그러자 피조사자는 종종 자신이 조사를 받고 있다는 사실을 잊어버린 채 흥분한 상태가 되어 발화 내용이 자신의 직접 경험임을 청자가 믿게끔 노력했던 것이다. 그 외에, 조사자도 자신의 발화 방식에 주의해야 한다. 탐방 시에는 되도록 자연스럽고 비격식적인 어투를 사용한다. 그러나 이것이 반드시 피조사자의 발화 방식을 따라 해야 한다는 것은 아니다. 왜냐하면 그럼으로써 상대방이 언짢아 할 수도 있기 때문이다.

(5) 조사자는 피조사자가 조사에 또 다른 목적이 있지 않을까 의심하게 해서는 안 된다. 조사자가 이미 조사의 목적을 솔직하게 설명했어도 피조사자는 조사에 여타의 의도가 또 있지 않을까 여전히 의심할 수 있다. 조

사자의 관심이 언어에만 국한된다고 재차 설명했어도 피조사자는 여전히 여러 가지 짐작에서 자유로울 수가 없을 것이다. 이에 조사자는 피조사자의 의심을 살 만한 어떠한 질문도 제기해서는 안 된다.

디트로이트에서 조사를 행했던 어느 사회언어학자는 한 노동자가 해당 도시의 종족 간 관계가 긴장국면에 있다고 하자 호기심에 왜 그런지 그 문제를 추궁한 적이 있었다. 그 결과 그 노동자는 조사에 또 다른 의도가 있지 않을까 의심하여 입을 다문 채 대화를 멈춰 버렸다.

(6) 그룹을 지어 하는 질문과 대답도 자연스런 대화자료를 용이하게 얻는 방법 중 하나이다. 연구자는 연령이 비슷한 사람들끼리 대화하도록 한 뒤 녹음기로 대화를 녹음한다. 대화 내용도 그들끼리 알아서 정하도록 하고 대화도 그들의 장이 조직하도록 한다. 연구자 역시 대화에 많이 끼어들 필요가 없다. 이러한 분위기라면 피조사자들은 비교적 자유롭게 대화를 주고받으면서도 녹음한다는 사실이나 외부인의 참관에 신경을 쓰지 않는다. 라보브 등의 연구자들이 이런 방법을 자주 사용하였는데, 그들은 제일 먼저 아이들과의 대화까지 포함한 면대 면 질문을 행한 뒤 여러 장에 참여하면서 피조사자들과 친숙해졌다. 그리고 맨 마지막으로 소그룹 대화를 진행시킨 뒤 녹음을 수행했다. 이 방법의 단점은 피조사자들끼리 돌아가며 한 마디씩 하기 때문에 각 화자들의 이야기 내용이 섞여 기록하기 힘들 수 있다는 것이다. 또 동일 그룹 내에서 말을 많이 하는 사람이 있는가 하면 말을 적게 하는 사람도 생길 수 있다. 그러므로 이러한 방법은 개인별 대면 대화와 병합시켜야 할 것이다.

2. 직접 질문

상술한 방법들은 자연스런 대화자료를 얻기 위한 것이다. 그러나 대화중에도 여전히 조사자가 원하는 언어자료를 얻지 못하는 경우가 생길 수 있다. 어떤 언어 변항은 대화중에 적게 출현하기 때문이다. 예를 들어, 어떤 문장의 합어법성 여부에 대해 피조사자가 어떤 견해를 갖고 있는지 알고자 할 경우, 이때에는 직접적으로 물어볼 수밖에 없다. 일례로, 흑인영어에는 다음과 같은 문장이 존재한다.

He be at school more often than he be home.
(그는 집에 있는 시간보다 학교에 있는 시간이 많다.)

언어학자들은 흑인 아이들의 생각에 이 문장이 합어법적인지 알고 싶어 할 것이다. 왜냐하면 일반적으로는 다음과 같이 쓰이기 때문이다.

He is at school more often than he is at home.

하지만 직접 질문 방법에도 문제가 있을 수 있다. 사람들은 종종 문제 자체에 주의를 기울일 뿐 언어 형식에 주의를 기울이지 않는다는 것이 그것이다.

3. 반복법

반복법 또는 모방 테스트란 조사자가 발화한 문장을 피실험자나 피조사자에게 다시 발화하도록 시키는 것이다. 이런 방법은 아동의 언어 능력을 평가하는데 자주 쓰이는데, 그 이유는, 아동은 자신이 들은 말을 따라 말할 때 항상 자신의 뇌 속에 존재하는 어법규칙으로 문장을 재구성하기 때문이다. 따라서 아동들이 발화한 문장 구조는 종종 그들의 어법 능력을 대표할 수 있다. 이와 동시에, 이 방법을 이용하면 성인이 발화한 문장을 아동들이 대체 어느 정도 이해했는지도 알아볼 수 있다. 이 방법은 일반적으로 언어습득 연구에 많이 쓰이지만 사회언어학에 이용되기도 한다. 예를 들어, 라보브 등의 연구자들은 이 방법으로 일찍이 표준영어에 대한 비표준 영어화자의 이해정도를 파악한 바 있다. 이 방법의 단점은 피조사자가 상대방 언어에만 주의함으로써 발화의 자연스러움에 영향을 미칠 수 있고 또 문장이 짧아 쉽게 모방할 수는 있는 반면 조사가가 원하는 언어자료는 얻지 못할 수도 있다는 것이다.

4. 구조유도

때에 따라서는 필요로 하는 언어자료들이 구조유도 방법에 의해 구해질 수도 있다. 일례로, 피조사자가 pen이라는 단어를 발화할 때 실제로 어떻게 발음하는지 알고 싶다면 채워 넣기 방법을 이용할 수 있다. 먼저 다음과 같이 공란을 둔다.

The thing that you write letters with is called is _____.
(당신이 편지 쓸 때 쓰는 물건을 _____ 라고 부른다.)

또 아래의 채워 넣기에서는 drank, drunk, drinked 중 하나를 대답으로 얻을 수 있다.

If I drink some coffee today, I have _____ it.

(내가 오늘 커피를 좀 마신다면_____인 상태가 될 것이다.)

피조사자가 명사를 어떻게 복수 형식으로 바꾸는지 알고 싶다면 먼저 피조사자에게 책상 1개가 있는 그림과 책상 3개가 있는 그림 등 몇 장의 그림을 보여 준다. 그런 다음 "This is a desk. These are desks"라고 말한다. 이어서 또 다른 그림 두 장을 보여준다. 각각의 종이에는 생소한 도형(어떤 도형이든 상관없다. 도형의 명칭을 표현해 낼 수 없게 하기만하면 된다)이 그려져 있다. 도형이 한 개만 그려져 있는 그림을 피조사자에게 먼저 보여주면서 "This is a wust."라고 말한다. 사실 "wust"라는 단어는 영어에 존재하지 않는 단어이다. 그런 다음 3개의 도형이 그려져 있는 그림을 피조사자에게 보여주고 피조사자가 어떻게 말하는지 살펴본다. 그는 아마 "wusts"라고 대답할 텐데 이는 그가 명사를 복수형식으로 변환시킬 때 "s"를 부가한다는 것을 말해준다.

5. 낭독

격식적인 문체와 비격식적인 문체를 비교하기 위해 종종 낭독 테스트가 행해진다. 피조사자가 낭독할 때 얻은 자료와 기타 언어환경 속에서 행한 자료를 비교한 후 문체의 변화를 살펴본다. 낭독 내용은 한 단락 분량이며, 그 속에는 자료를 얻고자 특별히 선별한 언어형식을 의도적으로 넣어 둔다. 예를 들어, 라보브는 뉴욕에서 5개 어음 변항 중 하나인 (th)를 조사하면서 아래와 같은 단락을 이용하였다.

There's something strange about that--how I can remember
everything he did: this thing, that thing, and the other thing.
He used to carry three newspapers in his mouth at the same
time. I suppose it's the same thing with most of us: your first
dog is like your first girl. She's more trouble than she's worth,
but you can't seem to forget her.

이 단락을 통해 우리는 th가 들어간 단어를 라보브가 의도적으로 많
이 넣었다는 것을 알 수 있다. 이는 피조사자가 th음을 어떻게 발음하
는지 살펴보기 위한 목적에 기인한다.

그 외에 고립된 문장, 쌍을 이루는 단어 등이 모두 의도적인 구조 유
도에 쓰일 수 있다.

6. 주관반응 유도

발화 공동체 속에서 사람들이 방언이나 여러 언어 변종 간에 존재
하는 차이에 대해 어떤 생각을 갖고 있는지, 또 한 언어의 사회가치에
대해 사람들의 주관반응(태도)은 어떤지 살펴보는 것도 매우 중요하다.
사회방언의 존재는 사람들이 사회방언 간에 차이가 있다고 여기는 데
서 기인한다. 그러므로 사회방언에 대해 충분하게 기술하려면 각각의
언어 변종에 대해 사람들이 갖는 주관적 태도를 고려하지 않을 수 없다.

언어 간 차이에 대한 사람들의 주관 평가를 테스트하는 방법에는 여
러 가지가 있다. 그 중에서 자주 쓰는 방법은 설문지questionnaire를 사용하
는 방법이다. 일례로, 울프램 등은 할렘지역에 사는 푸에토리코인 2세

들의 영어구어를 연구하면서 피조사자에게 다음과 같은 질문을 했다: "푸에토리코인과 흑인이 쓰는 말이 같습니까?" 또 뉴욕에서 라보브는 뉴욕어에 대한 뉴욕인들의 견해를 조사하면서 피조사자에게 자신의 견해와 함께 그 이유도 말할 것을 요구했다. 하지만 이 방법을 이용할 경우 조사자는 자료를 얻고서도 분류 시 어려움을 겪을 수 있다. 그 이유는 피조사자들의 대답이 제각각일 경우가 많아 카테고리를 분류시키기가 매우 어렵기 때문이다. 그러므로 설문지는 보통 미리 나누어 놓은 카테고리를 근거로 설계된다. 또는 피조사자에게 예, 아니오 둘 중 하나를 선택하도록 할 때도 있다. 예를 들면 아래와 같다.

> "내가 생각하기에 비표준 방언과 표준 영어는 논리성을 똑같이 갖는다:
> 예_____ 아니오_____"

또 한 가지 언급할 만한 방법으로 "조합유도법matched guise technique"이 있다. 이 방법은 람버트 등Lambert 1960이 캐나다 몬트리올에서 사회심리학 연구를 진행하면서 처음 개발하였다.[1] 그들은 이중언어를 유창하게 하는 화자에게 각각의 언어로 녹음을 부탁한 뒤 피조사자에게는 각기 다른 두 명이 녹음한 것이라고 일러 주었다. 그리고 그 녹음 내용을 들려주면서 이 두 언어를 쓰는 화자들은 각각 어떤 특징들이 있을 것 같

---

[1] 원서에는 "1972년도"라고 되어 있으나 잘못 기입된 것 같다. 저자들은 "Lambert 등"이라고 밝혔으나 참고문헌에는 Lambert 외 공동 저자로 된 문건이 없고 1972년도 저작은 Lambert 1인의 것으로 소개되어 있다. 이익섭(1994, 『사회언어학』, 민음사, p.281)은 "Matched Guise Technique"을 소개하면서 Lambert 등을 언급하고 있는데, 이를 미루어 보아 원서의 저자들이 소개하고자 한 문건은 W. Lambert, R. Hodgson, R. Gardner, S. Fillenbaum(1960)의 Evaluative Reaction to Spoken Language, Journal of Abnormal and Social Psychology 60이라고 생각된다. 이에 따라 역자가 임의로 연도를 수정하였다-역주.

은지 피조사자에게 판단해보라고 했다. 또 어떤 연구자들은 텔레비전 프로그램에서 동일한 주제를 놓고 각기 다른 화자들이 나눈 대화를 녹취한 뒤 피조사자로 하여금 화자들의 사회적 특징을 말해 보라고 하기도 했다. 사회적 특징으로는 백인인지 흑인인지, 그 사람이 어느 정도의 교육수준을 지녔는지, 어떤 직업에 종사할 것 같은지, 화자의 말이 격식적인지, 정확한지, 듣기 좋은지 등등이 해당된다.

7. 속성익명 조사법rapid and anonymous observation

이 방법은 1966년 라보브가 뉴욕에서 소규모 조사연구를 행할 때 사용했던 방법이다. 이 연구는 훗날 더욱 포괄적으로 진행된 조사의 시발점을 이룬다. 이 연구의 언어변항은 r음이다. 당시 라보브는 모음 뒤 r에 뉴욕인들이 상당히 높은 사회적 평가를 부여하고 있기 때문에 사회적 지위가 높은 사람들이 주로 공식적인 장에서 이 음을 발음할 것이라고 가정했다. 이러한 가정을 실증하기 위해 그는 뉴욕의 세 백화점Saks, Macy's, S. Klein을 선별하였다. Saks는 등급이 높고 Macy's는 중간등급에 속하며 S. Klein은 낮은 등급의 백화점이다. 그는 이 세 백화점을 찾아가 판매원 한 명 한 명에게 어떤 한 상품이 몇 층에서 파는지를 물었다. 질문의 목적은 판매원으로 하여금 "fourth floor"라는 말을 하도록 유도하기 위해서였다. 그는 한 명의 피조사자에게 각각 두 번씩 질문을 하였는데 첫 번째 질문의 대답은 꽤 자유분방했다. 그는 대답을 확실하게 듣지 못한 것처럼 가장한 채 다시 한 번 질문을 했고 이에 판매원은 상당히 주의를 기울이며 전보다 더 격식을 갖춰 대답했다. 이렇게 해서 각각의 피조사자에게서 두 번의 대답을 얻어 냈다. 세 백화점의 판매원들은 r음을 두 번 모두 발음하지 않을 수도 있고 그 반대로 두 번 다 발음할 수도 있으며 한 번은 발음하고 또 한 번은 발음을 하지 않을 수도 있을 것이다. 아래 표에서는 r음의 실현 가능 비율이 백화점마다 각각 다르다는 것을 보여준다.

	Saks (%)	Macy's (%)	S. Klein (%)
시종 r을 발음하는 피조사자	30	20	4
발음할 때도, 발음하지 않을 때도 있는 피조사자	32	31	17
시종 r을 발음하지 않는 피조사자	38	49	79
총피조사자 수	68	125	71

뉴욕의 세 백화점에서 사용되는 r의 백분율

위의 표에서 우리는 사회적 등급이 상대적으로 낮았던 S. Klein 백화점에서는 판매원 대다수가 모두 r음을 발음하지 않는 것을 볼 수 있다. 반면 그 외 다른 두 백화점에서의 상황은 S. Klein과 상반되었는데, 판매원들 중에는 비록 r음을 일관되게 발음하는 사람이 대다수를 차지하지는 않아도, 전체적으로 백화점의 등급이 오를수록 판매원들의 r 발음 사용 횟수도 증가했다.

앞서 언급했던 r출현 빈도 추세를 통해 우리는 다음과 같이 설명할 수 있을 것이다: 우리는 어떤 사람이 Saks 백화점의 판매원이라는 것을 이미 알고 있다. 그렇다면 그 판매원이 발화 시 r음을 실현시킬 가능성은 약 30%이상일 것이다.

각 백화점에 대한 조사 설계는 다음과 같은 가설 위에 세워졌다: 이들 세 백화점의 이용 고객 집단#은 각기 다르다. 따라서 각 백화점 판매원들이 쓰는 언어도 고객 집단의 영향을 받을 것이다. 이러한 조사는, 등급이 다른 각 백화점들의 판매원이 사용하는 언어표현에는 뉴욕의 각기 다른 사회계층이 쓰는 언어표현이 반영되어 있다는 점을 보여주었다는데 그 의의가 있다. 이러한 가설은 후에 더 큰 범위 내에서 진행된 표본조사에 의해 실증된다.[2]

....
2) 제3장 제1절을 참고하시오.

제4절 언어변항 정의의 확대

어떤 언어변항linguistic variable들은 비교적 쉽게 이해되고 범주도 쉽게 구분된다. 예를 들면 앞서 언급했던 뉴욕 영어의 (r)이 그렇다. 언어변항 (r)은 두 개의 변이형variant을 갖는데 하나가 "r을 발음한다"이고 다른 하나가 "r을 발음하지 않는다"이다. 하지만 하나의 어음변항이 몇 개의 변이형으로 이루어질 때도 있다. 2개로 구성될 수도 있고 3개로 구성될 수도 있는 것이다. 또한 변항은 어휘와 어법 속에도 존재한다. 예를 들어 영어 형태소 {D}는 각기 다른 단어 속에서 여러 변이형으로 존재한다. worked에서는 [t]로, studied에서는 [id]로 실현되고 played에서는 [d]로, took에서는 [ei-u] 교체로(take에서 took으로와 같이-역주) 실현되며 hit에서는 [∅]로 실현되기도 한다. 이를 근거로 {D} 변항은 다섯 개의 변이형으로 구성되어있다고 할 수 있다. 물론 이러한 변화는 언어환경에 따라 결정되는 것으로서 언어의 내부변이에 속한다.

언어변항은 사람마다 다를 수 있고 환경에 따라 다를 수 있다. 사람마다 다른 차이를 "개인 간 변이inter-personal variation"라고 하고 동일 화자가 환경에 따라 다르게 발화하는 변이형을 "개인 내부 변이intra-personal variation"라고 부른다. 이 두 변이는 모두가 사회언어학의 연구대상으로서 연구를 통한 규칙 도출이 가능하다. 도출된 규칙을 바탕으로, 개인의 사회적 특징만 알면 그가 어느 언어변이형을 선택할 것인지 예측 가능해진다. 마찬가지로, 어떤 사람들이 어느 변이형들을 자주 사용하는지만 알면 그 사람의 연령, 성별, 사회적 지위 등의 사회적 특징들도 추측 가능해진다.

각 상황마다의 언어변항은 셀 수 없을 정도로 많다. 따라서 각각의 상황에서 실현되는 변항선택 규칙을 모든 사회적 상황과 연계시키기란 거의 불가능하다. 이 때문에 라보브는 제한된 양의 변항, 즉 선별된 변항의 변이형 선택규칙과 사용빈도만을 연구하자고 제안했다.

언어변항이란 개념은 결코 복잡하지 않다. 그럼에도 불구하고 아직까지도 학자들에 의해 공인된 엄밀한 정의가 존재하지 않는다. 사회언어학의 변이연구가 어음변이부터 시작했던 이유로 라보브는 언어변이를 이해하기 쉽게 "동일한 사물을 표현하는 (교체 출현하는) 다양한 발화방법"이라고 정의하였다. 이에 언어변항이란 곧 "같은 의미를 표현하는 한 묶음의 상이한 언어형식"이었다. 하지만 그 후 언어변이에 대한 연구가 어법과 의미 부문으로 확대되면서 라보브의 정의가 지나치게 협소하다고 주장하는 연구자들이 생긴다. 한 단어가 갖는 여러 상이한 발음들이 동일한 개념을 표현할 수는 있지만 통사적으로 교체 실현된 언어형식들이 완전히 같은 의미 개념을 표현한다고 결론내리기란 매우 힘들기 때문이다Lavendara 1978. 단어, 구, 문장 등 상대적으로 큰 언어단위 중에는 기본적으로 비슷한 의미를 갖는 것들도 있다. 하지만 뜻이 비슷하다고 해서 실제로 그것들이 사용되는 모든 장 간에 호환이 가능하며 또 그럼에도 (여전히) 그 의미를 완전하게 유지할 수 있을까? 이러한 질문에 확실한 답을 내리기란 분명 쉽지 않다. 절대적인 동의어란 존재하지 않기 때문이다. 언어 중에 일단 동일 의미의 단위가 발생했다고 해도 곧바로 의미, 문체, 풍격 상의 분화가 이루어지거나 둘 중 한 형식은 잉여형식으로 판단되어 폐기될 수도 있다. 이들 단위詞語가 어떠한 장과 맥락에서 완전하게 같은 의미를 갖는지 이에 관해서는 해당 언어 공동체에 속한 구성원이라고 해도 종종 일치된 의견을 보이지 못한다. 잉여형식은 곧 폐기된다는 상기 원칙을 토대로 보면 "동의" 형식은 일종의 불완정 형식으로서 기본적으로는 변화의 과정 속에 있는 것이다. 그것의 변화정도 및 사회적 분포는 의미변이에 대한 연구를 통해 확인이 필요하다. 우리가 만약 어떠한 단위의 동의 여부를 선입견에 사로 잡혀(즉, 절대적인 동의어가 존재할 것이라는-역주) 확정지을 경우 그에 대한 연구는 자연스럽게 가로막힐 것이다.

의미가 단락 차원에서 중성화된다는 산코프David Sankoff 1986의 개념을 바탕으로 쉬따밍徐大明 1988은 의미 제약을 전혀 받지 않는 언어변이와 언어변항이 존재한다는 생각을 제시했다. 그는 실험적 시연을 통해, 언어 사용 중에는 언어변이가 상보적 분포를 갖는 한 세트의 언어형식으로 존재할 수 있음을 설명하고자 했다. 언어학자들이 이 언어형식들에 하나의 공통 기능을 타당하게 부여할 수만 있다면 이 언어형식은 하나의 언어변항을 구성할 수 있을 것이다. 이럴 경우 언어변항이란 언어변이의 구체적인 항목으로 이해될 수 있다.

쉬따밍이 제시한 언어변항의 구체적인 예는 한 명의 발화자가 일상 대화 속에서 입을 뗀 후 연속적으로 250번 째 단어까지 발화한 일단의 대화였다. 막연하게 보면 250이 마치 아무 의미 없는 기준처럼 보일 수 있으나 사실 이같은 단락의 길이는 쉬따밍이 여러 발화자들의 대화 녹음자료를 비교하여 정한 것이다. 일반적으로 자료 속 대화에서 피조사자로서의 발화자는 한 번 입을 뗀 후 아무리 길게 얘기해도 250 단어 이상을 연속해서 발화하지 않기 때문이다. 하지만 문제의 관건은 구체적으로 얼마나 많은 단어인가에 있는 것이 아니라 변항의 확립에 있어 의미의 동일 여부를 기준으로서 전혀 고려치 않았다는 데 있다.

이 연구의 구체적인 목표는 발화자가 자유로운 대화 속에서 실시간이라는 제약 하에 행하는 단어선택의 범위를 확정하는 것이었다. 일반적으로 사람들은 발화 시 행해지는 단어선택이 주로 대화내용에 따라 결정된다고 생각할 것이다. 그래서 "주거"를 논할 경우엔 "집"과 그에 관련된 어휘를, 그리고 "차"를 논할 경우엔 "자동차" 및 그에 관련된 어휘를 자주 사용할 것이라고 생각한다. 그러나 현실은 결코 전적으로 그렇지만은 않다. 대화가 어떤 물건이나 사건에 관한 것이라면 관련 사물을 두드러지게 표현하고 묘사하는 어휘가 상당히 많이 사용될 것이고 대화중에도 여러 번 반복될 것 같지만, 일상대화 속에서 대화주제와 직접적으로 관련된 단어 선택은 보통 내용어에만 국한되며 그것도 전체 사용단어 수에 비해 소수일 뿐이다. 예를 들면 자동차 사건을 알리는 아래 문장이 있다 : "今天我的汽車抛錨了(오늘 제 차가 길에서 퍼졌었습니다)。" 이 문장에는 "今天", "我", "的", "汽車", "抛錨", "了" 해서 총 6개의 단어가 사용되었지만 그 중 두 단어—"汽車", "抛錨"—만 대화주제인 "汽車"와 직접적으로 관련되어 있을 뿐이다. 이를 통해 우리는 자동차 사건을 언급함에도 자동차와 꼭 직접적으로 관련되어 있지 않은 여러 사물을 언급해야 한다는 것을, 그리고 자동차와 관련된 문장 속에서도 "자동차"라는 단어가 여러 번 반복될 가능성이 그다지 크지 않다는 것을 생각해 볼 수 있다. 실제로, 매우 익숙한 사람들끼리 수행한 일상 대화에서 위의 문장은 보통 "今天我的車壞了(오늘 내 차가 망가졌어)"라고 표현될 것이다. 역시 6개의 단어로 구성되어 있지만 이번에는 한 단어—"車"—만 "汽車"과 직접적으로 관련을 맺고 있을 뿐이다. 그리고 그마저도 "汽車"보다 더 포괄적인 의미를 갖는 단어이다.

쉬따밍徐大明 1998의 연구는 통계분석을 통해, 일상대화 속에서 실제 반복적으로 사용될 빈도가 가장 높은 어휘들은 모두 몇몇 허사들과 대명사, 그리고 "人", "干", "好"와 같은 상당히 광범위한 의미의 몇몇 내용어임을 밝혀냈다. 이들 상용어의 반복율은 실제로 단어의 실제 출현 횟수로 계산할 경우(한 단어가 한 번씩 출현할 때마다 1회로 계산한다) 많은 상황 하에서도 특히, 범화된 의미를 가진 어휘들이 단어의 전체 출현횟수 중 절반 이상을 차지할 것이다. 이들 어휘가 일상 대화 속에서 그렇게 많이 사용되는 이유는 그 의미가 광범위하여 여러 다양한 사물들에 응용될 수 있기 때문이다. 그와 동시에, 제한된 발화 시간으로 인해 자주 접할 수 있는 이들 어휘가 입에 걸리는 대로 자연스럽고 거침없이 사용되기 때문이기도 하다. 면대면 대화에서는 항상 상황과 문맥이 청자의 의미 이해는 물론 특히 친숙한 사람들 간의 용이한 대화를 도모한다. 사람들은 언어의 경제 원칙에 근거하여 의미가 복잡하거나 익숙하지 않은 어휘의 사용은 피하면서도 구두 의사소통의 효율성은 똑같이 확보할 수 있다. 이들 상용 어휘는 자주 사용될수록 재차 사용될 가능성도 커진다. 화자에게 매우 익숙해져 있기 때문에 그만큼 더욱 자주 쓰이는 것이다. 그리고 종국에는 입말어가 되어 무엇인가를 의미하지 않음에도 입만 떼면 별다른 생각 없이 쓰이게 되기까지 한다. 그러나 의미를 표시하지 않는 입말어라고 해서 상호작용에 아무 기능도 발휘하지 않는 것은 아니다. 입말어는 여러 상황 속에서 담화의 흐름을 조절하면서 대화의 연속성을 유지시키는 기능을 한다. 또 입말어는, 자주 언급되지는 않지만, 화자를 표시하는 기능도 한다. 입말어에는 종종 화자 개인의 특징, 즉 개인적 습관들이 녹아있기 때문이다.

쉬따밍徐大明의 연구대상은 바로 이러한 화자의 관용 어구였다. 사람들은 각자 모두 자신만의 상용어, 숙어, 상투어, 그리고 입만 떼면 너무나 익숙하게 사용하는 어휘와 형태소들을 갖고 있다. 이렇게 자주 쓰는 어휘들은 고심하며 신중하게 따져보고 사용해야 하는 어휘들과 대조를 보이는데, 이같은 습관적 표현방식을 어휘적 시각에서 "관습 어휘"라고 부른다. 관습 어휘에는 그것이 경험적으로 형성되었기 때문에 화자의 개인적 특징도 일정 부분 반영되어 있다. 또 그로 인해 그것을 통해 화자가 속한 공동체의 특징도 구분된다. 그리고 여기서의 후자가 바로 사회언어학의 연구대상이다. 여기서는 정해진 250개 단어로 형성된 담화가 하나의 언어변항, 즉 "관습 어휘" 변항으로 간주된다. 앞서 언급했던 "의미 동일" 조건이 언어변항 정의에 가하는 제약을 극복하기 위해, 구체적인 변항은 변이 범위를 확정지을 때 어떤 구체적인 의미와도 관련이 없도록 하였다. 일상의 일반적 상황이고 대화 전 어떤 준비도 되어있지 않아야만 연속된 발화로 형성된 화자의 단락에 그만의 "관습 어휘" 특징들이 드러날 수 있다. 다시 말하면, 무엇을 말하든지에 상관없이 자신의 주의력을 가능한 의사소통 목적에 경제적으로 다다르려는데 쏟을 뿐 자신이 하는 말 하나 하나에 크게 신경 쓰지 않을 때 화자는 무의식적으로 자신의 관습 어휘를 쓰기 시작한다는 것이다. 어느 정도의 단어 사용이 관습 어휘를 규정짓는 최선의 기준인지는 계속해서 연구해 볼 문제이다.

관습 어휘 변항에 대한 쉬따밍徐大明의 연구가 여전히 실험단계에 속해 있지만 관습 어휘의 사회변이를 연구하고자했던 그의 목적은 그래도 달성된 것 같다. 연구를 통해 그가 발견한 것은 다음과 같다. (1) 동일 방언구에 속한 화자들이 보통화를 통해 표현한 관습 어휘는 통계적으로 높은 정도의 유사성을 보인다; (2) 남녀 화자 간의 관습 어휘 차이는 일반적으로 동성 화자 간의 관습 어휘 차이보다 크다; (3) 상이한 발화 단락 간에 보이는 동일 화자의 관습 어휘는 높은 정도의 일치성을 보이며, 대화 주제가 관습 어휘 변화에 미치는 영향은 그 정도가 매우 약소하다. 이와 같이 쉬따밍의 실험은 관습 어휘가 개인변이, 지역변이 그리고 사회변이를 드러내는 기능을 갖고 있기 때문에 하나의 언어변항으로서 간주될 수 있음을 가장 적은 제약으로써 실증하였다.

언어변항의 확대된 정의를 구하기 위한 연구는 아직 초기 단계에 있다. 그러나 이 문제가 원만한 해결책을 얻지 못하는 한 비어음 변이 연구 역시 심각한 제약을 받을 수 있을 것이다.[1]

---

1) "관습 어휘"에 대한 쉬따밍徐大明의 연구는 이후 계속 전개되지는 못했다. 하지만 북경어 단어의 고빈도 출현율에 대한 까오하이양高海洋(2002)의 연구는 쉬따밍 연구의 기본적인 생각을 계승, 발전시켰다고 할 수 있다. 까오하이양高海洋(2002)는 베이징위옌대학北京語言大學의 입말 코퍼스를 기초로 뽑아낸 고빈도 출현단어에 화자의 사회적 배경을 더한 뒤 계량연구를 한 결과 지역변이, 민족변이 및 성별변이가 존재한다는 것을 발견했다.

제5절 변항규칙 분석법

변항규칙 분석법은 변이 연구에서 자주 쓰이는 언어자료 분석방법
이다. 변항규칙 분석법이 비록 변항규칙이라는 기초 위에서 발전한 것
이지만 현재 상황으로 볼 때 이미 그것은 생성언어학 이론과 "규칙"이
라는 표현형식 상의 제한에서 완전하게 벗어나 있다. 그로 인해 "변항
규칙 분석법"이 실제로 응용되는 과정에서는 종종 "그 이름에는 걸맞
지 않게" "규칙"이라는 어떠한 구체적인 표현도 출현하지 않는다. 이
로써 미루어 보면 그 술어가 표시하는 어원적 의미가 해석적 의미보다
더 강해졌다고 볼 수 있다.

세데그렌과 생코프Cedergren & Sankoff 1974는 라보브Labov 1969가 처음 제
기했던 "변항규칙"을 확률이론과 연계시켜 "변항규칙 분석법"이라는,
언어변이 현상에 대한 전문 분석 통계방법을 제시하였다. 그리고 기타
연구자들의 편의를 위해 이 통계방법을 하나의 컴퓨터 프로그램으로 제
작하기도 하였는데, 이 프로그램은 현재 매우 강력한 사회언어학자들
의 연구 툴이 되었다.

"변항규칙 분석법"은 일종의 다중회귀분석법으로서 여러 임의변량
들 간의 관계를 연구할 때 적용되는데, 그 중에서도 특히 언어변이 현
상을 연구하는데 적합하다. 무엇보다 이 분석법의 통계결과는 일련의
확률변수로서 어떤 변이형이 어느 조건 하에 출현할 확률로 표시된다.
또한 이 분석법은 자연적으로 생산된 언어자료를 처리하는데도 매우 적
합하다. 자연적으로 생산된 언어자료란 상호작용 과정에서 실제 사용
된 말을 기록한 발화 뭉치를 가리킨다. 경험론적 원칙을 견지하기 위해

사회언어학자들은 보통 자기 피드백이나 한 두 명의 모어 화자로 하여 금 문장을 판단하게 하는, 그러한 연구자료 생산 방법은 피한다. 특히 나 모어 화자는 변이 현상에 맞서 자신 스스로도 일관성을 유지하지 못 한다. 상이한 사회적 지위에 속한 화자들은 변이형 사용에도 상이한 경 향을 보이며, 또 동일한 변이형에 대해서도 비객관적인 태도를 포함해 매우 상이한 태도를 보일 가능성이 있다. 그렇기 때문에 사회언어학자 들은-언어변이형의 사회적 분포상황을 연구하고 그것을 바탕으로 언 어변화와 언어태도의 발전 방향을 규정짓기 위해-대량의 자연 언어자 료를 사용하는 것은 물론 그에 대한 계량분석까지 시도하는 것이다. 하 지만 자연 언어자료를 획득할 때 언어학자들은 여러 구체적인 언어 표 현형식들을 완벽하게 통제하지는 못한다. 실험실에서처럼 피실험자에 게 특정음을 내라고 하거나 준비한 문장을 읽어보라고 요구할 수도 없 을뿐더러 이미 실현된 변이형의 실제 출현 횟수를 통제할 수도 없다는 것이다. 하지만 일반적인 다중분석 통계방법은 모두 관련 변량의 변화 범위를 정확하게 통제하도록 요구하며 나아가 변량의 질서정연한 분포 까지도 통계의 선결조건으로 요구한다. 그럼에도 변항규칙 분석법(원 문에는 "變異規則"로 나와 있으나 잘못표기 된 것으로 보임-역주)은 최대 가능도 추정(량) 통계 모델을 이용하기 때문에 불균등하게 분포된 변량 변수를 입력 데이터로 삼을 수 있으며 심지어는 특정 범위 내의 결손치 연산까지도 허용할 수 있었다. 그 결과 변항규칙 분석법은 불규 칙하게 분포되어 있는 다변량多變量의 언어자료를 이상적으로 처리할 수 있는 방법이 되었다.

변항규칙 분석법과 변항규칙의 실질적인 결합 결과는 곧 그것이 다루고 있는 언어변이의 여러 출현 원인에 대한 해석 모델로 드러난다. 변이는 임의적인 것이다. 따라서 변이의 구체적인 표현형식에 대해 우리가 할 수 있는 최선의 예측 또한 확률적 예측일 수밖에 없다. 그와 동시에, 우리는 변이의 출현에 영향을 주는 수많은 요인들도 분석가능하다고 생각한다. 변이 출현에 미치는 영향의 추세와 그 정도에 관련한 요인들을 더 많이 확정지으면 지을수록 변이 출현의 불확정성은 상대적으로 낮아진다. 예측의 정확성이 그에 따라 올라가기 때문이다. 이해하기 쉬운 예로서 일기 예보가 있다. 기상청에서는 종종 기압, 습도, 풍향, 속도 등 일련의 관측 데이터를 기존의 해발고도 등과 같은 조건과 결합함으로써 날씨를 매우 정확하게 예보할 수 있다. 이러한 확률적 기상예보는 기상과학이 이미 상당 수준 발달한 현대에 와서도 여전히 유효한데, 예측할 수 없는 수많은 요인들이 아직도 기상변화의 패턴에 영향을 줄 수 있기 때문이다. 비가 온다고 한 전날의 기상청 예보와는 다르게 비가 내리지 않는 당일의 현상에 대해 순진한 아이들이라면 이해하지 못할 수도 있겠다. 하지만 대부분의 기상센터에서는 오도를 피하기 위해 진작부터 "내일 비가 올 확률은 90%입니다"와 같은 확률적 화법을 취해왔다.

위에서 든 일기 예보의 예는, 충족한 자료가 갖춰졌을 경우 그리고 변량 간의 관계가 명확할 경우 그것을 바탕으로 모종의 결과를 예견할 수 있다는 것을 말해준다. 기상 방면에 있어서도, 기타 여러 경우와 마찬가지로, 변량 간의 상관곡선은 대량의 누적된 데이터에 대한 연구를 토대로 얻어진 것이다. 언어변이에 대한 연구도 이와 같은 이치를 따른다.

이미 수많은 실증 연구들에 의해 증명됐듯이, 언어표현이란 언어내부와 언어외부의 수많은 요인들에 의해 결정된 것이다. 언어표현을 정확하게 예측하고자 한다면 언어표현과 그에 관련된 요인들 간에 존재하는 구체적인 관계를 반드시 이해해야만 한다. 주지한 바와 같이, 사람들의 사회적 지위와 태도는 특정 언어변이형의 사용을 촉진하거나 방해한다. 따라서 발화공동체에 대한 조사와 연구는 공동체 내 사회적 요인과 언어적 요인이 어떻게 특정 언어변항에 영향을 미치는가를 구체적인 대상으로 설정한다.

앞서 언급했던 언어변이 이론을 받아들인 대부분의 언어학자들은 대량의 언어표현 자료를 수집한 후 모두 변항규칙 분석법을 이용하여 언어변이 현상이 언어체계 및 사회적 환경과 맺고 있는 구체적 관계를 파악할 수 있었고, 나아가 변이형의 사회적 상징의미와 언어 변종의 발전 추세에 대해서도 근거에 준한 판단을 내릴 수 있었다. 일례로, 영어 계사copula에 라보브1969의 변항규칙을 응용할 경우 화자가 어떠한 사회적 특징을 가진 미국 흑인인가를 알 수 있을 뿐만 아니라 모음 어미를 갖는 단어 직후에 출현하는지의 여부와 동사에 가까운 위치에 출현하는지의 여부를 기준으로 해당 계사가 다르게 축약될 확률까지 계산해 낼 수 있다. 이렇게 할 수 있었던 데는 상이한 사회적 특징, 모음 뒤, 대명사 뒤, 동사 앞 등의 조건들마다 언어자료를 근거로 계산해낸 라보브의 확률값이 있었기 때문이다. 계사가 한 번 사용될 때마다 축약될 구체적 확률은 Px로 나타낸다. 우리가 화자의 사회적 특징, 계사 전후의 어음성분과 어법성분을 알고 있을 때, Px 값은 아래의 공식을 이용하여 계산할 수 있다.

$$P\chi \ = P_a \times P_b \times P_c \times P_d{}^{1)}$$

여기서 P_a, P_b, P_c, P_d는 각각 흑인 밀집지역의 청소년들이 계사를 축약시킬 확률, 모음 뒤의 계사를 축약시킬 확률, 대명사 뒤의 계사를 축약시킬 확률, 동사 앞의 계사를 축약시킬 확률이다.

한 번의 발화에 계사가 축약될 확률은 곧 위의 여러 확률의 합이다. 이러한 유추를 바탕으로 한다면 한 변이형이 출현할 총확률은 다음과 같이 표현될 수 있다.

$$P_O = P_1 \times P_2 \times P_3 \cdots \cdots \times P_n$$

위의 공식에서 말줄임표는 발견될 수 있는 무수한 확률(값)를 의미한다.[2] 변이연구의 일반적 목표에는 모두 이와 같은 관련 요인들의 확률을 가능한 한 많이 발견하는 것이 포함된다. 변항규칙 분석법은 통계적 수단을 이용하여 관련된 여러 조건요인들을 조사, 추출한 뒤 그 중에서 다시 변이형의 출현 확률을 효과적으로 예견할 수 있는 상관 조건들을 찾아낸다. 연구자들은 기존의 조사 결과나 피조사자가 자신의 공동체에 대해 제공한 지식 또는 사회언어학의 일반적 원리를 바탕으로

....
1) 원문에는 P_c로 나와 있으나 P_d로 임의수정하였다-역주
2) 현재 광범위하게 쓰이고 있는 변항규칙 분석법의 통계모델은 아래 공식으로 표시된다.

$$\frac{P}{1-P} = \frac{P_0}{1-P_0} \times \frac{P_1}{1-P_1} \times \cdots \times \frac{P_n}{1-P_n}$$

위의 공식에서 P_0는 "수정된 평균값(corrected mean)"이라고 부르는데, 이는 변이형이 실제로 실현되는 전체 추세를 나타낸다. 그리고 P_1, $\cdots\cdots$, P_n은 여러 요인들-1번째부터 n번째까지-의 영향을 받아 변이형이 실현될 확률이다.

언어변이에 영향을 주는 일련의 요인들을 판단하고 그 중 일부 요인을 뽑아 검증의 대상으로 삼는다. 그리고 검증 범위에 부합하는 일정량의 언어자료를 수집한 뒤 변항규칙 분석법으로 분석을 수행한다. 결론적으로 변항규칙 분석법과 변항규칙 간의 차이는, 후자가 단지 언어변이에 대한 일종의 기술적 형식에 그쳤다면 전자는 어떠한 하나의 해석모델을 세우는데 쓰이는 수단이라는 데 있다. 아래부터는 변항규칙 분석법으로 중국의 발화 공동체를 연구한 예를 소개하고자 한다.

제6절 쿤두룬昆都侖 발화 공동체 조사

쿤두룬昆都侖은 네이멍구자치구內蒙古自治區에 위치한 빠오터우시包頭市의 일개 구로서, 1958년 이후 이곳에 빠오터우 철강회사를 건설하면서 비로소 조금씩 발전하기 시작했다. 1987년 쉬따밍Xu 1992이 현지에서 언어자료를 수집할 무렵 쿤두룬은 이미 제반 시설을 모두 갖춘 몇 십만 인구의 소도시로 발전해 있었다. 행정구역상 쿤두룬은 일개 구에 해당되지만 인구 구성과 경제적 특징 등에 있어 옛 빠오터우와도 매우 상이했고 지리적으로도 기타 도심지역들과 떨어져 있기 때문에 마치 하나의 독립된 도시 같았다. 쉬따밍은 쿤두룬 지역의 언어변이를 변이사회언어학적 이론과 방법으로 연구하였다.

언어자료를 수집하는 과정에서 쉬따밍은 네트워크 방법Milroy 1980, 祝畹瑾 1992, 李嵬 1994을 표본추출 조사방법과 결합하였다. 조사자가 원래부터 유지해 온 사회관계를 이용하여 해당 공동체로 들어간 뒤 그 사회 네트워크를 따라 조사 범위를 점점 확대시켰던 동시에, 상이한 사회적 특징을 지닌 구역에서 무작위 표본추출 방법으로 방문조사를 벌이고 그 과정에서 다시 새로운 사회 네트워크로 그 조사범위를 확장시켰던 것이다. 이러한 조사 방법을 통해, 쉬따밍은 쿤두룬 지역의 여러 사회 계층을 대표하는 70명의 화자, 총 42시간의 대화를 녹음할 수 있었다. 쉬따밍은 언어학적 연구범위를 북방방언의 비음운미로 한정한 뒤 그것이 연속된 대화 속에서 약화되거나 축약되는 현상을 분석의 언어변항으로 삼았다.

이 언어변항을 선택한 이유는 그것이 변항규칙 분석법의 응용연구 대상에 속하기 때문이다. 이 언어변항에 대한 연구는 일찍이 바레일Barale 1982에 의해 진행된 적이 있었다. 그러나 그녀는 이 변항을 한어 어음변이의 연구 중점으로 삼고서도 북경의 여관에서 녹음한 여관 직원들의 발화와 낭독 내용(만)을 분석 자료로 취했다. 그 때문에 그녀가 취한 언어자료들은 표본추출이라는 시각에서 보면 그저 매우 작은 범위만을 대표할 수 있었고 또 그것을 바탕으로 발화 공동체의 구조를 연구하기에는 무리가 있었다. 하지만 물론 그러한 과정에서도 바레일은 베이징 거주민의 발화 속에 실현되는 비음운미 변이가 변항규칙 분석법으로 분석될 수 있다는 것, 그리고 일련의 언어구조와 사회적 조건이 변이형의 출현 확률에 제약을 가한다는 것만은 확인했다. 비음운미鼻韻尾 변이로서 자주 실현되는 변이형은 다음과 같이 다양하다. (1) 약화된 형식을 전혀 갖지 않는다: 비음화 되지 않은 모음 바로 뒤에 비자음이 출현한다; (2) 비음화된 형식: 비음화 된 모음 바로 뒤에 비자음이 출현한다; (3) 생략된 형식: 비음화 된 모음운미(뒤에 있는 비자음이 생략된다); (4) 생략된 뒤에도 비음이 더해지지 않는다: 비음화 되지 않은 모음운미(비음의 기색을 완전히 잃는다). 위에 열거된 각 변이형들의 예를 들어보면, 약화되지 않은 "三"의 형식은 [san]으로, 모음이 비음화되면 [sãn]으로 실현된다. 또 비자음이 생략된 뒤에는 [sã]로 변하고 좀 더 구어화되면 [sa]로 변하게 된다. 천위엔취엔Chen 1975은 주로 방언 간 대비 자료를 이용하여 한어 비음운미의 역사적 음변화 문제를 고찰했었는데, 바레일은 오히려 천위엔취엔陳淵泉의 연구를 참고로 당시 매우 유행했었던 규칙 배열 연구를 수행했다. 규칙 배열 연구는 일찍이 형식어법에서 중요시하던 것인데 이를 응용했던 바레일의 변항규칙은 변이형의 실제 출현 빈도까지 논거로 채택함으로써 상당히 독창적이었다고 할 수 있겠다.

누적된 연구결과를 토대로 삼는 사회언어학의 연구전통에 따라 쉬따밍徐大明 1992은 북방방언의 비음운미가 연속된 대화 속에서 실현되는 어음현상에 대해 좀 더 깊이 있는 연구를 진행하였다. 쿤두룬에서 얻은 녹음 자료를 정리하는 과정에서 쉬따밍은 실현된 비음운미의 여러 변이형들이 바레일의 발견과 대체로 동일했지만 그 외 극단적으로 약화된 상황 하에서는 전체 운미가 생략되는 형식도 존재한다(비록 실현되는 비율이 매우 적지만)는 것을 발견하였다. 이러한 형식은 "我們"이 [wom]으로, "現在"가 [ɕtsai]로 읽히는 예와 같이 종종 이음절 단어에서 약하게 읽히는 음절에 출현했다.

바레일의 연구 이후 비음운미의 약화변이 연구는 음운론의 발전으로 새로운 도전을 받게 되었다. 형식 음운론에서 "불변"의 규칙이 없어져가자 변항규칙 역시도 설명력을 잃었기 때문이다. 음운론은 일련의 순서를 따라 작용하는 규칙이 더 이상 필요 없게 되었고 이러한 흐름에 맞춰 쉬따밍은 어음변이 현상을 기술하는 새 방식을 제기하였다.

"자동분절 음운이론Autosegmental Phonology, Goldsmith 1990"을 바탕으로, 쉬따밍徐大明은 어음변이를 기술하면서도 "규칙형식은 사용하지 않는"방법을 제기했다. 예를 들어 "자동분절 이론"모델에 따르면 [san]이란 음절은 다음과 같은 형식으로 표현 가능하다.

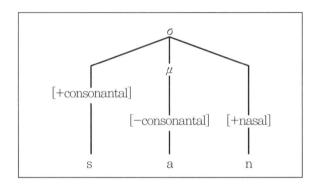

여기서 σ 은 하나의 음절을, μ 는 주요 모음을 표시한다. 그 외에 [+consonantal](자음화), [−consonantal](비자음화), [+nasal](비음) 등과 같이 발음기관을 본위로 발음된 어음의 변별자질은 모두 "음절, 주요모음" 등의 음률 단위와 연결되어 있다.

자동분절 이론의 장점은 분절 분석과 초분절 분석을 결합시키면서 음운학과 음성학을 더욱 긴밀하게 연계시켰다는 점이다. 이 이론의 취지는, 발음기제가 기본적으로 음운론적 현상의 토대를 구성한다는 데 있다.

쉬따밍이 비음운미 변이를 기술하기 위해 사용했던 형식은 기본적으로 앞서 언급했던 자동분절 이론을 기반으로 한 모델이었다. 하지만 그 이론과 다른 점은 점선으로 "변이성 연결"을 표시했다는 것이다. 아래 그림은 비음이 앞 모음까지 확장된 변이형으로서, [+nasal] 자질이 [−consonantal]의 주요모음과 이어진 "변이성 연결"에 의해 "비음이 주요모음까지 완전하게 확장된 것은 아니며 경우에 따라 출현하기도 하고 출현하지 않기도 한다"는 것을 표시한다.

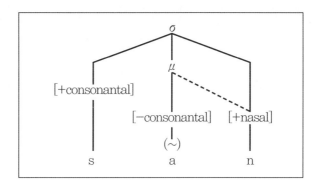

위의 "변이성 연결"과 같은 기술 방식은 비자음의 탈락변이와 얼
화兒化 변이를 기술하는 데에도 똑같이 사용된다. 그에 관해서는 여기서
더이상 논하지 않겠다. 쉬따밍이 행한 변이기술 형식의 개선은 비록 이
론상의 어떤 진전을 가져오진 못했어도 변이연구와 형식 언어학적 이
론 연구의 상관성 및 그 둘 간의 상대적 독립성을 좀 더 구체적으로 증
명했다. 변이연구는 형식연구를 토대로 할 필요가 있으나 그렇다고 반
드시 어떤 구체적인 기술형식에 의존할 필요는 없다. 규칙형식의 폐기
가 언어변항에 대한 연구에 실질적인 영향을 주지는 않기 때문이다. 따
라서 일반언어학에서 어떤 기술 형식을 사용하든지 간에, 각 요소 간에
변량 의존관계가 존재하기만 한다면 변항규칙 분석법은 항상 유용한 분
석결과를 제공할 수 있을 것이다.

위의 음운론적 분석을 바탕으로, 쉬따밍徐大明은 비음운미 범위 내에
서 비음화, 얼화, 자음탈락 변이현상에 대한 통계분석을 수행했다. 그
결과, 이들 어음의 실현과정은 언어의 구조적 영향과 언어 사용자가 지
닌 사회 특징적 영향을 동시에 받는 것으로 나타났다. 아래 표는 쿤두
룬 거주민의 비음화 변이에 변항규칙 분석법을 적용한 통계결과이다.

음절	확률	음률	확률	전후	확률
비자음 생략	0.880	음절 끝기	0.704	비음화	0.671
비자음 보류	0.351	강조 악센트	0.662	비음화 없음	0.487
얼화	0.149	기타	0.496		
가정	확률	고향	확률	사회 네트워크	확률
Qiu	0.668	네이멍구(内蒙古)	0.953	B103	0.675
Du	0.609	산시(陝西)	0.584	Zhang	0.558
Guo	0.584	허베이(河北)	0.515	Wuxu	0.532
Bai	0.568	티엔진(天津)	0.492	B32	0.492
Wang	0.565	산동(山東)	0.486	Daming	0.418
Cheng	0.519	랴오닝(遼寧)	0.427		
Jiang	0.496	직업	확률		
Yang	0.461	간부	0.570		
Xie	0.449	노동자	0.468		
Sun	0.433				
Tang	0.365				
Feng	0.350				
Li	0.349				

표에서 제일 윗부분은 비음화 변이에 영향을 주는 어음 조건이며 그 아랫부분은 사회 조건이다. 이들 조건은 최대 가능도 추정법을 통해 걸러낸 것들이다. 또한 통계과정에서, 바레일과 기타 관련 연구에서 해당 변이에 영향을 준 것이라고 발견했거나 줄 것이라고 의심했던 몇 십 개 항의 조건들은 모두 입력시켜 측정하였다.

독자 중에는 표 상의 확률변수를 보면서 그것들이 모두 0부터 1사이에 있다는 것에 주의했을 수도 있겠다. 0부터 1까지의 구간은 언어변항의 변이(실현) 범위를 나타낸다. 즉 이 범위 내에서 비음화가 실현 되지만 그것이 항상 실현되는 것은 아니며, 서로 다른 환경조건에 따라 상이한 확률로 실현된다는 것이다. 또, 0.50보다 큰 변수는 해당 조건이 비음화에 유리하다는 것을 표시하며 0.50보다 작은 변수는 해당 조건이 비음화에 불리하다는 것을 나타낸다. 같은 환경조건 내의 하위 조건들 간에 변수 차이가 클수록 이들 조건이 비음화에 끼치는 영향력도 커진다. 예를 들어, 표 상의 (전체) 7개 조건 중에서 음절 자질 간 변이출현 범위가 가장 컸으며(0.880-0.149=0.731) 4개의 사회적 조건(가정, 고향, 사회 네트워크, 직업-역주)중에서는 "고향" 간 변이출현 범위가 가장 크고(0.953-0.427=0.526) "직업" 간 변이출현 범위가 가장 작았다(0.570-0.468=0.102). 이러한 결과는 모두 순서에 따라 각각의 조건들이 비음화의 실현과 각기 다른 정도로 상관되어 있음을 보여준다.

어음 조건이 비음화 변이에 끼치는 영향에 대해서는 비교적 명확한 해석이 가능하다. 표를 보면, 비자음 생략 시 모음이 비음화되는 것은 매우 보편적인 현상이다. 같은 어음 조건 내의 변수들을 봤을 때 비자음 보류는 비음화를 부추기는 동시에 일정 정도는 그것을 억제하는 기능도 갖고 있다. 그리고 매우 뚜렷하게, 얼화와 비음화는 동시에 출현하기 힘들다. 그 밖에도 음절끝기나 강조 악센트는 모두 비음화 경향을 부추길 수 있다. 또 비음화된 음절에 연접하고 있는 것도 비음화에 유리한 조건이 된다. 이러한 현상은 비음화의 확산이 초분절적이라는 것을 보여주고 있는데 이것이야말로 비분절이론 음운학에 있어 특별한 의의를 갖는다.

변항규칙 분석법에 의해 선별된 상기 사회적 조건들은 중국 특징적이라고 할 수 있다. 앞서 제2절에서 소개했던 서양 사회의 계층 분할법이 중국 사회에 그대로 적용되지 않았기 때문이다. 쿤두룬에서 조사할 당시 사회 경제적 지위와 가장 상관된 범주는 간부와 노동자 간 분류였다. 경제 개혁이 아직 심화되기 이전인 1987년의 쿤두룬에서, 직업이 있다고 한 거의 대부분의 사람들은 국영기업의 직원이었고, 국영기업의 직원들은 모두 마치 양분되듯 "간부" 아니면 "노동자" 신분이었기 때문이다. 중국상황을 이해하는 독자라면 이러한 직업적 분할이 일련의 행위와 태도에 어떠한 결과를 가져올지 알 것이다. 사회 속 기존의 분류를 최대한 따른다는 원칙에 따라 쉬따밍은 노동자와 간부 간 구분을, 측정해야할 언어변이와 상관된 조건으로 간주했다. 그 외에 중국사회에 대한 이해를 바탕으로, 사회 네트워크, 고향의 동일관계, 가정 등 비교적 작은 범주의 사회적 단위들을 성별, 연령, 교육수준, 발화 스타일 등과 함께 분석하였다. 그 결과 성별, 연령, 교육수준, 발화스타일 등과는 비음 변이가 통계적으로 유의미한 정도로 상관되어 있지 않음을 보였다.

앞에서 언급했듯, 공장직원들의 주거지역을 중심으로 한 도시 공동체로서의 쿤두룬은 확실히 서양의 상업대도시에 존재하는 발화 공동체와 상이한 조직구조를 보이고 있었다. 쉬따밍은 쿤두룬 언어변이에 대한 분석 결과를 해석하며 중국의 사회적 특징에 맞춘 사회학과 문화인류학의 연구 성과를 인용하였다. 그리고 그것을 바탕으로 중국식 발화 공동체의 구조적 특징 및 그 출현 배경을 설명하였다. 쿤두룬 언어 공동체는 사회 네트워크를 중심으로 한다는 점에서 밀로이가 발견했던 더블린Dublin의 빈곤 노동자 지역 상황과 구조적으로 유사하나 층화현상까지 일정정도 포함하고 있다는 점에서는 차이를 보였다. 이로 인해, 고도의 상업화와 높은 유동성에 익숙해진 서양의 도시공동체 연구자라면 성별, 연령, 교육수준이 언어변이와 상관없었던 쿤두룬 공동체의 현상을 이해하지 못할 수 있다. 하지만 그 외의 사회적 특징들이 이 공동체에서 갖고 있는 중요성까지 고려한다면 성별, 연령 등과의 상대적으로 낮은 상관성은 기존의 현저성 기준(여기서 '현저성 기준'이란 '통계적으로 유의미한 결과의 유무'를 말한다—역주)에 의해 자연스럽게 배제될 수 있다. 비음화가 발화스타일과 유의미한 상관성을 갖지 않는다는 사실도 위의 분석과 같은 맥락에 놓이는데, 이는 바로 이 변항–비음운미가 약화되거나 축약되는 현상–이 표지항이 아닌 지시항이라는 점을 증명한다. 비교적 근래에 지어진 신도시에서, 화자가 원래 생활하던 방언지역의 특징이 입말 형식으로 표현되는 것은 자연스런 일이지만 변항규칙 분석법이라는 분석방법이 있어야 비로소 입말 변량 간 차이를 정확하게 표시해낼 수 있다. 그 외에도, 가정이 언어에 미치는 영향은 줄곧 사람들이 관심을 갖던 문제였다. 하지만 변이연구를 통해 그 영향을 확인했던 연구는 의미 있는 결과를 도출하긴 했어도 여전히 많지는 않다(Payne 1976, Deser 1990를 참고하시오). 물론 상이한 사회에 속한 가정마다 이루어지는 의사소통 행위 및 언어변이에 대한 영향이 분명 다를 것이라는 것은 생각해 볼 수 있겠다. 쿤두룬 조사에서도 가정이 비음화 변이와 생략 변이에 미친 영향을 발견했는데, 이러한 결과는 더 나아가 기타 유형의 공동체와 진행하는 대비 연구의 토대를 제공하였다.

쿤두룬 연구의 중요성 중 하나는 변이 이론의 원칙과 연구방법을 증명했다는데 있다. 즉, 변이 이론이 비록 서양의 언어 공동체 조사를 바탕으로 생겨났지만 상이한 유형의 사회에도 여전히 응용 가능하다는 것이다. 하지만 그와는 반대로, 상이한 유형의 사회에는 상이한 유형의 언어 공동체가 존재하기 때문에 기본적으로는 동일한 연구방법을 사용했어도 그 결과는 서양 공동체와 관련한 조사결과와 매우 다를 수 있다. 그럼에도 그간의 조사결과들은 우리에게 사회언어학 이론을 다양하게 발전시켜 어떤 것이 조건을 가진 표지인지 또 어떤 것이 사회와 언어의 보편적 기제인지를 분명하게 구분하도록 도움을 주었다.

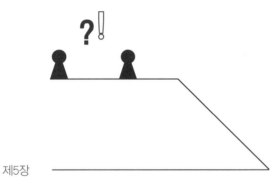

05

제5장

언어
변화

제1절 진행 중인 변화

과거에는 언어변화가 기본적으로 역사언어학에 속한 연구영역이었으나 현재에는 사회언어학의 중요 연구내용 중 하나가 되었다. 역사언어학자들의 연구 목표는 과거의 어느 역사적 시기에 존재했었던 한 언어의 구체적 상황 및 언어와 방언 간의 친족 관계들을 규정하는 것이다. 예를 들어 인도-유럽어계, 한장어계漢藏語係 등과 같이 현재 광범위하게 받아들여진 언어 친족계통은 모두 역사언어학의 연구 성과이다. 또한 역사기록을 참고하여 관련 언어와 방언을 대비시키거나 기타 방법을 응용하여 고대 어음 체계를 재구해 내는 것 등도 역사언어학의 전형적인 연구항목이다. 이에 반해, 사회언어학에서 언어변화를 연구하는 데에는 좀 더 현실적이면서 근본적인 성격의 목표가 존재한다. 이에 따라 사회언어학자들은 언어변화에 관한 기본적인 문제들, 예를 들면 "왜 언어에 변화가 일어나는가?", "언어변화는 어떻게 시작되고 형성되는가?" 등에 답을 내놓으려 한다. 역사언어학자들은 이미 무수한 역사적 사실들이 언어변화에 존재한다는 것을 확인해 왔다. 그러나 사회언어학자들이 언어변화에 대한 물음을 던질 때까지 어느 한 사람도 이러한 기본적 문제들에 만족할 만한 답을 내놓지 못했다. 그 중 가장 주요한 원인은, 언어학계를 줄곧 지배하던 이론이 언어를 하나의 자립, 자족적인 정태적 시스템으로 간주하고 처리했던 데 있다. 이 때문에 시스템의 한 상태가 또 다른 상태로 왜 변화하는지 해석하기가 곤란했던 것이다. 예를 들어 설명해보자. 현대한어는 고대한어와 비교해 전혀 다르다고 할 수 있다. 따라서 현대한어를 사용하는 사람이 진시황秦始皇이나 한

무제漢武帝와 대화를 나누기는 어려울 것이다. 설사 그들이 다시 살아온다고 해도 말이다. 하지만 역사상 중화 문화는 대대로 계승되어 왔다. 그러므로 모든 한족이 갑자기 어느 날 옛 어음과 어법 체계를 포기하고 전혀 새로운 시스템을 사용하기 시작했다는 어떠한 증거도 존재하지 않는다. 바꿔 말하면 동태적 시스템의 점진적인 변화야 말로 언어변화에 대해 내릴 수 있는 유일하게 합리적인 해석이다. 사회언어학자들은 언어가 하나의 통태적인 시스템이며 사회의 변화가 언어변화의 중요한 조건들을 제공해 왔다고 생각한다. 이를 바탕으로 사회언어학자들은, 언어 체계가 전체 사회 구성원 간 의사소통 과정에서 끊임없이 쓰여 왔다는 전제 하에 그것이 어떻게 점진적으로 변화하여 왔는가를 좀 더 깊이 있게 해석하는 것이 임무이다.

과거 언어학자들은 언어변화를 직접 관찰하기란 불가능하며 동일하지 않은 역사시기의 두 상태를 비교한 후에야 비로소 어느 부분에 변화가 일어났는지 알 수 있다고 생각했다. 하지만 현재의 사회언어학자들은 언어변이에 대한 연구를 통하여 언어의 통시적 변화가 언어의 공시적 변이 속에서 발생하고 실현 된다는 것을 발견했다. 그래서 언어학자들은, 역시 라보브를 필두로, "진행 중인 변화change in progress"에 대한 연구를 하기 시작했다.

마싸스 빈야드Martha's Vineyard, Massachusetts의 어음변화에 대한 라보브Labov 1963의 연구는 진행 중인 언어변화에 대한 첫 번째 연구로 꼽힌다. 마싸스 빈야드는 미국의 동북부 대륙의 해안선 부근에 위치한 상주인구 6천 정도의 작은 섬이다. 라보브는 언어변이를 연구하던 방법으로 현지의 지역, 직업, 민족, 연령을 대표하는 69명의 주민을 조사했다.

피조사자들에게서 얻은 언어자료를 계량 분석한 결과, 라보브는 right, wife, house, out 등의 단어 속 모음 변이 상황이 진행 중인 어음변화를 대변하고 있음을 발견했다. 상기 예를 든 단어 중 현대 영어에서는 일반적으로 전설저모음으로 발음되는 성분이 마싸스 빈야드 사람들의 발음에서는 중앙화되는 추세를 보였던 것이다. 현지 사람들의 대화 속에는 물론 이들 단어의 중앙화 된 발음과 중앙화 되지 않은 발음이 모두 존재했다. 하지만 그것의 실현 비율은 각각의 연령대와 관련을 맺고 있었다. 6000여 개 발음 자료에 대한 통계를 통해, 라보브는 75세 이상의 연령대부터 매 15년을 한 단계로 하는 네 개의 연령대로 점차 내려갈 때마다 중앙화되는 비율이 점점 상승한다는 것을 발견하였다. 그 결과는 아래 표와 같다.

연령	(ay)	(aw)	연령	(ay)	(aw)
75–	25	22	46–60	62	44
61–75	35	37	31–45	81	88

표1. 각 연령대의 모음 중앙화 비율

이러한 경향이 그대로 시간의 변화에 따라 발전해 갈 경우 중앙화되지 않은 발음은 한 두 세대 후 그 자취를 감출 것처럼 보인다. 하지만 라보브는 동시에, (ay)와 (aw)의 중앙화 비율이 그보다 더 어린 연령대(14세부터 30세까지의 연령대)에서 각각 37%와 46%로 다시 떨어진다는 것 또한 발견했다. 그럼에도, 위의 네 연령대에서 보인 모음 중앙화 비율은 최소 50년 정도의 시간동안 중앙화가 부단히 발전해 왔다는 것을 보여준다. 비록 과거 50년 동안 마싸스 빈야드 사람의 발음을 끊임없이 기록해 온 사람은 없지만, 성인의 입말이 변하지 않을 정도로 고정되어 있다는 가정이 정확하다면 우리는 이 50년간의 어음변화가 연령과 관련된 변이 비율이 증가함으로써 부추겨졌다고 할 수 있다. 진행 중인 언어변화 연구는 주로 이렇게 연령대에 나타난 변이분포 경향을 확인함으로써 진행된다. 그런데 정말로 변화가 진행 중인 것인지를 결정하려면 일련의 상관 요인들과 연계시켜 종합적인 논증을 해야 한다. 특히 비교적 긴 시기를 거쳐 온 언어발전의 전체적인 추세를 확정하기 위해 언어 역사 상 확실히 존재했던 증거들을 찾아야할 때에는 더욱 그렇다. 라보브는 연령대 변이분포 방법으로 진행한 언어변화의 공시적 synchronic 연구를, 서로 다른 시간대 별로 언어자료를 취하는 "실제시간 real time"연구와 대응되도록, "현장시간apparent time"연구라고 불렀다. 비교적 완전한 연구방법이란 현장시간과 실제시간에서 얻은 두 증거를 함께 분석하는 것인데, 마싸스 빈야드에 대한 라보브의 연구는 진행 중인 변화 연구의 시초였음에도 이 점을 간과하지 않았다.

제2절 언어변화의 동기와 조건

언어학자들은 일찍이 언어변화의 동기를 동일화, 간략화, 어법기능의 보존, 의미 보존, 체계의 조정 등과 같이 언어 구조적 시각에서 해석했었다. 하지만 이러한 해석들은 모두 언어변화의 잠재적 원인만을 제공해 주었을 뿐, 동일한 조건이 상이한 언어변종에 존재할 때 왜 그 중의 일부 변종에만 예기된 변화가 일어나고 다른 변종에는 그와 같은 변화가 일어나지 않는지 아무도 답할 수 없었다. 마찬가지로, 이들 조건이 줄곧 어느 한 변종에 내재되어 왔어도 왜 어느 한 시기에만 변화가 일어나는지도 역시 그렇다. 문제의 관건은 어떠한 변화가 왜 그 때 그 곳에서 발생하는가에 있다. 분명한 것은, 그에 대한 대답이 각기 다른 구체적 원인으로 존재하지 일반적 성질의 원인으로 존재하지 않는다는 것이다. 사회언어학자들은 구체적인 언어, 구체적인 언어 공동체, 사용 속에 실현된 언어를 연구한다. 이 때문에 사회언어학자들은 구체적인 언어변화의 구체적 원인을 탐구한다. 언어구조 체계의 내부적 원인 외에도 각각의 언어변화에는 모두 그에 상응하는 사회적 원인이 존재한다. 바꿔 말하자면, 변화의 원인은 언어 그 자체 외에 언어 사용자에게서도 찾아야 한다.

위의 관점에 대해 우리는 계속해서 라보브의 마싸스 빈야드 연구를 소개하면서 설명하고자 한다. 앞서 언급했듯이 라보브는 언어에 대한 공시적 연구를 진행하면서도 영어의 역사적 변화와 몇 세대 동안 겪었던 마싸스 빈야드 주민의 인적, 사(事)적 변천을 놓치지 않았다. 그는 역사언어학적 연구를 바탕으로 현대영어의 전설저모음이 사실은 몇 백

년 전의 중앙모음에서 변화돼 온 것임을 알게 됐다. 이러한 변화가 주로 표준 영어와 대부분의 방언 속에서는 실현되었지만 방언학자들의 기록에 의하면 어떤 방언에서는 여전히, 일찍이 마싸스 빈야드로 이주한 잉글랜드 이민자의 방언을 포함하여, 상이한 정도의 중앙모음이 남아 있었다. 하지만 주류의 변화로 인해, 1930년대로 들어서자 변두리에 위치했던 마싸스 빈야드까지도 중앙화된 발음은 거의 사라져 갔다. 하지만 제2차 세계대전이 끝난 후 중앙화된 발음은 다시 사람들 사이에 확산되기 시작했다. 그리고 라보브가 마싸스 빈야드를 조사하던 1960년대가 되자 중앙화 발음의 재확산 기세는 마싸스 빈야드의 방언을 17세기 상태로 되돌려 놓을 정도였다. 마싸스 빈야드의 방언에 어떻게 이렇게 극렬한 변화가 일어날 수 있었을까?

사실 중앙 모음의 변천에는 일정한 사회적 원인이 존재했다. 마싸스 빈야드의 전통적인 경제구조는 어업과 농목업이 중심이었다. 그러나 2차 대전이후 여행업이 점차 발전하면서 그 후 매년 여름마다 수만 명의 여행객들이 이 섬에서 휴가를 보냈다. 여행객들의 대거 유입은 전통 산업의 발전에도 영향을 주었지만 생활비용까지 상승시키면서 섬 주민들의 많은 반감을 불러 일으켰다. 그리고 이러한 정서가 그들의 언어 행위에 반영되었는데, 자기 자신도 모르게 섬 주민과 대륙 사람들 사이에 존재하는 방언 간 차이를 과장시켰던 것이다. 재확산 된 중앙모음의 발전은 바로 이러한 사회적 요인의 영향을 받은 결과이다. 라보브의 조사 데이터에서 보여주듯, 중앙모음의 분포는 연령과도 상관될 뿐만 아니라 직업과 거주지구와도 관련이 있었다. 라보브는 모든 조사대상을 직업에 따라 다음 세 군으로 분류했다: 어민, 농민, 기타 직업. 그 결과 그는 어민의 중앙모음 실현 비율이 가장 높고 기타 직업 군이 그 다음이며 농민이 가장 낮다는 것을 발견했다. 이에 대해, 현지 어민들은 마싸스 빈야드에 대해 가장 높은 정체성을 갖고 있으면서도 여행업의 발전에 대해서는 가장 높은 반감을 갖고 있는데 이러한 정서가 마싸스 빈야드의 전통을 상징하는 어음변화에 가장 두드러지게 표현되었다고 라보브는 해석하였다. 지역별 분포로 보면 서부에 거주하는 주민이 동부의 주민보다 더 자주 중앙화 발음을 실현하였다. 원래 거주민들 대부분은 오래전부터 동부에 거주하여 왔다. 그래서 동부는 일찍부터 발전해 온 지역이었다. 하지만 훗날 여행시설이 동부에 들어서면서 생활비의 상승 또는 순전히 여행자들을 피하기 위해 많은 거주민들이 서부로 강제 이주해야만 했다. 그리고 동부에 잔류한 사람들은 대부분 여행업에 종사하거나 여행업에 직접적으로 뛰어들진 않았어도 여전히 대륙 사람들과 교류하기를 좋아하던 사람들이었다. 결국, 동부 주민들은 대륙 사람들을 상대적으로 많이 접하였던 반면 서부 주민들은 자신의 활동을 주민들 간의 작은 테두리로 더욱 국한시켰던 것이다. 이러한 사회적 배경은 자연스럽게 중앙모음이 서부에서 독립적으로 재확산 될 수 있도록 하는 적정 조건을 탄생시켰다.

이상의 예는, 언어의 변화에는 언어 내부적 원인과 조건뿐만 아니라 사회적 원인과 조건 또한 필요하다는 것을 명확하게 설명해주고 있다.

제3절 언어변화의 사회적 동기

사회언어학의 언어변화 이론에서는 언어변화가 반드시 하나의 언어 변이 단계를 포함한다고 했다. 다시 말해 언어는 점진적으로 변화한다는 것이다. 점진적인 변화를 통해 그 변화가 완성되기 전까지는 신구 형식이 병존하고 또 그것이 교체 사용되는 단계가 존재한다. 이 때문에 언어변화는 사회적 의사소통의 중단을 야기하지 않는다. 하지만 변이가 곧 변화는 아니다. 언어가 사용되는 곳마다 변이는 존재한다. 그러나 변화는 상대적으로 비교적 특수한 현상이다. 사회의 급격한 변화에 따라 언어가 급속한 변화를 겪을 때도 있지만, 일반적으로, 시간의 짧은 흐름 속에서 언어 체계 내 대부분의 구조는 여전히 상대적인 안정을 유지한다. 그리고 모든 변이가 진행 중인 변화를 겪는 것도 아니다. 현재까지 확인된 수많은 언어변이들은 안정된 변이이다(일부 언어학자들은 "고유한inherent" 변이라고도 하는데, 진정한 변화로 발전할 가능성이 없다는 의미에서 그렇게 말한 듯하다─모든 변이가 변화로 발전할 가능성이 있는지의 여부는 적어도 지금까지 이렇다 할 답을 찾지 못한 문제이다). 예를 들면 보편적으로 현대 영미 영어에서의 (ing) 변이가 안정된 변이로 간주된다. 하나의 변이가 진행 중인 변화(과정)에 있는지의 여부를 결정하려면 그것의 사회분포 상황을 관찰해야 한다. 진행 중인 변화에는 일반적으로 불균등한 사회 분포가 보이기 때문이다. 하지만 불균등한 사회분포만으로는 여전히 진행 중인 변화를 답보할 충족조건을 만족시키지 못한다. 충족조건에 만족하려면 불균등한 사회분포가 전체적으로 통일된 경향을 보여야만 하기 때문이다. 예를 들면 마싸스 빈야드에서 각각의 상이한 범주군(연령별, 직업별, 지역별 등-역주)은 서로 다른 중앙화 비율을 보이지만 그 추세에 있어 두 가지는 분명했다. 하나는 30세 이상 화자의 모음 중앙화 증가추세가 그보다 어린 화자들의 추세와 일관되게 일치한다는 것이다. 또 하나는 중앙화되는 추세가 공동체마다 보이는 "지방 의식"의 강약정도와 일관되게 상응한다는 것이다. 다시 말해 지역에 대한 의식이 강할 수록, 그리고 보수적인 태도를 보다 많이 갖는 공동체일수록 중앙화되는 평균률도 높아진다. 따라서 이러한 현상에 대해, 마싸스 빈야드에 보이는 반反주류문화와 지역문화를 강조하고 발전시키려는 사회의식 및 그 조류가 전설저모음의 중앙화라는 언어변화를 이끄는 강한 원동력이라는 해석은 매우 적절하다.

언어의 내부적, 역사적 원인으로 인해 언어구조의 변이형식이 변화의 출현과 발전 조건을 부여했으나 변화의 촉발과 그것의 발전은 늘 강한 사회적 동기를 필요로 해왔다. 진행 중인 변화는 바로 자신의 사회적 분포를 확장해 가고 있는 언어변이를 말한다. 다시 말해 언어변화는 발화 공동체 속에서 점진적으로 확대되어 가는데 이 확대되는 과정에서 사회적 동기가 요구된다는 것이다.

마싸스 빈야드의 모음 중앙화를 부추기는 사회적 동기는 해당 공동체의 특정 구성원들에게 보이는 언어현상을 분석함으로써 좀 더 나은 해석력을 얻었다. 일반적으로 마싸스 빈야드에서 뚜렷한 발음상의 특징을 가진 사람들은 종종 어민처럼 현지의 전통적인 직업에 종사하는 사람들이었다. 이들은 마싸스 빈야드의 전통적인 생활방식에 대한 믿음을 갖고 있으면서도 외부사회와의 접촉이 매우 적었다. 하지만 라보브가 조사한 마싸스 빈야드 주민 중 외지에서 병역을 마쳤거나 대학을 다녔던 사람들도 있었다. 이력만 보면 대륙의 언어적 영향을 매우 많이 받았어야 했지만 이들은 오히려 매우 높은 모음 중앙화 비율을 보였다. 따라서 이들의 언어적 특징에 대한 해석을 위해서는 중앙화에 대한 사회적 의미가 더욱 필요했다. 일반적으로 이들은 외지에서 생계를 유지할 능력이 있었음에도 고향으로 돌아와 정착하고자 했던 사람들이었다. 따라서 자연스레 고향에 대한 귀소 의식이 훨씬 강했고, 이러한 태도를 언어적 특징의 부각으로써 보였다. 이러한 현상은 "마싸스 빈야드 의식"이 모음 중앙화를 부추기는 유력한 증거이기도 하다. 이와 유사한 또 하나의 증거는 마싸스 빈야드의 30세 이하 화자들의 발화를 분석할 때 발견된다. 위에서 언급했듯이, 30세 이상 화자들의 어음 특징에서 보이는 중앙화는 매년마다 증가 추세에 있으나 30세 이하 화자들의 평균 중앙화 비율은 오히려 큰 폭으로 떨어지고 있었다. 그런데 이에 대한 면밀한 분석을 통해, 이 현상은 중앙화라는 언어변화의 종료나 역방향으로의 변화를 결코 의미하지 않는다는 것을 발견했다. 라보브는, 피조사자 중 가장 젊은 연령군에서도 화자들마다의 중앙화 실현율이 매우 다르며 심지어는 "양극화된 분화"현상을 보이기도 한다는 것을 발견했다. 중앙화의 낮은 평균 실현율은 분명 대부분의 젊은 화자들이 보인 낮은 중앙화 실현율에 의해 조성된 것이다. 하지만 동일한 연령군에서도 일부 화자들은 자신보다 훨씬 연로한 연령군의 평균 실현율보다 현저하게 높은 중앙화 실현율을 보였다. 이러한 점에서 본다면 중앙화는 젊은 화자들 중에서도 일부에 의해서만 계승, 발전된다고 볼 수 있다. 이보다 좀 더 자세한 조사결과는, 중앙화 실현율이 낮은 젊은 화자들은 모두 대륙을 동경하여 마싸스 빈야드를 떠나 외지에서 취직하려는 사람들이라는 것, 반대로 실현율이 높은 화자들은 모두 현지에 남으려고 결심한 화자들이라는 것을 보여준다. 따라서 떠나려고 했던 사람들이 모두 자신의 희망대로 섬을 떠났다면, 마싸쓰 빈야드는 하나의 발화 공동체로서 중앙화의 과정을 계속 밟아 갔을 것이다.

마싸스 빈야드 외에도 뉴욕에 대한 라보브Labov 1966의 조사는 언어변화가 사회적 동기를 필요로 한다는 증거를 제공한다. 이에 대한 연구는 이미 앞 장(제3장-역주)에서도 소개했었는데, 주요 발견으로는 (r)의 권설음 변이가 사회계층과 맥락, 그리고 어투와 다중적으로 연관되어 있다는 것이다. 즉 사회적 지위가 높은 사람일수록, 또 공식적인 장일수록 높은 권설음 실현비율을 보인다. 하지만 역사적인 면에서 뉴욕은 기본적으로 권설음을 사용하지 않는 대방언구에 속해 왔기 때문에 사회언어학에서는 오늘날까지 "진행중인 변화"에서의 "진행"이라는 개념에 대해 양적 정의를 내리지 못했다. 그렇다면, 두 세대 간의 변이 출현율에 뚜렷한 차이가 있어야만(마싸스 빈야드의 몇몇 연령군 간의 차이처럼) 진행 중인 변화로 간주할 수 있을까? 그다지 뚜렷하진 않더라도 비교적 오랜 시간동안 일정한 방향으로 움직였다면 진행 중인 변화라고 할 수 있을까? 만약에 후자를 진행 중인 변화로 간주하지 않는다면 그것을 일정한 방향 없이 움직이는 변이와 구분할 수 있는 적절한 용어는 또 없을까? 뉴욕시의 권설음 변화는 마싸스 빈야드만큼 심하지 않아 그 실현율의 계층 표지성이 마치 점점 고정화되어가는 것처럼 보이는데, 사실 이러한 현상도 사회 동기 이론을 역설적으로 지지하고 있다. 왜냐하면 적은 수의 사람들이 권설음 변이를 발음하기 시작해 훗날 뉴욕시의 보편적인 특징으로 자리 잡기까지는 사회적 동기의 보급

과정이 필연적으로 필요하기 때문이다. 그리고 이러한 과정이 곧 권설음의 사회적 위신을 확립하는 과정이며 사회적 지위를 개선하려는 사람들이 자신보다 높은 계층의 언어행위를 모방하는 과정이다. 이러한 사회적 과정에서의 조건은 광범위한 사회구성원이 지위 상승을 실현시킬 수 있는 경로가 있어야 한다는 것이다. 타인의 행위를 모방함으로써 모종의 결과를 얻을 수 있다면 사회적 동기는 자연스럽게 형성된다. 쉽게 생각해 볼 수 있듯이, 2차 대전 이후 미국 경제와 뉴욕시의 급속한 발전은 더 나은 발전을 위한 기회를 쉽게 제공해 주었고 이에 따라 높은 지위로 상승하려는 사회적 동기는 더욱 강하게 형성되어왔다. 상대적으로 안정된 상태 속에서 지위 상승을 위해 움직이려는 현재의 상황과 비교한다면, 뉴욕의 권설음 변화는 과거 경제 발전기에 더욱 강한 사회적 동기를 지녔었다. 결과적으로 뉴욕의 권설음 변화는 일찍이 급속한 경제 발전 단계를 거쳐 온 결과이고 현재의 상황은 그러한 언어변화의 "후기"에 해당된다.

모든 변화는 어느 정도의 사회적 동기를 갖는다. 사회적 동기는 여러 사회분포(언어의 사회적 분포를 포함한다)를 변화시키는 가장 직접적인 원동력이다. 언어변화가 변이의 사회 분포적 변화라는 점에서 사회적 동기는 언어를 변화시키는 원동력이기도 하다.

제4절 언어변화의 사회적 효과

앞서 언급했던 내용은, 언어변화에는 사회적 조건과 사회적 동기가 요구된다는 것이었다. 또 다른 시각에서 보면 언어의 변화도 사회변화에 대한 일종의 반응 결과이다. 예를 들어, 뉴욕의 권설음은 낮은 위세형에서 높은 위세형까지 최소 어느 한 시기동안 권설음을 발음하는 사람들의 사회적 지위 변화를 반영한다. 본 절에서 우리는 언어에 미치는 사회적 영향과는 반대로, 사회에 대한 언어변화의 기능을 살펴보고자 한다.

언어의 변화는 언어의 분화도 유발하지만 각기 다른 언어와 방언 간의 융합도 유도한다. 상이한 언어와 방언 간 융합은 일반적으로 언어접촉이라는 상황 하에 출현하는 것으로서 이것은 제6장에서 자세하게 다루겠다. 언어의 분화는 미국의 흑인 영어를 예로 들 수 있다. 현재까지 학술계는 미국 흑인 영어의 연원 문제에 대해 두 가지 의견을 갖고 있다. 그 중 하나는, 미국 흑인 영어가 초기 몇몇 아프리카 언어들을 기반으로 형성된 일종의 크레올어로부터 발전해왔다는 것이다. 그리고 나머지 하나는 백인 영어에서 점점 분화되어 나왔다는 것이다. 원래 상이했던 언어가 훗날 백인 영어와 유사하게 변했든 아니면 영어로부터 분화하였든 이들 모두가 변화의 결과라는 것에는 의심의 여지가 없다.

미국 흑인 영어는 줄곧 사회언어학 연구에서의 중심과제였다. 앞서 언급했던 라보브 등의 언어학자들이 미국 흑인 영어에 대해 행했던 연구들은 모두 사회의 폭넓은 관심을 불러 일으켰다. 시민권 운동의 영향으로, 사회언어학자들을 포함한 인문학자들은 오랜 기간 핍박받아온 소수민족의 언어와 문화를 객관적인 시각으로 다루었다. 미국 흑인 영어에 대한 연구는 제일 먼저 해당 언어 변종이 기타 자연언어들처럼 체계화된 의사소통 기능을 갖는지 확인하는 것이었다. 예를 들면, 앞서 언급된 흑인 아이들의 논리 변증Labov 1972이 그렇다. 또한, 라보브Labov 1969의 계사 축약 연구나 울프램Wolfram 1969의 어미탈락 연구 등과 같은 기타 수많은 연구들도 어법적인 면에서 흑인 영어를 백인 영어와 관련시키며, 영어의 한 방언으로서의 지위를 현대 흑인 영어에 부여했다. 현재 미국의 정부와 일련의 학술기구에서는 흑인 영어 연구에 상당한 관심을 쏟으며 많은 자금을 관련 연구 프로젝트에 지원하고 있고 전문적인 연구 센터까지 설립함으로써 이 방면의 연구 성과가 학술회의와 저널지에 끊임없이 발표되고 있다.

사회언어학 연구는 여러 비표준 언어변종을 연구한다. 이들 연구는 과학적인 논증으로 비표준 변종 및 이 변종을 사용하는 사회 공동체에 대한 사람들의 편견을 불식시켜왔다. 때문에 사회언어학이 일정 정도의 사회해방 기능을 갖는다고 하는 사람들도 있다. 그와 함께, 사회언어학의 기능이 안정—핍박과 무시를 당하는 사회 집단에게 자신들의 언어 속 잠재 능력을 지적해 줌으로써 변종의 사회적 기능을 상기시킨다—에 있다고 하는 사람들도 있다. 우리는 사회언어학 연구가 사회와 분리될 수 없는 것이기에 그 결과가 사회에 영향을 미칠 수 있다고 생각한다. 현재까지의 상황을 보면 큰 영향을 미친 연구결과도 있었는데, 이들 영향의 장단점은 우리가 예상할 수 있는 것들로서 사회언어학 연구와 응용을 줄곧 부추겨왔다.

흑인 영어가 과거 100년 간 백인 영어와 맺어 온 관계가 분화냐 융합이냐에 대해 언어학자들은 아직까지 공감대를 형성하지 못했다. 그러나 근 10여 년 동안 핵심적인 연구는 북방의 몇 개 대도시 내에서 끊임없이 행해졌다. 그 결과는 다음과 같다. 흑인 영어 방언의 변화는 기본적으로 해당 지역 백인 영어의 변화 방향을 점점 벗어나 독립적으로 발전하고 있다. 그와 동시에, 북방의 서로 다른 도시에 분포한 흑인 영어들은 점점 더 유사해져 가고 있다. 표면적으로 봤을 때에는 이러한 현상을 이해할 수 없을 것이다. 심지어는 이 현상을 연구하는 사회언어학자들조차도 해석할 수 없을 정도이니 말이다. 그러나 사회언어학의 발전 및 그 사회적 영향을 포함한 최근 몇 십 년간의 사회 변화를 고려한다면 적절한 해석이 가능하다. 시민 권리 운동의 발전으로 사회의식이 보편적으로 높아지면서 자신의 문화를 확인하고 발전시켜야 한다는 흑인들의 요구도 높아졌다. 이러한 분위기 속에서 정부, 교육계, 학술계, 문화계부터 상업계에 이르기까지 모두가 그에 상응하는 반응을 보이자 미국 흑인만의 특징을 가진 문화적 표현 형식이 폭발적으로 발전하게 되는데 그것의 두드러진 예로서 흑인 문학 작품을 비롯하여, 흑인만의 특색을 지닌 춤, 노래, 드라마 등이 그 예이다. 이러한 문화 형식들의 중요한 특징 중 하나는 바로 흑인 영어에 대한 인정과 그것의 사용에 있다. 거기에 대중매체의 기능이 더해져 점점 더 많은 백인들이 더욱 광범위한 사회적 장에서 흑인 영어가 사용되는 것을 용인하거나 받아들였다. 이는 미국 흑인 영어 자체가 가져온 발전이다. 하지만 이러한 발전의 주요 원인은 연구로써 흑인 방언을 대변하고 기술한 사회언어학자들에게 있다. 사회언어학자들 자신도 종종 놓치는 사실 중 하나는, 흑인 방언에 대한 사회언어학자들의 많은 기술과 분석이 객관적으로 봤을 때 흑인 방언의 표준화를 유도하는 역할을 했다는 것이다. 일례로, 흑인 방언을 교육 언어로 채용한 경우는 여전히 극히 드물어도 대중매체에 사용되는 일련의 흑인 방언들은 오히려 대규모로 확산되었다. 이에 많은 도시 간의 흑인 영어가 일치화 되어가는 것은 흑인문화 연구에 대한 학술계의 영향을 직접적으로 또는 간접적으로 받았을 가능성이 높다.

흑인 방언의 통일화와 독자적인 발전 추세는 중요한 언어현상 중 하나이다. 그 현상 속에서 발휘한 언어학자들의 역할이 아직 그렇게 명확하지는 않다 해도 언어변화의 사회적 효과는 뚜렷하면서도 쉽게 발견가능하며 그 의미 또한 심장하다. 이러한 변화가 흑인 공동체의 독립성과 통일성을 강화시킨다면 미국 사회 속에서 더욱 주요한 사회적 역량이 될 것이다.

제5절 언어변화의 원리

마싸스 빈야드에 대한 라보브Labov 1963의 연구가 발표된 이후 진행 중인 변화에 대한 사회언어학자들의 연구는 지금까지 많은 발전을 거두었다. 연구범위로는 이미 세계 각지의 수많은 언어들과 크고 작은 규모의 발화 공동체를 포함한다. 또한 이미 보고된 바에 의하면 그 변화는 어음, 어법, 어휘, 의미, 구조, 관용법 등과 같은 언어구조의 각 성분들에 두루 걸쳐있다. 하지만 종합해보면, 어음변화에 대한 연구와 영어의 여러 변종에 대한 연구가 여전히 많은 부분을 차지하고 있다. 발전상의 이러한 불균형 현상은 사회언어학의 역사적 전통, (나아가) 언어학의 총제적 발전상황과 밀접하게 관련되어 있다. 그럼에도 어음 외의 분야, 그리고 영어 외의 언어를 대상으로 한 연구 비율이 날로 증가하여 중요한 영향을 미치기 시작하면서 이러한 불균형 상태는 점점 개선되어가고 있는 실정이다.

연구방법과 이론의 발전이란 면에서 언어변화에 대한 사회언어학 연구도 개선, 발전되었다. 모두가 인정하는 저명 사회언어학자인 라보브는, 사회언어학에 대한 공헌 면에서 여전히 학술계의 평가를 기다리고 있지만, 진행 중인 변화에 관한 연구로는 줄곧 의심할 여지없는 주도적 지위를 점해왔다. 한편으로, 그는 대규모적인 당대 영어 방언의 어음변화에 대한 연구를 최초로 시도했고 또 아직까지도 진행하고 있다. 연구대상으로서의 지리적 범위는 북미대륙 전역을 포함하며 과학적인 표본조사를 통해 수천 명의 피실험자를 모집하여 녹음자료를 수집한 뒤 첨단 음성분석기를 이용한 분석을 진행하였다. 또 한편으로, 그는 사회언어학 방면의 거작도 집필하고 있는데 진행 중인 변화를 분석, 연구하는 원리와 실천(방법)을 정리한 것이다. 총 세권 중 제1권은 1994년에 완성되었다. 이 책에서 라보브는 풍부한 언어조사 자료를 바탕으로 두 가지 문제를 논하고 있다: 하나는 진행 중인 변화에 대한 연구방법이고 나머지 하나는 언어변화에 대한 언어구조 내부의 제약기제이다. 제2권은 2001년에 출판되었는데, 여기서 그는 언어의 사회적 환경이 언어변화와 맺는 관계를 집중적으로 논했다. 계획 중인 제3권은 사회언어학의 실험적 연구를 토대로 언어와 상관된 심리적 요인이 언어변화와 맺는 관계를 논할 예정이다. 라보브는 이 책을 "언어변화의 원리"라고 이름 지었으면서도 그 목적이 새로운 "언어변화 이론"의 제기에 있지 않음을 언급했다. 그는, 현 언어학계에는 모델식의 전능한 해석이론을 연역법으로써 제기하려는 경향이 있다고 지적하면서, 축적된 증거자료 위에 일반적인 규율들을 귀납법으로써 정리해내고자 했다. 반복된 검증을 거친 이들 규율을 "원리"라 부르는데 이는 그것이 언어사실에 관한 포괄적 총화를 대표하기 때문이다. 연구의 심화와 확대에 따라 각 원리 간의 관계와 원리의 정확성은 점점 더 명확해져 갈 것이며, 이들 원리를 응용함으로써 언어현상에 대한 해석은 더욱 포괄적이며 확실해질 것이다. 라보브는 현재의 언어학자들이 파악하고 있는 언어사실로써 언어변화를 포괄적으로 해석하는 이론을 세우기에는 아직 부족하다고 생각하고 있는 것 같다. 그럼에도 그 역시도 현재의 연구 작업이 이론을 정립하기 위한 방향으로 한 걸음 나아갔다는 것을 부정하지는 않는다.

라보브 자신은 비록 사회언어학의 언어변화 이론을 수립하는데 보수적인 태도를 취했어도 그의 신작은 언어변화라는 지금까지의 연구영역에 대해 가장 총체적인 정리와 개괄을 해냈다고 여겨진다. 사회언어학자들은 자주 자신의 분야가 가진 누적성을 강조하곤 한다. 최근 몇 십년동안 언어학의 발전은 뛰어난 어법이론들의 출현과 함께 해왔으나 그 이론들이 갖는 단기적, 불연속적인 특징은 날이 갈수록 많은 비판과 저항에 부딪혔다. 이와는 대조적으로, 라보브를 중심으로 한 사회언어학자들은 사실적 기초가 부족한, 그러면서도 복잡다단한 이론을 세우는데 급급해하지 않았다. 하지만 또 한편으로는, 고단한 언어조사를 통해 사실을 수집하고 귀납적 이론을 위한 실험기반을 튼실하게 다지는데도 소홀하지 않았다. 이러한 누적성과 연속성 역시도 언어변화와 관련한 연구에 반영되었다. 라보브의 신작에서 말하는 사회언어학은 언어변화에 관한 연구과제에서도 여전히 바인라이히 등1968이 제기한 기본 내용을 유지하고 있다. 하지만 방법론적인 면에서는 더욱 구체화 되었고 내용 면에서는 더욱 깊이 있고 충실해졌다.

바인라이히 등Weinreich et al. 1968이 언어변화와 관련해 반드시 연구해야 할 것으로 제시했던 과제는 다음과 같이 다섯 가지이다: (1) 변화의 제약 문제; (2) 변화의 과정 문제; (3) 변화의 개입 문제; (4) 변화의 평가 문제; (5) 변화의 발단 문제. 변화에 대해 수년 동안 진행해 온 사회언어학 연구는 줄곧 위와 같은 연구방향을 유지해 왔다. 언어변화와 관련해 제시된 위의 다섯 문제는 모두 본 장의 서두에서부터 논한 언어변화의 기제, 또는 그것의 실질적 문제와 직접적으로 관련되어 있다. 우리는 마싸스 빈야드를 소개하면서도 이미 이들 문제를 언급했었다. 모음 중앙화의 원인은 바로 중앙화된 모음을 선택함으로써 그 지역 사람들의 독특한 문화적 정체성을 드러내고 또 그 자체를 강조하기 시작하면서

조성된 것이다. 이러한 변화는 사실 "마싸스빈야드 문화의 선양"이라
는 사회적 분위기 속에서 발생한 것이다. 왜냐하면 고립주의적 태도를
취하는 마싸스 빈야드 사람들이 자신의 태도를 중앙화라는 언어변이 상
에만 드러내지 않고 다른 여타 관련된 활동과 행위에도 자연스레 드러
낼 것이기 때문이다. 결과적으로 마싸스 빈야드의 모음 중앙화 과정은
여러 사회적 조건들의 제약을 쉽게 받을 수 있다. 서로 다른 거주 지역
에 살며 상이한 직업을 갖고 있는 마싸스 빈야드 사람들은 그 사회적인
지위, 경력, 태도 등에 따라 해당 언어변화에 참여하는 정도에 제약을
받는다. 이에 언어변화는 사회 구성원이 의식하는 혹은 의식하지 못하
는 상황 하에서 진행될 수 있다. 의식된 상황 하에서는 종종 그 변화에
사회적 평가가 부여될 수 있다. 이러한 현상은 종종 변화의 마지막 단
계에서 발생하는데, 이 때 해당 변항의 문체변환 현상이 언어 사용 과정
에서 큰 폭으로 발전할 수 있어 "과잉교정" 현상을 초래하기도 한다. 앞
서 소개했던 뉴욕시의 (r) 변항이 바로 이러한 경우의 전형적인 예이다.

　아래는 라보브의 『변화의 원리』 제1권의 내용을 간단하게 소개하고
자 한다[1]. 앞서 언급했듯이 제1권은 언어변화의 "내부 요인"을 논한 것
이다. "내부 요인"이란 사회적 요인과 같은 "외부 요인"과는 상대적으
로, 언어 구조체계의 내부적 요인을 가리킨다. 사실, 언어변화에 대한
연구는 언어학적 전통상 줄곧 언어 구조체계의 내부적 요인을 고려하
는 데에만 국한되어 있었다. 이러한 한계성은 사회언어학이 진행 중인
언어변화를 접하고 나서야 비로소 극복할 수 있었다. 여기서의 언어체

----

1) Labov(1994)의 *Principles of language change, Vol.1: Internal factors* 라는 책으로서, 2007년 중국 대륙
　에서도 영인본으로 출판되었다─역주.

계란 결코 추상적인 기호체계로만 국한되지 않는다. 언어체계란 추상적인 기호체계이자 사회 규범이며 역사적으로 형성된 문화모델의 총화이기도 하다. 언어체계를 그저 현재의 교류를 위해 설계된 기호체계로만볼 경우 언어변화 자체는 해석 불가능한 현상이 된다. 교류를 위한 체계의 필수자질 중 하나가 바로 안정성이기 때문이다. 부단히 변화 중인의미 전달 체계는 자연스레 의사소통의 효율을 떨어뜨릴 것이다. 언어의 변화로 인해 쌍방의 코드 해독이 더 이상 일치하지 않는다면 교류는곧 중단된다. 따라서 의미 전달 체계 그 자체에 있어 변화는 도움이 안된다. 하지만 언어의 기능은 "의미" 정보를 전달하는 데에만 머무르지않는다. 언어 사용을 통해 사용자와 관련한 사회적 지표 기능까지 갖기때문이다. 마싸스 빈야드의 예가 보여준 것이 언어의 사회지표 기능이다. 화자는 모음을 중앙화해 발음하는 것을 물건 구매, 사건의 경청, 농담 주고 받기 등과 같이 단지 이미 완료된 혹은 발화 당시의 언어사건과 관련된 정보를 전달하는데만 그치지 않는다. 그와 더불어, 화자는 마치 "나는 마싸스 빈야드 사람으로서 육지인들을 따라 변화하고 싶지는않다"고 선언하듯, 자신의 어떤 사회적 이미지까지도 드러내고 있는 것이다. 그러므로 언어현상은 간단한 의미 전달 현상도 아니며 언어변화가 언어적 의사소통과 맺는 관계도 상당히 복잡하다.

그렇다면 상술한 사회적 요인 외에 사회언어학은 언어변화와 관련한 어떠한 해석들을 제공할 수 있을까? 과거의 언어학자들 중에는 다수가 언어내부에서 언어변화의 해답을 찾으려 했다. 어떤 학자들은, 언어변화란 언어진화의 표현으로서 언어의 구조체계가 스스로 최적화된것이며 구체적인 언어의 어음체계 또는 어법체계의 불완전성이 그러한 변화의 직접적인 발생원인이라고 했다. 또 어떤 학자들은, 언어변화란 언어가 사용되는 과정에서 마모되거나 손상되어 발생한 것이라고 하면서 변화의 결과를 항상 체계의 파괴로 여겨왔다. 위의 두 해석을 종합한 견해도 있는데, 마모나 손상 식의 변화와 파괴도 분명 있지만 언어체계가 갖고 있는 자체 조절 기능으로 인해 체계 기능을 회복시키며 양성변화와 악성변화가 보완적으로 평행을 이루어 간다는 것이다. 이에 반해 사회언어학자들은 언어변화에 대한 가치판단을 서둘러 내리지도 않았으며 역사언어학이 언어변화에 대해 내린 언어 체계적 해석도 매우 중시했다. 이에 더해 자신들의 이론적 시각에서 앞서 언급했던 바 있는 언어변화의 다섯 가지 연구요점-제약, 과정, 침투, 평가, 발단-도 제시했다. 주의할 것은, 이들 다섯 가지 연구요점이 위에서 언급했던 언어의 외부 요인에만 국한하지 않고 언어의 구조 요인까지 포괄하고 있다는 점이다. 라보브의 『변화의 원리』 제1권에서 증명하듯, 사회언어학자들이 언어변이를 연구하는 방법은 언어가 사회와 맺고 있는 관계를 명시할 수 있을 뿐만 아니라 언어구조의 내부 성분 간 관계문제들까지도 해결할 수 있다.

언어변이를 연구하면서 사회언어학자들은 언어의 내부 요인과 외부 요인을 항상 함께 고려해 왔지만, 그와 더불어, 서로 다른 여러 요인들의 제약 효과들을 분류해 보려고도 했다. 그래서 언어변이에 대한 가장 전형적인 계량연구에는 항상 다변량 통계분석이 포함되었다. 예를 들어, 영어의 접미 파열음 탈락에 관한 연구Labov 1967, Wolfram 1969, Fasold 1972 등는 탈락된 변이가 어음 환경, 단어 구조 성분, 화자의 사회적 배경, 발화장등 수많은 요인들의 영향을 받는다고 하였다. 그 중 언어의 내부 요인이 발휘하는 주요기능은, 접미 파열음이 마찰음 뒤보다 공명음 뒤에서 더 쉽게 탈락되고 모음 앞에서보다 자음 앞에서 더 쉽게 탈락되며, 과거시제 표지로서의 /t, d/가 매우 쉽게 탈락되지만 그 중에서도 두 형태소로 구성된 규칙동사 내의 /t, d/가 단일 형태소로 구성된 불규칙동사 내의 그것보다 더 쉽게 탈락된다는 것이다. 이와 함께(외부 요인 면에서는), 화자의 사회적 지위가 높고 발화 장이 공식적일수록 탈락률은 더 떨어진다. 하지만 이렇게 다중적인 요인들마다 그것이 미치는 영향은 각각 상이하기 때문에 통계방법을 이용하여 각각의 정도차이를 확정할 필요가 있다. 그 외 요인들 간의 상호작용도 있다. 이를 테면 상이한 지역 간의 방언에는 휴지 앞 파열음 탈락의 제약 추세 역시 달라진다. 휴지가 모음과 같은 제약기능을 하는 지역 방언이 있는가 하면 자음과 같은 제약기능을 하는 지역 방언이 있다는 것이다. 또한 어떤 흑인영어의 변종에서는 단·쌍음절 형태소라는 조건의 제약기능이 불분명하기도 하다. 그러므로 요인들 간 제약효과 분류에 있어 관건은 어떤 것이 언어 체계의 내부 제약이고 어떤 것이 외부 제약인지를 분명하게 나누는 데 있다. 어법이론을 연구하는 학자들은 일찍이 언어외부의 제약요인에 관심을 둘 필요가 없다고 강조한 적이 있었다. 하지만 언어연구는 내·외부 제약요인을 분명하게 나누어야지만 비로소 그 중 한 부분에 집중할 수 있다. 외부요인은 중요하지 않다고 하여 언어현상에 미치는 다양한 제약요인들은 구분하지 않은 채 구조의 내부적 요인에만 기대어 해석한다면 결국 갖가지 모순들에 부딪히거나 반쪽짜리 연구결과 밖에 얻지 못할 것이다. 사실들이 증명하듯, 언어현상은 다방면에 걸친 요인들이 상호 기능한 결과이기 때문에 어느 한쪽 요인만 고려할 경우 포괄적인 해석을 끌어내기 어렵다. 사회적 요인에 의한 현상들임에도, 그것을 언어내부구조의 규율에 의한 것으로만 받아들일 경우 결국 오인의 길로 들어서는 것이다.

진행중인 변화에 대한 연구는 변이연구의 일부분이기 때문에 제4장에서 소개한 다변량분석법이 동일하게 적용된다. 예를 들어 라보브는 필라델피아의 음변화 연구에서 음운, 어법, 어휘 및 언어 외부요인 등 수십 가지 조건들의 제약기능을 분석한 뒤에야 비로소 언어 체계와 발화 공동체내의 확산궤적을 확정할 수 있었다. 결국 언어변화의 제약에는 외부제약과 내부제약이 모두 포함된다.

제약 문제는 내 · 외부 요인 외에 과정과 평가, 침투와도 관련된다. 과정이란 한 언어형식이 어떻게 다른 또 하나의 언어형식으로 변화되는가를 의미하는데, 세대간의 연쇄성 같은 외부요인들과 언어변화단위 같은 내부요인들을 포괄한다. 『변화의 원리』 제1권에서 라보브는 어음변화의 규칙성원리Neogrammarian principle와 어휘확산Lexical Diffusion 이론의 분석에 대해 주로 언어 내부요인에만 소급시켰던 문제들을 사회언어학이 어떻게 풀어야할지 전형을 수립했다. 특히 마지막 부분에서는 언어변화의 기능성 문제까지도 언급하고 있는데, 어음의 변화 과정 중에서도 의미가 어떻게 보존되는지를 의미와 어음 체계에 대한 화자의 평가 문제와도 연계시키고 있다. 그 외에, 제1권에서는 수많은 변화가 어떻게 전체 어음 체계의 내부로, 그리고 사회적 환경 속으로 침투하는지도 광범위하게 기술하고 있다. 변화의 발단 문제에 대해서도, 과거의 언어학연구는 항상 언어내부에서 그 해답을 찾으려했지만 사실 찾아낸 것들은 변화의 잠재적 원인들이었을 뿐 이미 발생한 변화가 왜 하필 그 때 그 곳에서 발생했는지에 대해서는 설명하지 못했다. 하지만 사회언어학은 이에 대해, 앞서 언급했던 것처럼, 언어의 사회 환경을 바탕으로 한 최선의 답안을 제시했다. 결론적으로 변이에 대한 사회언어학의 연구방법은 언어변화의 외부 문제를 설명하면서 동시에 내부 문제들까지도 해결할 수 있다. 그 중에서 언어변화의 발단문제는 특히 그 바탕이 언어의 사회 환경적 요인이라는 점에서 사회언어학의 전문영역이라 할 수 있다.

『변화의 원리』 제2권은 언어변화의 사회 환경적 요인을 전문적으로 다루고 있는데, 특히 필라델피아 언어변화와 북미 언어지도 등 라보브가 주관했던 몇몇 중대 프로젝트들의 연구 성과를 체계적으로 소개하고 있다. 또 제2권에서는 사회계층, 민족, 성별, 주거구역, 사회 네트워크 등 언어변이와 언어변화의 중요한 사회요인들에 대해 각 장별로 깊이 있는 설명과 해석이 제시되어있다. 나아가 다방면에 걸친 변화 추세 분석뿐만 아니라 개별 화자의 언어생활과 언어변화에 대한 개인 기록까지 포괄할 정도로, 다량의 구체적인 사례분석을 포함하고 있다. 라보브는 각 개인의 개별적 행위와 경력을 소속된 공동체의 언어상황과 결합시켜 연구하였는데 이 과정에서 그는 중요한 사실들을 점차 발견하게 된다. 현대 도시사회에서 보이는 언어변화의 전파와 확산 기제에 대해 라보브는 민족지학적 조사방법과 같은 식의 상세한 문서기록을 남기면서도 또 한편으로는 그것을 정확한 수학 모델로 추상화하기도 했다. 이 과정에서 상위계층의 직장여성들이 공동체 내 언어변화를 주도한다는 중요한 발견을 하게 되는데, 그 주도계층은 주로 다음과 같은 특징을 지니고 있다: 1) 공동체 내에서는 광범위하면서도 긴밀한 발화 상호작용을 한다; 2) 이와 동시에, 공동체 외부와는 비교적 소원한 교류관계를 유지한다; 3) 이와 더불어 공동체 내의 오래된 규범은 거부하는 반면 새로운 기준 제시에는 과감하다. 이로 인해 공동체 내 언어 변화는 주로 이들 여성에 의해 시작해서 점진적으로 전파, 확산된다.

제6절 현장시간, 실제시간, 연령단계

앞서, 진행 중인 변화에 대한 연구는 주로 현장시간에 따른 언어자료를 중심으로 한 것이라고 했다. 동시에 우리는 현장시간 연구가 실제시간의 언어 증거자료와 결합해야 하는 중요성도 강조했다. 마싸스 빈야드를 연구하면서 라보브는 관련 지역들의 초기 방언조사 기록도 수집하였을 뿐만 아니라 그것을 미국 동북부 지역방언에 대한 100여 년간의 연구 성과와도 결합시켜 자신이 관찰한 현장시간 상의 변화추세가 일종의 진행 중인 언어변화임을 확인할 수 있었다. 현장시간 상의 증거만으로는 일개 언어변종이 정말 언어변화를 겪고 있는 것인지 판단하기에 부족하다. 그 이유는 연령에 따른 언어형식의 변화 추세가 진행 중인 변화일 수도 있지만 "연령단계"라 불리는 현상일 수도 있기 때문이다. 일개 언어변화의 완성은 발화 공동체 전체를 아우르는 일이다. 어떤 연령군에만 변이현상들이 출현했다면, 그래서 공동체 전체의 해당 변이형 사용비율에 뚜렷한 변화추세가 없다면 그 변화는 진행 중에 있다고 할 수 없다. 따라서 비변화성 변이현상은 배제시키면서 변화의 진전을 정확하게 판단하려면 방언학과 역사언어학의 연구 성과와 각종 역사 기록 등의 증거들을 광범위하게 채택하는 것은 물론 사회언어학자들도 채택하기 시작한 "실제시간" 연구, 즉 어느 한 시기 이전에 조사했던 발화 공동체를 다시 한 번 조사할 필요가 있다. 아래에서는 연령단계와 현장시간 연구 및 실제시간 연구 관련 문제들을 각각 논의하고자 한다.

현장시간 변이는 연령단계 변이와 구분되어야 한다. 현장시간 변이는 여러 연령대의 발화 상에 공통적으로 구현된 일개 변종의 발전추세를 반영한다. 새로운 변이형의 사용빈도가 점점 높아진다는 것은 다음 세대 사람들이 그것을 더욱 보편적으로 사용하고 수용할 것이라는 것을 예시한다. 반면에 연령단계 변이는 비교적 안정적인 사회변이로서, 동시대의 상이한 연령대에 속한 화자가 몇몇 변이형들을 상이하게 사용하면서 생긴 차이로 구현된다. 이러한 점은, 상이한 연령집단이라면 사회에서 맡은 역할도 각기 다르기 때문에 그들의 행위기준에 대한 사회의 기대 역시 상이하다는 데 기인한다. 화자의 사회행위에는 당연히 언어행위도 포함된다. 구체적으로 언어변이 면에서 쉽게 볼 수 있는 예는, 일정한 연령이 되면 "猫猫", "狗狗", "乖乖" 등과 같은 어휘를 아이들이 점점 발화하지 않는다는 데서 찾을 수 있다. 일반인들은 교육 수준이 높아지거나 사회활동 경험이 늘어감에 따라 사회적으로 위세가 높은 변종/변이형을 더 사용하고 위세가 낮은 변종/변이형을 덜 사용하는 추세를 보인다. 연령단계 변이가 보통 사적으로 한 시기 동안 안정적으로 유지된다는 의미는 꽤 긴 시간 동안 매 세대世代마다 동일한 변화과정을 반복한다는 것을 의미한다. 그러한 점에서 연령단계란, 발화 공동체 내 언어는 화자의 연령이 높아감에 따라 변화를 겪지만 전체로서의 공동체는 결코 관련 변이형의 사용 확대를 용인하지 않은 결과이다.

캐나다 언어학자 챔버스Chambers 1995는 흥미로운 연령단계 사례를 보고한 바 있다. 그의 조사에 다르면 캐나다 온타리오Ontario: 安大略省 남부에는 영어 알파벳의 맨 마지막 발음으로 "zee/zed"의 변이가 존재한다. 미국발음으로 알려진 "zee"는 교육을 받은 온타리오 성인들에게 통상 틀린 발음으로 간주되지만 줄곧 일정 연령의 온타리오 아동들 사이에서는 가장 유행해 온 발음이다. 1979년 실시한 관련조사에서는 토론토多倫多의 12세 소년 중 3분의 2 가량의 피조사자들이 알파벳표를 암송할 때 "zee"로 발음하였지만 성인 피조사 중에는 10분의 1만이 그렇게 발음하였다. 이들 소년의 "zee"발음이 나이가 들어도 변하지 않고 유지되었다면 전 세대와의 교체에 따라 다수 토론토인들의 발음은 미국의 대다수 사람들과 같았을 것이다. 그러나 1991년 재조사 시에는 당시 소년으로서 조사에 응했던 성인 집단의 "zee" 발음이 여전히 10분의 1 정도의 비율만을 유지하고 있었는데, 이는 연령 증가에 따라 "zee"발음의 사용 인구수 비율도 떨어진다는 것을 명확하게 보여준다. 챔버스는 이러한 현상에 대해, 온타리오 아동들의 "zee"발음은 미국 TV프로그램의 영향, 특히 학습연령 이전 아동들에게 알파벳과 숫자를 가르쳐주며 최고의 시청률을 보인 프로그램 "서세미 스트리트Sesame Street; 芝麻街"의 막대한 영향으로 인해 이와 같은 미국식 발음이 유행하게 되었다고 해석하고 있다. 하지만 미국문화를 제재하려는 학교와 성인사회의 압력은 점점 많은 사람들로 하여금 나이가 들수록 이러한 미국식 발음을 버리게끔 압박한다는 것이다. 이를 바탕으로 미루어보면, 상이한 연령군에서 유행하는 두 개의 서로 다른 문화 영향력이 줄곧 유지되기만 한다면 온타리오인들의 "zee/zed" 연령단계는 아마 대대로 반복될 것이다.

위에서 본 챔버스의 제2차 조사와 같은 연구가 바로 실제시간 연구에 속한다. 사회언어학이 있기 이전에는 실제시간 연구를 통해 진행 중인 변화 탐색의 초석을 놓은 방언학 연구가 있었다. 그들의 연구가 중시를 받아온 이유는 그 검증대상이 바로 현장시간의 실증연구였기 때문이다. 현장시간에 대한 가우샤트Louis Gauchat; 高莎의 연구는 이후 헤르만 연구에서 재수행된 선행 조사로서 1899년에서 1904년 사이 샤메이Charmey; 直梅라 불리는 스위스의 작은 시골 마을에서 실시되었다. 그리고 그 결과는 1905년 논문으로 발표되었다Gauchat 1905. 가우샤트는 전통 방언학의 조사방법을 넘어서 연령과 성별 요인을 고려하며 여러 촌민의 발음을 기록했다. 가우샤트의 연구목적은 발화 공동체의 이질성을 실증하는 데 있었는데, 그 결과 그는 촌민들의 발음이 결코 획일적이지 않는데다 언어변이가 연령 및 성별과 확실하게 관련되어 있음을 발견했다. 그 속에는 특히 5개의 언어 변항이 연령 및 성별 요인과 관련을 맺으며 현장시간 상의 변화추세를 보이고 있었다. 이러한 가우샤트의 연구는 헤르만Hermann 荷曼 1929에 의해 검증되었는데, 헤르만은 샤메이 지역을 30년 뒤 다시 찾아 가우샤트가 조사했던 언어변항을 재조사하여 당시 발견된 모음 변항 3개가 각기 다른 정도의 발전을 보이고 있으며 그것도 예기했던 방향으로 변화하고 있음을 발견하였다. 그 중에는 이미 변화를 끝냄으로써 사용자가 거의 없는 구 변이형들도 있었다. 헤르만 연구에서 흥미로운 점은 가우샤트가 처음 발견한 자음 변항 2개 중 하나가 초기의 변이 비율을 그대로 유지하며 신 변이형의 사용 흔적을 전체에 걸쳐 보이지는 않았다는 것이다. 이 변항은 첫 조사 시 보인 연령군 변이의 변이 정도를 대체적으로 유지해왔기 때문에 진행 중인 변화가 아닌 연령단계 변이로 정의되어야 한다. 이처럼 가우샤트와 헤르만의 조사는 실제시간의 증거를 확보하지 못한 채 현장시간의 자료에만 의지할 경우 진행 중인 변화와 연령단계 변이를 구분한다는 것이 쉽지 않음을 보여준다.

재조사의 실행 가능성이 낮기 때문에 실제시간에 대한 사회언어학적 연구는 여전히 상대적으로 적다. 하지만 사회언어학이 발전하면서 사람들은 변화에 대한 연구를 점점 중시해왔고, 초기의 조사들도 현재와 상대적인 시간차를 두고 있기 때문에 변화를 검증하기 위한 객관적인 조건은 성립된 셈이다. 변화에 대한 사회언어학의 실제시간 연구는 이러한 분위기 속에서 현재 활발히 진행되기 시작했다. 아래 몇 가지 조사 실례를 소개하고자 한다.

뉴욕시 백화점에 대한 라보브Labov 1966의 조사는 가장 보편적으로 알려진 사회언어학적 연구라 할 수 있다. 자칭 "속성익명조사법"은 그것의 창의성과 실천성으로 인해 자신의 연구를 사회언어학 수업에서 늘 거론되는 화제로 만들었다. 이 연구방법은 또 끊임없이 모방, 학습되며 다양한 언어변항 연구에 응용되고 있기도 하다. 그 중에서 파울러Fowler 傅樂, 1986는 실제시간 연구의 일환으로 라보브와 완전히 동일한 방법으로 동일한 조사지역에서 동일한 언어변항을 조사하였다. 앞서 우리는 라보브의 연구 결과를 소개하면서 상이한 격을 갖춘 세 백화점 점원들의 발음에 (r) 변항의 사회층차가 반영되어 있음을 언급한 적이 있다. 파울러는 조사 시 백화점마다의 피조사자수를 라보브와 일치시키며 까지 라보브의 방법을 엄격하게 재시도 하였는데 이로써 자신의 조사결과를 라보브의 결과와 정확하게 비교할 수 있었다. 아래는 1962년과 1986년 세 백화점 점원의 권설음 실현율을 비교한 결과이다.

다음 표에서 볼 수 있듯이 24년이란 시간 동안 뉴욕백화점 점원들의 권설음 사용비율은 확실히 증가했다. 그러나 (r)변항에서 보이는 초기조사 시의 사회 층차는 고급 백화점 점원일수록 권설비율도 여전히 높아 그 경향이 그대로 유지되고 있는 것으로 나타났다. 이에 뉴욕의 권설음은 앞서 언급했던 스위스 샤메이의 상황과 비교해 완만한 진전을 보이는 변화라고 할 수 있다. 그러나 낮은 사회계층 사이에서 변이

뉴욕의 세 백화점에서 (-r)음을 발음한 점원 백분율

(1962년과 1986년 조사결과 비교)

백화점의 격		고(%)	중(%)	저(%)
시종 r을 발음	1962년	30	20	4
	1986년	40	24	7
때때로 r을 발음	1962년	32	31	17
	1986년	33	34	32
시종 r을 발음하지 않음	1962년	38	49	79
	1986년	27	42	61
	총인원수	68명	125명	71명

상황의 증가비율도 크고 세 백화점 점원들 중에 "때때로 r을 발음"하는 인구수 비율도 거의 평행을 유지하지만 각 계층 별 전체 권설음 사용 비율은 여전히 소수를 점함으로서 변화의 완성단계로 진입했다는 흔적은 어디에도 보이지 않는다. 라보브의 백화점 조사에 포함된 항목은 앞서 보인 전체 비율 외에도 점내 업무차이, 연령차이, 문체변이 등 매우 다양하다. 파울러 역시 각 항목별로 재조사를 진행한 결과 전체 비율에서 보인 유사함 그대로, 비록 양적 변화가 있긴 했어도, 뉴욕 백화점의 권설음 변이는 대체로 20년 전의 변이상황을 줄곧 유지하고 있었다.

아래 소개하고자 하는 실제시간 연구에서는 앞서 언급했던 두 연구와 다르게, 조사한 발화 공동체는 물론 조사자까지 동일인물이다. 이로 인해 공동체 조사의 복잡성에도 불구하고 동일 조사자에 의한 연구의 반복가능성을 높일 수 있었다. 파울러처럼 타인의 조사과정을 정확하게 반복한 경우도 매우 드물지만, 파울러의 조사 전에도 시도된 결과로서 1984년 뉴욕 백화점 연구 재조사 보고서에 라보브[1994]가 불만족스러

워했던 것에 비추어보면, 과거의 동일 조사자를 일정기간 후 재조사 하는 것도 매우 큰 의의가 있었다. 여기서는 두 번에 걸쳐 진행된 세데그렌Cedergren 1973, 1984의 파나마 조사를 소개코자 한다.

세데그렌의 제1차 조사는 1967년부터 1971년까지 진행되었다. 당시 그녀는 표본조사 방법으로써 현지 스페인어에 존재하는 5개 변항이 사회계층 및 연령층에 보이는 분포상황을 체계적으로 조사했다. 그 때 발견한 내용은 다음과 같다: 1) 5개 변항 중 오직 변항 (ch)만 사회계층과 연령층의 배열순서에 따라 약화되는 일치성을 띠며 진행 중인 변화를 겪고 있다; 2) 그 외 4개 변항은 사회계층에 따른 변화만 있을 뿐 연령층에 따른 변화는 보이지 않는다. 그 후 세데그렌은 1983년 다시 파나마에서 동일한 표본조사 방법으로 언어자료를 수집, (ch)변항의 분포상황을 집중적으로 조사했다. 상황은 뉴욕시의 영어 (r)변이와 일정부분 유사했다. 발화 공동체 전체 상황을 보면 (ch)의 약화율이 조금 상승했지만 15년 전 조사 시의 동일 연령군에서 보인 약화율을 현재의 다수 연령군에서도 그대로 보여주었던 것이다. 주목할 점은, 두 번의 전후 조사에서 발견된 현장시간 상의 변이곡선이 기본적으로 동일한 경사도를 유지하고 있었다는 것이다. 하지만 이론적으로 변화의 실현은 사선에서 수평선으로의 과도적 과정이어야 한다. 아래 그림은 이러한 구분을 보여준다.

그림1은 신 변이형이 언어 공동체 내로 확산되면서 결국 각 연령군마다 동일한 수준을 보이며 변화가 마무리된다는 것을 의미한다. 이에 반해 그림2는 각 연령군 별로 나이가 어릴수록 (ch)변항의 사용율이 한 수준씩 상승하는데, 이는 공동체 내에서 어떠한 변화도 일어나지 않는 연령단계별 언어사용을 의미한다.

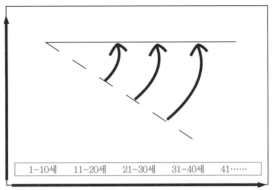

그림1. 이론상의 변화실현 설명도

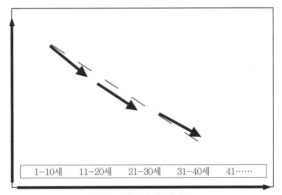

그림2. 연령단계 설명도

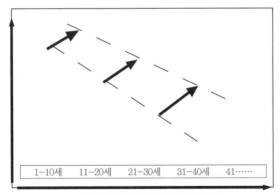

그림 3. 연령단계와 변화의 결합

그리고 그림 3은 세데그렌의 조사 결과와 비슷한 상황으로서 연령단계와 진행중인 변화의 조합을 의미한다: 전체 사용률은 증가했지만 연령에 따라 약화율은 반비례되는, 공동체 내 연령단계 별 사용곡선에는 여전히 변화가 없다.

다시 말해, 세데그렌은 실제시간 검증으로 연령단계와 변화 중인 진행 및 그 둘 간의 결합을 동시에 발견했다. 그 외에 그는 그림 3에 표현되지 않은 현상도 발견했는데, 파나마의 가장 어린 연령군에서 이미 약화율이 큰 폭으로 떨어지는 추세를 보였다는 것이다. 이로써 파나마의 (ch)약화는 뉴욕의 (r)변항과 대비된다. 즉 이 둘은 진행 중인 변화로서 완만한 진전을 보이지만 완성의 흔적을 보여주진 않았다. 하지만 전자에서는 이미 감소 추세 현상이 발생한 데 반해 후자는 여전히 진전의 양상을 띠고 있다.

위와 같이 동일한 발화 공동체를 반복하여 표본조사 하는 것 외에도 동일한 피조사자를 반복조사 하는 실제시간 연구도 있다. 이 조사가 갖는 특별한 의미는 개인적으로 발생한 언어변화를 조사할 수 있다는 점인데, 특히 언어학에서 오랫동안 유지해 왔던 개인 어음 체계의 안정성 가설과 연령단계 가설을 검증할 수 있다는 점에서 더욱 특별하다. 이와 같이 재표본조사를 통한 실제시간 연구를 "추세trend"연구라 하고 동일 피조사자를 추후 재조사하는 연구를 "패널panel"연구라 부른다. 비교적 큰 규모의 패널연구로는 일찍이 몬트리올시를 대상으로 한 캐나다 사회언어학자들의 연구, 일본 북부의 쓰루오카시鶴岡市를 대상으로 한 일본 방언학자들의 연구가 있다. 라보브가 주도한 필라델피아의 어음변화 연구에도 역시 일정 정도의 패널연구가 포함되어 있다. 몇 십 년간에 걸친 개별적 언어변화 연구를 한 연구자들도 있는데, 이들 중에는 실제시간 증거를 수집하며 사망한 가수가 일생동안 녹음한 레코드판을 분석자료로 채택하면서 까지 초기 녹음자료들을 집중적으로 구하기도 했었다. 현재까지의 추세연구와 패널연구 결과는 기본적으로 상호지지, 상호 보충을 해왔다. 이에 관한 소개는 지면관계로 생략하기로 한다.

언어변화와 관련한 연구결과를 일갈하면서 라보브는 이론적으로 존재 가능한 개인과 공동체 간 변화관계들을 아래와 같이 나열하였다.

		개인	공동체
1	불변	불변화	불변화
2	연령단계	변화	불변화
3	세대변화	불변화	변화
4	공동체변화	변화	변화

엄밀하게 말하면 언어변화는 멈춘 적이 없다. 그러나 큰 틀에서 보면 발화 공동체나 개개인이 사용하고 있는 언어 구조체계는 상대적으로 안정적일 수 있다. 이것이 바로 표 상의 1번 항목인 "불변"에 해당한다. 사실 어느 누구도 지금까지 어떤 개인 또는 언어 공동체의 어음, 어법, 어휘에 한동안 아무 변화가 없었음을 증명할 순 없었다. 때문에 항목 1번의 "불변"이란 개념은 구체적인 언어형식으로 들어갔을 때 더욱 의미가 있으며 언어 체계 상의 어느 한 부분 및 일부 언어 변항들이 "이미 변화"된 부분 및 변항들과 상호 비교되었을 때의 "불변"인 것이다. 항목 2번의 연령단계 역시 앞서 언급했듯 구체적인 언어변항 상에서의 개념이다. 항목 3과 4는 우리가 일반적으로 말하는 언어변화를 의

미한다. 즉 언어변화란 공동체 내의 대규모 변화로서 발화 공동체의 대다수 구성원이 신 변이형을 채택했을 때 비로소 해당 언어(즉, 변종)에 변화가 생겼다고 할 수 있다. 구세대가 거의 사용하지 않는 형식을 신세대가 보편적으로 채택했을 때의 상황이 바로 그 예에 속한다. 4번 항목이 3번 항목과 다른 점은, 속도에는 저마다의 차이가 존재할 수 있지만 신 변이형이 몇 세대에 걸쳐 동시에 확산된 상태라는 데 있다. 라보브가 연구한 현대영어 방언의 모음전이 현상이 바로 이러한 변화의 예에 속한다. 그러나 이상의 네 가지 관계유형은 모두 이론상의 구분일 뿐 현실 속 언어현상은 결코 그렇게 명확히 나뉘지 않는다. (ch) 약화 현상에 대한 세데그렌의 연구에서처럼 구체적인 언어변항에는 상이한 관계유형이 혼합되어 나타나는 것이 매우 보편적이다.

제7절 현재의 현상을 통한 과거 해석

"현재의 현상으로 과거를 해석하다"는 라보브가 응용변이연구로 역사언어학의 난제들을 공격하며 쓰던 구호이다. 역사언어학에서의 많은 문제들은 종종 충분한 증거가 확보되지 못한 관계로 미결상태였다. 직접적으로 관찰 가능한 언어사실이 부족했던 상황에서 역사언어학자들은 그저 잔존한 역사문헌들에만 의존하여 과거의 언어상황과 변화를 추측할 수밖에 없었다. 하지만 그나마 몇몇 역사 시기에 남겨진 기록도 희박했던 관계로 그들 자료에 가했던 여러 해석은 더 많은 자료를 확보해야만 비로소 검증 가능했다. 이러한 이유로 남겨진 문제들은 고고학 분야의 발견을 기다리며 운 좋게 증거를 확보할 수도 있었지만 줄곧 해결을 보지 못하기도 했다. 이에 라보브는, 옛 것에 얽매여 어떠한 결론도 못 내린 채 희박한 증거에 의존해 끊임없는 논쟁을 벌이기보단 현실 속에서 새로운 증거를 수집하는 것이 낫다고 주장했다.

공시 연구로 언어학의 통시적 문제를 해결하고 진행 중인 변화 속 발견을 통해 역사적 변화를 해석하자는 말은 언어학의 "동일과정설 uniformitarianism, 均變說"원칙을 수용할 필요가 있음을 의미한다. "동일과정설"원칙은 지질학에 기원을 두고 있는데 대략적인 의미는, 과거 몇십만 년의 지질변화를 유도한 대부분의 원인과 관련 요인이 오늘날까지도 여전히 존재하면서 지구의 물리적 상황을 현재도 변화시키고 있다는 것이다. 만약 관찰 가능한 지질변화 활동요인들을 우리가 연구하고 이해한다면 과거에 일어났던 수많은 지각변동, 지층형성 및 기타 변천들도 해석할 수 있을 것이다. 지질학적인 면에서 "동일과정설"과 의견을 달리하는 대항설에는 "격변설劇變說" 또는 "천변지이설catastrophism, 災變說"이 있다. "격변설"에서는 우리의 현재 지질상황이 우연하게 발생한 일련의 독특한 사건들에 의해 형성된 결과로 여긴다. 때문에 요즘들어 생긴 사건들과 과거는 아무 유사성이 없으며 현재의 변화를 연구하는 것 역시 과거의 변화를 해석하는데 도움이 될 수 없다고 생각한다. 격변설의 존재에도 불구하고 현대 언어학자들은 일반적으로 언어학의 "동일과정설"원칙을 받아들이고자 했다. 왜냐하면 언어의 생리, 심리적 기초는 몇 천 년 간 분명 기본적으로는 동일할 것이라고 생각했기 때문이다. 라보브는 "동일과정설"원칙을 바탕으로 당대 영어방언의 모음변화를 관찰하고 그것을 통해 영어사歷史상의 "대모음전이Great Vowel Shift"라는 새로운 해석을 내놓았다. 아울러 유사현상에 대한 관찰을 통해 그 때까지 해석 불가능했던 과거의 음소합병 역전reversal현상을 해석했고 진행 중인 변화 연구를 응용함으로써 언어변화의 기능성과 규칙성 문제 같은 일련의 오랜 논쟁거리들을 해결하기도 했다. 하지만 그도 지적했듯, "동일과정설"원칙을 언어학에 응용하는 데에는 분명 한계가 존재한다. 언어의 발전과정에는 항상 반복적으로 출현하지 않는 일회성 요인들이 존재할 수 있기 때문이다. 지질학상의 "동일과정설"은 일찍부터 "점진변화설gradualism, 漸變說"과 오랜 기간 함께 거론되며 변화속도의 완만함과 균등함이 같이 강조되었다. 언어의 변화가 점차 진행되더라도 그 변화속도는 절대 균등하지 않다는 것이다. 과거와 현재의 무수한 변화를 종합해 보면 수백 년 간 변하지 않은 언어현상들이나 거의 멈춰버린 언어변화도 발견할 수 있지만 두세 세대 만에 일어난 빠른 변화나 사회적 격변에 따라 생긴 언어체계의 대규모 변화들도 발견할 수 있다. 우리가 알고 있는 것처럼, 언어란 생리, 심리 현상이면서 동시에 사회현상이기도 하다. 이 때문에 언어를 수용, 제약하는 사회의 변화속도가 동일하지 않은 이상 언어의 변화 역시도 그 속도가 동일할 수 없는 것이다. 그 외에 역사적인 면에서 보면 부족의 이동, 침입, 식민, 무역, 이민 등의 구체적 사건들로 발생한 여러 언어접촉 현상들이 해당 발화 공동체의 규모와 구성요소를 빠르게 변화시키기도 했다. 또 인류 사회발전의 보편적 추세에 따른 경제와 사회 유형의 변화, 도시의 건설과 발전, 국가의 탄생, 언어와 통신에 대한 정체제도의 간섭과 통제, 사회 속 커뮤니케이션과 통신에 대한 무역과 기술발전의 영향 등도 모두 언어의 사용방식과 범위를 변화시켰다. 이들 요인 모두가 언어의 내부 구조에 불가피하게 영향을 미치고 있으며, 또 그러한 사회변화가 일부 언어변화를 촉진시키기도 하고 억제시키기도 하며 심지어는 전에 없던 특수한 변화를 이끌기도 한다. 결론적으로 사회적인 면에서 언어는 확실히 각기 다른 속도로 변화하고 있는 것이다.

1968년부터 라보브는 실험음성학에서 쓰는 도구들을 어음변화 연구에 소개하면서 실험음성학적 연구방법과 진행 중인 변화 연구방법을 결합시켰다. 진행 중인 변화연구를 통해 연구자들은 많은 녹음자료를 얻었는데, 이러한 자료들로 인해 역사언어학에서는 자료의 간접성과 부족함을 극복했다. 또 진행 중인 변화연구에서는 실험기기의 도입으로 이들 자료를 계량 분석함으로써 연구의 정확성과 객관성을 더욱 증대시켰다. 사회언어학과 일반음성학 연구의 차이점은, 사회언어학자들은 "표준적"이거나 "전형적인" 피조사자들을 주관적으로 선택하여 연구하기보다는 과학적인 표본수집 원칙에 준해 해당 발화 공동체를 대표할 수 있는 피조사자군을 관찰한다는 데 있다. 사회언어학자들은 피조사자들이 하는 상이한 문체의 발음, 특히 일상 대화 속 발음을 연구소재로 삼는다. 그리고 분석 시에는 녹음자료에서 측정된 음성데이터가 어음, 어법적 요인과 맺는 상관성, 피조사자의 사회적 특징이나 시간, 장소 등과 같은 발화 시의 사회적 분위기와 맺는 상관성 등을 밝히고, 동시에 데이터들이 발화 공동체의 발전추세를 대표하는지 그 여부까지도 확인하고자 한다. 이 과정에서는 꽤 복잡한 통계방법을 자주 응용해야 하는데, 그 중에는 보편적으로 통용되는 통계방법도 있고 앞서 소개했던 "변항규칙 분석법"처럼 사회언어학 연구에서 전문적으로 사용되는 통계방법도 있다.

　　뉴욕 (r)변이와 같은 변항을 분석할 때, 통계의 종속변수는 연속변량continuous variable이 아닌 이산변량discontinuous variable이었다. 다시 말해 구체적인 언어환경마다 [r]이 출현하는지의 여부를 "Yes"아니면 "No"로 확정지어야 하며 "Yes"와 "No"의 중간은 허용치 않는다는 것이다.[1] 음소변화와 어법변화를 연구할 때 같이 명확한 범주경계를 갖는 연구 대상에는 이산변량 통계방법이 적용되지만 어음변화phonetic change를 연구할 때 어음 계측장비로써 측정해 내는 것은 일련의 연속변량continuous variable 데이터이다. 이와 관련하여 아래부터는 라보브가 영어 모음변화를 연구할 때 적용한 방법을 소개하며 연속변량 분석방법을 설명하고자 한다.

　　일찍이 현대영어에 있었던 "대모음전이"는 역사언어학의 주요 관심사였다. 그 중 수많은 모음 음소를 포함하는 발음위치의 변동은 기본적으로 비음소성 어음변화에 속한다. 이러한 어음변화는 녹음기가 발명되

---

1) 실제로 통계를 낼 때에는 불분명함으로 인해 결정하기 힘든 상황을 제3류로 놓는 연구자들도 있는데, 제3의 이산변량까지 통계를 내는 데는 문제가 없을지라도 그 변이형을 해석할 때에는 언어학적 근거를 찾기 어렵다.

기 이전의 일로서 당시로서는 우리가 요즘 사용하는 음성분석기도 없었을 때의 일이다. 이러한 여건 속에서 당시 어떤 변화가 있었는지, 언어학자들은 오직 철자법에 의한 간접기록에 근거해 추측할 수밖에 없었다. 그럼에도 "대모음전이"는 영어사적인 면에서 영어 어음 체계를 크게 변화시킨 중요한 사건이기에, 또 그 중의 모음위치 변동은 세계 여러 언어 속에서 보편적으로 발견되는 언어변화 현상이기도 했기에 영어의 "대모음전이" 연구는 크게 중시되었다. 하지만 빈약한 증거 등 역사 연구의 한계로 인해 이 방면의 연구는 많은 결과를 얻었음에도 불구하고 일치된 결론을 얻지는 못했다. 이에 라보브는 앞서 언급한 "동일과정설" 원칙을 적용하여 현대영어의 진행 중인 변화를 연구함으로써 이와 같은 난제를 해결하고자 했다.

라보브는 현대 영미 방언 속의 어음변이 상황을 연구함으로써 일부 방언에서는 초기 현대영어에서부터 이어져온 모음전이현상이 아직도 진행 중에 있음을 발견했다. 이와 유사하게 역사적으로 일찍이 발생했던 모음 변화들이 아직도 여전히 많은 방언들 속에 반복 출현하고 있다는 것은 꽤 보편적이었다. 이러한 변화의 재생현상은 변화발생의 조건 중 상당부분이 아직도 여전히 존재하고 있다는 데, 특히 최소한 영어 어음의 전체 체계에 아직 커다란 변화가 발생하지 않았다는 측면에서 이해 가능하다.

라보브는 모음 변화 연구를 진행하면서 언어변항 연구방법을 어음 측량 분석기술과 결합시켜 다변량회귀분석 통계방법을 적용한 결과 연령 요인을 포함한 일련의 독립변수에 대해 실험음성학 데이터 형식의 상관변량을 얻어냈다. 필라델피아 어음변화 연구를 예로 들면 기본적으로 다음과 같은 순서를 포함한다:

(1) 판단표본추출법(judgment sampling)과 무작위추출법(random sampling)을 통해 필라델피아를 대표할 수 있는 화자의 녹음자료를 얻는다.

(2) 음성분석기를 이용해 녹음 자료 속 모음을 측정한다.

(3) 수학적인 방법으로 측정결과를 정규화처리함으로써 무관한 요인들의 영향을 제거한다.

(4) 처리된 측량 데이터를 다변량회귀분석하고 화자들이 발음한 각 모음의 포먼트 평균값을 입력변수로 한다.

다변량 분석에서 독립변수는 사회요인과 그 모음이 처한 음성환경을 구분 짓는 언어구조 요인 등 많게는 12개에 달하기도 한다. 이러한 분석의 제1결과는 독립변수와 포먼트 평균값 간의 상관계수이고 제2결과는 이 계수를 선형회귀분석 공식에 대입했을 때 얻어진 헤르츠(Hz) 단위의 포먼트 값이다. 진행 중인 변화연구는 현장시간 상의 현상들에 특히 주의하기 때문에 위의 제 1, 2결과, 즉 연령과 모음 포먼트 평균값 간의 상관계수 및 회귀분석 공식에 의해 구체적인 연령집단들과 대응될 것이라 예측되는 포먼트 값 등이 모두 중시된다. 아래는 위와 같은 값을 이용하여 현장시간 상에 표현된 필라델피아 모음의 전이방향을 표시한 그림이다. 여기서는 라보브1964의 그림을 바탕으로 간략화하였다.

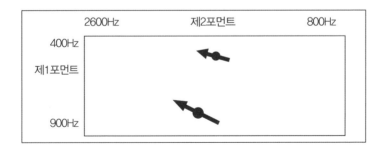

그림의 평면은 음성 공간을 나타내는데 이는 모음의 제1포먼트 단위(종축선)와 제2포먼트 단위(횡축선)에 의해 결정지어진다. 또 평면상의 각 화살표는 한 개의 모음을 대표하며 선 중간의 굵은 점은 (포먼트의) 총평균값을 나타낸다. 그리고 각 화살촉의 위치는 전체 화자의 평균 연령보다 25세 어린 화자들의 포먼트 회귀값이며 화살촉의 맨 반대 끝 편의 위치는 평균 연령보다 25세 많은 화자들의 포먼트 회귀값이다. 원래 라보브의 그림에는 필라델피아 방언에 보이는 14개의 모음변화 방향과 더불어, 통계값의 유의도 및 음성 공간 속 각 모음의 변화 범위 등도 모두 생동감있게 표현되어 있다.

이상의 소개한 방법을 통해 라보브는 여러 방언에서 보이는 영어 모음의 진행 중인 변화를 연구했는데, 그 결과 역사 언어학자들이 "대모음전이" 연구를 기초로 주장했던 모음변화원리도 검증했을 뿐만 아니라 "긴장/이완", "가장자리/비가장자리" 등의 새로운 음성학 개념들을 포함한, 더욱 완벽한 모음 변화이론도 제시했다.[2] 이러한 연구의 적용 범위는 앞으로 언어변화의 연구영역을 넘어설 것이다. 이렇듯, "현재의 현상으로 과거를 해석한다"는 시각에서, 라보브는 실험성이 풍부한 증거들로 역사언어학자들을 곤혹스럽게 했던 일련의 난제들을 해결함으로써 "모음연쇄전이", "음소합병과 분열", "어음변화의 규칙성과 어음변화 단위" 등의 문제들에 설득력 있는 원리적 해석을 부여하고 역사적 사실들에도 부합하는 구체적 해석을 제공했다.

라보브는 언어변화의 본질에 대해 포괄적인 결론을 내리는 데 급

2) 라보브는 Chomsky & Halle(1968)가 제시한 "긴장/이완(tense/lax)"의 개념을 계속 사용했지만 기본적으로는 그것을 실험 음성학적 범주로 처리했다. 그리고 "가장자리/비가장자리" 개념은 주로 그가 직접 고안한 것이다.

급해하지 않았다. 그럼에도 그는 『변화의 원리』 제1권의 결론부분에서
도 지적한 것처럼, 언어변화의 주요원인은 언어사용자의 의사소통 요
구라는 측면에서 찾아야 한다는 것을 지금까지의 발견이 보여주고 있
다고 했다. 동시에 그는, 언어에는 기본적으로 잠재의식에 의해 통제
되는 조작시스템, 즉 기계성이 있기 때문에 수많은 언어변화가 결코 언
어의 의사소통 기능에 유리하다고 볼 순 없어도, 긴 안목을 갖고 본다
면 언어 체계 속에서 부각되는 변화 추세가 곧 자신의 기능을 개선, 회
복시킨다고도 했다.

당대사회언어학

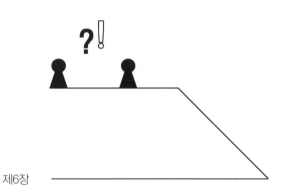

06

제6장

언어
접촉

제1절 이중언어 현상

사회적 이중언어 상용

이중언어 상용bilingualism 또는 다중언어 상용multilingualism이란 어느 한
공동체나 개인이 동시에 두 개 또는 그 이상의 언어를 사용하는 것이다.
이러한 측면에서 "이중언어"란 명칭에는 "다중언어"도 포함되는데, 사
회언어학에서는 이에 대해 좀 더 명확한 구분을 짓고 있다: 사회 내에
서의 이중언어 병용을 "사회적 이중언어 상용"이라 하고 개인이 두 개
(이상)의 언어를 사용할 때 이를 "개인적 이중언어 상용"이라 한다. 독
일 사회언어학자 클로스H. Kloss 1967는 "국가적 이중언어 상용"과 "개인
적 이중언어 상용"이란 용어를 쓰자고 주장했다. 예를 들어, 몰타에서
는 국가 공용어government language인 몰타어가 국민들의 모어로서 기능하
고 있지만 거주 국민들은 상업무역 등 여러 가지 이유 등으로 이탈리아
어, 영어 및 아랍어도 구사할 수 있는데, 바로 이 경우가 국가적 단일언
어, 개인적 다중언어 현상에 속한다는 것이다. 반대로, 스위스는 국가
적 다중언어, 개인적 단일언어 현상이 존재하는 국가이다. 스위스는 독
일어, 불어, 이탈리아어, 로망스어를 통용하도록 규정하고 있지만 대다
수 국민들은 한 언어만을 구사한다.

　사회언어학적 관점에서는 이중언어 상용을 일종의 사회현상으로 보
기 때문에, 사회적 이중언어 상용이야말로 이중언어 현상의 전형이어
야 하며 개인적 이중언어 상용은 사회적 이중언어 상용의 구체적 실현
에 속한다고 여기고 있다. 이에 사회언어학에서는 개인이 이중언어를

사용해도 사회에서 단일언어를 사용하는 현상을 매우 특수한 또는 일시적인 현상으로 놓고 있다. 그 이유는 사회를 벗어나 개인적으로 사용되는 언어란 유지되기 어렵기 때문이다. 그리고 "사회적 이중언어 상용"과 "국가적 이중언어 상용" 간에도 여전히 차이가 존재한다. 전자는 사회 속에서 이중언어가 실제로 사용하는 상황을 가리키지만 후자는 국가 공용어가 두 개 또는 그 이상임을 뜻하기 때문이다.

현재 세계적으로 이중언어 현상와 다중언어 현상은 매우 보편적이다. 아프리카의 카메론 같은 국가에서는 언어 수가 아마 몇 백 종에 달할지도 모른다. 이처럼, 요즘은 한 개의 순수 단일언어를 사용하는 국가를 찾아보기 어렵다. 독일이나 프랑스 같은 일부 유럽 국가들도 겉으로 보기에는 단일언어 국가지만, 단지 언어상의 소수민족이라 할 만큼 사용자 수가 상대적으로 적을 뿐, 이들 국가에도 여타 국가들처럼 똑같이 기타 언어들이 사용되고 있다. 소수민족들은 인구수가 적기 때문에 언어 역시 공용어로서의 지위를 얻을 가능성이 없으며 결과적으로는 종종 현실적 필요에 의해서도 이중언어를 사용하게 된다. 결국 표면상의 단일 언어가 현실 속의 이중언어와 다중언어를 감춰두고 있는 것이다. 사실 미국도 다중언어 국가이다. 1990년 미국 인구센서스 자료에 의하면 미국 인구의 13.8%가 가정에서는 영어 외의 언어를 사용하고 있으며 그 중 100만이 넘는 화자가 스페인어, 프랑스어, 독일어, 이탈리아어, 중국어漢語 등을 사용하는데, 특히 그 중에서도 스페인어를 가장 많이 사용하는 것으로 나타났다.

개인적 이중언어 상용

한 개인이 두 언어를 어느 정도까지 숙련되게 해야 이중언어 사용자 bilingual로 여겨질 수 있을까? 이에 대해 절대적인 기준은 없지만 참고할 만한 두 가지 기준은 존재한다: 1) 두 언어에 대한 숙련정도는 모두 모어 수준, 즉 두 언어로 자유로운 커뮤니케이션과 사유를 할 수 있을 정도이다. 이 기준은 상대적으로 높다. 2) 한 언어는 모어 수준에 이르고 나머지 한 언어는 그 언어를 모어로 하는 화자들과 일상적인 커뮤니케이션이 가능해야 한다. 이 기준에 의하면, 학습에 의한 외국어 화자도 이중언어 사용자에 속할 수 있다.

두 언어에 대한 구사 정도와 언어 습득의 전후 순서를 바탕으로 우리는 상이한 유형의 이중언어 사용자를 구분 지을 수 있다. 바인라이히 Weinreich 등의 연구자들은 합성형compound, interdependent과 병존형co-ordinate, independent으로 분류된다고 생각했다. 각기 다른 언어환경 속에서 습득한 두 가지 언어가 병존형이고 한 환경 속에서 두 언어를 학습하거나 제1언어를 통해 제2언어를 학습하는 경우가 합성형이다.

합성형의 두 언어형식은 상호 의존하며 사물들을 동일 지시하지만 병존형의 두 언어형식은 지시하는 사물들과 각각의 관계를 맺는다. 이러한 점은 아래 두 그림으로 나타낼 수 있다.

합성형

병존형

실제로 합성형은 실현되기 어렵다. 왜냐하면 이처럼 한 환경 속에서 언어를 습득하는 사람은 거의 없기 때문이다. 이 때문에 바인라이히는 주종형subordinate 主從型이라는 또 하나의 다른 개념을 제시했다. 그림은 아래와 같다.

주종형

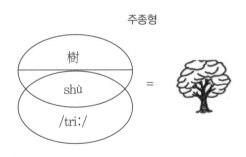

제2언어의 기호는 제1언어의 기호를 통해 의미를 발생시킨다. 이러한 주종형의 화자는 제2언어를 구사할 때마다 암암리에 마음속으로 제1언어의 문장을 만든 뒤 제2언어로 "번역"한다. 이러한 현상은 외국어 학습과정에서 자주 발견되는데, 만약 주종형에서 병존형으로 전환이 이뤄질 경우 이는 번역이 필요없이 두 언어로 점점 사유가 가능해질 정도로, 이중언어 숙련도가 상향되었음을 의미한다. 외국어 학습이란 바로 이렇게 주종형에서 병존형으로 넘어가려고 노력하는 것이다.

그렇다면 개인이 어느 정도의 시간을 들여야 이중언어 사용자가 될수 있을까? 여기서의 이중언어 사용자는 성인이면서 외국어 학습이 두언어를 숙련되게 사용하는 수준에 이른 사람을 의미한다. 아동은 이중언어 환경에서 아무런 노력 없이도 이중언어 능력을 습득하지만 성인학습자에게는 이러한 시간투자 계산이 큰 의미를 갖는다. 일각의 계산으로는, 일반적으로 800에서 900시간의 학습량을 가져야만 비로소 15세가량의 민족어 구사수준에 이를 수 있다고 한다Diller 1978. 하지만 이는 단지 대략적인 계산일 뿐, 학습자의 능력과 외국어의 상대적 난이도, 학습환경, 학습방법, 학습목적 등이 모두 학습시간 소요량에 영향을 미칠 수 있다. 일반적으로 외국어마다 요구되는 학습의 시간량도 각기 다를 수 있고, 한 언어를 학습하는데도 어떤 모어의 학습자인가에 따라서도 큰 차이를 갖는다. 미국의 외교대학Foreign Service Instiitute에서는 일찍이 각종 외국어에 대한 영어 모어 화자의 학습요구시간 및 각 언어들마다의 상대적인 난이도를 분류한 적이 있다. 시간과 난이도를 고려하여 4개 조로 구분하고 각 목표어마다 특정 기준에 다다르는 데 요구되는 학습 시간량을 통계냈는데, 720시간이 요구되는 제1조에서부터 1950시간이 요구되는 제4조까지 그 차이가 큰 것을 볼 수 있다. 그 내용은 다음의 표와 같다.

언어조	(2+수준[1]) 평균요구시간량
제1조	아프리카어, 덴마크어, 네덜라드어, 프랑스어, 독일어, 아이티어, 크레올어, 이탈리아어, 노르웨이어, 포루투갈어, 루마니아어, 스페인어, 스와힐리어, 스웨덴어	24주(720시간)
제2조	불가리아어, 다리(Dari)어, 그리스어, 인도어, 인도네시아어, 말레이시아어, 우르두(Urdu)어	38(1140시간)
제3조	암하라(Amhara)어, 방글라데시어, 미얀마어, 체코어, 핀란드어, 히브리(Hebrew)어, 헝가리어, 캄보디아어, 라오스어, 네팔어, 필리핀어, 폴란드어, 러시아어, 세르비아−크로아티아어, 신할라(Sinhala)어, 태국어	44주(1320시간)
제4조	아랍어, 중국어, 일본어, 한국어(조선어)	65주(1950시간)

영어 모어 학습자가 2+수준의 외국어 학습 시 요구되는 시간통계표

위의 표는 미국인이 외국어를 배울 때 목표어가 각기 다를 경우 소요되는 시간량도 다르다는 것을 보여준다. 역으로, 상이한 모어 화자가 영어를 배울 때 투자하는 시간도 역시 다르다. 독일인, 프랑스인, 중국인, 일본인이 영어를 학습할 때 요구되는 시간량을 예로 들면, 독일인과 프랑스인은 최저 전공영어 수준에 도달하는데 1000~2000시간(6, 7개월의 집중코스)이면 되지만 중국인과 일본인은 그와 유사한 수준에 도달하는 데 4375시간(2년 이상의 집중코스)이 요구된다Diller 1978. 이를 통해 우리는 외국어 학습의 방식만으로 이중언어 사용자가 된다는 것이 결코 쉽지 않음을 볼 수 있다.

----

1) "2+"수준이란 최소한의 전공외국어 수준과 전공외국어로 업무를 볼 수 있는 수준의 중간을 가리킨다.

간섭현상

둘 또는 그 이상의 언어를 사용하는 데는 몇 가지 문제들이 으레 발생할 수 있다. 예를 들면 언어접촉 후 생기는 간섭, 혼합, 차용 등의 문제가 그렇다. 바인라이히Weinreich 1953는 언어접촉을 개인적 현상으로 보았다. 하지만 사회언어학연구의 핵심은 발화 공동체에 있기 때문에 사회와 무관한 개인적 심리현상은 사회언어학의 연구범위에 속하지 못 한다. 이러한 점에서 이중언어 현상 중에는 많은 부분이 심리언어학적 연구범위로 들어간다. 예를 들면 이중언어 능력은 뇌의 기능과 어떤 관계가 있는지, 또 사유과정과는 어떤 관계가 있는지, 그리고 이중언어 사용이 빚는 언어간섭에는 어떠한 생리적, 심리적 기제가 존재하는지 등이 그렇다.

간섭이란 어음, 어휘, 어법과 화용 등 각 방면에 걸쳐 서로 간섭하고 영향을 끼치거나 상호간의 언어성분을 서로 흡수함으로써 두 언어가 가끔씩 섞이는 경우를 가리킨다. 일찍이 바인라이히가 1953년에 발견한 현상으로서 이중언어 사용자의 언어에 존재하는 수많은 일탈deviation 현상은 언어간섭이라는 개념으로서 해석가능하다는 것이다. 언어간섭은 언어의 각 차원에서 일어날 수 있는데 그 중에서도 음소 방면의 간섭이 가장 쉽게 눈에 띈다. 이중언어 사용자는 종종 제1언어의 음소를 제2언어의 음소와 동일시하기도 하고 또는 발음하면서 제2언어로 제1언어의 규칙을 끌어오기도 한다. 프랑스어의 r은 목젖울림소리지만 영어에는 이 음소가 없다. 그로 인해 영어 모어화자는 프랑스어의 r을 영어의 r로 여겨 설첨떨림음이나 권설음으로 발음할 때가 있는데 이러한 경우가 그 예에 해당된다.

이와 같은 음소 간섭현상은 4종류로 나뉜다:

1. 음소의 차이를 구분하지 않는다. 이태리어에 모음의 장단 구분은 있어
   도 영어의 장모음/i:/와 단모음/i/처럼 의미상의 구분을 두지는 않는다.
   그 영향으로 이탈리아 사람들은 영어를 구사할 때 /biːt/와 /bit/을 구
   분하지 못하고 He beat his wife(그는 자신의 아내를 때렸다)를 He bit
   his wife(그는 자신의 아내를 물었다)처럼 말한다. 반면에 영어에는 단
   자음과 복자음 간의 구분이 없다. 그로 인해 영미권 화자는 이태리어를
   구사할 때 casa(집)와 cassa(매표구), fato(일을 잘 마친 것)와 fatto(사
   실)를 잘 구분하지 못한다.
2. 차이를 과장하거나 없어도 있는 것처럼 간주한다. 이러한 종류의 간섭
   은 상기 1번 항의 간섭과 정반대이다. 영어에는 복자음이 없음에도 이
   태리어 모어화자는 영어의 little, banner의 tt과 nn을 복자음으로 간
   주하기도 한다.
3. 잘못된 이해를 한다. 영국 영어에서 fast의 a는 fat의 a발음과 다르
   다.(미국 영어에서는 동일하다) 즉 전자의 a는 장음이고 후자의 a는
   단음으로 발음된다. 그래서 일부 영국인들은 이태리어의 fato와 fatto
   를 발음하면서 영어와 같은 차이를 두어야한다고 생각한다(사실 이태
   리어에는 차이를 두지 않는다).
4. 어음을 대체한다. 실제로는 전혀 다른 발음임에도 불구하고 제1언어의
   어음을 제2언어의 어음과 같다고 여기는 경우이다. 앞서 언급했던 영어
   와 프랑스어에서의 r이 바로 여기에 속한다.

이상의 현상들은 모두 제1언어의 체계로 제2언어의 체계를 판단하
는 데서 비롯된다. 제2언어에서의 X를 듣고서도 그것을 제1언어의 Y
로 판단하고 제2언어 구사 시에도 Y를 사용하는 것이다.

어휘, 어법 방면에서도 이와 유사한 간섭현상이 존재하지만 그 예를 여기서 일일이 열거하지는 않겠다.

사회문제로서의 이중언어 상용

사회 속에서 야기된 이중언어 현상 문제는 주로 두 방면에 걸쳐있다: 1) 두 언어의 지위를 어떻게 정할 것인가; 2) 이중언어 교육문제를 학교에서 어떻게 해결할 것인가.

한 국가에 두 개 또는 그 이상의 언어가 쓰일 경우 종종 정치적인 충돌을 야기하기 때문에 국가에서는 그에 알맞은 언어정책을 제정할 필요가 있다. 이 문제와 관련해서는 제7장에서 자세하게 논의할 것이므로 여기서는 학교에서의 교육문제만 간략하게 언급하고자 한다.

일찍이 일각에서는 아동의 이중언어 상용이 I.Q 발달에 도움을 준다고 했었다. 두 가지 언어를 습득하면 더 많은 외부 정보를 접할 수 있기 때문에 시각과 인간관계도 넓힐 수 있다는 것이다. 하지만 이중언어 상용이 I.Q와는 상관없다고 하는 사람들도 물론 있다. 또 그 외에, 학교에서 표준어로만 교육을 진행하면 비표준어를 모어로 하는 아동들은 학습에 지장을 받을 수 있다고도 했는데, 그 이유는 표준어로 지식을 받아들이는 데는 한계가 있다고 생각했기 때문이다. 이러한 의견의 사람들은 미국 흑인 아동들의 성적이 학교에서 표준 영어를 모어로 하는 아동들보다 낮다는 것을 근거로 한다. 이와 같이, 어떤 언어를 교육용어로 할 것인가 하는 문제에 대해서는 두 가지 견해가 공존한다: 1) 표준어 교육과 "비표준어" 금지령을 강조한다. 그 예로서 영국의 웨일스 지역에서 사용되는 게일어Gaelic는 한 때 법률로써 불법으로 규정되기도 했다. 2) 초기 교육 단계에서는 아동으로 하여금 자신의 모어(비표준 변종)를 매개로 읽고 쓰며 또 교육을 받고 그 후 다시 주도적인 지위의 언어를 습득토록 한다.

과거 미국에서는 전자의 경향을 띠었지만 많은 사람들의 비판과 반대에 부딪혔다. 더불어 수많은 소수민족들도 잇달아 자신의 문화와 언어를 유지하고 보호하기 시작했고 그로 인해 미국의 일부지역에서는 현재 이중언어 교육을 실시하기도 한다. 이 지역에서 스페인어 모어화자와 미국 인디언어 모어화자는 자신들의 언어로 교육을 받을 수 있다. 그 외 많은 도시들의 공공게시판이나 이정표도 상이한 문자들로 씌어 있다. 미국 대도시 내 차이나 타운에서도 중국어로 된 상점간판이나 이정표를 볼 수 있다. 이와 같은 분위기에 힘입어 이중언어 상용학교 역시 잇달아 생겨나고 있다.

교육과 관련한 사회언어학 연구, 특히 언어교육 방면과의 접목은 제8장에도 상세하게 소개되어 있다.

제2절 언어의 차용과 혼합

언어의 차용

언어차용현상은 굉장히 보편적이다. 특히 오늘날처럼 과학기술의 발전에 따라 사람들 사이의 접촉이 점점 밀접해져 갈 때는 더욱 그러하다. 새로운 개념들도 매일 마다 생겨나지만 전산 네트웍크에 힘입어 사람들은 몇 분 내로 문건(글, 그림, 컴퓨터 프로그램) 하나를 세계 어느 곳이든 보낼 수 있게 되었다. 신개념이 어떤 한 언어로 소개될 때면 종종 기존의 어휘들로 그것을 번역, 표현하지 못할 때가 있는데, 이 때 자주 사용되는 방식이 바로 기존의 언어형식을 차용하는 "어휘차용"이다. 이에 상응하는 예는 독자들도 각자의 언어로 쉽게 들 수 있을 것이다. 하지만 어휘차용을 수용하는 정도와 그 수는 각각의 언어들마다 다른데, 장기간 동안 아무런 제재를 받지 않고 차용어를 받아들이는 언어가 있는가 하면 단기간동안 아주 작은 범위에 국한해서만 그것을 받아들이는 언어도 있다. 중국어漢語는 후자에 속하는 언어로서 음역을 통해 대량으로 외래어를 차용할 수 없다.

언어의 차용현상은, 다양한 언어구조 층차에서 발생하는 언어형식의 흡수까지도 포함하므로 어휘의 차용에만 국한되지 않는다. 모어화자의 입장에서 보면 언어에서 수입되는 갖가지 언어자질들 모두가 "차용"이다. 물론, "차용"되는 시간이 길어 해당 민족어 자질에 동화될 가능성도 있는데, 이때 차용된 성분은 더 이상 "차용"된 것으로 여겨지지 않는다. "차용"현상을 논할 때 차용된 원래의 언어를 "뿌리어源語"라 하고 뿌리어 성분을 받아들인 언어를 "수용어受語"라고 한다.

현대영어에는 수많은 프랑스어 차용사가 존재한다. 이중에는 프랑스어 발음을 그대로 유지하는 경우도 있는데 이때 (목젖울림소리 등과 같은)프랑스어 어음은 영어의 음소 체계로 흡수된다. 이 같은 현상은 역으로 뿌리어를 영어로, 수용어를 프랑스어로 하는 차용사에도 나타난다. 큰 규모의 영어사전이나 불어사전을 들춰보면 이러한 예들은 무수히 많은데, 그들 예는 종종 이탤릭체로 표시되어 있으며 프랑스어보다는 영어사전에서의 프랑스어 차용사가 더 많은 것을 볼 수 있다. 이들 차용현상은 모두 어음방면에서의 상황이다. 중국어의 각 방언 간에 일어나는 어휘차용에서도 종종 어음차용 현상이 동반된 상황이 발견된다. 예를 들면, 수많은 북방방언 화자들이 월粵방언 발음에 따라 "埋單(買單 계산하다)", "點散(點心 간식)" 등을 발음하지만 이 과정에서 보이는 수많은 자질(예컨대, /m/운미 등)들은 북방방언의 음소체계를 넘어선다.

실제 사용에 있어 이들 "어음모방" 차용사들은 뿌리어의 어음과 완전히 일치하지도 않는다. 그리고 뿌리어와 수용어 어음 간의 혼합일 때도 많지만 임의적인 혼합이 아니므로 공동체 내에서 용인된 규칙성을 갖는다. 그러므로 뿌리어의 어음자질 보유여부로써 차용사와 역사적 차용사를 경계짓는 기준에는 상대성이 존재한다. 영어의 "garage"라는 단어의 끝발음을, 파열마찰음으로 발음하는 소수를 제외하고, 대부분의 화자들은 원래의 프랑스어 마찰음으로 발음하고 있다. 영어의 어음체계에서는 이와 같이 마찰음으로 끝나는 음절구조가 많은데 이는 그와 유사한 차용어수가 상당히 많기 때문이다. "법만으로는 대중을 다스릴 수 없다"고 하듯 이들 차용어는 이미 영어음계를 변화시켰다.

구의 번역차용은 차용사와 구분되는 또 하나의 차용현상이다. 이러한 상황에서는 외래어 단어의 어음 형식을 띠진 않아도 외래어의 구구조를 해당 민족어로 모방함으로써 외래어와 같은 의미를 표현한다. 프랑스어의 "en lieu de", "vis-à-vis"에 대응되는 영어의 "in place of", "face to face"가 그 예이다. 신조어를 대량으로 받아들이고 있는 상황에서 중국어는 현재 활용접사들도 받아들였다. 이들 접사는 뿌리어의 단어구조 규칙에 준해 새로운 단어들(접두사 "多-(multi-)", 접미사 "-化(-ize)" 등[1])을 파생시켰다. 이러한 경우들은 모두 형태론, 통사론과 관련된 차용현상이다. 또 화용규칙도 차용가능하다. 전화 문화가 발전해 가면서 중국어 화자가 "拜拜"와 "再見"으로 전화통화를 마무리하는 현상이 점점 보편화되어 가고 있는데 이러한 예가 바로 화용규칙의 수용에 해당된다. 여기서 "拜拜"는 차용사로서 "再見"이라는 원래 있던 어휘에 부가된 새 용법이다. 이와 같이 경제와 문화교류의 글로벌화가 언어변화에 미치는 효과에 대해서는 앞으로의 연구가 요구된다.

언어의 차용과 혼합은 언어접촉의 결과로서 지금부터는 혼합어에 대한 연구를 소개하고자 한다.

피진어Pidgin와 크레올어Creole

두 언어가 서로 접촉하면 여러 가지 혼합현상이 발생할 수 있는데 그 중에서 피진어와 크레올어가 가장 주요한 두 가지 형식에 속한다.

피진어(양징뻥洋涇兵어라고 번역하기도 한다)와 크레올어는 모두 혼

---

1) 중국어의 신생 단어와 신생 접사에 관해서는 湯志祥(2001)을 참고할 것.

합어이다. 이들 언어는 통상, 혼합되는 두 언어 중에서 한 언어로부터는 어법을, 또 다른 한 언어로부터는 어휘를 사용한다. 피진어와 크레올어의 차이는, 후자는 이미 어느 한 민족의 모어가 되었다는 데 있다. 피진어와 크레올어에 대한 연구 역시 사회언어학의 중요 영역이지만 1930년대 전까지만 해도 그에 대한 언어학자들의 관심은 전무했다. 당시 사람들은 피진어와 크레올어가 다듬어지지 않은 저속한 언어일 뿐 어법도 없기 때문에 간단한 의사소통에만 사용된다고 생각했다. 그러나 근래 들어 이러한 태도에 변화가 생기면서 언어학자들이 피진어와 크레올어에 진지하게 접근하기 시작했다. 그 이유는 피진어와 크레올어도 각각의 역사와 언어구조를 갖고 있는데다 여러 가지 완벽한 의사소통 기능도 갖추고 있기 때문이다. 특히 피진어와 크레올어는 언어와 어법의 발생학적 원리를 연구하는데 있어 매우 중대한 의미를 갖고 있다.

과거에는 "lingua franca"를 "혼합어"라고 번역했었기 때문에 피진-크레올어와 혼동되기도 했다. "lingua franca"란 서로 다른 모어의 화자들끼리 특정한 의사소통을 목적으로 선택한, 어느 모어와도 같지 않은 제3의 언어를 의미한다. 그것이 혼합어의 일종일 수도 있지만 반드시 혼합어만 가리키는 것은 아니기 때문에 "교제어交際語"란 번역이 "lingua franca"에 더욱 어울릴 것 같다.[2] 그 예로서, 일본인과 브라질인이 영어로 사업을 논의할 경우 여기서의 영어는 교제어로서 기능할 뿐 혼합어가 아니다.

피진어는 교제어의 일종이다. 위의 예에서 영어는 교제어인 동시에 한 민족의 모어이지만 피진어는 그저 교제어의 일종일 뿐 그것을 모어

....
2) 黃長著(1980) 참고.

로 사용하는 사람은 없다. 피진어는 두 개 이상의 언어가 혼합하여 형성되었기 때문에 두 언어의 어휘와 어법, 어음이 간략화되거나 섞여있다. 또한 상이한 모어 화자 간의 의사소통 과정에서 잠시 잠깐의 필요에 따라 생성되었기 때문에 그 사용범위도 제한적이다. 일례로, 1970년대부터 80년대까지 독일의 베를린과 프랑크푸르트에는 터키, 이태리, 스페인, 포르투갈 등 외국국적 노동자Gastarbeiters들이 대거 유입되면서 독일어를 바탕으로 한 피진어(피진 독일어)가 생겨났다. 또 파푸아뉴기니아 같은 기타 지역에서는 영어에 기초한 피진어가 있다. 나아가이러한 피진어가 그 지역 2세 사람들의 모어가 되면 이젠 더 이상의 피진어가 아닌 크레올어가 된다. 그 예로, 아이티 사람들은 프랑스어를바탕으로 한 크레올어를 모어로 사용한다. 통계에 따르면 크레올어만사용하는 사람들이 적게는 6~700만 명 정도, 많게는 1000에서 1700만 명 정도로 추산된다.

피진어와 크레올어를 자세히 관찰해보면 피진어와 크레올어는 그발전 정도가 각기 다르다는 것을 발견할 수 있다. 피진어는 형성되는 과정에서 종종 토대 언어의 어휘나 통사구조도 간략화되고 어음상의 변화도 용인될 뿐만 아니라 토대 언어와 비교해 문체기능 역시 축소되어 있다.(예를 들어, 피진어로 소설을 쓰는 사람은 없다) 하지만 크레올어의형성과정은 피진어와 반대다. 형태구조와 통사구조가 매우 발달되어 있으며 어음 역시도 규범화되기 시작하고 그것의 언어기능과 어휘수 역시도 증가해 전체적으로 비교적 안정된 언어체계를 보인다.

그렇다면 피진어와 크레올어는 어떻게 만들어질 수 있었을까? 이에대해서는 여러 가지 견해가 있다: 1) 피진어 화자는 언어능력이 부족하여 표준어를 능숙하게 배울 수 없었다는 견해다. 어떤 화자가 영어를 바탕으로 한 피진어를 구사하는 이유는 영어를 잘 배우지 못했기 때문이라는 것이다. 예를 들어, 해방 전 상하이의 인력거 인부들은 외국인들을 자주 태웠었는데 그러면서 영어를 구사하는 외국인들과도 자주 접했다. 시간이 오래 되면서 그들은, 영어 어휘들은 구사할 수 있게 되었지만 어법을 정확하게 구사할 수는 없었던 까닭에 중국어 어법에 영어 어휘를 이용하여 커뮤니케이션을 했다. 중국어의 "好久不見"이 long time no see로 표현된 것이 그 예인데, 상하이 사람들은 이러한 표현을 洋涇兵영어(洋涇兵은 상하이의 강 이름이다)라고 칭했다. 이러한 견해는 요즘 많은 언어학자들에 의해 거부당하고 있는데, 왜냐하면 이러한 견해는 한 언어가 다른 언어보다 우월하다는, 즉 유럽의 언어가 다른 언어보다 우월하다는 생각이 자리하고 있기 때문이다. 사실 아직까지도 언어의 우월성을 객관적으로 측정할 만한 기준을 찾진 못했다. 피진어의 생성은 매우 특수한 조건하에서 이뤄진 언어간 접촉의 결과이다.

2) 또 다른 견해가 있으나 그 근거도 역시 부족하다. 바로 "외국인 발화外國人腔, foreigner-talk"와 "유아어娃娃腔, baby-talk"로 피진어와 크레올어를 비교하는 것이다. 소위 "외국인 발화"와 "유아어"란 외국인이나 어린 아이가 구사한 말이 아니라, 영어나 프랑스어 모어화자가 외국인이나 어린아이와 대화할 때 어휘와 어법을 간략화시켜 외국인과 어린아이가 잘 이해할 수 있게끔 유도하는 언어를 말한다. 이러한 견해는 두 가지 모순점을 갖는다. 첫째, 세상의 피진어와 크레올어 중에는 영어나 프랑스어를 토대로 한 것도 있고 기타 언어들에 바탕을 둔 것도 있지만 그것에 상관없이, 피진어와 크레올어 간에는 구조나 어휘상에 많은 유

사점을 갖는다. 그러므로 어떤 토대어基礎語를 간략화한 것인가와는 무관한 것으로 보인다. 둘째, 피진어로만 이뤄지는 커뮤니케이션은 비유럽인들 간에 발생하는 상황이지 유럽인과 비유럽인들 간에는 일어나지 않는다는 점이다. 그 외에도, 유럽인은 비유럽인의 피진어를 종종 배우지만 그 반대는 일어나지 않는다는 점도 있다.

　이미 확보된 영어의 역사자료에 근거해, 사람들은 현대영어와 그것의 "전신"인 앵글로 색슨 방언 간에 구조 체계 상 상당한 차이가 존재한다는 것을 발견했다. 나아가 그들은 그러한 현상이 역사적으로 덴마크어, 프랑스어 및 그 뒤로 기타 여러 언어들과 접촉했었던 데 기인하고 있음을 알게 되었다. 이러한 시각에서 어떤 사람들은 영어가 크레올어에서 발전해 온 것이라고도 하고 또 어떤 사람들은 현존하는 세상의 모든 언어들은 역사적으로 한동안 크레올어의 일종이었을 것이라고도 한다. 특히 사용자수가 많은 언어들에는 항상 역사적으로 수많은 언어들과 접촉하며 혼합했던 흔적이 존재한다. 이러한 견해에는 어느 정도 일리가 있다. 피진어와 크레올어 연구에는 아직 정론이 존재하지 않지만 이와 같은 견해를 이해할 경우 최소한 혼합어가 열등한 언어라거나 혼합어를 쓰는 민족이 열등하다는 편견을 배제하는데는 도움이 될 것이다.

　현재 많은 언어학자들 사이에선 이미 크레올어가 언어구조적인 면에서 갖춰진 언어라는데 동의하고 있다. 심지어 "보편어법"을 연구하는 언어학자들도 인류 언어의 가장 기본적인 자질을 크레올어 연구에서 발견하길 기대하고 있다. 이러한 가치에도 불구하고 크레올어는 사회적 지위 면에서 항상 낮다. 특히 표준어가 정해져 있는 언어와 관계된 크레올어는 표준어의 열등한 변종으로 인식되는 경우가 종종 있다. 하지만 크레올어를 구사하는 사회군이 발전하고 분화해 갈수록 공동체 내 일부 사람들은 자신의 크레올어가 기초한 바탕어標準語에 가까워지고자 하는 바람과 사회적 분위기를 형성한다. 그리고 발화 공동체 성원들이 부단히 노력할수록 그 크레올어 역시 점점 바탕어와 유사하게 변해간다. 이러한 과정을 "탈크레올화de-creolization"라고 하는데, 자메이카 영어가 바로 그에 속한다. 이렇게 탈크레올화된 언어를 사용하는 발화 공동체에서는 성층화 현상이 출현할 수 있으며 그러한 성층화 현상은 언어형식 면에서 "탈크레올화 연속체de-creolization continuum"로 표현된다. 이러한 연속체는 구체적으로, 사회 상위계층이 사용하는 언어가 관련 표준어와 가장 가깝고 차하위 계층으로 갈수록 각각의 변별자질을 갖는 사회방언을 갖는다. 이 때 사회계층이 낮으면 낮을수록 그들이 사용하는 방언에는 좀 더 많은 원시 크레올어의 자질이 존재한다.

제3절 언어의 사용선택

부앙Buang 布旺인의 언어선택

이중언어 사회에서 사람들은 항상 한 언어를 일정한 조건에 근거해 사용한다. 이러한 선택은 결코 무질서하거나 무작위적이지 않기 때문에 연구를 통해 그 선택의 규칙을 찾을 수 있다. 산코프G. Sankoff 1980는 뉴기니 지역의 한 다언어 공동체를 연구하면서 한 장의 그림으로 공동체 내 세 언어에 대한 선택규칙을 보여주었는데, 야벰어Yabem, 부앙어Buang, 토크피진Tok Pisin이 그것이다. 편의를 위해서 세 언어를 각각 Y, B, T로 표시하였는데 그에 대한 선택상황은 다음과 같다.

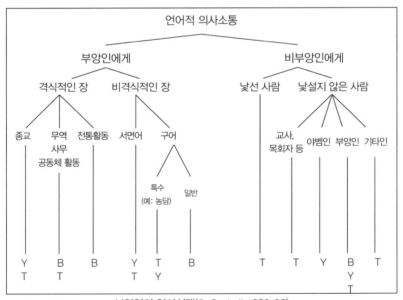

부앙인의 언어선택(G. Sankoff 1980:36)

위의 그림에서 볼 수 있듯이, 이 공동체에서는 제일 먼저 대화자를, 그 다음으로 장scene을, 그 다음으로 발화 목적 등의 요인을 고려해서 언어를 선택하고 있다. 부앙인 간에는 비격식적인 장의 구어대화가 일반적으로 부앙어로 이뤄지지만 비교적 격식적인 장에서는 그것이 전통적인 문화활동인지 무역활동인지가 고려되며 종교적인 활동은 다시 따로 논의된다. 종교 활동 시에는 일반적으로 야벰어가 쓰이지만 토크피진도 사용가능하며 부앙어는 사용가능한 제3의 선택이 된다. 이와 대응되는 전통문화활동은 순전히 부앙어로만 진행된다. 부앙인이 비부앙인과 대화할 경우에는 그 상대가 낯선 사람인지 아닌지를 엄격히 구분한다. 대화 상황과 언어 선택 간의 일대일 대응이 일반적으로 가장 적절하다고 여겨지지만 경우에 따라서는 제2, 제3의 선택도 있게 된다. 예를 들면, 낯선 비부앙인과의 대화는 기본적으로 토크피진으로만 이뤄지나 낯익은 부앙인과의 대화 시에는 세 언어 모두 사용가능하다.

언어사용역 이론

피쉬맨J.Fishman 1972은 "언어사용역 이론"으로 언어선택을 해석했다. 어역 또는 언어사용역domain of use이란 일련의 공통된 행위규칙(언어규칙을 포함한다)으로 통제되는 각각의 전형적인 사회맥락을 말한다. 활동범위(영역)로서의 언어사용역 내에서 사람들은 어떠한 하나의 언어나 방언 또는 문체를 선택하게 된다. 언어사용역은 추상적인 개념으로서 신분관계, 장소, 화제라는 세 요소를 포괄한다. 피쉬맨은 이들 세 요소를 바탕으로 언어사용역을 가정역, 친구역, 종교역, 교육역, 업무역으로 분류하였는데 예를 들어 설명하면 다음과 같다: 미국 저지시티 Jersey City의 푸에토리코인은 영어와 스페인어를 사용하는데 조사에 의하면 스페인어는 가정역, 친구역과 관련이 있고 영어는 종교역, 교육역, 업무역과 관련된다는 사실이 증명되었다. 좀 더 자유롭게 얘기하는 가족과 친구들끼리는 스페인어를 사용하지만 교회, 학교, 업무현장에서는 영어를 사용한다는 것이다. 아래 표는 그린필드(Greenfield 1968, Fishman 1972에서 인용)가 미국 저지시티의 푸에토리코 공동체를 언어사용역 이론으로 분석한 결과를 보여준다.

언어사용역	신분	장소	화제	사용언어
친구	친구	해변	어떻게 게임을 할 것인가	스페인어
가정	아버지	집	어떻게 좋은 아들과 딸이 될 것인가	스페인어
종교	목사	교회	어떻게 좋은 신자가 될 것인가	영어
교육	선생님	학교	어떻게 수학 문제를 풀 것인가	영어
업무	직원	공장	어떻게 더욱 효율적으로 업무를 볼 것인가	영어

언어사용역 이론이 언어선택 규칙을 일정 부분은 해석하고 있지만 그래도 여전히 해결하지 못한 문제들이 남아있다. 예를 들어, 피쉬맨은 가정역과 스페인어가 관련된다고 했는데 여기에는 한 가지 조건이 있다. 즉 아버지가 가정에서 아들과 어떻게 좋은 자식이 될 것인가를 논의할 때는 반드시 스페인어를 써야한다는 것이다. 이러한 상황을 "일치성 congruent"맥락이라고 하는데, 세 구성성분(신분, 장소, 화제)과 언어사용역이 완전하게 일치하는 경우이다. 하지만 특수한 경우들도 존재한다. 아버지가 가정에서 자식과 정치나 종교문제를 논의할 때 세 개 중 한 개의 구성성분은 언어사용역과 부조화를 이룬다는 것이다. 이것을 "비일

치성incongruent"맥락이라고 하는데 이 경우 언어의 선택은 어떻게 예상할 수 있을까? 이렇듯 실제로 언어사용 선택에 영향을 주는 요인은 상당히 복잡하므로 몇몇 소수의 요인으로 이렇게 복잡한 현상을 완전하게 해석하기란 결코 불가능하다. 그럼에도 불구하고 언어사용역 이론이 언어선택에 대한 연구에 몇 가지 방향들을 제시해 주고 있는 것은 분명하다.

양층언어 이론

한 사회에서 두 개의 언어변종을 사용하는 경우가 많이 있는데, 각각 상이한 장에서 사용되는 이 두 변종은 계보상 서로 관련된 두 언어 또는 한 언어의 두 가지 방언일 가능성이 높다. 후자의 경우에서는 종종 그 중 하나가 표준방언이 되고 나머지 하나가 지역방언이 된다.[1] 이들 두 변종은 상이한 기능으로써 각각 자신의 사용영역을 갖는다. 예를 들어, 바그다드에서 기독교를 믿는 아랍인들끼리는 "기독교 아랍어"를 사용하지만 옆에 누가 있을 경우에는 일반적인 바그다드 방언인 "무슬림 아랍어"를 사용한다. 이런 특수한 언어현상을 기술하기 위해 미국의 언어학자 퍼거슨C. A. Ferguson 1959은 양층언어diglossia 雙言制란 개념을 도입했다.[2]

퍼거슨이 말하는 양층언어란 다음과 같은 현상을 의미한다: "비교적 안정적인 언어상황에서 기본방언(표준어와 몇 가지 지역적 성격을

---

1) "표준방언"이란 용어가 서양에서는 많이 유행했지만 중국언어학계에서는 지금까지 유행한 적이 없다. 일 반적으로는 방언을 표준어와 대립되는 것으로 보고 있지만 "방언"을 "한 '언어'의 여러 변종"으로 정의할 경우에만 "표준방언"이란 말이 성립된다. 현재 많은 사회언어학자들은 일반적으로 말하는 "표준어"가 사 실은 "사회방언"에 불과하다고 여기고 있다.

2) 이 용어는 "양층 언어변종" 또는 "양층언어현상"(吳玉雯 1985, 陳松岑 1985a 등 참고)으로 번역되기도 했었는데 여기서는 祝畹瑾(1992)의 용어를 따랐다.

띤 표준어를 포함한다)외에 그와 매우 상이하고 고도로 규범적인(어법적으로 매우 복잡하기도 한) 변종이 존재한다. 이 변종은 꽤 이른 시기의 언어였거나 다른 공동체에서 생산된 대량의 문학작품 속 서면어로서 기본적으로는 정식교육을 통해서만 배울 수 있고 서면으로, 그리고 격식있는 담화 장에서만 사용된다. 공동체 내의 일상 대화에서는 사용되지 않는다."퍼거슨의 이러한 정의는 다음과 같은 면에서 상당히 엄격하다: 1) 병존하는 두 변종의 기능이 상이하다. 2) 하나는 정식교육을 통해 학습되고 다른 하나는 모어로서 습득된다. 그는 격식적인 장에서 사용되는 변종을 "상위변종High variety 高變體"이라 하고 비격식적인 장에서 쓰이는 변종을 "하위변종Low variety 低變體"이라 했다.[3]

그는 논문에서 중국어를 "지금까지 확인 조사된 중에서 가장 큰 규모의 양층언어 현상"을 보이는 언어라고 했는데, 문언문을 상위변종, 구두관화를 하위변종이라 하고 그 외에도 지역색을 띤 하위변종(즉 중국 각지의 방언)이 더 있다고 여겼다. 그가 언급했던 중국어 양층언어 현상은 짜오위앤런趙元任이 1947년도에 펴낸 『광동어 입문Cantonese Primer, 粵語入門』의 서문을 보고 판단한 것인데, 이는 현재의 상황과 맞지 않다. 그 이유는 오늘날 문언문은 백화白話에 이미 그 자리를 넘겨주었고 그에 따라 보통화가 "상위변종"이 되었기 때문이다. 보통화는 명확한 규범이 존재하고 교육을 통해 학습되며 사용되는 장 또한 비교적 격식적이다. 그리고 현지 지역어, 즉 "하위변종"은 일반적으로 가정에서 사용된다. 하지만 보통화와 지역어 간의 대비는 전형적인 양층언어의 두 변

....
3) 원문에는 H-variety와 L-variety으로 표기되어 있는데 이는 간단하고 편리하게 부르고자 하기도 했고 또 "상하귀천"의 평가성 용어를 피하려고 했던데도 기인한다.

종처럼 확연하게 구분되지 않는다. 퍼거슨이 기술했던 스위스, 그리스, 아이티, 이집트의 상·하변종은 그것이 사용되는 장과 관련하여 매우 명확하게 분리되어 있어 혼용이 불가하다. 동시에 언어 선택에 있어서도 발화 공동체 내부의 사회계층 분화가 크지 않다. 이러한 점에서 중국의 상황은 분명 양층언어의 예에 속하지 못한다.

그 후 "양층언어"란 개념이 피쉬맨Fishman 1972 등의 학자들에 의해 확대됨에 따라 현재 이 용어에 대한 정의는 퍼거슨이 처음 제시했을 때만큼 그렇게 엄격하지는 않다. 그래서 사회 속에 두 가지 언어변종이 존재하기만 하면, 변종 간 계보관계의 여부에 상관없이, 모두 "양층언어"라 부를 수 있게 되었다. 그리고 그에 따라 여러 수많은 이중언어 현상을 "양층언어"란 말로 범칭하는 사람들이 실제 생겨나기도 했다. 하지만 피쉬맨 등의 "양층언어"란 사실 우리가 앞서 언급했던 "사회적 이중언어 상용"을 가리킨다. 이에 반해 퍼거슨은 "양층언어"란 개념을 제시하면서 일찍이 그러한 현상을 만들어내는 특정한 사회·역사적 조건도 다음과 같이 제시했다. 1. 양층언어를 갖는 발화 공동체는 유구한 문학 전통을 누리고 있으며 그 중 서면어가 사회나 민족의 가치관 체계를 대표한다. 2. 그 공동체에는 매우 높은 문맹률이 존재한다. 3. 위의 두 조건이 최소 몇 백 년 간 유지되었을 때 비로소 양층언어 현상이 출현한다. 이러한 점에서 양층언어 현상은 특정한 사회·역사적 조건의 산물이며 이러한 이유로, 사회적 조건에 변화가 생기면 양층언어 국면도 유지되기 어려워진다.

후기 양층언어 현상

싱가포르 언어상황에 대한 조사를 토대로 쉬따밍 등Xu et al. 1996은 "후기 양층언어Post-diglossia"란 개념을 제시했다. 역사적으로 싱가포르는 전형적인 양층언어 상황을 경험한 적이 있었지만 현재 조사에 따르면 어느 변종이 어떤 기능을 발휘하는데 적합한지 해당 발화 공동체 화자들 사이에서도 더 이상 일치된 의견을 보이지 않으며 그에 따라 그들의 언어태도에도 명확한 분화현상이 발생했다. 그러나 그럼에도 불구하고 사회에서 유행하는 몇 가지 주요 변종의 기능에 대해서는 아직도 공동체 내 대다수 화자가 유사한 생각을 갖고 있으며 언어사용 면에서도 유사한 경향을 띠고 있는데 이러한 경향은 통계치로도 표현가능하다. 게다가 이러한 경향은 과거 양층언어 현상이 존재했을 때의 변종(상·하위)지위와도 일치하는데, 예를 들어 식민지 시기 싱가포르 화교 사회에서 쓰던 "화어華語"와 "방언" 간의 양층언어기능 분화는 매우 분명했다. 절대다수 화교가 푸지엔福建어를 이해하고 사용했지만 푸지엔어로 대학 강의나 정치연설을 한다는 것은 있을 수 없는 일이었다. 그러나 식민통치를 거둬내고 공화국을 건설하는 과정에서 정치가 리광야오李光耀가 푸지엔어로 정치연설을 하는 선례를 처음으로 보여주었다. 현재, 화어를 적극적으로 보급하려는 싱가포르 정부의 영향을 받아, 비록 화교들 다수가 여전히 가정과 시장에서는 (민방언, 월방언 등) "방언"을 사용하지만, 이제는 "화어"를 사용하는 사람들이 점점 늘어나기 시작하였고 가정과 시장에서조차도 화어만 사용하는 젊은이들이 크게 늘어났다. 싱가포르의 상황은 영어로의 이중언어 전환도 고려해야 하지만 설사 영어라 해도 그것이 사회 속에서 점하는 지위는 양층 언어에서 "후기 양층언어"로의 전환을 똑같이 거친 것일 것이다. 실제로 싱가포르 내 여러 민족을 포함한 사회 전체에 걸쳐 이미 기본적으로는 현재 모든 장에서 영어가 사용되고 있는데, 이를 바탕으로 보면 싱가포르의 변화란 주로 "상위변종"이 원래의 "하위변종"이 쓰이던 장으로 "침투해 들어간" 것으로 볼 수 있다.

후기 양층언어 현상은 양층언어 현상이 변화 발전하여 생긴 일종의 사회적 언어상태이다. 이러한 상태에서는 사회와 정치형세의 변화 및 교육의 보급에 따라 분명한 경계를 가졌던 두 언어의 상징성과 실용적 기능이 교차, 혼합되지만 상·하위 변종이 지닌 원래의 상대적 지위는 여전히 기능이 일정정도 분화된 형식으로 표현된다. 이러한 경우, 언어태도와 언어사용에 대한 사회계층별 분화는 매우 뚜렷해진다. 예컨대, 일부 사람들이 옛 변종 간의 기능을 그대로 유지하고 구분할 때 또 다른 쪽에서는 이미 새로운 변종 간의 기능을 구분한다든지 경우에 따라서는 신·구 기능을 혼용하는 상황을 빚기까지 한다. 이러한 예는 싱가포르 조사에서 모두 증명되었다. 일반적으로 중국 대부분의 지역을 한어漢語만 사용하는 단일언어 지역으로 여기지만 실제로 한어사용 지역 내에서 보이는 "이중방언현상bi-dialectalism"은 매우 보편적이다. 이중방언현상이 이중언어 현상으로 분류된다면 이들 지역에서 어느 정도의 "후기 양층언어"현상이 나타나는지의 여부도 연구해 볼만한 과제일 것이다.

제4절 코드 스위칭

반쪽언어사용자

발화 시 한 언어를 또 다른 언어로 바꾸는 현상을 코드 스위칭code-switching이라고 한다. 이러한 현상에는 비단 언어 간 전환뿐만 아니라 방언 간 전환까지도 포함된다. 코드 스위칭에 대해서는 기본적으로 두 가지 견해가 대립하고 있는데, 한쪽에서는 코드 스위칭이 불완전한 언어습득의 결과로서 어느 한 가지 언어표현도 완벽하게 사용할 수 없다고 생각한다. 하지만 또 한쪽에서는 그 자체가 한 사람의 언어적 의사소통 능력을 여실히 반영하고 있다고 생각한다. 후자는 인간이 두 언어를 능숙하게 습득한 뒤 대상, 장, 화제 등에 따라 그 중 한 언어를 선택할 수 있다고 설명한다.

전자의 견해를 지지하는 사람들은 두 가지 언어 중 어떤 것도 완벽하게 장악하지 못하는 이중언어 화자라는 의미로 "반쪽언어사용자semi-linguals"라는 개념까지 제시하며 "이중언어사용자bilinguals"와는 차별을 두고 있다. 이론적으로는 분명 그와 같은 사람들이 존재할 것이다. 그러나 실제적으로 누가 "반쪽언어사용자"인지를 말하기란 매우 어려운 일이다. 우선 앞서 언급했던 것처럼, 두 가지 서로 다른 언어를 기본적으로 균등하게 구사할 수 있는 사람이란 거의 없으며 더욱이 두 언어를 절대적으로 균등하게 구사하는 경우란 존재하지 않는다고 할 수 있다. 제대로 된 언어구사에는 늘 언어학습과 사용에 요구되는 구체적인 환경제약을 받으며 또 그에 따라 화자는 언어마다의 환경을 익히고 사용해야 하기 때문이다. 이중언어 사용자 대다수는 두 언어에 대한 구사력 간 비대칭을 자주 보이기 때문에 이중언어에 능숙한 사람들도 모든 의사소통의 장과 목적에 맞게 두 언어를 자유자재로 구사하진 못한다. "반쪽언어사용자"를 "한 언어만으로는 의사소통 목적을 달성할 수 없는 사람"으로 정의한다 해도 다수의 이중언어 사용자 역시 갖가지 상이한 정도의 "반쪽언어"현상을 여전히 겪고 있다. 그러므로 두 가지(이상의) 언어를 완벽히 균등하게 사용하는 사회란 근본적으로 존재하지도 않으며 개인적 이중언어가 균등하게 발전하고 존재하는 환경 역시도 찾기는 매우 어렵다.

"반쪽언어사용자"의 기준을 구체적으로 정할 수만 있다면 이러한 개념 역시도 조사와 연구 면에서 의미가 있을 수 있다. 그러나 아직까지는 그와 관련한 명확한 기준이 없는데다 사실상 "반쪽언어"라는 개념이 종종 잘못 오해되면서 이중언어 사용자에 대해 편견과 오해를 갖게 하거나 언어차별이라는 목적을 달성하는데 이용되기도 했다. 하지만 현대 언어학자들 대다수는 "모든 언어는 평등하다"는 입장을 기본적으로 취하고 있다. 발화 공동체가 어떤 언어를 사용하든 그 공동체는 자신이 채택한 언어를 통해 효과적으로 의사소통할 수 있으며 또 그러한 언어야말로 잘 갖추어진("여타 언어들과 동등하게 좋은") 언어라는 것이다.

다음과 같은 상황을 생각해 볼 수 있다: 어떤 한 발화 공동체가 있다. 그 공동체의 구성원 간에는 언어 소통에 전혀 문제가 없었다. 그런데 그들이 사용하는 언어형식에는 표준어로 여겨지는 A의 일부와 또 다른 표준어로 여겨지는 B의 일부가 동시에 포함되어 있다. 이 때 만약 해당 공동체 화자에게 대화 시 A와 유사한 형식을 일절 사용하지 못하게 한다든지 B형식의 사용을 금지한다든지 한다면 소통에 문제가 발생할 것이다. 이 발화 공동체와 같은 상황에서 표준어 A 또는 B만을 구사하는 화자가 있을 경우 우리는 이러한 화자들을 "반쪽언어사용자"라고 부를 수 있다. 그러나 표준어 A와 B의 공존 자체가 이 공동체만의 언어 형식으로 수용될 경우, 우리는 이 발화 공동체가 표준어 A와 B를 바탕으로 발전해 온 그 만의 언어변종, 다시 말해 "언어"를 갖고 있다고 할 수 있다. 그리고 그 언어는 공동체에서 발휘하는 의사소통 상의 기능 면에서 잘 갖추어진 언어다. 그러므로 이 언어를 구사하는 화자 역시도 자연히 언어적으로는 무결점의 "완전한" 화자인 것이다.

기능적 스위칭

코드 스위칭에 대해 긍정적인 태도를 취하는 학자들은 코드 스위칭을 일종의 특별한 커뮤니케이션 능력으로 생각하고 "상황적 스위칭situational switching"과 "은유적 스위칭metaphorical switching"으로 분류하기도 한다. 전자는 화자 쌍방 간의 사회적 관계와 대화 장에 따라 스위칭하는 것을 말한다. 예를 들어, 상하이 출신 학생 두 명이 상하이 말로 대화하다 선생님이 오시면 바로 보통화로 선생님과 대화를 나누는 경우가 있다. 이러한 스위칭은 화자 쌍방의 변화된 사회적 관계에 따른 것이다. 두 번째 유형의 스위칭은 언어환경에 의한 것이 아닌, 발화 목적과 관련된다. 이따금씩 화자는 또 다른 분위기로의 전환을 꾀하거나 언어를 바꿈으로써 특정 효과를 노리고자 할 때가 있다. 수업 분위기를 돋우기 위해 보통화로 수업을 하던 선생님이 갑자기 상하이 말을 던지며 하는 농담이 그 예가 된다.

1960년대 검퍼즈Gumperz 1966가 노르웨이의 작은 시골 마을에서 조사연구를 한 적이 있다. 그곳의 주민은 라나말Ranamal과 보크말Bokmal이라는 두 방언을 사용했는데, 라나말어는 지역어이고 보크말어는 노르웨이 북부의 표준어이다. 언어구조 상으로 보면 두 변종 중 어느 것이 라나말어이고 어느 것이 보크말어인지 외지인은 분간하기 힘들 정도로 비슷하지만, 그 지역 사람들은 자신이 라나말어를 쓸 때도 있고 보크말어를 구사할 때도 있다고 생각했다. 그런데 이 두 변종에 대한 그들의 선택과 전환은 사실 그들의 특정한 사회적 요인에 근거한 것이었다.

연구와 관찰을 통해 검퍼즈는 이 사회가 세 개의 사회계층으로 나뉘어 있다고 생각했다. 현지 출신 노동자들은 친족관계에 기반한 네트워크로 연결되어 있었고 도시에서 이주해 온 기업주들은 노르웨이 전역에 걸친 네트워크를 형성하고 있었다. 중간 계층에 속해있는 사람들은 상인으로서 그들은 노동자와 기업주 모두와 관계를 유지했다. 검퍼즈는 이들 관계를 두 가지 유형-폐쇄적 네트워크closed network와 개방적 네트워크open network-으로 구분했는데, 노동자들은 폐쇄적인 네트워크에 속했던 반면 기업주와 상인들은 개방적인 네트워트에 속했다. 폐쇄적인 네트워크는 현지 지역어와 관련이 있는데, 그것의 구사는 곧 현지인들 간의 관계를 강조하는 일종의 사회적 의미를 갖기 때문이다. 이와 반대의 의미로 개방적 네트워크는 표준어와 관련이 있다. 이는 사회적 관계라는 각도에서 코드 스위칭 현상을 해석한 것이다.

이외에, 검퍼즈는 상호작용 유형으로도 노르웨이의 코드 스위칭 현상을 해석하였다. 상호작용은 두 유형으로 분류가능한데 그 중 하나가

"개별적 상호작용personal interaction"이고 나머지 하나가 "업무용 상호작용 transactional interaction"이다. 첫 번째 유형의 상호작용은 꽤 가까운 교류관계, 예를 들면 친구, 동년배, 가족 등 간에 이루어지고 두 번째 유형의 상호작용은 상거래, 은행업무, 병원 진찰 시 이루어진다. 개별적 상호작용에는 "비격식적" 언어변종(라나말어)이 출현할 확률이 높다. 반면에, 업무용 상호작용에서 화자는 "잠시나마 개인적 특성을 뒤로 한 채 판매원, 출납원, 의사 등 자신이 처한 지위에 맞게 활동해야하며, 이러한 활동에는 어느 한 개인이 특정 언어변종을 선택하지는 못한다." 이때 만약 개인적인 특성만을 고집한다면 업무를 위한 상호작용의 성취는 실패할 것이다. 따라서 업무용 상호작용에는 "격식적"인 언어변종(보크말어)이 출현할 확률이 높다.

비기능적 스위칭

앞서 언급했던 두 가지 이론(즉, 언어사용역이론과 양층언어이론)과 대조를 이루며 변이이론을 바탕으로 한 언어접촉과 코드 스위칭 이론이 새롭게 세워졌는데, 바로 포프라크Shana Poplack 1993에 의해서다. 포프라크는 라보브와 사제간으로서 일찍부터 여러 언어들의 변이현상에 대해 많은 연구를 했었는데, 변이학파라는 전통적 배경을 뒤로 하고 있었기 때문에 코드 스위칭을 연구하면서도 언어구조의 층차, 특히 단락 층차에 머물렀던 이전 분석에서부터 중점적으로 연구해 들어갔다. 코드 스위칭에 대한 그녀의 주목할 만한 첫 번째 연구논문은 1980년, "Sometimes I'll start a sentence in English y termino en español:

Toward a typology of code-switching"이라는 흥미로운 제목으로 발표되었다. [1] 이 논문 제목은 "난 이따금씩 영어로 운을 떼도 스페인어로 끝낼 거예요: 코드 스위칭유형 시론"으로 번역이 가능하다. 재미있는 것은 논문제목의 앞부분 "난 이따금씩 영어로 운을 떼다"는 영어로, 그 뒤를 잇는 부분 "하지만 스페인어로 끝내다"는 스페인어로 되어 있다는 점이다. 이 제목은 실제로 피조사자의 대화 녹음에서 취한 문장인데, 이렇게 한 문장 내에 두 가지 언어가 출현하는 현상이 바로 포프라크가 조사한 뉴욕시 동할렘 특정지역에 거주하는 푸에르토리코 이민자들의 대화 특징이다.

언어학자 바인라이히Weinreich 1953:73는 일찍이 이상적인 이중언어 상용자란 "언어상황(대화 상대, 화제 등)에 따라 언어를 스위칭하는 사람이다. 동일한 상황 속에서 언어를 스위칭하는 사람도 아니고 동일 문장 내에서 (임의로)스위칭하는 사람은 더더욱 아니다"라고 했다. 이러한 견해에 기댄다면 푸에르토리코 이민자들은 분명 "이상적인" 이중언어 상용자가 아니다. 더군다나 이렇듯 혼란스러운 언어사용을 표면적으로 봐서는 오히려 하나의 언어도 완정하게 구사하지 못하는 "반쪽언어사용자"로 봐야한다고 할 수 있다. 하지만 이렇게 이중언어가 혼합된 대화방식이 결코 미국에 오랫동안 거주해온 푸에르토리코인들의 유일한 대화방식은 아니다. 열 몇 살 또는 몇 살도 채 안 돼 미국으로 이주한 푸에르토리코 이민자들도 모두 유창한 스페인어를 구사할 수 있어 스페인어만 할 수 있는 푸에르토리코인들과 소통할 때는 영어를 전혀 병

----

1) 이 논문의 제목은 원래 "Sometimes I'll start a sentence in Spanish y termino en español: Toward a typology of code-switching"이다. 그러나 상기 본문에는 "Spanish"가 "English"로 대체되어있다-역주.

용하지 않기 때문이다. 이들 이민자의 영어 수준은 모두 각기 상이하겠지만 그 중 일부 화자들의 유창성은 결코 미국의 영어 모국어 화자보다 못하지 않다. 이렇게 유창한 영어실력을 가진 푸에르토리코 이중언어 상용자들은 스페인어를 못하는 미국인과 영어로 소통할 때도 역시 별다른 어려움을 느끼지 않는다. 그러므로 코드믹싱을 이용한 푸에르토리코 이중언어 상용자들의 대화방식은 사회 내 정상적인 소통방식이지 결코 어쩔 수 없이 만들어진 비정상적인 상태가 아니다.

포프라크는 동일 화자가 사회의 내부구성원과 대화를 할 때라도 주변인의 현장 소재 여부에 따라 두 언어의 혼합정도가 크게 다를 수 있다는 것을 알았다. 영어와 스페인어 모두를 자유롭게 구사할 수 있어도 그 지역사람이 아닌 이중언어 상용자가 방청자로 참여할 경우 언어 혼합 구사도가 그에 따라 크게 감소할 수 있다는 것이다. 나아가 그녀는 할렘가의 푸에르토리코 이중언어 상용자에게는 동일한 언어상황 내에서의 "비상황적"인 코드 스위칭과 "비은유적"인 코드 스위칭이 자신의 독특한 신분 표현 수단이라는 것도 발견했다. 단순히 스페인어만 사용할 경우 자신이 스페인어 공동체의 성원이면서 푸에르토리코인이라는 것을 보여 줄 수 있으나 반대로 영어만 사용한다면 자신이 미국 거주자 신분임을 드러낼 수 있는 것이다. 그럼에도 이들 화자는 더욱 구체적이고도 독특한 자신의 신분을 알리고 싶어 하기도 한다. 왜냐하면 이들, 특히 영어와 푸에르토리코 스페인어를 완숙하게 구사하는 사람들은 현지 모국어 화자들과 다르면서 현지 주류문화에 끼지 못한 푸에르토리코 이민자들(주로 새 이민자들과 노령의 이민자)과도 다른 이중문화bi-cultural신분이었기 때문이다. 결국 이렇게 특수한 신분을 밝히고자 했던 바람이 문장 내 코드 스위칭intra-sentential code-switching이라는 특수한 언어행위를 출현시킨 것이다.

변이학파의 연구방법을 이용하여 포프라크는 자신이 수집한 푸에르 토리코 이민자들의 이중언어 대화(녹음) 자료를 계량 분석하였다. 그 결과 숙련되고도 빈번하게 코드 스위칭하는 사람들의 대화 자료에는 흥미로운 어법특징이 존재한다는 것을 발견했다. 그녀가 이 연구과제를 진행할 당시는 때마침 통사를 중심으로 한 생성어법이론의 전성기였는데 그로 인해 당시에는 담화의 합어법성 여부를 모두 문장 단위로 판단하였다. 한 문장 내에 두 언어성분이 병존하는 현상을 생성어법이론에 기댈경우 두 어법은 모두 불완전하게 적용된 예로서 자연스레 어법에 부합되지 않는다는 결과를 낳는다. 그러나 포프라크는 녹음된 대화 중 코드 스위칭을 포함하는 99%의 문장이 모두 스페인어어법과 영어어법에 동시에 부합된다는 것을 알게 되었다. 이러한 결과는, 푸에르토리코 이민자들의 거의 모든 코드 스위칭이 두 언어가 동일한 통사구조를 갖는 지점에서 발생한다는 것을 말해준다. 예를 들어 그녀의 논문제목으로 인용된 문장은 병렬 종속절구조의 두 번째 종속절이 시작되기 바로 전에 이루어진 스위칭이다. 이렇게 스위칭 된 문장은 영어어법에도 위배되지 않지만 스페인어어법에도 위배되지 않는다. 두 언어는 동일한 병렬 구조를 갖기 때문이다. 스페인어 명사구가 출현할 위치에 영어 명사구가 출현한다든지 영어 명사구가 출현해야 할 위치에 스페인어 명사구가 출현한다든지 하는 예 또한 그렇다. 하지만 이와 대조적으로, 영어와 스페인어의 통사 내부구조가 불일치하는 지점(명사와 형용사로 형성된 구나 동사와 대명사로 형성된 구와 같이)에서는 코드 스위칭이 거의 출현하지 않는다.

이러한 사실을 바탕으로, 포프라크는 기존의 시각에서 다소 놀라워할 결론을 내렸다. 즉 상당히 복잡해 보이는 코드 믹싱 현상이란 사실 두 어법 모두에 매우 익숙한, 높은 수준의 이중언어 능력을 가진 화자들이 발달시킨 특수한 기술이지 이중언어 능력의 부족으로 생긴 것이 아니라는 것이다. 그녀는 이 같은 결론에 대한 보충 논거로서, 자신의 조사대상 중 코드 스위칭을 정상적인 소통모델로 삼는 발화 공동체에서는 두 언어에 대한 구사능력 정도가 높은 화자일수록 코드 스위칭의 빈도 역시 높았다고 지적했다. 반면에 두 언어에 대한 구사력이 균형을 이루지 못하는 이중언어 화자는 코드 스위칭의 소통형식을 갖고는 있어도, 문장의 합어법성을 보장할 높은 수준의 이중언어 구사능력이 요구되는 탓에, 스위칭하는 빈도, 특히 문장 내 어법 스위칭을 수행하는 빈도가 상대적으로 낮았다.

포프라크는 그 이듬해 산코프와 "코드 스위칭 형식어법A Formal Grammar for Code-switching"이라는 또 한 편의 논문을 발표했다.Sankoff & Poplack 1981 이 연구는 통계 연구에 더욱 충실하게 근거하여 전작의 연구를 한층 발전시키고 형식화시켰던데 반해 생성어법학파에 기댔던 연구방법은 오해와 논쟁을 불러 일으켰다. 많은 사람들은 발화 공동체에 대한 구체적인 조사를 기초로 결론내린 영어와 스페인어의 어법제약 조건이 보편어법에서 생성학파가 제기한 가설적 어법규칙과 동일한 성질의 것이라고 생각했다. 그 때문에 "자유 형태소 조건", "구조 동등 조건"과 같이 포프라크와 산코프가 제기한 코드 스위칭 조건은 주변의 지지를 받았고 또 그것의 응용범위도 생성어법의 제약범위, 즉 모국어 화자의 어법 판단능력을 크게 넘어서게 만들었다. 하지만 그 반대로, 그로 인해 포프라크와 산코프의 제약조건은 공격받기 쉬운 지위에 놓이며 한 순간에 많은 이들의 공격을 받는 처지로 몰리기도 했다. 이 둘을 부정하던 사람들 중 많은 이들이 제약조건을 일종의 하찮은 것으로 삼고 기타 자료들을 제시하면서 피상적으로만 그 조건을 부정하였던 것이다. 하지만 그 자료 중 상당수는 비교 가능한 사회언어학적 연구방법으로 얻어진 것이 결코 아니었다. 여기서 중요한 것은 포프라크 실험의 토대가 특정 사회적 조건 하에서 두 언어를 사용하는 일개 개인이나 사람들이 아니라 특정 조건을 가진 발화 공동체에 있다는 점이다. 그럼에도 포프라크와 산코프의 형식어법은 이 점을 명확하게 강조하지 않았고, 그런 탓에 "코드 스위칭의 어법제약 조건"은 비공동체 조건하에서 이중언어 자료를 수집했던 사람들로부터 줄곧 부정당했던 것이다.

위와 같은 과정을 거치던 중, "구조 동등 조건"을 부정하던 사람들이 제기한 문제 하나가 포프라크의 주의를 끌게 된다. 산코프의 연구는 코드 스위칭에서 보이는 스페인어와 영어의 어법 간 구조가 유사하다는 것이었다. 그러나 수많은 학자들이 제시한 반증들은 통사구조가 명확히 다른 두 언어 간의 코드 스위칭에서는 그렇지 않다는 것이었다. 이로 인해 포프라크는 통사구조가 상이한 언어와도 호응을 이루는 언어접촉 현상에 대해 새로운 연구를 추진하였고 그 결과로서, 그녀 역시도 다른 연구자들이 보고한 것처럼 표면적으로는 자신의 어법제약을 위반하는 코드 스위칭 현상을 발견하게 된다.

심도 있는 연구를 통해 포프라크Poplack 1993는 수 년 간의 연구 성과를 기초로 언어접촉과 코드 스위칭에 관해 상당히 체계적인 이론을 제시하였는데, 그와 관련한 내용은 다음과 같다.

제5절 변이이론과 언어접촉

포프라크Poplack 1993는 변이이론에 기초한 언어접촉이론을 제기하였다. 이 이론은 코드 스위칭 이론 중심의 경향을 여전히 드러내고 있지만 각기 상이한 정도의 언어 접촉 현상도 개괄하고 있었다. 그 이론의 또 다른 특징은, 언어접촉현상에 대한 사회조건의 제약을 특별히 강조했던 동시에 상이한 언어접촉현상이 각기 다른 유형의 발화 공동체와 갖는 연관성까지 제기했던 데 있다.

공동체 연구를 중점으로 삼는 변이이론 전통을 계승하여, 포프라크는 가장 먼저 이중언어 공동체를 안정적인 이중언어 공동체와 불안정한 이중언어 공동체로 나누었다. 전자는 상당히 고정적인 사용모델을 갖고 있는 반면 후자는 종종 언어전이language shift나 언어소멸language death과 같은 현상을 보이기도 한다. 그 외에 그녀는 공동체별 이중언어현상과 개인적 이중언어현상은 반드시 구분되어야 하며 안정적인 이중언어 현상도 언어 습득이나 언어 상실과는 구분되어야 한다고 지적하였다. 이중언어 연구자들이 근거로 삼는 이중언어 자료는 종종 그 성질이 너무나도 달랐는데, 이와 같은 이질성은 그것을 취한 공동체의 유형과 밀접한 관련이 있다.

포프라크는 언어접촉현상을 기본적으로 다음과 같이 분류하였다. (1) 코드 스위칭; (2) 어휘차용; (3) 불완전한 제2언어 습득; (4) 간섭; (5) 어법 혼합; (6) 문체의 간략화; (7) 언어 소멸. 사실 현실 속에서는 이 같은 현상들에 명확한 경계가 있는 것이 아니어서 표면적으로 구분을 두기가 매우 어려울 때도 있다. 하지만 변이이론의 계량 분석법을 응용하면서 상당히 객관적인 구분을 둘 수 있게 되었다.

포프라크는 이를 바탕으로 "코드 스위칭"이란 정의를 다음과 같이 재정의하였다. 코드 스위칭은 연속된 발화 속에 서로 다른 언어의 문장이나 단락이 출현하는 현상으로서, 이 때 단락의 내부구조는 반드시 상대 언어의 통사, 형태 규칙에도 부합되어야 한다. 반면에 발화를 하면서 어느 한 언어의 어법규칙에만 의존하거나 장 또는 대화 상대의 전환에 따라 언어를 바꿔 사용하는 것은 "코드 스위칭"이 아닌, "변종 전환"이라고 할 수 있다. 왜냐하면 이같은 경우 하나의 언어 상황에 오직 하나의 언어만 사용되기 때문이다.

기준에 부합되는 코드 스위칭 현상은 다시 구조 층차의 상이함에 따라 문장 간 스위칭sentential code-switching, 문장 내 스위칭intrasentential code-switching, 부가어 스위칭tag code-switching으로 나뉜다. 문장간, 문장내 스위칭은 이미 앞서 언급했었고 "부가어 스위칭"은 언급하진 않았어도 이해하기 어렵지 않을 것이다. 명칭으로 짐작할 수 있듯, "부가어 스위칭"이란 문장의 부가성분을 그와 다른 언어로 사용하는 것을 말한다. 예를 들면, 불어의 "n' est pas?(그렇지 않나요?)", 영어의 "O.K?" 등을 이미 사용하고 있는 언어에 덧붙이는 것으로 불어나 영어로의 코드 스위칭이 그에 속한다.

코드 스위칭은 또 "부드러운smooth" 스위칭과 "표지성(flagged, 직역하면 "깃발꽂기식")" 스위칭으로도 나뉜다. 부드러운 스위칭은 두 언어 단락의 연결부분이 매끄러운 스위칭으로서 특별한 의미표지 기능을 갖지는 않는다. 반면에 이러한 스위칭은 두 단락이 완벽한 하나의 담화를 이룸으로써 두 코드에 대한 화자의 태도와 스위칭 기술을 드러내는 효과를 지닌다. "표지성" 스위칭은 의미표지 기능이나 수사기능을 갖는 스위칭으로서 두 코드에 대한 청자의 주의를 화자가 의식적으로 일깨운다는 일종의 상징적 의미를 갖는다.

포프라크는 자신이 제기했던 기존의 제약조건을 통사구조 면에서 수정하고 문장내 전환은 두 언어의 단어배열 순서가 동일한 구조 속에서 가장 잘 일어난다고 지적하였다. 상당히 자주 보이는 또 하나의 스위칭 형식으로 "성분삽입constituent insertion"이 있다. 이러한 경우, 구의 내부구조는 해당 언어의 통사구조를 따르고 그것의 연결은 또 다른 언어의 통사규칙을 따른 것이다. 포프라크의 새로운 통사 스위칭 방식은 두 언어 성분을 포함하는, 출현 가능한 문장유형에 국한하지 않고 코드 스위칭에 가장 적합한 통사구조 성분을 지적해 냄으로써 생성어법의 제약조건과 맺었던 관계를 끊었다. 이렇게 되자 그녀의 "구조 동등" 조건을 부정하고자 제시했던 수많은 예증들은 그 효력을 잃게 되었다.

더불어 코드 스위칭에 대한 새로운 정의로 도움을 받은 것은 "어휘차용"에 대한 정의 문제였다. 포프라크는 어휘차용을 두 가지 유형으로 분류하였는데, 그 중 하나는 "역사 속에서 들여 온" "차용어loan-words"로서 이미 단일 언어 속 어휘의 일부분이 된 것이고 또 다른 하나는 "일회성 차용어nonce borrowing"로서 개인이 임시적으로 차용한 것이다. 후자에 대해 포프라크는 특히 그것을 코드 스위칭과 구별해야 한다고 생각했다. 코드 스위칭 과정에서 선택된 어휘들은 모두 해당 언어 각각의 통사규칙을 기반으로 조합된 것이지만 "일회성 차용어"현상은 두 언어의 어휘를 사용했음에도 한 쪽 언어의 통사규칙만을 따르기 때문이다. 일회성 차용어라는 언어접촉현상은 개인적 현상이면서 공동체 단위의 의사소통 방식일 수도 있다. 따라서 아주 가끔씩 출현할 수도 있지만 역으로 빈번하게 출현할 수도 있다.

"통사융합"도 통사구조의 차용이라 할 수 있다. 그러나 그것은 공동체별로 오랫동안 유지해온 현상이지 코드 스위칭이나 일회성 차용어 같은 임시적 언어혼합현상이 아니다. 일반적으로 통사융합은 거의 출현하지 않는 현상으로서 상당히 안정적인 이중언어 공동체 속에서 장기간의 언어접촉이 지속되어야만 생길 수 있다.

"불완전한 제2언어 습득"은 개인적이면서 공동체 단위로 보이는 현상이다. 때문에 제2언어의 학습과정과 조건도 이와 관련되지만 제2언어 사용범위의 국소성도 이처럼 균형적이지 못한 이중언어 표현능력에 영향을 미칠 수 있다. 단일언어 사용에 대한 이중언어능력의 간섭현상은 개별적인 특성을 보일 수도 또 일정 정도의 공동체적 특징을 보일 수도 있다. 간섭 현상이 불완전한 제2언어 습득 현상과 다른 점은, 간섭은 개별성과 우연성을 가지며 그로 인해 잘못 습득한 결과로서 "화석화 fossilized 僵化"될 가능성이 있지만 불완전한 제2언어습득 결과와 그것의 사용습관은 화석화를 넘어 심지어는 오랫동안 지속되는 사회적 성격의 언어 오용 현상까지 유발할 가능성이 있다는 것이다.

문체의 간략화는 언어사용 범위가 오랫동안 제한을 받아온 결과로서 다음과 같이 몇 가지로 표현된다: (1) 언어변항 중에 변이형 하나를 과도하게 사용함으로써 "표지변항"의 변이범위를 축소케 하고 그 결과 표지기능의 상실을 초래한다; (2) 변항의 여러 변이형을 (동시에)사용함으로써 변항의 지시의미와 표지의미에 혼란을 가져오고 결국 그것의 상실을 초래한다; (3) 문체를 분별케 하던 어휘를 장의 구분 없이 남용한다. 이들 모두는 언어의 문체와 스타일 범위를 축소시킨다.

문체의 간략화는 종종 언어사용역의 축소를 동반함으로써 "언어소멸"이란 결과를 낳는다. 단일언어 공동체의 언어소멸은 종종 해당 공동체의 소멸을 동반한다. 그러나 이중언어 공동체에서의 언어소멸은 한 언어에 대한서만 포기하는 것으로서 결국 단일언어 공동체로의 전환을 의미한다. 공동체 자체만 놓고 본다면 이중언어 공동체에서의 언어소멸이 반드시 불행한 사건만은 아닐 것이다.

앞서 논했듯이, 언어접촉으로 인해 발생한 여러 현상에는 명시적인 언어혼합 현상(코드 스위칭, 어휘차용, 불완전한 습득과 간섭 등)도 있는가 하면 명시적이지 않은 언어혼합 현상(통사융합, 문체의 간략화, 언어소멸 등)도 있다. 그러나 그것의 명시성 여부와는 관계없이 각 현상들은 모두 결국 일개 공동체 내에서 두 가지 언어를 동시에 사용함으로써 생긴 결과로 볼 수 있다. 그렇다면 언어접촉이 어떻게 이렇듯 상이한 결과들을 낳을 수 있을까? 포프라크는 이에 대해 간략한 해석을 덧붙였다.

포프라크Poplack 1993는 자신의 논문에서, 어떻게 하면 공동체 조사와 계량연구 방법을 이용하여 전형적인 언어자료를 얻을 수 있는지 그리고 어떻게 하면 서로 다른 성질의 언어접촉현상을 구분할 수 있을지 중점적으로 논하였다. 언어접촉현상의 발생 원인을 논하면서, 그녀는 두 언어가 유사한 구조를 지녔다고 해도 그것이 어느 공동체에서 쓰이느냐에 따라 상이한 접촉결과를 보인다고 하였다. 결국 그러한 결과를 불러온 원인은 언어 구조에만 의지해서는 찾을 수 없으며 해당 공동체의 의사소통 규범을 고려해야만 찾을 수 있다는 것이다.

이에 포프라크는 이중언어 공동체 모두가 자신만의 사용규범을 갖고 있으며, 그 사용규범도 대체적으로는 앞서 언급했던 현상들로 귀납할 수 있겠지만, 어떤 공동체가 어떤 규범을 사용하고 있는지는 실제 조사를 통해서 발견해야 한다고 하였다.

우리는 포프라크의 연구가 사회 조건들의 제약기능, 즉, 광범위한 조사를 바탕으로 이중언어 사용규범이 각각의 사회와 맺고 있는 상호 관련 기제를 귀납해낼 수 있을 것이라고 생각한다. 예를 들면, 포프라크가 든 가장 전형적인 문장 내 코드 스위칭의 예가 뉴욕의 동할렘 지역에 거주하는 푸에르토리코 사람들의 안정된 이중언어 공동체인 것처럼 말이다. 이 공동체에서 가장 중요한 점은 그 지역 구성원들이 영어와 푸에르토리코 스페인어에 대해 동등한 태도를 보인다는 데 있다. 이와 대조적인 예로는 캐나다 오타와 지역 프랑스 교민들에 의한 이중언어 공동체의 표지성 코드 스위칭이 있다. 이 공동체에서 영어와 프랑스어는 캐나다 국적의 프랑스 교민들에게 각기 다른 상징의미를 갖는데, 앞서 언급했던 것처럼, 영어는 그것의 명성과 이익 면에서 그리고 사회적 특권과 문화적 정체성 면에서 각각 프랑스어와 상당히 다른 상징의미를 갖는다. 때문에 이 공동체의 이중언어 상용자는 자연스럽게 코드의 스위칭을 통해 다양한 상징 의미를 전달하려고 한다. 그 외에 포프라크가 발견했던 것으로서, 일회성 차용어를 보편적이며 일상적으로 사용하는 공동체들은 모두 작은 규모로 새롭게 형성된 이민 공동체였다. 이는, 이민자들의 이중언어 구사정도는 물론 새로운 문화 환경에 막 편입하며 접하게 되는 신개념을 모어 어휘로 표현하지 못 하는 상황까지 고려해야 한다는 것을 보여준다. 종합하자면, 코드 스위칭은 상당히 안정적인 이중언어 공동체에서 쉽게 관찰되는 언어사용의 특징이며, 코드 스위칭의 여러 유형은 한 사회 속에서 두 변종이 갖는 상대적 지위를 의미하는 것일지 모른다. 그리고 일회성 차용어는 이중언어 공동체에서 보이는 새로운 특징일 수 있다. 그 외에도 언어융합과 같은 언어혼합 형식상의 불분명한 접촉현상은, 지금 당장은 안정적이지 못한 이중언어 공동체의 또 다른 특징이겠지만 그것이 오랜 기간 지속된다면 그 자체가 단일언어 공동체로 넘어가기 직전의 특징이 될 수도 있을 것이다.

당대사회언어학

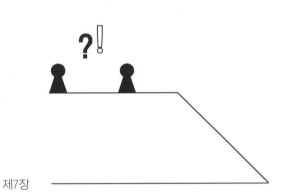

07

제7장

언어
계획

제1절 들어가며

언어계획은 사회 속 언어문제들에 관리 대책을 제공한다. 이는 언어문제들에 조직적이고 주동적으로 가한 반응과 조절이라고도 할 수 있을 것이다. 예를 들어, 다민족, 다언어로 구성되어 있는 세계의 많은 국가들이 정부를 수립할 때 어떤 언어를 공용어로 채택해야 할 것인가는 커다란 사회적 문제가 된다. 따라서 무엇을 취사선택의 기준으로 삼을 것인가—언어적 기준으로 고려할 것인가 정치경제적인 기준으로 고려할 것인가, 아니면 두 가지 모두를 고려할 것인가—에 대해 정부는 관련 정책을 수립할 필요가 있다. 이러한 문제가 바로 전형적인 언어계획 중 하나이다. 이 외에, 기본적인 언어정책을 수립했다고 해도 그것을 어떤 방식으로 진행시킬 것인가 하는 것 역시 언어계획의 범주에 속한다. 또한 광의의 언어계획에는 문자계획까지도 포함된다. 이에 한자의 간화, 한어병음의 보급 등이 모두 언어계획의 일부라고 볼 수 있다.

언어계획은 언어에 적용되는 사회적 활동이다. 그러므로 그것이 소급되는 문제들은 모두 구체적이며 확인 가능하다. 그럼에도 불구하고 그것을 이론적으로 개괄하려들면 문제는 쉽지 않다. 때문에 학계에서는 언어계획을 어떻게 인식해야 할 것인가에 대해서 아직도 적지 않은 논쟁을 벌이고 있다. 루빈과 제누드Rubin & Jernudd 1971는 언어계획을 의식적인 언어변화유도로 정의하고 있는데, 이 변화유도는 언어 체계 자체 내에 존재하기도 하고 발화활동 내에 존재하기도 하며 양쪽에 모두 존재하기도 한다. 또 변화유도는 전문적인 기관에 의해 계획될 때도 있지만 권한대리 기관에 의해 정해질 때도 있다.

위의 정의는 언어의 발전과 변화라는 시각에서 언어계획의 특징을 설명하고 있다. 이론적으로 본다면 모든 언어변화에는 인위적인 면이 예외 없이 존재하지만, 그럼에도 이 정의는 언어계획에 의한 언어변화와 개인적 요인에 의한 언어변화 간에 존재하는 차이를 설명하는데 도움을 주고 있다. 언어의 변화유도에 미치는 개인적 요인은 종종 비자발적이고 소규모적인데 반해 언어변화 과정에 대해 언어계획이 유도한 변화는 공식적이고 대규모적이기 때문에 당연히 의식적으로 진행될 수밖에 없다. 하지만 엄격히 말해서 언어계획에 대해 내린 위와 같은 정의는 언어에 대한 변화유도 뿐만 아니라 때로는 순수하게 언어 보존을 위해서 그리고, 여러 표준화 계획의 예처럼, 변화 발생의 억제를 위해서 제정된다는 언어계획의 목적을 간과했다는 점에서 결코 포괄적이지 못하다.

이 외에 호근Haugen, 제누드Jernudd, 다스 굽타Das Gupta, 바인스타인Weinstein, 피쉬맨Fishman 등의 전문가들도 언어계획에 대해 포괄적인 정의를 내리고 있는데 그 중에서 바인스타인Weinstein 1980은 언어계획을, 의사소통상의 문제를 대상으로 정부의 주도하에 장기간에 진행되는 것으로서 언어가 사회 속에서 담당하는 기능의 변화를 유도하기 위해 기울이는 노력이라고 보고 있다.

그에 반해, 언어계획이란 일반적으로 국가적 층위에서 발생한다는 것을 강조하는 학자들도 있는데, 쿠퍼Cooper, 1979와 같은 학자는 언어계획을 "국가적 층위에서 언어문제를 해결하고자 조직적으로 기울이는 노력"으로 정의내리기도 한다.

언어계획이 언어적 의사소통 문제를 해결하고자 기울이는 노력이라고 정의할 경우, 그렇다면 거시적인 면에서, 어떤 문제들이 언어계획으로 해결되어야 하고 또 어떤 문제들이 언어계획 중에서 가장 우선이라고 인식되어야 할까. 물론, 언어 체계 자체의 문제들도 종종 계획에 의해 해결될 필요가 있다. 하지만 타울리Tauli 등과 같은 학자들은 언어계획을 상당히 국소적으로 정의하면서 "현존하는 언어를 관리 개선하기 위해 새로운 공동어와 지역어 또는 국제어를 만드는 것"에 국한하기도 한다.Tauli 1968 결국 이러한 관점은 많은 학자들의 비판을 받았는데, 언어 체계 자체의 문제만 주시할 경우 문제 전체를 해결하지 못 할 때도 있다는 것이다. 그러므로 언어문제는 의사소통과 그에 따른 사회문제라는 전체의 큰 틀 속에서 고려해야 한다. 다스 굽타Das Gupta는 이에 대해, 표준어의 선택은 단지 무엇을 선택할 것인가에 대한 기술적인 문제를 넘어 큰 틀에서의 정치적인 문제이기 때문에 그에 따른 정치적인 해결방법까지 요구한다고 여겼다. 이와 같은 생각을 바탕으로, 언어계획을 아예 "언어에 관한 공식적인 정책"Rubin & Jernudd 1971으로 정의하며 그것을 정치수단의 일부분으로 여기는 학자들도 있었다. 실제로도 종종 정부에서는 언어계획을 이용하여 행정상의 특정 목적을 달성할 때가 있다. 그렇다면 언어계획과 정치, 행정과 같은 비언어적 요인 간에는 어떤 의존 관계가 존재할까? 가빈Garvin은 이에 대해, 언어정책은 분명 언어 자체에 영향을 주지만 정책의 제정은 비언어적 요인의 제약을 받기 때문에 어떻게 보면 정책의 성공여부는 큰 틀에서 비언어적 요인에 의해 결정된다는, 상당히 적절한 논지를 펴고 있다.

언어계획은 오늘날 사회언어학에서 가장 많은 연구 성과를 가진 연구 분파로 이미 자리매김했지만, 그럼에도 그것이 순수하게 학계의 흥미에만 기대어 출현했던 것은 아니었다. 언어계획은 제2차 세계대전이 종료된 뒤 새롭게 재편된 세계정세의 발전에 따른 사회적 요구에 부응하며 출현했다. 제2차 세계 대전이 종료된 뒤 구식민지는 새롭게 독립을 맞이하였고 그에 따라 새롭게 생겨난 독립국가들은 날로 증가하였다. 아시아의 인도, 인도네시아, 말레이시아, 싱가포르, 아프리카의 카메룬, 탄자니아, 콩고 등이 모두 그에 속한다. 이들 국가에서 볼 수 있는 특징은, 민족어가 한 개 이상이라는 점 그리고 식민지배자들로부터 받은 언어(주로 영어)적 영향이 상당히 깊다는 것이다. 이러한 상황이 그들에게 남긴 특수한 언어적 문제는, 국가어와 공용어 그리고 통용어를 선택할 때 과거 지배자들의 언어를 선택한다면 민족 정서를 해치지만 선택을 포기한다면 민족어 간의 (지위)관계 처리가 매우 어렵다는 점이다. 이 때문에 언어계획 문제가 이들 국가에서는 유난히 두드러진다. 뿐만 아니라, 2차 세계대전 후 이민자들의 대거 유입과 그로 인해 다문화 다언어라는 현실이 복잡하게 조성되면서 이민이란 문제가 서구 국가들의 중요한 문제로 떠올랐다. 또 그로 인해 행정과 교육 등 방면에서 이민자 언어의 지위문제를 어떻게 처리해야 하는가도 절박하게 해결을 요하는 사회문제로 대두되었다. 1960년대 이전에도 이에 대한 연구가 간헐적으로 출현하긴 했지만Hall 1942, Heyd 1954, 조직적이면서도 체계적인 연구가 본격적으로 진행된 것은 1960년대였다. 1966년 미국에서 "언어문제 학술대회Conference on Language Problems"가 개최되면서 개발도상국이 안고 있는 언어계획과 관련한 사회언어학 문제들이 심도 있게 논의되었고, 그 뒤를 이어 미국 포드 기금회의 재정적 지원 하에 진행된 스탠포드 대학의 "언어계획과정Language Planning Processes"연구 프로젝트가 언어계획에 대한 범세계적이고도 체계적인 연구에 거대한 견인차 역할을 하였다. "언어계획과정"이란 1968년~1969년에 다섯 명의 저명학자들이 하와이의 "동서양 센터"에 모여 일 년 동안 진행했던 연구를 가리킨다.[1] 그들 다섯 명으로는 퍼거슨Charles Ferguson(행정책임), 피쉬만Joshua Fishman(연구계획의 조절 및 이스라엘 자료수집 책임), 루빈Joan Rubin(인도네시아 자료수집 책임), 다스 굽타Jyotirindra Das Gupta(인도 자료수집 책임), 제누드Bjorn Jernudd(파키스탄 자료수집 후 스웨덴 자료수집 책임)로서 이들은 주로 5개 국가의 언어계획 실상에 대해 추적연구와 대비연구를 실행하였다. 이들은 관련 국가와 지역에서 3천여 명을 인터뷰하며 언어계획에 대한 그들의 태도와 배경요인을 고찰하였고 이를 기초로 1969년 초 하와이에서 회의를 개최하였다. 이 회의에서 학자들은 언어계획과 언어선택에서 생기는 문제들을 체계적으로 논의하였고 이를 바탕으로 언어계획에 대한 이론적 가이드라인도 제시하였다. 그리고 그 결과는 회의 개최 후 『언어는 계획될 수 있는가Can Language Be Planned』라는 제하의 논문집으로 출판되어 국제 언어학계에 상당한 영향을 주게 된다.Fishman 1973

여기서, 이 같은 연구 이전에 서양의 언어계획 이론연구에 큰 영향력을 미쳤던 쪽은 언어학에서의 프라그학파였다는 점을 짚고 넘어가야겠다. 프라그 학파는 1930년대 체코의 언어학자들과 프라하에 거주했던 기타 동유럽국가의 언어학자들로 구성되었는데 인재들의 운집으로 많은 이론들을 쏟아내며 현대 언어학의 각 학파들에 커다란 영향을 미쳤다. 이중에서도 일군의 언어학자들은 체코 표준어 규범화작

....
1) 원서에는 네 명이라고 되어 있으나 그 뒤 열거된 학자들의 인명수로 보아 다섯 명으로 추측되어 '다섯'으로 수정하였다—역주.

업에 적극적으로 참여했는데, 그 과정에서 이들은 1932년 라디오 강좌시리즈를 개설하며 "표준체코어와 우수한 언어의 배양"문제를 논의하였다. 그리고 같은 해, 시리즈 강좌의 결과로서 보후슬로프 하브라우넥Bohuslav Havraunek과 밀로사 바인가르트Milosà Weingart라는 두 언어학자들에 의해 강좌명과 동명의 책이 편집, 출판된다. 책 말미에서 이들은 "우수한 언어를 배양하는 일반원칙"을 제시하였는데, 프라그학파의 이론이 여전히 현실적인 의미Garvin 1973a를 담고 있다고 받아들여지는 이유는 그들의 이론이 "배양Cultivation"이라는 개념을 제시하고 있기 때문이다. 이 배양이라는 개념은 언어계획이론을 연구하는 지금의 많은 연구자들도 힘주어 주장하고 있는 것이다.(아래 내용 참조) 구체적으로, 프라그학파는 언어표준화가 일상 언어의 사용과 마땅히 결합되어야 한다고 생각했다. 그리고 표준어는 그것이 글말이든 입말이든, 문학과 대중을 대상으로 하는 기타 텍스트들Public Texts 속에서만 구현될 수 있다고 생각했다. 그러한 의미에서 표준화의 성공여부는 무엇이 좋은 언어인지를 일반 대중들이 명확하게 인지하고 그에 맞게 실천하는가에 달려있다. 규범화 이론에 대한 프라그학파의 탐색과 논의는 무엇이 표준형인지를 어떻게 판단할 것인가 그리고 표준어 수립에 언어학 이론이 어떤 역할을 할 수 있는가 하는 문제들까지 망라하고 있다. 또 이러한 이론적 개념들 외에 프라그학파는 (체코어)표준화의 구체적 방법들에 대해서도, 생각의 시발점은 거시적인 데 두지만 실천은 작은 곳에서부터 시작해야 한다고 제안하며 그것의 일환으로서 먼저 구체적인 실천 매뉴얼을 내놓고 학자들의 실천을 이끌었다. 매뉴얼에서 그들은 표준화가 간단한 통계를 기초로 확립되어서는 안

된다고 하면서 언어사용자 전체의 공동 인식을 바탕으로 해야만 비로소 표준화를 추진시킬 수 있을 것이라고 생각했다. 표준화에 대한 프라그학파의 연구는 대부분이 체코어로 씌어져 널리 알려지지 못하다가 1970년대 가빈Garvin 1973b 등의 영문 번역본이 소개되면서 사회언어학계(특히 언어계획 분야)의 폭넓은 주목을 받게 된다.

제2절 언어계획의 내용

현대 사회의 언어문자 계획은 아래와 같은 문제들을 자주 논의한다.

표준화

표준화란 기존의 비표준어(또는 방언) 중에서 하나를 골라 표준어로 제정하는 것 또는 비표준어를 기초로 하나의 표준어를 만들어내는 것을 가리킨다. 인도네시아의 경우, 민족이 상당히 다양한 관계로 사용되는 언어만도 20여 개가 된다. 이에 인도네시아 정부는 "바자르 말레이어Bazaar Malay"를 기초로 한 표준어 "바하사 인도네시아어Bahasa Indonesia"를 제정하기로 결정하였다. 바자르 말레이어는 원래 교역의 장에서 주로 사용되던 혼합어였는데, 바하사 인도네시아어는 이 혼합어를 기초로 자바어와 기타 토착어 성분을 융합시켰다. 다양한 방언을 지닌 북유럽의 노르웨이 경우도 보자. 노르웨이에는 기본적으로 전체 노르웨이인들에게 사용되는 방언이 존재하지 않는다. 현재의 표준어 중 하나인 "신 노르웨이어Nynorsk"는 1905년 노르웨이가 스웨덴으로부터 독립하며 제정된 것으로서 노르웨이 서부에서 장기간 사용되어 온 방언들을 토대로 하였다. 또 다른 예로, 영어와 동등한 지위를 지닌 남아프리카공화국의 공용어 아프리칸스어Afrikanns는 원래 백인들에게 사용되던 언어 중 하나였다. 남아공에 가장 먼저 정착한 백인(네덜란드인)들에 의해 유입된 언어로서 비록 네덜란드의 네덜란드어Nederlands와 플레미쉬어Flemish라는 두 변종을 기본 토대로 하고 있지만 적지 않은 토착어 성분까지도 포함하고 있다.(그래서 어떤 학자들은 아프리칸어가 변화의 과정에서 크레올어 단계를 거쳤을 것이라고 생각한다.)

서사체계의 창조

서사체계의 창조라는 말은 두 가지를 포괄한다. 하나는 무에서 유로의 창조, 또 하나는 기존 체계의 갱신이다. 무에서 유로의 창조는, 서사체계와 서면어의 전통이 원래 없던 민족에게 서사체계를 지어줌으로써 구어 전통을 보유케 하고 나아가 현대화 사회로 나아가는 데 언어문자의 기초를 제공해 주는 것이다. 이와 관련한 예는 아메리카 대륙의 인디언과 중국 소수민족에게서 찾을 수 있다. 무에서 유로의 창조에는 또 다른 서사체계를 더하는 것도 포함된다. 예를 들어 한어병음의 제정은 기존의 한자 체계를 토대로 라틴화된 서사체계를 부가시킨 것이다. 또 기존 체계의 갱신이란 고유한 서사체계를 개조시키는 것으로서 중국의 한자 간화, 일본의 "당용한자當用漢字"의 제정 등이 그에 속한다. 세계의 많은 지역에서 보이는 새로운 서사체계의 채택은 자신의 언어지위에 대한 인정 또는 언어자치 과정의 추동을 의미한다. 예를 들어, 파키스탄은 원래 영국의 식민통치를 받던 인도에 속했던 나라다. 당시 인도에서는 힌디어Hindi를 공용어와 공식서사체계로 삼았었지만 파키스탄 지역에서 유행하던 언어는 힌디어의 변종인 우르두어(Urdu 1947년 이전에는 힌두스타니Hindustani 또는 카리올리Kharioli라 불렀다)였다. 이후 파키스탄이 인도로부터 분리될 당시 우르두어에 대한 언중의 인정이 완정한 국가로서 파키스탄이 독립, 발전할 수 있도록 부추겼다.

표준화된 언어자료 편찬

권위 있는 자전, 사전, 어법서, 운서 등의 편찬은 표준어 용법에 대해 전업 작가와 일반 대중들의 좀 더 명확한 이해를 돕고 나아가 언어 표준화 보급을 앞당기는데 도움을 줄 수 있다. 언어 문자에 대한 정보처리 표준의 제정 역시 이와 같은 작업의 일환이다. 일반적인 공동체 성립 과정 중에는 그 공동체 성원이 사용하는 인프라를 건설해야 하는데 표준화된 언어자료의 편찬도 그에 상응하도록 요구되는 사항 중 하나이다. 그리고 그와 관련한 언어 문자 정보처리의 기준, 어법참고서, 자전 등도 모두 해당 발화 공동체 구성에 필요한 자산과 인프라에 속한다. 이러한 점에서 발화 공동체도, 언어학자들의 관념 속에서만 존재하는 것이 아닌, 가시적인 공동체라고 볼 수 있다.

언어현대화

언어현대화는 종종 용어 현대화와 관련된다. 과학기술의 발전, 상업 활동의 국제화, 문화교류의 확대로 인해 고유어 어휘가 점점 현대화 사회의 의사소통 요구에 부응하지 못하면서 차용어를 토대로 한 언어차용 현상이 광범위하게 출현하였다. 차용어는 문화 교류에 있어 편리한 수단인 동시에 언어계획의 고려대상이기도 하다. 이러한 문제는 문화적 식민화를 벗어나는 과정에서 자주 맞닥뜨리게 된다. 예를 들면, 남아프리카공화국 아프리칸스어의 draadloos란 단어는 영어의 wireless(무선)에 기원을 두는데, 이 경우, "차용"의 관념이 우위를 점하면서 본토화라는 관념은 그 다음 지위로 밀려났다.Jernudd 1983 용어 표준화는 2000년대 들어서부터 언어계획의 중요 항목으로 자리 잡았지만 그 결과는 예상을 크게 빗나갔다. 왜냐하면 용어의 발전이 매우 빠른데다 해당 분야를 이해하면서 언어학 지식에도 익숙한 전문 인력이 부족했기 때문이다. 용어계획은 한 국가나 한 언어 내에서도 진행 가능하지만 국제적인 범위로도 진행할 수 있다. 이 중 후자는 현대화된 사회에서 점점 더 절실한 문제(UN이 이 문제에 대해 좀 더 적극적인 역할을 해 주길 모두가 바라고 있다)가 되었다. 언어현대화 과정에서의 또 다른 문제는 컴퓨터와 관련된 여러 언어표준화와 관련된다. 한자 코드 제정 및 상호 전환규칙, 국제 문자 기호집의 확립 및 실시 등이 그 예에 속한다.

다언어사회[1]

어떤 국가에서는 한 언어만이 공용어 지위를 갖는다. 프랑스의 프랑스어가 그렇다. 하지만 기타 국가들에서는 두 개 또는 그 이상의 언어가 동시에 공용어로서의 지위를 갖는 경우도 흔하다. 캐나다의 경우 영어와 프랑스어가 모두 공용어이며 싱가포르에서는 말레이시아어, 영어, 중국어, 타밀어가 모두 공용어로 지정되어 있다. 이들 모두는 여러 요인을 고려한 뒤 내린 언어계획의 결과이다.

----

1) 제6장을 참고하시오.

지위계획과 자원계획

앞서서는 언어계획에서 자주 보이는 문제들을 열거하였다. 독일의 언어학자 클로스Kloss 1969는 언어계획의 갈래를 두 유형으로 나눴다. 언어의 지위계획Status Planning과 언어의 자원계획Corpus Planning이 그것이다. 지위계획이란 어떤 언어에 어느 지위를 부여할 것인가 하는 것으로서 어떤 언어를 공식어로 하고 비공식어 중 어떤 언어를 통용어로 할 것인지 그리고 의사소통 장에 따라 어느 언어를 사용할 수 있는지가 그에 포함된다. 반면에 자원계획이란 언어계획의 구체적인 측면을 가리키기 때문에 사전 편집, 어법 설명, 차용어 규정, 용어 수정 및 서사체계의 정비 등을 포함한다. 클로스의 이러한 분류방법은 언어계획 분야에서 널리 받아들여지고 있다.

지위계획이란 용어는 논문들마다 다르게 정의되고 있다. 루빈Rubin 1979, 1983과 코바루비아스Cobarrubias 1983는 모두 "용도의 분배allocation of use" 또는 "기능의 분배allocation of function"라는 말로 지위계획의 내용을 기술하고 있다. 왜냐하면 그들은 지위계획을 언어의 사용 장에 대해 내린 규정으로 받아들였기 때문이다. 이런 정의가 어쩌면 더 정확할지도 모르지만 연구자들에겐 아직도 "지위계획"이란 용어가 더 많이 사용된다.

지위계획과 자원계획은 상호 독립적이면서 의존적이다. 지위계획에 의해 선택된 언어도 자원계획의 대상이며 자원계획이 다루는 대상도 지위계획의 결정에 영향을 줄 수 있기 때문이다. 역사도, 표준화된 자료도 부족한 언어는 다방면에 걸쳐 언어적 의사소통 요구에 부응하지 못하기 때문에 지위계획에 선택될 가능성도 없어진다. 예를 들어 기술방면의 어휘가 부족한 언어를 지위계획이 다룰 경우 그 지위 역시 인정받을 가능성이 낮아진다. 반대로, 지위를 부여받지 못한 언어에 대해 진행시킨 자원계획 역시 기술적인 유희에 그칠 수밖에 없을 것이다. 피쉬맨J.Fishman 費希曼, 1980의 말을 빌리자면 지위가 불확실한 언어에 대한 자원계획은 사회적 효용성을 갖지 못한다.

제3절 언어계획의 과정

얼마 전 작고한 미국의 언어학자 호근Haugen 豪根은 언어계획을 국제적으로 연구한 저명학자이다. 그는 노르웨이의 언어계획과정(호근은 미국으로 이민간 노르웨이 교포이다) 연구에 참여하며 언어계획의 과정을 다음과 같이 네 단계로 분류한 바 있다.Haugen 1996

(1) 표준어 선택(Norm Selection). 특정 언어를 선택하고 그것의 지위와 기능을 규정한다. 향후 책략과 방침의 결정을 동반한다.
(2) 기준의 체계화(Codification). 완벽하고 확실한 표준어 제정을 위해 언어의 각 층위(어음, 어휘, 어법 등)별로 기준을 정한다.
(3) 기준의 이행(Implementation). 선정된 언어 기준을 수용하고 이행하기 위해 정부기관의 각 부서 및 관련 분야(예를 들면 창작분야와 같은)에 해당 기준을 점차 보급한다.
(4) 기준의 확충(Elaboration). 필요 시 수정을 통해 언어의 기준을 확충한다. 새로운 과학기술 용어 등의 수용이 그 예이다.

뉴스터니Neustupny 1970도 네 단계의 언어계획 과정 모델을 제안하고 있는데, 그의 모델에서는 앞의 두 단계가 호근과 같지만 호근의 제3단계를 제2단계와 병합하고 다시 호근의 제4단계를 자신의 제3단계로 위치시킨 뒤 "배양Cultivation"이라는 새로운 개념을 제4단계로 설정하고 있다. 이 배양이란 개념은 프라그학파로부터 계승한 것으로서(본장 제1절 참조) 언어계획을 한 번의 계획으로 완성되는 단기성 행동이 아닌 깊이 있는 장기적 과정으로 볼 것을 강조한 것이다. 뉴스터니 모델의 중요성은 언어계획 과정 중의 문제들을 그것에 상응하는 대책들과 구별하였다는 데 있는데, 문제와 대책 간의 이 같은 대응관계를 그는 배양이라는 개념으로 설명하고 있다.

호근은 처음부터 뉴스터니의 이 같은 노력을 용어유희로 치부하며 관심을 갖지 않았었지만 후에는 결국 뉴스터니 주장의 합리적인 부분을 수용하였고 또 그로써 자신의 모델까지 수정하였다.

	1	2	3	4
계획 과정 중의 문제	선택	안정	발전	구별
계획 과정 중의 대책	대책선별	체제정비	확대적용	

호근의 모델에 수정을 가한 건 뉴스터니 만이 아니었다. 루빈Rubin 1973도 호근을 바탕으로 "평가evaluation"라는 새로운 단계를 추가하였다. 평가란, 언어계획의 성공을 이끌어내기 위해 언어계획의 각 단계별로 측정과 평가를 시행하고 또 그때그때마다 수정에 대한 의견과 건의사항을 제시하는 것이다. 여기서 측정과 평가는 어느 한 단계에 국한하지 않고 매 단계별로 적용된다.

언어계획과 그 내용 간의 관계 면에서 보면, 대책의 첫 번째 단계는 언어의 지위계획 문제에 속하지만 나머지 세 단계는 언어의 자원계획 문제에 속하고 이 중 네 번째 단계(즉 루빈의 부가한 "평가" 단계)는 어떠한 특정 단계에도 속하지 않는다.

이 같은 제안들은 언어계획 과정에 대한 학자들의 인식 수준이 높아졌음을 분명하게 반영하고 있다. 이 중 호근1987은 각 전문가들의 의견을 토대로 일찍이 자신이 제시했던 모델을 수정하고 언어계획의 과정과 내용, 그 속에서의 문제와 대책 등을 종합적으로 개괄하였다.

	형식(대책 계획)	기능(배양)
사회적 과정 (지위계획)	1. 선택	3. 이행
	a. 문제의 제기	a. 수정
	b. 기준의 분배	b. 평가
언어자체 (자원계획)	2. 체제정비	4. 확대적용
	a. 서사체계의 정형화	a. 용어의 현대화
	b. 어법의 규범화	b. 문체의 확대적용
	c. 어휘의 규범화	

여기서의 언어계획은 형식과 기능의 분류 그리고 지위계획과 자원계획의 분류를 동시에 유지하고 있다. 형식면에서 지위계획은 다음 두 가지를 포괄한다: a. 언어지위 면의 문제 제기; b. 표준어 및 기타 언어의 지위 확정. 이 둘은 모두 언어계획의 제1단계("선택" 단계)이다. 제2단계("체제정비" 단계)는 자원계획의 내용으로서 다음 세 가지를 포함한다: a. 서사체계의 규범화; b. 어법의 규범화; c. 어휘의 규범화. 제3단계("이행" 단계)는 기능과 "배양"의 내용이면서 지위계획에 속한다. 제3단계에서는 다음 두 가지를 포함한다: a. 원래의 대책에 대한 조정과 수정; b. 대책과 그 효과에 대한 측정 및 평가. 제4단계("확대적용" 단계)는 자원계획 측면의 "배양"내용으로서 다음 두 가지를 포괄한다: a. 용어의 생산; b. 문체의 확대적용 관련 작업.

제4절 언어지위 계획

언어지위 계획은 구체적으로 정권의 관할 범위 내에서 이뤄지기 때문에 그 계획을 시행하는 정치 집단은 통상 국가적 차원의 정치 집단이 된다. 지위계획에 있어서의 문제는 국가어national language와 공용어official language의 제정, 정부의 행정언어, 교육언어, 법률언어의 선정, 또는 이들 몇 개 분야가 복합적으로 얽혀 있을 때 빈번하게 발생한다. 지위계획에서 중요한 점은 언어를 선택하는 그 자체에 그치지 않는다는 것이다. 누가 그 언어를 선택했는가, 그 결정이 어떻게 집행되는가 등이 모두 지위계획에서의 중요문제가 된다.

언어지위를 규정할 때 어떤 요소들을 고려 대상으로 삼을 수 있을까? 이 문제에 대해 클로스Kloss, H. 克洛斯 1968는 다음 몇 가지 기준을 제시하고 있다.

(1) 정부가 향후 채용하려하는 공용어의 내원
(2) 구조적인 면에서 해당 언어가 보이는 발전 단계
(3) 법률적으로 해당 언어가 갖는 지위
(4) 해당 언어를 사용하는 인구수의 우세 여부

첫째, 내원에 관해 클로스는 공용어를 세 종류로 분류하는 방법을 제시하였다. 현지 발생적 공용어endoglossic, 외래 유입적 공용어exoglossic, 그리고 이 둘이 공존하는 언어가 그것이다. 현지 공용어란, 현지인들에 의해 발생, 발전하고 또 상당수 현지인들에 의해 사용되고 있는 언어를 가리킨다. 이탈리아의 이태리어가 그 예이다. 외래 공용어란, 남아프리카공화국의 영어처럼 비록 외부로부터 유입되었지만 이미 현지에서 상당한 우세를 가진 언어를 의미한다. 그리고 세 번째의 경우는 현지어와 외래어가 공존하는 상황으로서 스와힐리어와 영어를 공용하는 케냐의 경우가 그 예이다. 이와 같은 상황은 피식민지배의 역사를 가진 개발도상국에서 특히 자주 보인다.

둘째, 클로스는 구조적 측면에서 언어가 보이는 발전 단계를 다음 여섯 단계로 분류하였다.

(1) 완전하게 현대화, 체계화된 표준어로서 각종 의사소통 목적을 만족시킬 수 있다.
(2) 체계화된 표준어이긴 하나 그 사용 범위가 비교적 작다.
(3) 고전적 표준어로서 공업화 이전에는 광범위한 소통 목적에 부응할 수 있었지만 현대의 과학기술적 요구를 모두 만족시키지는 못 한다.
(4) 신생 표준어.
(5) 서사체계를 완전하게 갖추지 못 한 언어.
(6) 서면어 전통을 갖지 못 한(pre-literate) 언어.

상기 여섯 단계에서 표준화 정도는 위에서부터 아래로 가면서 점점 약화된다.

셋째, 언어의 법률적 지위 면에서, 일개 언어는 국가의 "국어"national language, 국가 공용어national official language, 지역 공용어regional official language, 정부 주도의promoted 규정된prescribed 혹은 용인된tolerated 언어로 나뉠 수 있다. 이 중 가장 높은 지위는 당연히 국어이다. 일반적으로 국어는 국가 상징의 하나로서 기능하기 때문에 민족 고유의 언어가 자주 그 지위를 갖는다. 하지만 국가 공용어로서의 지위는 체계화가 잘 된 표준어가 자주 점하며 꼭 민족 고유어는 아닐지라도 그것의 커다란 영향력으로 인해 흔히 '광범위한 의사소통 언어'Language of Wider Communication, Fishman 1977 로 불리기도 한다. 지역 공용어는 종종 고유어일 때가 많다. 언어의 법률적 지위와 관련한 또 다른 면은 용인도에 있다. 예를 들어 법정에서는 당사자의 언어가 공용어와 다를 때 통역을 부르기도 하지만 경우에 따라 어떤 언어는 여러 이유로 인해 사용이 금지될 때도 있다.

크로스가 언어지위 계획과 관련하여 마지막으로 제시했던 관련요인은 언어 사용 인구수이다. 사용자 수를 집계 내는 방법은 전국 총 인구수를 기준으로 하며 전체 인구 중에서 어느 언어를 제1언어로 많이 사용하고 있는지 백분율에 따른다.

상기 언급했던 네 가지 요인을 모두 합하면 언어지위 계획에 참고기준 몇 가지를 제공할 수 있을 것이다. 하지만 주의할 점은, 크로스는 이들 요인을 언어지위 계획에 있어 반드시 고려해야할 구체적 요건으로 여기고 제시했던 것이 아니라는 점이다. 따라서 이들 요인은 그저 기술적인 성격만 가질 뿐이며, 그 중에서도 특히 언어지위 계획이 완성된 이후의 언어상황을 기술하는 데만 사용될 수 있을 뿐이다. 더군다나 언어의 법률지위는 언어지위 계획이 이행된 후에야 비로소 정해진다는 점에서 특히 더 그렇다.

퍼거슨Ferguson 1967, 1971은 스튜어트Stewart 1962의 선행 연구를 바탕으로 언어지위의 구분에 대해 또 다른 방안을 제시하였다. 그는 언어를 크게 세 가지로 분류하였다. 첫째, 주요언어major language. 주요언어를 판단하는 기준은 다음과 같다. 반드시 고유어이고 사용 인구수가 총인구의 25% 이상이어야 하며 언어의 50%이상이 중고등학력자를 위한 교육용어로 쓰여야 한다. 둘째, 소수언어minor langauge. 사용 인구수가 100만 명을 넘지 않거나 총인구수의 25%를 넘지 않는 언어로서 교육 방면에서의 사용 역시 제한적이다. 셋째, 특수 지위의 언어. 특별한 장에서만 사용되는 언어를 의미한다. 종교 활동에서만 쓰이는 언어, 연령단계에 따라 일시적으로 사용되는 언어, 교육과정으로서의 제2언어 등이 그에 속한다. 예를 들어 라틴어는 현재 천주교 교회활동에서만 제한적으로 쓰이거나 독일과 같은 국가에서 제2언어로서 학습된다. 이와 같은 퍼거슨의 분류법이 갖는 단점은 그간 주요언어로서 여겨왔던 수많은 언어들의 지위를 박탈시킨다는 데 있다. 그가 제시한 기준에 만족하지 못한(사용인구수가 100만이 안 되는 언어처럼) 많은 언어들이 실제로는 곳곳에서 주요언어로 사용되고 있기 때문이다.

상기 삼분법 외에 퍼거슨은 언어를 언어의 내원와 표준어 성립여부, 해당 언어에 대한 고유어의 수용 여부에 따라 분류하기도 하였다. 이와 같은 방법을 통해 그는 언어를 다섯 가지 유형으로 분류하였다: (1) 토착어vernacular, V, 발화 공동체에서 표준화를 거치지 않은 현지 고유어; (2) 표준어Standard, S, 표준화를 거친 현지어 또는 현지 지역어; (3) 고전어Classical, C, 더 이상 사용하지 않는 표준어; (4) 피진어Pidgin, P, 교제어로서의 혼합어. 구성성분은 기본적으로 한 언어의 어휘성분과 또 다른 언어의 어법구조를 갖는다; (5) 크레올어Creole, K, 피진어의 심화단계. 피진어에서부터 일개 발화 공동체의 제1언어로 발전되어 비교적 완전한 발화유형 기능을 갖는다.

끝으로 퍼거슨은 언어의 사회 기능적 측면에서도 다음과 같이 언어를 분류했다: 지역 표지언어Geographical, G-한 공동체 내의 의사소통에 주로 사용되는 언어. 이 언어는 해당 공동체에 그 공동체의 일원인지 아닌지를 가늠케 하는 식별자질을 부여한다. 공용어Official, O-공식적인 장에서만 사용되는 언어. 경우에 따라 법률이 부여한 기능을 갖기도 한다. 광범위한 의사소통 언어Wider Communication, W-표준어가 그 기능을 담당할 때도 있지만 광범위한 의사소통을 목적으로 하는 기타 언어가 담당하기도 한다. 교육언어Educational, E-초등학교 이상의 교육적 장에 사용되는 언어. 교재에 사용된다. 종교언어Religious, R-종교적 장에 광범위하게 사용된다. 국제언어International, I-국제 교류에 널리 사용된다. 학습과목으로서의 언어Subject, S-널리 보급된 언어학습 과목.

퍼거슨은 스페인의 예를 들며 구체적인 설명을 덧붙이고 있다. 앞서 언급했던 다중분류체계에 근거할 경우, 스페인은 두 개의 주요언어를 가져야 한다. 스페인어와 카탈로니아어Catalan가 그것이다. 사용 인구수가 모두 100만을 넘기 때문이다. 소수언어는 바스크어Basque이다. 또 스페인에서 라틴어는 주로 종교적 장에서 사용되며 프랑스어는 많은 학생들에게 외국어 선택과목이다. 따라서 라틴어와 프랑스어도 스페인에서는 특별한 지위를 가진 언어 중 하나가 된다. 종합한다면 우리는 아래와 같은 공식으로 스페인의 언어상황을 기술할 수 있다.

5개의 언어 = 2개의 주요언어(SO, SG) + 1개의 소수언어(VG) + 2개의 특수언어(CR, SS)

이 같은 공식의 함의는, 스페인의 모든 언어가 퍼거슨이 제시한 삼분법 체계—주요언어, 소수언어, 특수용도언어—에 모두 포함된다는 것이다. 스페인에서 사용되는 언어 종류 수는 각각 2개, 1개, 2개이다. 이 중 주요언어인 스페인어와 카탈로니아어는 내원과 표준화의 시각에서 보면 모두 표준화를 마친 언어이다. 사회 기능적인 면에서 스페인어는 공식적인 장(O)에서 널리 사용되지만 카탈로니아어는 공동체 표지로서의 특징(G)을 가진다. 그 다음 소수언어인 바스크어는 아직 표준화 되지 않은 토착어(V)로서 사회 기능적으로는, 카탈로니아어처럼, 해당 공동체의 식별 표지 중 하나로서 기능한다. 스페인의 두 특수언어인 라틴어와 프랑스어를 내원과 표준화 및 사회 기능 면에서 보면, 라틴어는 고전어(C)로서 종교적 장에서 기능하고(R), 프랑스어는 표준화된 (유럽) 현지의 지역어(S)로서 널리 보급된 외국어학습 대상(S)이다.

앞서 우리는 언어가 가진 자체 상황을 중심으로 언어지위 계획에서 고려할 수 있는 요인들을 논하였다. 하지만 언어지위 계획은 언어 자체만의 문제라기보다는 정치적으로 해결해야 할 문제이기 때문에 반드시 지위계획의 이행 문제까지 연구해야 한다. 아래는 그것의 이행방식 및 그 유형에 대해 논하고자 한다.

언어지위의 확정 과정이나 실행형식은 연구들마다 적지 않게 논의되었는데 이 중 자주 접할 수 있는 견해들로는 언어도입(또는 강요) language imposition, 언어확산language spread, 언어정치language politics, 언어정책 language policy 등이 있다.

브로스나한Brosnahan 1963은 "언어도입"에 대해, "공용어 또는 행정언어를 그와 상이한 언어를 구사하는 국민들에게 강요하는 것"으로 정의 내리고 있다. 언어도입 현상은 언어지위 계획의 이행 형식 중 하나이면서 정치경제적 요인이 언어적 요인을 넘어서는 가장 극단적인 상황의 하나이다. 언어도입은 어떤 언어가 어느 곳의 행정언어이다 라는 명문화된 법률조항을 반드시 요구하지는 않는다. 때로는 어느 언어가 현재 사용되고 있다는 그 사실만으로도 그 언어의 지위가 이미 확립되었음을 내포하며 또 그 언어에 대한 상하 지위 결정이 이미 진행되었음을 의미하기도 한다. 라틴어, 그리스어와 아랍어는 모두 언어도입에 이용된 역사를 갖고 있다. 이들 세 언어는 군사 권력의 우위를 통해 강요 가능한 언어적 지위를 차지하였으며 그 지위는 기타 유사한 권력기관에 힘입어 몇 세기 동안 유지될 수 있었다. 라틴어는 로마 공화국과 로마 제국의 번영으로 이탈리아 반도에서 유럽 각지까지 뻗어나갔고 그리스어는 서로마 제국의 국력에 힘입어 그리스에서 중동과 아시아 서남부 및 아프리카 동북부 각지로 전파되었다. 아랍어는 본래 아라비아 반도에서 유래하였지만 아라비아 제국의 흥기와 그로 인해 확산된 이슬람교의 영향으로 아시아와 아프리카를 아우르는 광범위한 지역의 통용어가 되었다. 근대의 언어도입 현상도 종종 피식민지배 국민에 대한 식민지 배자의 언어침략 과정에서 발생하곤 했다. 일본의 침략자들이 한반도와 중국의 동북 지역을 점령한 뒤 일본어를 한국 및 중국 동북 지역의 국민들에게 강요한 것이 그 예가 된다.

언어확산은 언어지위를 실현하는 또 다른 형식이다. 언어확산의 원인은 여러 가지이다. 그 중에서 가장 중요한 요인은 언어 기능이 얼마나 다양한가에 있다. 유용한 언어일수록 확산 가능성은 커지기 때문이다. 물론 그것이 유용한지 아닌지는 사용자의 느낌에 따라 결정되는 경우가 많으므로 한 언어의 확산능력은 언어의 유용성과 그것의 보급가능성pervasiveness까지 종합하여 결정된다. 보급가능성이 강한 언어는 인식될 가능성이 클수록 확산 속도도 빠르다. 기능 자체는 보급가능성과 필연적인 관계를 맺기 때문에 기능은 다양하나 보급가능성이 낮다면 그 확산능력 역시 일정 정도 제한을 받는다. 이 점은 우리에게 영어의 확산능력이 현대 중국의 각 시기별로 왜 상이하게 나타났는지를 설명해 주는데, 주요하게는 중국의 각 시기별로 보인 영어의 보급가능 정도와 밀접한 관계가 있었던 것이다. 언어확산도 언어의 직접적인 접촉에 의해 자주 발생하는데 이와 관련해서는 이미 제6장의 언어접촉 부분에서 논한 바 있다.

언어정치 또는 언어정책 역시 지위 계획을 실현하는 형식의 하나이다. 언어 자체에는 정치성이 없다. 하지만 언어의 이용은 사람마다 갖고 있는 정치 목적과 관련을 맺는다. 여기서의 정치목적이란 통제와 권력을 의미한다. 이는 앞서 논한 언어도입현상, 즉 언어강요는 언어정치의 극단적 형식의 하나라는 점에서 내재적 관련성을 갖는다. 언어정치는 언어확산과도 관련을 맺고 있는데, 언어정치의 목적과 결과가 사회의 각 층위로 "통치언어"ruling language가 확산되도록 하는데 있기 때문이다. 이러한 확산은 각기 다른 상황에서 발생할 수 있다. 예를 들어 식민환경 하에서는 지배자의 언어가 확산대상이다. 그리고 확산의 가능성은 지배자와 그 지배를 돕는 자들에게 달려 있다. 하지만 현대 사회에서는 확산이 언어 용법 면에서 나타나는데, 흔히 보이는 현상은 도시의 언어 용법이 시골로 확산되는 데서 찾을 수 있다.Labov 1994

앞서 우리는 언어지위 계획에 있어 반드시 고려되어야 할 요인 및 그것의 실현 형식을 살펴보았다. 다음으로, 언어지위 계획에 영향을 주는 요인은 어떠한 것들이 있는지 살펴볼 것인데, 그것은 곧 언어지위 계획을 촉진하는 사회 권력에는 어떠한 것들이 있는지를 살펴보는 것과 같을 것이다.

서양 사회에서 언어지위 계획에 영향을 주는 주요 사회 권력은 세 가지로 집약된다. 가장 흔하면서도 영향력이 가장 큰 것으로는 역시 정부기관이 꼽힌다. 언어지위에 대한 정부의 영향은 구체적으로 다음과 같은 점에 드러난다. (1) 정부는 언어의 공식적인 지위에 대해 가장 직접적인 결정권을 갖는다; (2) 정부 관할 지역의 언어 사용에 대해 가장 직접적인 통제권을 행사한다; (3) 정부의 용인을 필요로 하는 비정부 관할 범위 내의 언어 사용에 대해 영향력을 미친다. 대중매체 언어와 특수한 상업 활동에 사용되는 언어 인증에 대한 심의 및 비준 등이 그 예에 속한다. 교육언어에 대한 정부의 결정은 다음 세대의 언어습득에 직접적인 영향을 준다. 그리고 다음 세대의 습득 결과는 미래의 언어지위를 반영하면서 다시 그 다음 세대의 언어습득에 영향을 미친다. 언어지위에 대한 정부의 계획은 법정언어의 사용에도 반영된다. 구체적으로, 정부 계획에서는 법률이 어느 언어로 쓰여야 하는지, 법정 심판의 단계별 용어와 증거에 진술되는 언어는 어떠해야 하는지, 법정 내 언어번역의 가능성은 어느 정도인지 등을 규정하고 있다. 진정한 다언어 사회에서 법정언어의 지위계획은 잘못된 계획이 심각한 법률적 결과를 불러올 수 있다는 점에서 매우 중요하면서도 또 매우 까다로운 문제다. 예를 들면, 언어 증거에 대한 해석이 화자의 언어적 기초를 바탕으로 한 것인지 아니면 통역 요원의 언어적 기초를 토대로 한 것인지에 따라 져야할 법률적 책임이 때로는 매우 상이할 수 있다. 언어지위에 대한 정부의 결정은 나아가 국민대표 또는 의회의원의 언어자격, 국민에 대한 언어 요구(예로서, 미국정부는 귀화한 이민자에게 일정 정도의 영어수준을 요구한다) 등의 문제까지 관련되어 있다. 대중매체 언어 분배와 관련하여, 어떤 정부는 TV, 라디오 방송 채널의 분배와 언어별 방송 시간 길이까지 구체적인 규정을 두기도 한다.

기업 등의 경제 단체도 언어지위 계획에 영향을 주는 사회권력 중 하나이다. 경제 단체의 영향은 주로 다음과 같은 경로를 통해 실현된다. (1) 특정 언어를 회사 지원자들에게 요구 한다; (2) 업무환경 속에서의 언어 사용을 규정한다; (3) 기업 내 각 부문의 업무언어를 일정 부분 규정한다. 초기 식민지 시대, 자신의 국가에서 피지배국가로 온 상인들이 이미 존재하는 현지 표준어에 적응하지 못했던 이유로, 그들의 언어는 종종 피진어의 토대를 제공하기도 했고 아예 실질적인 표준어로서 입지를 굳히기도 했다. 현대의 국제 경제 환경 속에서 언어는 더욱 중요한 구성성분 중 하나가 되었다. 기업의 입장에서, 글로벌 기업, 금융, 여행업들이 진출 목표국을 선택할 때 고려해야 할 요소 중 하나가 언어이기 때문이다. 이에 싱가포르와 같은 영어 사용국들은 영미권 기업들의 투자처로서 그리고 직원들의 해외 영업처로서 우선적으로 물망에 오르는 지역 중 하나로 자주 손꼽힌다(물론 언어는 고려해야 할 요소의 하나일 뿐이다). 또 구직자 입장에서, 다국적 기업들이 세운 해외 분점이나 합자 기업에 취직하려면 현지 지원자들은 그 회사의 업무언어에 대해 일정 정도의 지식을 갖추어야만 한다. 이 과정에서 업무언어는 보이지 않게 현지 언어에 어느 정도의 영향을 준다. 결론적으로, 현대 경제활동에서 언어는 경제력의 영향을 받는 대상이면서 동시에 경제 발전의 상관요인 중 하나라고 할 수 있다.

많은 지역에서는 언어지위 계획에 대한 종교 세력의 영향도 매우 뚜렷하다. 이는 종교 생활의 여러 방면에 걸쳐 반영되는데, 그 중에서도 기도, 독경과 같은 종교 활동의 중요부분에서는 반드시 경전 저작 초기에 사용되었던 언어를 사용해야만 한다. 종교 교리의 전파는 언어형식의 선택과도 자주 관련되는데, 선택된 언어형식은 종교 활동의 확대에 따라 그 지위가 올라갈 수 있다. 유사한 상황은 종교 전적의 번역에서도 보인다. 어느 현지어로 경전을 번역하느냐가 그 언어의 지위에까지 영향을 미치기 때문이다. 번역의 목표언어(현지의 수많은 언어변종 중 하나일 것이다)는 교육 환경에서 사용되는 언어일 때가 많으므로, 그 교육이 선교사든 현지인이든 누구에 의해 진행되는가에 상관없이, 번역어의 지위가 일단 교육방면에서 인정을 받게 되면 사회 전체 속에서의 지위 역시 그에 따라 커다란 변화를 겪게 된다.

제5절 언어자원 계획

언어자원 계획이란 언어 자체를 대상으로 한 개조작업을 의미한다. 개조 대상은 음운, 통사, 형태, 서사 체계 등을 포괄한다. 따라서 언어 자원 계획은 일반적으로 언어학과와 가까운 관계에 있다. 자원계획에서 중요한 두 가지는 계획의 실시유형과 그것의 개시자이다.

자원계획의 실시유형은 두 가지 요인에 좌우 된다. 하나는 해당 언어가 현재 처한 발전 단계이고 또 하나는 언어 기능에 대한 요구이다. 발전 단계 상 문자 전통이 없는 구두 언어라면, 자원계획은 언어 자체에 내재된 각각의 구성 성분에 집중되어야 한다. 하지만 현대화 단계의 언어라면 계획을 통해 어떻게 하면 규범을 표준화 시킬 수 있을까 하는 등의 문제에 상대적으로 더 많은 관심을 갖는다. 뉴스터니Neustupny 1978는 사회, 정치, 경제의 발전 정도를 바탕으로 언어의 발전 단계를 초기 현대early modern, 현대modern, 당대contemporary로 분류하고 그에 따른 제반 문제를 판단하였다. 그는 발전 단계가 다르다면 그에 대한 처리방법treatment, 즉 언어정책, 언어 교육 방안, 언어 계획 및 책략도 달라야 한다고 주장한다.

자원계획의 기본 작업 중 하나는 서면어 전통이 없는 언어를 서사 체계를 갖춘 언어로 변화시키는 것이다. 다언어사회에서 구두 언어 중 어느 언어를 선택하여 서면어로 발전시키는가는 곧 그 언어 변종에 대한 사회적 인정을 의미할 때가 많다. 그 다음 대두되는 요구는 어떤 문자 체계를 채택할 것인가 하는 것이다. 서사체계를 결정하는 과정에서 일부 국가와 지역에서는 현지의 영향력 있는 종교의 문자형식과 일치하는지 따져 보기도 하고 또 일부에서는 국제 인지도를 주요 요인으로 삼기도 한다. 서사형식을 갖춘 언어로의 변화는 구두어 형식의 고정화에도 도움을 주고 지식의 광범위한 전파에 유리할 정도로 파급력이 매우 거대하다.

물론, 한 서사체계를 선택했다고 해서 그 체계가 고정불변지는 않는다. 일례로 자형의 변화는 자주 겪는 일 중 하나다. 대규모의 자형 변화는 장단점을 모두 갖는데, 장점으로서 자형의 간소화는 서사에 편리함을 가져다주지만 단점으로서 간소화된 형식은 전통적인 역사와 문화를 현대 사회와 멀어지게 만든다. 경우에 따라 이 같은 격차는 신구 세대에 직접적으로 나타나기도 한다.

어법 계획은 어법 형식에 제약을 가하는 것이다. 그것의 기능은 모호함 속에 선택 기준을 제공함으로써 어법의 옳고 그름을 변별하고 나아가 잘못된 용법을 교정하는데 도움을 준다. 어휘 규범은 주로 사전의 편찬 과정에서 발휘된다. 구체적으로 사전의 편찬은 어휘 항목과 정의의 선택을 통해 해당 언어 어휘의 발전과 사용에 영향을 줄 수 있다.

언어지위 계획과 비슷한 점은, 정부 기관, 경제 단체, 종교 단체가 모두 언어의 자원계획에 광범위한 영향을 미칠 수 있다는 점이다. 정부기관의 입장에서, 각국은 전문적인 학술 기관이나 행정 기관을 설립하고 자원계획의 구체적인 방안을 마련하는 경우가 많다. 이 경우 때에 따라서는 정부가 감독 방안의 이행까지 책임지기도 한다. 정부는 자원계획의 가장 주요한 세력이다. 반면에 기업 등 자원계획에 경제 단체가 미치는 영향은 기술 용어의 개발과 사용 등에서 나타나는 경우가 많다. 현대사회에서 상품에 대한 대중매체의 광고, 축약어의 사용, 신조어의 생산 등은 모두 은연중에 언어의 변화에 영향을 준다. 국가간 상품의 수출입은 차용어의 도입과 전파를 동반한다. 한편 종교 방면에 있어 한 가지 보편적인 현상은, 서양의 전도사가 거쳐 간 곳에는 라틴문자가 전파되는 경우가 많았고 이슬람교의 확산은 아라비아 문자의 보급을 부추기는 경우가 많았다는 것이다. 실제로 언어 자원의 변화에 미친 전도사의 영향은 일찍이 교재의 편집 및 제작, 사전의 편찬, 번역 작품의 증가, 차용어의 도입 등 언어학 방면의 작업 과정 곳곳에서 발견된다.

제6절 언어계획에서의 이론적 사고

언어 계획상의 구체적인 문제들은 자원계획의 각 방면에 집중적으로 드러나지만 언어 계획의 성공이 결코 자원계획에 의해 좌우되지만은 않는다. 그렇다면 언어 계획을 논할 때 "언어"라는 개념을 어떻게 이해해야 할까? 언어 구조에 대해 평가가 가능할까? 언어정책을 어떻게 평가할까? 이 같은 문제들에 대해 언어학자들과 사회언어학자들은 그동안 여러 차례 논의를 했었다. 아래는 그간의 논의에 대한 간략한 소개이다.

첫 번째 문제는 언어 계획에서의 "언어"를 어떻게 이해할 것인가이다. 뉴스터니Neustupny 1968는 이에 대해 심도 있는 견해를 내놓았는데, 소쉬르가 "랑그"와 "빠롤"이라는 두 개념을 구분한 뒤부터 사람들은 흔히 언어를 매우 협소한 개념, 즉 언어 문제와 사회문제를 명확히 나뉘는 두 사건으로 이해해왔다고 지적했다. 특히 언어계획에 있어 가장 중요시되는 일은 언어를 어떻게 변별할 것인가 하는 것이었고 그 다음에야 비로소 그에 대한 처리를 할 수 있었다는 것이다. 이 같은 분위기에서 사람들은 자주 언어 코드 자체의 문제에만 주의를 기울이곤 했다. 하지만 뉴스터니는, 언어 계획 이론은 반드시 이 같은 사유 방식의 속박에서 벗어나야 한다고 여겼다. "언어"라는 껍데기 속에서만 언어 계획 문제의 본질을 이해하려 해서는 안 된다는 것이다. 그는 논쟁과 반박의 과정에서, 언어 문제를 종합할 때에는 언어의 내부적 문제를 의사소통이라는 광범위한 배경 속에서 고찰해야 한다고 했다. 의사소통은 두 가지로 분류된다. 하나는 발화 의사소통이고 또 하나는 비발화 의사소통이다. 발화 의사소통에서의 문제는 언어 코드 문제와 그와 관련된 일련의 문제들을 포괄한다. 하지만 그는 언어 계획 문제를 순전히 언어 코드의 문제로만 귀결시킬 경우 문제가 매우 심각할 것이라고 했다. 역사적으로 수많은 언어 코드 개혁이 실패했던 중요 원인 중 하나가 그와 밀접하게 관련된 의사소통 규칙의 문제까지 고려치 않았던 데 있었기 때문이다. 결국 이에 상응하는 대책 마련에도 문제를 해결하지 못했던 것은 당연했다.

언어 계획 이론과 관련된 또 다른 문제는, 언어 구조의 가치를 평가하고 그것의 우열을 판별할 수 있는가 하는 것이다. 언어 계획은, 현존하는 언어 체계에는 "결함"이 존재하고 또 그것과 이상적인 언어 체계 간에도 차이가 존재하기 때문에 개선이 필요하다는 가정을 잠재적으로 바탕에 두고 있다. 이러한 가설은 실제로, 언어 체계의 옳고 그름을 평가할 수 있다는 생각으로 이어진다. 하지만 언어구조에 대한 가치 평가와 판별은 아직까지 일반언어학 이론에서 여전히 터부시되고 있다.

과거 한편에서는, 경제와 문화에 대한 우월감을 이용하여 언어의 발전 단계에 대해 편파적인 평가와 판별이 자행되곤 했었다. 일례로, 많은 경제 후진국의 언어들이 과거에는 서양 학자들에 의해서 결함이 있는 언어 또는 낙후된 언어로 낙인 찍히곤 했었다. 어떻게 보면 이 같은 생각에 대한 사람들의 반감도 이해 못할 바 아니다. 하지만 또 한편으로, 언어의 몇몇 방면에 대해서는 그것의 여타 부분들과 비교 평가도 가능하다. 정치적, 역사적 원인을 들어 평가 자체가 절대 불가능하다는 생각도 불필요하고 또 현명치 못하다. 현실적으로 눈에 띄게만 하지 않을 뿐, 언어 계획에 있어 언중들은 이미 언어의 각 측면에 대한 판단을 내려놓고 있기 때문이다.

언어 구조를 평가할 때는 두 가지 언어 자질에 대해 구분할 필요가 있다. 하나는 자의성이고 다른 하나는 비자의성이다. 자의성에 대해 평가할 수 있는 부분은 매우 적다. 언어 체계에 있어 전적으로 자의적인 부분은 사람들이 상상하는 것만큼 많지 않다. 더욱이 의사소통 유형과 관련된 부분에서는 더욱 그렇다. 그 외에, 언어구조 성분은 외부 요인에 의해 추동되어 이루어지는 경우도 많고 또 기타 구조 성분의 추동 요인으로 편입되는 경우도 있다. 언어구조 상의 몇몇 자질은 언어 내부의 기타 자질들에 의해 결정되기도 하고 사회적 요인이나 발화 의사소통의 유동적 자질 및 기타 자질들에 의해 조성되기도 한다(예를 들면 신호전달의 기술에 의해 만들어진 언어의 일반적 특징들이 그렇다). 언어구조를 형성하는 요인이면서 동시에 기능을 발휘한 결과로서의 언어자질을 우리는 흔히 보게 된다. 이 경우엔 당연히 언어구조와 사회구조 간의 상호작용을 함께 살펴보아야 한다. 그 예로서, 경어 체계는 그것이 존재하는 사회 구조의 산물일 수 있지만, 반대로, 경어 체계의 계승은 일정 정도 그 사회구조의 존속을 유지케 할 수도 있다. 언어구조 성분에 대한 평가는 그 사회 환경을 벗어나서 행하기는 어렵기 때문에 주관적 요인의 영향을 쉽게 받는다. 따라서 언어구조에 대한 가치 판단 문제는 좀 더 많은 언어학 방면의 사례 연구가 요구된다.

언어계획의 과정에서는 언어 자질에 대한 평가 외에, 언어정책 자체의 성공도와 합리성 정도에 대해서도 상세한 평가와 예측이 요구된다. 하지만 이것을 어떻게 처리할 것인가는 학자들마다 그 의견이 분분하다. 이에 대해 뉴스터니1968는 다음과 같은 기준을 제시하고 있다:

(1) 발전의 기준: 제기된 언어정책이 사회 발전에 도움이 되는가? 여기서의 사회 발전은 당연히 경제적 발전에만 국한되지 않는다.

(2) 민주의 기준: 언어정책이 사회 구성원들 모두에게 공정한가? 사람들에게 공평한 기회가 부여될 수 있도록 하는가?

(3) 단결의 기준: 언어정책이 사회 각계의 단결에 도움이 되는가?

(4) 대외 관계의 기준: 언어정책이 다른 발화 공동체와의 교류에 도움이 되는가 아니면 방해가 되는가?

이들 기준의 가중치는 물론 공동체마다의 현실을 고려할 때 달라져야 한다. 예를 들어, 극도로 다원화된 공동체의 경우 어떻게 하면 많은 민족이 조화롭게 살 것인가가 최우선 고려 대상이지만 권익을 쟁취해야 하는 민족에게는 민주의 기준이 최우선 고려 대상일 것이다.

제7절 언어계획과 기타 사회발전계획 간의 비교

공동체나 국가 차원에서는 매우 많은 부분이 계획을 필요로 한다. 경제 문제에도 일관된 정책 결정을 위한 계획이 필요하고 가정에서도 일정한 계획이 요구되며 문화 예술의 발전, 도시의 발전을 위해서도 계획이 필요하다. 그 과정에서 언어계획은 조직적인 사회변혁 활동임에도 특별한 형식을 띠어서는 안 된다. 그렇다면 언어계획과 기타 사회발전계획 간에는 어떤 공통점과 차이점이 존재할까? 이는 매우 흥미로운 문제이다. 이들 간의 비교를 통해 우리는 언어계획의 본질에 대해 좀더 깊이 있게 이해할 수 있을 것이다. 미국의 언어학자 피쉬맨J. Fishman 1973은 이에 대한 탐구와 논의를 통해 다음과 같은 의견을 제시하였다.

우선 계획의 대상 측면에서, 언어와 기타 원시 자료는 모두 "자원"으로 불린다. 언어가 일종의 문화자원이라면 그것과 물질적 의미의 자원(농산품, 수자원 등) 간에는 어떠한 차이가 있을까? 물질 자원은 일정한 수량으로써 존재한다. 그 존재는 계획 전에도 또 그 후에도 일정한 양으로서 존재한다. 하지만 언어 "자원"은 양화된 형식으로 존재하지 않기 때문에 기타 자원과 같은 분배가 불가능하다. 예를 들어, 수자원은 공공부문과 개인부문으로 나눌 수 있으나 언어의 그 같은 분배는 상상하기 힘들다. 물론 언어계획의 공공 부문적 일면을 정부 공문서 상의 언어형식이 대표하는 것처럼, 그것의 역할이나 기능의 분배 또는 재분배가 어느 정도 가능할 때도 있다. 이런 점에서, 공식적이고 문어적인 언어형식이 언어계획을 실현하는데 있어 가장 용이한 영역 중 하나일 수 있다. 그에 반해, 사적인 대화 상의 언어형식을 통제할 수 없는 것처럼, 사적 영역의 언어형식일수록 언어계획의 적용은 힘들어진다. 종합하면, 언어 자원과 기타 물질적 자원 간 비교가 어느 정도는 가능할지라도 언어 자원은 본질적으로 양화하기 어렵다는 점에서 계량적인 배분 계획을 세우기가 매우 어렵다.[1]

다음으로, 계획이란 측면에서 보면, 언어계획과 기타 사회 발전 계획 간에는 공통점이 존재한다. 계획은 거시적인 계획과 미시적인 계획으로 나뉜다. 거시적인 계획에 대해서는 그간 많은 주의를 기울여왔지만 미시적인 계획에 대해서는 주의가 소홀했다. 이러한 점에 있어서는 성질이 다른 두 계획이 좋지 않은 면에서 유사점이 존재한다. 언어계획 중에서도 큰 규모의 대책에는 상당히 많은 주의를 기울여왔지만, 구체적으로, 시행과정 상의 문제나 평가 예측 면의 문제, 소규모 커뮤니티, 학교, 기구 등에 존재하는 구체적인 언어문제들에 대해서는 충분한 주의를 기울이지 못했다는 것이다. 하지만 언어에 대한 계획은 현실 문제들에 대한 대안이면서 동시에 역사적 문제들에 대한 사실 기록이다. 언어계획은 태도의 문제이면서도 국가적 표지에 대한 문제라는 점에서 기타 사회 발전 계획들과 다르다. 언어계획은 국민들에게 국민이라는 명칭과 언어라는 국가 표지를 부여한다. 그러므로 국민이라면 필히 수용해야 하는 사실이며 나아가 수호하고 유지할 만한 가치를 가진 상징으로서 기능한다. 물론 경우에 따라서는 계획된 언어 자체가 실제 사용되는 모국어와 점점 큰 괴리를 보이기도 한다. 그러나 중요한 것은, 그럼에도 불구하고, 이 같은 언어계획 상의 언어가 존엄과 권익의

---

1) Xu & Li(2002)는 "언어 관리"이론을 싱가포르에서 시행 중인 언어계획에 대입시킴으로써 "자원"에 대한 개념을 "자원 확인"과 "자원 관리", "자원 발전" 등 몇 가지 방면으로 세분하였다.

상징이라는 점이다.

언어계획과 기업 관리는 다르다.[2] 기업의 관리 과정에서 관리자는 실질적인 힘을 갖는다. 그리고 고객이 어떤 요구를 하고 있는지 그리고 그 요구를 주변의 어떤 자원으로 만족시킬 수 있는지를 알고 있다. 고객 요구에 대한 처리 방법에 대해서도 기업 내 동일 직급의 관리자라면 모두 각자 자신의 위치에서 그것을 어떻게 처리해야 할 것인지에 대해 명확한 개념을 갖고 있다. 고객은 관리자가 제공하는 대안을 수용하고 그것을 실행에 옮긴다.[3] 하지만 언어계획에서는 "고객들(정부, 각 부처, 정당 등)"[4] 조차도 스스로가 실현시켜야 할 목표에 대해 항상 뚜렷이 인지하지만도 또 꼭 그 목표에 일치시키지만도 않는다. 그럼에도 이 "고객"은 종종 충분치 않은 자원으로써 제공된 대안을 자신의 이상에 기대어 시행하곤 한다. 계획 설계자는 "고객"의 요구에 대한 직접적인 지식이 없을 때가 많다. 이로 인해 언어계획에서 자주 보이는 현상 중 하나로서, 언어계획 설계자는 정치인들과 기술 관료들의 정치적 입장 변화에 따라 자신의 정치적 역할을 수시로 수정한다. 물론 설계자와 "고객" 간의 충돌은 그 과정에서도 비일비재하다.[5]

······························

2) 현재 언어계획에 대한 연구에서는 "언어 관리" 모델을 중시하는 추세에 있다. 경영학에서의 내용 일부를 수용하긴 했으나 주요 개념적인 면에서는 여전히 차이를 보인다. 과거에는 언어계획을 "언어 문제"가 출현할 때 지원되는 보조적 행동 또는 해결책으로 여겨왔으나 "언어 관리"에서는 언어를 지속적인 관리로 부단히 발전시켜야 하는 자원으로 생각하고 관리 업무를 전체 사회가 상시 행하는 유기적 행위로 여긴다. 관련 연구로는 쉬따밍과 리웨이(徐大明, 李嵬 2003), Xu & Li(2002) 등을 참고하라.

3) 원서에서는 '管理者'와 '計劃者'의 사용에 구분이 모호하다. 그러나 번역에서는, 기업과 관련해서는 기업'관리'와 호응하여 '관리자'로, 언어와 관련해서는 언어'계획'과 호응하여 '설계자'로 번역하였다.-역주

4) 여기서의 '고객'은 언어계획 설계자를 기업의 관리자와 비교하는 과정에서 파생된 개념이다. 따라서 '고객'은 언어계획 설계자에 대응되는 (정치 권력 기반의)설계 요구자로 이해할 수 있다.-역주

5) 여기에서는 설계자와 대안에 대한 설계 요구자를 구분하였다. 언어계획 설계자는 언어학자를 위주로 한

끝으로, 언어계획과 기타 사회 발전 계획들 간에는 적어도 다음과 같은 차이점들이 존재한다. 예를 들어, 계획의 시행 방식 면에서, 일반적으로 기타 사회 발전 계획은 면대면 상호작용 방식이 상당히 유효하지만 언어계획에 있어서는 대중매체가 더 유효할 수 있다. 동참의 유도 수단에 있어, 기타 계획 내 활동에서는 이미 성취한 또는 곧 성취할 것으로 예상되는 대상을 토대로 참여를 유도하지만 언어 계획은, 그와 더불어, 확인 가능한 성취물이 이미 계획의 도입 전서부터 존재해왔는가 하는 여부까지도 문제가 될 수 있다. 성공의 가능성 면에서, 기타 발전 계획에서는 일반적으로 준비 작업이 충실하고 인력과 자원이 충분하기만 하다면 그 가능성은 커진다. 하지만 언어계획에서는 이와 같은 긍정적 요인이 반드시 완전한 성공을 보장하지만은 않는다.

계획 제정자를 의미하고 정부 등의 권력기구는 계획의 수용 및 집행자를 의미한다. 하지만 광의의 언어계획에서는 특수한 사회 환경으로 인해 이 둘의 구분을 두지 않기도 한다. 구체적으로, 싱가포르 모델과 같은 "언어 관리"모델에서는 언어계획을 단독으로 제안된 일종의 정부 행동으로 여기기보다, 정부의 여러 행정 관리 및 사회 경제 정책에 녹아들어있다고 본다. 그래서 이를 "무형의 언어계획"이라고 부른다.

제8절 세계 각지의 언어가 정치체제와 갖는 대응관계의 주요유형

각기 다른 사회 속에서 언어계획자는 그마다의 언어 상황에 마주해 있다. 아래에서는 세계 각지의 언어와 정치체제 간 대응관계의 주요 유형이 어떠한 지 간단하게 소개하고자 한다.

루스토우Rustow 1968는 세계 주요 지역 언어와 정치체제 간 대응 및 분포 상황을 두 가지 측면으로 분류하였다. 먼저, 정치체제나 국가 형성의 역사를 기준으로 다음과 같이 다섯 가지 분류가 가능하다. (1) 제국 시대 이후의 국가post-imperial states, (2) 서유럽 왕권제 이후의 국가, (3) 중유럽, 동유럽, 중동의 언어를 본위로 한 국가, (4) 해외 이민자로 구성된 국가, (5) 아시아, 아프리카, 라틴 아메리카의 이전 식민지 국가.

제국 시대 이후의 정권이란 과거에서부터 현재까지 상대적으로 일치된 지리적 경계를 유지하면서도 꽤 커다란 규모를 갖춰온 전통적 정치체제들을 일컫는다. 일본이 그 전형적인 예에 속한다. 고대부터 현대에 이르기까지 명확한 지리적 경계를 가져온 일본은 바다에 둘러싸인 지리적 환경의 영향으로 아시아의 기타 국가들과 확연히 분리됨으로써 자신만의 독특한 문화와 언어적 특색을 형성해왔다. 이 외에 중국과 구소련도 이 유형으로 분류된다.

서유럽에서 대다수의 근대 민족 국가와 국민 국가들nation-state은 모두 18세기와 19세기에 출현하는데 이들 국가들 역시 언어의 지리 분포와 일치하는 경우가 많다. 하지만 이들 국가는 형성 과정에서 모두 전란과 황제 정권의 영향을 받았다. 대영제국은 웨일스의 투도르Tudors

1485~1603 왕조와 스코트랜드의 스튜어트Stuarts 1603~1649 왕조 전후로 노르만 잉글랜드의 전통을 계승하며 건립되었다. 프랑스에서는 긴 역사적 단계를 거치며 그 경계의 영역이 가스코뉴Gascogne, 브르타뉴Bretagne, 프로방스Provence, 부르고뉴Bourgogne 및 기타 변경지역으로 확대되는 과정에서 프랑스 반도의 일개 언어였던 불어가 프랑스의 공용어로 자리매김하게 되었다. 그러나 서유럽에서 언어가 정치체제와 일치하지 않는 예들도 적지 않게 볼 수 있다. 벨기에는 1830년 독립한 이후에도 줄곧 플라망족Flemings과 왈롱족Walloons이라는 두 민족으로 동등하게 구성되어 왔다. 그리고 핀란드에서도 일찍부터 오랫동안 경제적 통치 지위를 점해온 쪽은 소수민족인 스웨덴인이었다. 또 스위스의 대다수 사람들은 독일어를 사용하지만, 프랑스어, 이탈리아어 및 기타 로망스어계의 언어를 구사하는 사람들도 적지 않다.

중유럽, 동유럽 및 중동에서 언어와 정치체제가 일치하는 국가는 그 상황이 서유럽 국가들과 정확히 반대된다. 이들 지역에서 민족의 상징과 언어 형성에 가장 큰 영향력을 발휘하는 측은 국가 주요 요직의 지도자들이 아닌 시인과 문학가들이다. 단테, 페트라르카, 루터의 성경 번역은 이탈리아와 독일의 문화상징 형성에 결정적인 영향력을 미쳤다. 마찬가지로, 발칸 지역에서의 영향력은 18세기 말과 19세기 초에 일었던 민간 문학의 유행을 토대로 한다. 그리고 중동에서, 현대 아랍과 터키 문학의 번영은 20세기를 시작으로 문학의 영향권과 국가의 구역이 통일되면서 차르 통치의 멸망을 앞당긴 요인으로 작용하였다.

해외 이민자로 구성된 국가의 예는 사실 서유럽 모델의 변종이다. 이러한 변종의 형성은 유럽국들의 해외 식민지 활동과 연관된다. 식민지로 이민을 와 뿌리를 내리면서 신생 국가와 언어 변종도 생겨났기 때문이다. 미국, 오스트레일리아, 뉴질랜드, 아르헨티나, 브라질 등이 그에 속하며 캐나다와 이스라엘도 어느 정도는 이들 부류에 포함된다. 이들 국가에서의 언어는 지역의 정치적 경계가 그어지면서 비로소 생겨난 것으로 여기서의 정치적 경계는 식민지를 토대로 형성되었다. 이들 국가의 대다수 토착 민족들은 멸망하였거나 식민통치 기간 동안 저항 불가한 박해를 받은 결과 그 수가 이젠 얼마 남지 않았다. 각 시기별로 파도처럼 이어진 이민행렬은 해당 지역의 인구 구성에 변화를 주었으며 이민국에 도착한 이민자 집단 간에도 서로 동화되기 시작하였다. 미국의 초기 이민자들은 영국과 아일랜드인이었지만 현재는 미국 인구의 20%에 불과할 정도로 어느 한 국가에 국한되지도 않다. 아르헨티나에서는, 20세기로 들어서면서부터 이탈리아인들의 이민이 그보다 먼저 건너온 스페인인을 크게 앞질렀으며, 프랑스와 영국에 의한 통치로 조성된 상이한 민족 간 구성으로 현재 캐나다의 퀘백주는 심각한 언어 계획 위기에 처해 있다. 이 위기는 벨기에의 플랑망족과 왈롱족 간에 보이는 비이민성 언어 충돌과 다르다. 하지만 영어가 미국에 수용되었던 경우처럼, 캐나나 서부 주 대부분에서는 영어로의 동화가 상대적으로 순조롭게 진행되고 있다. 이스라엘은 사회 문화 구조가 기본적으로 팔레스타인 지역에 대한 연합국의 위임 통치 시기에 형성되었다. 뒤이어 동유럽 출신의 이스라엘 이민자 중 시온주의자들이 고대 히브리어를 통일 민족의 공용어로 결정하였다. 이스라엘의 건국 이후 동유럽 및 동쪽의 먼 지역 출신 이민자들은 히브리어를 중심으로 한 문화에 빠르게 동화되었다. 1948년 독립과 그 이후의 전쟁은 아랍인과 아랍어를 위주로 했던 많은 지역을 유태인과 히브리어를 위주로 하는 지역으로 변화시킬 정도로 인구 및 언어사용의 판도 변화에 큰 영향을 미쳤다.

아시아, 아프리카, 라틴 아메리카의 이전 식민지 국가들에서는 또 다른 유형의 언어 및 정치 체제 간 대응 모델을 형성하고 있다. 이들 지역에서 보이는 언어 사용지역과 정권 간 대응관계는 앞서 들었던 상황에서의 지역들과 비교하면 매우 체계적이지 못하다. 물론 라틴 아메리카, 중동, 북아프리카 지역도 상당히 큰 범위에 걸쳐 언어자원을 공유하고 있다. 하지만 그것도 통상 열대 아프리카의 하우사어Hausa 사용지역만큼의 크기를 넘어서진 못 한다. 한편 남아시아와 동남아시아 지역의 공용어는 사용지역의 규모면에서 일반적으로 중등의 정도를 차지한다. 이들 지역에서 식민지로부터 독립한 국가의 지리적 구역은 식민 시기의 지리적 구역과 자주 일치한다. 그런데 식민지역이 동일언어의 기타 사용지역과 다른 점은, 정치적 요소가 언어 계획을 결정하는 주요 요인이라는 데 있다. 그리고 그 정치 구조는 현지 인물들에 의한 것이 아닌 외세의 힘에 의해 세워지는 경우가 많다. 결국 이들 구역의 거의 모든 곳은 언어 경계가 정치체제 구역과 일치하지 않고 각기 다른 범위로 갈림으로써 한 정권의 통치 범위 내에 각기 다른 어족의, 일체 관련도 없는 여러 언어들이 함께 공존한다. 때문에 이들 지역에서는 동일 언어를 사용하는 인구가 30%라면 매우 많은 수에 속한다고 할 정도로, 공용어를 사용하는 사람들이 인구의 다수를 차지하지 못하는 상황을 자주 목격할 수 있다. 따라서 이 같은 지역에서 언어 문제는 가장 우선시 되는 급선무 중 하나가 되고, 상대적으로 많은 국가들에서도, 신생 독립국가에 대한 과거 식민 통치국의 언어 신분이 매우 큰 영향을 발휘하고 있다. 예를 들어, 인도나 파키스탄은 다언어국가이지만 영어의 영향력은 여전히 정부기구의 설치와 정책의 각 방면에 두루 반영된다. 또 아랍국가의 경계는, 팔레스타인을 제외하고, 기본적으로 오스만 제국이 1830년~1920년 간 구획지어 놓은 경계와 차이가 없다.

다음으로 언어 상황을 기준으로 보면, 세계의 언어 사용 지역의 형성은 크게 여섯 유형으로 분류 가능하다. 이들 유형은 상이한 지역 간 경계를 넘어서는 것으로서 일개 지역 경계 내에 국한되지 않는다.

첫 번째 상황은 일개 특정 언어가 한 국가 내에서 줄곧 주도적 지위를 누리고 있는 경우이다. 예컨대 대다수의 유럽 국가들과 중국, 일본, 한국, 몽고, 베트남 등이 그에 속한다. 이 같은 상황에서 통일체로서의 언어는 국가의 통일을 보장해 왔다. 그 과정에서 이들 국가의 언어계획 문제는 외래어 용법(예를 들면 일본어에서의 한국어 낱말[1], 아랍어에서의 터키어 어휘)을 제한했던 몇몇 국가들의 예처럼, 아래 경우들과 비교하면, 처리가 꽤 용이한 유형에 속하곤 했다. 반대로, 몇몇 이민 국가들에서는 언어계획이 문화적 동화과정에서의 사회 교육 문제에 대해 대책을 마련하기도 한다. 하지만 기타 국가들에서는, 현존하는 소수민족 언어에 대한 언어적 지위 부여 여부에 대해 결정해야할 문제가 여전히 남아있다.

두 번째 상황은 단일 언어가 이웃하고 있는 몇 개의 국가들에서 동일하게 주도적 지위를 누리는 경우이다. 라틴아메리카 국가들에서 사용되는 스페인어, 그리고 중동, 북아프리카에서 쓰이는 아랍어가 그 예이다. 이들 국가는 더 큰 연합체를 세우려고 쏟아 부은 노력이 큰 성공을 거두지는 못했어도 정치인들의 국가 간 왕래는 상당히 자유로워왔

1) 원서에 준하여 번역하였지만, 맥락 상 '한국에서 쓰이는 일본어 낱말'이 아니었을까 미루어본다.—역주

다. 때문에 아랍 국가의 정치 수반들이 모두 또 다른 아랍국으로 정치적 피난을 가는 사례가 상당히 자주 목격된다. 이는 비록 정치적 경계가 존재하지만 국가 간에 형성된 공동의 정치 공동체가 그들의 의식 속에 줄곧 존재해 옴으로써 국내 정치와 국제 정치 간 경계가 명확하지 않게 된 결과를 가져왔다고 볼 수 있다.

세 번째 상황은 여러 언어가 공존하지만 그 중 한 개만이 공용어로서 인정받는 경우이다. 예컨대, 본 장 첫 머리에서 언급했던 인도네시아가 그렇다. 인도네시아에는 남도어족Austronesian languages에 속하는 수많은 언어가 존재하지만 바하사 인도네시아어Bahasa Indonesia만이 유일하게 공용어로서 사용된다. 필리핀도 이와 유사하다. 따갈로그Tagalog는 현재 기록어적 측면에서 영어, 스페인어와 경쟁하고 있지만 공용어로서 그 지위는 여전히 매우 공고하다. 탄자니아에서는 다수가 여러 형식의 반투어를 사용하지만 그 중 어떤 언어도 사용 인구가 5분의 1을 넘지 않는다. 하지만 그들의 절반 이상은 스와힐리어를 구사할 줄 안다. 스와힐리어는 반투어에 기초한 상당 정도의 혼합어이지만 아랍어 영향에 크게 힘입어 상업 활동 과정에서의 비성문 표준어로 자리매김한 언어이다. 독일이 식민 지배를 했던 1차 세계대전 전에는 스와힐리어 사용을 크게 독려하곤 했었다.

네 번째 상황은 친족계통 상 관련이 없는 몇몇 언어가 공존하지만 그 중의 한 언어만이 상당한 정도의 기록문학 전통을 인정받는 경우이다. 이 같은 상황에서 문학 전통을 가진 언어는 그것의 사용 인구수에 상관없이 공용어로서의 지위를 갖는다. 가장 좋은 예로서, 인구의 3분의 1이 베르베르어Berber를 사용함에도 아랍어를 공용어로 채택한 아프리카의 모로코가 있다. 또 페루에서도 공용어는 스페인어이지만 현지에서 사용되는 언어는 퀘차어Quecha이다.

다섯 번째 상황은 여러 언어가 공존할 뿐 어느 하나도 기록문학 전통을 인정받지 못한 경우이다. 이 같은 예가 아열대 아프리카에서는 매우 보편적인데, 기록문학 전통을 갖지 못한다는 사실로 인해 현지 언어는 외래어인 영어와 프랑스어를 상대로 불가능한 경쟁을 하고 있다. 영어와 프랑스어는 보통 이들 지역의 정치 생활과 교육 영역에서 주도적인 위치를 차지한다. 그에 반해 현지어는 초등학교에서부터도 제2언어로 교육되고 있어 결과적으로는 절대 다수의 인구가 외부로부터 유입된 언어를 사용한다. 이들 지역에서 언어의 통일은 현지어보다 외래어를 토대로 수립되는 것이 더 현실적일 것이다.

마지막 상황은 많은 언어가 병존하는 지역에서 각각의 언어 모두 자신만의 기록문학 전통을 갖는 경우이다. 이 같은 상황은 여기서 언급된 여섯 가지 상황 중에서 가장 우려스러운 경우로서, 인도, 말레이시아, 키프로스Cyprus 등의 국가가 여기에 속한다. 이 중 인도는 힌두교의 영향, 영어의 범용 등 여러 요인에 힘입어 긴장 국면이 그나마 그리 두드러지진 않다. 인도에서 영어는 원래 공용어로서 10년의 과도기를 갖는 것에 한했고 그 뒤엔 현지어가 그 자리를 대체하기로 했었다. 하지만 드라비다Dravidian 어족의 타밀어 등을 사용하는 사람들이, 힌두어가 공용어로 제정된 뒤 생길 정치적 영향력에 대해 우려를 표했고 결국 영어의 공용어 규정 기한도 다시 연장되었다. 키프로스는, 그리스어 사용자와 터키어 사용자가 언어와 관련하여 짧은 타협 기간을 가지긴 했으나 그 후로도 1963년 다시 민족 간 충돌이 발생했다.

제9절 나가며

본 장에서는 언어계획의 이론과 실천 문제를 소개했다. 이론적 측면에서, 언어문제와 언어대책 간의 분명한 구분은 언어계획에 대한 이해와 실천을 이끌어내는 데 있어 핵심이 된다. 세계 여러 지역의 언어 상황에 근거하여 학자들마다 다양한 언어계획 유형을 제시해왔다. 이 같은 다양함은 일면, 연구가 심화되었음을 보여주기도 하지만 또 한편으로는, 세계 어느 언어지역에나 모두 들어맞는 언어계획이란 없다(또는 가능성이 크지 않다)는 점을 우리에게 말해주기도 한다. 모든 국가들엔 역사, 문화와 관련하여 모두 저마다의 구체적인 문제들이 존재하기 때문에 결국 최선의 해결 방안을 자신의 구체적인 상황에 기대어 제시할 수밖에 없다. 언어계획의 가능성과 효과 측면에서 보면, 계획 설계자들은 그것의 목표에 지나치게 골몰함으로써 집행 과정에서의 어려움에 대해서는 간과할 때가 종종 있다. 그래서 탁월한 계획이었음에도 결국엔 실패로 귀결될 수밖에 없는 운명을 자초하곤 했다. 하지만 언어계획의 실패가 언어계획의 이론과 실천을 전부 의심하거나 부정할 이유가 되어서는 안 될 것이다. 사회 전체의 발전이라는 시각에서 봤을 때 민족 모두의 고른 발전에 대해 모든 책임을 홀로 감당할 수 있는 계획이라곤 있을 수 없기 때문이다. 그러므로 설사 언어계획이 실패했다 하더라도 그로 인해 민족 발전에 끼친 계획의 부정적 영향을 과장할 필요는 없겠다. 끝으로, 순수 언어이론적 측면에서 봤을 때, 언어계획 연구는 상당히 도전적인 문제들을 순수 언어이론에 제기해왔다. 예컨대, 언어구조를 어떻게 평가할 것인가, 언어사회 심리는 언어구조의 변화에 어

떠한 영향을 미칠까, 언어변화의 추세를 어떻게 예측할 수 있을까 하는
문제들은 모두 언어응용 영역(언어계획을 포함한다)에서 제기해온 것
들이다. 하지만 현재의 순수 언어학 이론에서는 여전히 이들 문제에 대
해 충분히 납득할만한 대답을 내놓지 못하고 있다.

당대사회언어학

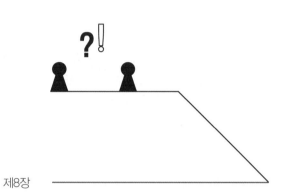

08

제8장

사회언어학의
응용

제1절 들어가며

언어학은 이론과 응용으로 나뉜다. 사회언어학 역시 마찬가지로 이론의 사회언어학과 응용의 사회언어학으로 나눌 수 있다. 응용언어학은 협의적으로 그리고 광의적으로도 이해할 수 있다. 협의적으로는 응용언어학을, 이론언어학적 연구 성과를 외국어 교육과 제2언어 교육에 응용하는 학문으로 이해할 수 있고 광의적으로는 응용언어학을, 이론언어학적 연구 성과를 실제 사회의 여러 문제들(교육문제를 포함한다)를 해결하는 데 응용하는 분야로 이해할 수 있다. 사회언어학은 어떤 의미에서 보면 언어를 사회와 연계시켜 연구한다는 점에서 사회 발전과 밀접한 관계를 맺고 있으므로 기타 언어학 분과보다 더욱 "응용"이란 말에 어울릴 수 있다.

앞서 몇 장에 걸쳐 논의됐던 사회언어학의 제반 이론들은 모두 사회 현실 속에서 정도의 차이를 보이며 응용되고 있다. 일례로, 라보브의 사회언어학 연구는 흑인 영어에 대한 편견을 바로잡는 데 상당히 중요한 역할을 했다. 그는 언어적 변이가 무엇인지를 사람들에게 알리고 어음, 어법, 어휘면에서 보이는 언어변이 시스템을 기술함으로써 흑인 영어가 결코 저급하거나 결핍된 언어가 아님을, 나아가 여느 영어처럼 체계적이지만 일반 영어와는 상이함을 띤 일종의 변종임을 증명하였다. 또 다른 예로서 하임즈Dell Hymes의 "말하기 민족지학Ethnography of Speaking"은 문화 간 의사소통 방식에 대한 사람들의 인식을 한 단계 끌어올리기도 했다. 그 외, 다문화 의사소통Cross-cultural communication 연구는 사회 문화 및 경제 교류를 적극적으로 촉진시키기도 했다. 언어정책과 언어계획에 관한 거시 사회언어학 이론은 각국 정부의 언어정책과 언어계획 수립에 직접적으로 이용되었고, 담화분석은 법률 집행, 상업광고, 의사-환자 간 커뮤니케이션, 모국어와 외국어 교육 등 여러 방면에 걸쳐 실질적인 효과를 거두기도 했다. 사회언어학 연구는 상업, 법률, 의학, 언어교육 등에 걸쳐 점점 더 많은 영향을 발휘해가고 있다. 언어교육 방면에서의 영향이 특히 두드러지는데, 예를 들어, 제2언어 및 외국어 교육의 이론과 방법은 언어학 이론의 영향으로 근래 여러 차례에 걸쳐 커다란 변화와 개선을 거듭해왔다. 나아가 사회언어학의 출현 이후 언어교육은 새로운 이론적 근거를 확보하고 그에 따른 새로운 방법도 끊임없이 제시해왔다. 이번 장에서는 먼저 상업, 법률, 의학과 행정문서학에 미친 사회언어학의 영향을 논의할 것이다. 그리고 나머지 세 개 절에 걸쳐, 제2언어 학습과 외국어 교육에 미친 사회언어학의 영향을 논의하고자 한다.

제2절 사회언어학

광고언어, 특히 TV광고의 언어는 사회언어학의 중요 연구 분야 중 하나이다. 자본주의가 발달한 영국과 미국 등 서양에서는 TV광고를 어디서든 접할 수 있는데, 광고를 위해 기업은 사회언어학의 연구 성과를 비즈니스에 직접 응용하기도 한다. 기업의 영업대상은 사회 대중들이라고는 하나 대중 전체가 필요로 하는 제품이란 있을 수 없다. 때문에 기업은 광고 전, 제품의 수요층 결정을 위해서 시장 세분화market segmentation 조사를 실시하곤 한다. 그리고 이 과정에서 사회언어학과 가장 밀접하게 연관된 문제는 이른바 라이프 스타일 분석이라고도 불리는 행동의 사회 심리적 기준psychographic 心理風貌에 있다. 라이프 스타일 분석의 대상은 소비자의 연령, 교육 정도, 지리적 분포 등 사회언어학의 연구 내용과 상당히 유사하다. 하지만 사람들의 구매 활동, 관심 대상, 개인적 가치 등에 좀 더 관심을 기울인다는 면에서 라이프 스타일 분석은 사회언어학과 차이를 둔다. 만약 소비자의 사회 심리적 기준을 정확하게 분석할 수 있다면 광고는 높은 성공률을 보장 받을 것이다. 소비자는 자신에게 맞는 라이프 스타일과 이미지 아이콘을 광고 속에서 발견했을 때 상품과 자신을 동일시하고 기꺼이 구매할 것이기 때문이다. 그렇다면 소비자의 사회 심리적 기준을 어떻게 나누어야할까? 서로 다른 라이프 스타일 하에서 사람들은 어떠한 언어적 차이를 보일까? 사회언어학자들의 지식은 바로 이 같은 방면에서 특별한 쓰임을 갖는다.Smith 1982

광고 카피와 판매원의 응대 스크립트 제작도 사회언어학과 관련된 응용분야이다. 판매원들은 정식으로 업무에 투입되기 전 교육을 받아야 하는데 교육 과정 중 받게 되는 상세 매뉴얼 중에는 제품의 소개 방법과 판매 방법이 갖가지 상황별로 제시되어 있다. 예컨대, 미국의 3대 장거리 통신회사인 AT&T, MCI, SPRINT도 경쟁이 치열해지면서 이중언어 서비스의 중요성을 인식하게 되었다. 이에 세 회사는 현재 화어(광동어와 보통화)를 구사하는 직원을 고용해 24시간 서비스를 제공하고 있는데, 이들 직원에 대한 언어규범의 설계와 교육은 전문가들이 책임진다. 또 미국의 중국어 신문에는 매일 이들 세 회사의 큼직큼직한 광고들을 볼 수 있는데 용어 선정 하나에도 심혈이 기울여져 있다. SPRINT는 중국어 사용에도 주의를 기울이는 것은 물론 중국인들에게 너무나 친숙한 손오공을 한동안 등장시켜 전면광고를 내고 판촉활동을 벌인 바 있다. 그 광고에는 이렇게 씌어있다. "손오공이 여러분에게 가져온 특별한 즐거움—통화마다 할인……손오공이 있는 한 혜택은 영원히 계속된다看我老孫為你帶來的精彩好戱−通通打折……有我老孫在此，這優惠是永無截止日" AT&T도 그에 뒤질 새라 중국 병법에서의 한 구절인 "天時地利人和", 즉 하늘, 땅, 인간 세 요소를 모두 고려한다는 말을 인용하여 전면 광고를 내기도 했다. 여기서의 "하늘"은 매일 매 통화마다 할인된다, "땅"은 모든 지역과 국가에 모두 적용된다, 그리고 "사람"은 누구에게 걸든 비용을 아낄 수 있다는 것으로서 다방면에 걸쳐 좋다는 의미를 나타낸다. 결국 각 광고가 갖는 기능이 어떠하든, 이들 예는 세 회사가 사회언어학 원리를 응용하고 있다는 점 그리고 광고 시 언어와 문화적 요인을 함께 고려했다는 점을 보여주고 있다.

제품명에서의 금기taboo는 사회언어학이 업계에 자주 상기시키는 문제이다. 현대 사회에서는 특히 글로벌 비즈니스 활동이 날이 갈수록 빈번해지고 다국적 기업이 우후죽순처럼 출현하면서 수많은 제품이 세계 구석구석으로 수출되어 팔리고 있다. 이 같은 분위기 속에서 제품명은 이제 외국 시장에서의 영향까지 고려해야 하는데, 자국의 언어로는 감흥을 일으키는 제품명도 타국에서는 웃음을 사거나 심지어 타국의 불결한 단어와 대응될 수도 있기 때문이다. 이 지점에서 제품명은 사회언어학에서의 금기 문제와 관련을 맺는다. 회사나 공장에서 사전에 적절한 조사를 하지 않고 준비 없이 광고를 내보낼 경우 막대한 광고비용에도 불구하고 효과는커녕 사람들의 웃음거리가 될 수 있다. 실제로 이 같은 예는 적지 않다. 레쿠스Lekus 1969는 일찍이 금기시되어야 할 몇 천 개의 제품명을 대략 40개 언어에 걸쳐 나열한 바 있다. 아만Aman 1982은 나아가 영어를 중심으로, 영어를 이용한 영어 사용 국가에서의 금기어, 외국어를 이용한 기타 외국어 사용 국가의 금기어, 외국어를 이용한 영어 사용 국가의 금기어, 영어를 이용한 외국어 사용 국가의 금기어 등 금기어의 네 가지 유형을 도출하였다. 그는 다양한 예들로써 상기 나열된 현상을 설명하고 있는데, 예를 들면, 캘리포니아 주재 일본 회사에서 CALPIS라는 음료를 출시한 적이 있었는데, 영어 사용자들에게는 이 제품명이 마치 COW PISS(소 오줌)로 들린다 하여 후에 CAL-PIKO라는 이름으로 바꾸었다고 한다. 프랑스 회사에서 생산된 PSHITT라는 음료 역시 영어에서의 SHIT(똥)와 발음이 같다하여 앞서 든 일본 음료명과 비슷한 상황에 처한 적이 있다. 또 독일 바이에른Bayern주의 어느 유명 회사에서는 PFANNI라는 브랜드의 조미료를 출시한 적이 있었다. 그런데 불행히도 FANNY처럼 들리는 발음 때문에, 슈퍼마켓으로 주방 물품을 사러 간 영미권 소비자들은 "엉덩이"(미국식 영어)나

"음부"(영국과 오스트레일리아 영어)를 연상하곤 했다. 그 뒤로 회사는 영어 사용 국가에서 판매되는 이 제품에는 PANNI라는 새 이름을 붙여 주었다. 그 외, 미국의 유명 식품 회사인 하인즈Heinz 氏는 전세계 거대한 판매망에도 불구하고 아랍국가에서만은 품명이 매우 저속하다는 이유로(남성 생식기와 관련된다) ERIN 계열의 제품을 판매할 수 없었다.

　요즈음 수많은 대기업들은 제품명 선정 작업 시 언어학자들의 의견을 구하거나 자체적으로 전문적인 조사와 연구를 실시하기도 한다. 미국에서는 영리를 추구하는 몇몇 언어 자문기구들이 있어 다국적 기업을 포함하는 대(對)대기업 서비스는 물론, 회사명, 상표명, 제품명과 번역명 등을 위한 변론과 공증 서비스도 제공하고 있다. 이들 업무는 전세계를 대상으로 할 때도 있고 특정 지역 시장을 목표로 할 때도 있다. 다만, 변론과 공증 업무는 일반적으로 언어학자 한 두 명의 의견만을 구하지도 않고 또 상당한 정도의 서비스 질이 확보되어야 하므로 수임료 또한 만만치 않다.

제3절 사회언어학과 법률 집행

사회언어학에서의 연구와 법률의 집행은 모두 언어의 이해와 사용을 토대로 한다는 점에서 상당히 밀접한 관계에 있다. 갈수록 많은 예들이, 사회언어학이 법률의 집행에 상당히 큰 역할을 할 수 있을 것이라 보여주고 있으며 또 서양의 점점 많은 언어학자들, 예컨대 라보브, 필모어Charles J. Fillmore, 라드포지Peter Ladefoged, 크로크Anghony Kroch 등이 법원의 소환에 응하여 전문가 증언을 해주고 있기도 하다.[1] 법정에서 사건을 심리할 때면 종종 녹음자료를 증거로 채택하곤 한다. 이 때 사회언어학자들은, 녹음자료의 심의를 통해 재판 당사자들의 진심을 판단하고 문자로 녹음자료를 기록하는 과정에서 도와달라는 요청을 받는다. 사회언어학자들의 작업이 그 같은 훈련을 받지 않은 서기보다 훨씬 유효하고 정확하기 때문이다. 다만 지금의 문제는, 사회언어학자들이 이 분야에서 나름의 기여를 할 수 있는가에 있기보다 변호사와 판사들이 사회언어학자들의 역할을 인정하는가, 그리고 법적으로, 사회언어학자들의 법정 업무 참여가 정식으로 허용되는가에 있다. 현재 미국 일부 주(오클라호마, 뉴저지, 버지니아, 뉴욕, 네바다)의 연방 법원과 지방 법원, 그리고 미국 상원에서는 모두 사회언어학자들의 증언을 인정해주고 있다. 오바르O'Barr 1982, 샤이Shuy 1982, 1984, 1986, 파솔드Fasold 1990 등은 사회언어학자들의 법정 업무 참여가 갖는 득과 실, 그리고 그와 관련된

---

1) 주의할 만한 점은 중국과 세계 경제가 비즈니스 활동에 함께 하는 정도가 높아갈수록 중국어와 한자에 관련된 사례가 국제적으로도 점점 증가하고 있다는 사실이다. 저자 중 한 명인 타오훙인陶紅印은 일찍이 미국 로스엔젤레스에서 한자 상표와 이중 언어 능력이 연관된 사례를 집계 내는 과정에서 전문가 증인으로 출석해 본 경험이 있다.

여러 실질적 문제들을 비교적 자세하게 정리한 바 있는데, 아래는 이를 기초로, 사회언어학의 몇 가지 하위 주제별로 관련된 각각의 응용 사례를 논의해보고자 한다.

법률 집행과 담화분석의 응용

채로우와 채로우Charrow & Charrow 1979의 연구에 따르면, 배심원단에 대해 소개성 설명을 할 때 쉽고 명확한 이해를 도모코자 한다면 가급적 전문적인 법률 용어를 적게 사용하고 피동태, 명물화 형식 등을 적게 사용하는 등 어법형식을 중시하는 것이 매우 중요하다. 오바르O'Barr 1982 와 동료 학자들의 연구는 증인의 직접적이고 긍정적인 어기가 종종 긍정적인 반향을 불러일으킬 수 있는 반면 간접적이고 부자연스런 어기는 그 반대의 결과를 가져올 수 있음을 보여주었다. 나아가 그들은 발화 중첩overlap이 법정 공판에서 갖는 여러 가지 상이한 효과를 연구하기도 하였다. 제2장에서 대화분석에 관해 소개하면서 정상적인 발화 주고받기는 묻고 대답하기가 순서에 따라 점진적으로 진행된 결과라고 한 바 있다. 그런데 만약 쌍방의 발화가 중첩된다면 정상적인 말 주고받기는 중단되고, 쌍방은 어떻게든 다시 질서를 회복하고 이어가고자 궁리하려 할 것이다. 그러나 반대로, 발화의 중첩이 적극적 태도의 발언으로 받아들여질 때도 있다. 즉, 대화 시 의사지지 표시어로서의 반응어Reactive Token를 지속적으로 제공하는 것이 대화에 대한 발화자의 관심과 화제에 대한 흥미를 보여줄 수도 있다는 것이다. 이는 대화책략으로서의 적극적인 일면이라고 할 수 있다. 이렇듯 법정 대화 책략에 대한 연구는, 발화 중첩이 완전히 상반된 기능을 수행할 수 있음을 보여준다. 학자들은 뒤이어 법정 변호 중 생긴 발화 중첩 부분을 피험자들에게 다시 보여주고 스스로 느낀 바를 말해보도록 하였는데, 그 결과, 피험자들은 앞 다투어 발언하려고 중첩을 자주 유발한 변호사들로부터 자제력 상실, 불공평, 심지어는 지능 부족의 느낌까지 들었다고 하였다. 그에 반해 중첩을 적게 유발한 변호사에 대해서는 이 같은 인상을 받지 않았다. 워커Wallker 1982도 이와 유사한 연구를 한 적이 있는데, 발화 중첩이 증인에 의해 유발될 때 변호사는 자신의 권위가 도전을 받는다고 생각할 수 있음을 보여주었다. 오바르O'Barr는 나아가 이 같은 현상을 성별과 결합하여 고찰해보기도 하였는데, 남성 피험자는 증인의 발화를 중첩으로 중단시킨 변호사에 대해 기교와 능력이 있다고 평가한 반면 여성 피험자는 수단이 빼어나지 못했다고 평가하였다. 법정의 날선 공방 속에서 흥미로운 현상은 발화 중첩이 일어날 때 증인은 발언을 멈추는 경향이 많았던 반면 변호사는 계속 이어가는 경향이 많았다는 점이다. 그런데 남성 피험자들은 왜 중첩을 범한 변호사를 높은 기술과 능력의 소유자라고 여길까. 이에 대해 리트-펠레그리니Leet-Pellegrini 1980는 다음과 같은 해석을 내리고 있다. 남성은 대화를 일종의 경기로 보고 끝까지 이어가는 사람이야말로 승자라고 생각하는 반면에, 여성은 대화를 일종의 협력행위로 보기 때문에 발화 중단 행위를 보통 의사소통의 문제로 여길 수 있다는 것이다. 실제로 많은 여성 피험자들이 발언을 꿋꿋이 이어간 변호사에 대해 협력 정신이 부족하다고 여기기도 했다.

사회언어학자 샤이Shuy 夏伊가 보고한 또 하나의 실례는 법률 집행 과정에서 담화분석이 기여할 수 있는 부분을 더욱 잘 설명해주고 있다.

이 사례는 담화분석에서의 화제분석話題分析과 관련된다. 샤이Shuy1982는 공판 과정에서 제출된 대화 녹음이 종종 중요한 증거로서 작용할 수 있다고 보았지만 녹음 자료를 연구할 때 사람들이 자주 놓쳐 버리는 한 가지가 있다고 하였다. 그건 바로 녹음된 내용이 유도된 발화라는 점이다. 이 점과 관련하여, 증거로서 녹음 내용이 갖는 법적 효력에 대해서는 심사숙고할 필요가 있다. 많은 경우 재판 당사자들은 증거를 수집할 목적으로 또는 변호사나 법률 기관의 배후 지시로 피고인에게 스스로를 불리하게끔 하는 발언을 유도하여 함정에 빠뜨리기도 한다. 예를 들면 다음과 같다. 때론 피고인과 한곳에서 동시에 많은 사람들이 대화할 때가 있다. 몰래 녹취하는 사람은 이 틈을 타서 피고인과 연관됐을 수 있는 극악무도한 행위와 관련한 주제를 꺼내고 주변 사람들은 이에 아무런 사리 판단 없이 분위기를 쫓아 가는 것이다. 문제는, 이 당시 설령 피고가 아무런 말을 하지 않았더라도 법정에서 녹음을 청취한 사람들도 자연스럽게 대화 내용이 피고인과 연관되었을 거라 생각할 수 있고 그 결과 피고에게 불리한 판결이 주어질 수 있다는 점이다. 샤이는 자신이 참여했던 어느 전문가 변호 심판장에서 화제분석 방법을 이용하여 편견에 치중한 부분을 법정에 내보이며 녹음의 증거 가치를 크게 깎아 내린 적이 있다Shuy 1982. 아래 그와 관련한 사례를 소개한다.

샤이가 참여했던 사례는 고용주와 피고용인에 얽힌 사건이다. 고용주가 피고로서 이혼한 전처와 그녀와의 이혼을 판결한 판사를 살해하려다 고발당했다. 당시 그는 사람을 고용하여 범죄를 저지르려 했는데 그의 피고용인이 이 일을 연방수사국Federal Bureau of Investigation에 신고하였다. 이에 연방수사국은 증거 확보를 위해 피고용인에게 녹음 장비를 제공하고 어떻게든 고용주가 이 일을 언급하게 하라고 하였다. 그 결과, 고용주가 전처와 판사를 언급한 내용 일부를 최종 확보된 대화 속에 포함시켰다. 하지만 확보한 대화 속에서 고용주가 그들을 언급했던 것은 전적으로 피고용인이 연방수사국의 사주를 받고 유도한 결과였다. 이 점을 증명하기 위해, 샤이는 담화분석에서의 화제분석 방법을 이용하였는데, 특히 누구에 의해 제기된 화제인가, 화제에 대한 쌍방의 발언은 어떠한가 등을 중점적으로 분석하였다.

담화분석 관련 연구 자료에서 학자들은 남녀 두 성이 화제를 대하는 태도에 일정 정도의 차이가 존재한다는 것을 자주 언급한다. 남녀 대화를 살펴보면 남성이 보통 많은 화제를 성공적으로 도입하고 있는데, 이는 바꿔 말해, 남성이 도입한 화제가 여성 화자에게 수용되는 비율이 그 역보다 높다는 것을 뜻한다. 반면 여성이 도입한 화제는 양적인 면에서도 비교적 적을 뿐만 아니라 남성의 주의를 여성의 화제로 돌리는 데도 그리고 그것을 계속 유지시키는 데도 남성의 그것보다 더 큰 힘이 요구된다. 이를 바탕으로 우리는, 설사 대화 도중 한 사람이 어떤 새 화제를 꺼냈다 하더라도 상대방 역시 반드시 그 화제에 호응해가지는 않을 것이라고 짐작할 수 있다. 다시 말해, 화제의 도입은 상대방에 의해 무시 당할 수도 있다. 샤이는, 상기 사례 속 고용주와 피고용인 모두가 남성임에도 대화 속에서 고용주는 피고용인이 도입한 범죄 관련 화제를 무시하고 대응하지 않거나 그 뒤론 아예 아무 말도 하지 않는 경향을 발견하였다. 고용주는 이와 관련하여 여러 가지 책략을 활용하였는데, 그 중에는 피고용인이 범죄와 관련한 화제를 꺼낸 시점 이후로는 영어 대화에서 자주 사용되는 대응어Reactive Token uh hum처럼 최소한의 피드백 신호(제2장 참조할 것)만 제공하는 것도 포함된다. 남녀가 섞여 나눈 대화를 보면, 남성은 자주 고용주와 꼭 같은 방식으로 여성의 화제를 배척하곤 한다. 연구 자료에서 흔히 언급되는 또 다른 예로서 남성이 취하는 소극적 방법은, 설령 대응 발화를 했다 해도 그것을 "피드백 신호Back-channel"로 사용하지 않고 정식 말순서full turn로 사용하는 것이다. 이 둘 간의 차이는, 영어에서 상대방이 말할 때 보내는 적절한 피드백 신호가 화자의 화제에 대한 청자의 흥미, 화자에 대한 청자의 존중을 의미한다면, 대응 발화를 온전한 말차례로 여길 경우, 그것의 효과는 전혀 반대로, 청자가 화자를 단지 형식적으로만 대한다는 것을 보여줌으로써 마지못함을 의미한다는 데 있다. 이 사례 속에서 고용주가 취한 대응 발화는 정확히 후자의 방법에 속한다. 이외에도 샤이는 사례 속 고용주가 어떤 때는 피고용인이 꺼낸 화제를 아예 회피한다든지 화제와는 별 관계가 없는 내용을 골라 몇 마디 거드는 정도에 그친다든지 하는 모습을 관찰하기도 했다.

두 개의 녹음 자료 분석을 통해 샤이는 피고용인의 화제 도입이 26회에 달했던 데 반해 고용주의 도입은 9회에 그친 것을 볼 수 있었는데, 이것이 의미하는 바는, 대화의 화제를 통제하는 사람이 피고용인이라는 것이다. 더 흥미로운 것은, 대화 속에서 피고용인이 같은 화제를 거듭 도입recycle했다는 점이다. 이는 방금 전 제기했던 화제를 피고용인이 수시로 반복했다는 것을 뜻하는데, 이 같은 현상은 주로 상대방(고용주)이 선행화자의 주제 도입에 뒤이어 말을 잇지 않으려 했거나 피고용인이 녹음하고자 했던 말을 고용주가 꺼내지 않았던 데 기인한다. 결론적으로 샤이는 배심원단에게, 비록 대화의 끝에 가서는 쌍방 모두 피고용인의 화제를 받아들이긴 했으나 고용주가 피고용인을 설득해 자기 대신 살인을 교사하려했는지는 녹음된 대화 속에서 판단할 수 없다고 하였다. 담화분석 방법은 이렇듯 사실의 참모습, 즉, 연방수사국의 사주를 받은 피고용인이 상대방은 퍽 내키지 않는 상황에서 특정 화제를 도입했다는 점을 매우 분명하게 밝혀주었다. 결론적으로, 대화자료가 고용주를 고소한 증거로서 발휘하는 기능은 사회언어학자들의 분석적 입장에서 보면 많은 한계를 지내고 있다.

화용론

화용론 연구는 발화의 표층구조가 갖는 기능과 함의를 넘어선다. 이러한 특징에 힘입어 화용론은 법률의 집행 과정에서 유용하게 쓰이는 도구로 자리매김하였다. 일련의 화용론 지식을 이해하면 원래 의도대로 자신의 법률적 표현을 조정할 수 있고 불필요한 법률 분쟁 역시 모면할 수 있다. 미국의 사회언어학자인 샤이와 심리학자인 스테이션Jana Station은 일찍이 미국 사회복지국에 초빙되어 행정공무원을 교육하는데 도움을 준 바 있는데 이 때 이들은 기본적인 화용론 지식을 사회 복지국 업무에 적용해 보았다. 예컨대, 샤이와 스테이션은 하달된 통지성 문건에서의 주제를 어떻게 분별할지, 그리고 그것을 게시하는데 있어 주제를 어떻게 순서대로 배열할지 등을 공무원들에게 지도했다. 더불어 그들은 공무원들에게 언어에 의한 행위를 어떻게 문건에 직접적 또는 간접적으로 표현할 것인가 하는 화행에 관한 지식을 가르쳤는데 대화 함축conversational implicature이란 개념도 그 중 하나에 속한다. 두 사람은 공무원들에게 유익한 대화 함축을 사용하고 유해한 또는 문제를 동반할 수 있는 대화 함축은 피하라고 가르쳤다. 미국 사회복지국에서 이 같은 교육을 시행한 데는 이유가 있었다. 공무원들은 그동안 노인 분들께 무수히 많은 통지문을 발송해왔는데 그 중 몇 통에 적지 않은 언어 사용상의 문제가 발견되었던 것이다. 만약 문건대로라면 노인협회 분들이 제출한 증거는 법률을 왜곡했다는 이유로 고발당해 분명히 법정에 출두했을 것이다. 다행히 샤이와 스테이션의 교육을 통해 복지국 공문의 상당부분은 개선되었고, 이 같은 사례는 사회와 법률 집행에 (사회)화용론이 사용된 성공사례로 회자되고 있다.

화용론과 연관된 또 한 예는 실제 소송 사건과 관련되어 있다. 한 미국 회사가 흑인과 부녀자를 차별했다는 이유로 고소를 당했다. 그런데 사건은 전국으로 확산되면서 회사는 전국에 걸쳐 소송을 당하게 되었다. 이에 대한 최후의 해결방법은 회사가 기소인들에게 배상하는 것이었는데 배상을 해주기 전 회사는 각지의 기소인들에게 현지 소송에 대한 철회 요구를 담은 법률 문서를 준비했다. 그런데 이 문서로 인해 배상을 받는 기소인에게 불리함을 안길 여지는 없는지 하는 법률적 문제가 생겼다. 왜냐하면 문서에는 다음과 같은 문구가 포함되어 있었기 때문이다. "(원고가 현지에서 제기한 소송을 계속 유지한다면) 원고가 보상을 받는 데까지는 설사 이번 심리가 끝났다 해도 이후 최소 몇 년이 걸릴지 예측할 수 없습니다." 이와 관련하여, 사회언어학자인 라보브와 크로크A. Kroch 그리고 그 외 기타 두 명의 전문가는 이 문구가 회유를 이유로 기소인들에게 불리함을 조장하지는 않았는지, 법정에 소환되어 법리 판단에 도움을 준 적이 있다Labov 1988. 크로크는 화용론에서의 대

화 함축 개념을 이용하여 이 문구를 분석하였는데 소위 양화scalar 현상
과 연관된다. 예를 들어, "이 물은 따뜻합니다"라고 했을 때, 그에 내포
된entail 의미는 "이 물의 온도는 차갑다고 할 정도보다 높다"이고 그것
의 함의implicature는 "이 물은 뜨거운 온도에 이른 정도는 아니다"이다.
앞서 회사 문서 상의 "최소"라는 단어는 양화 현상, 즉 내포의미와 함
축의미를 모두 갖는 현상과 관련된다. "최소 몇 년이 걸릴지 예측할 수
없다"는 말을 했을 때 그에 내포된 의미는 "몇 년이라는 시간 그 이상
일 것이다"이고 함축된 의미는 "몇 년이라는 시간을 훨씬 뛰어 넘을 가
능성이 많다"이다. 사실 이 문구에서의 "어떠한"과 "설사"도 양화 의미
를 지니고 있어 이들 단어를 함께 사용할 때 득이 되는 측이 어느 쪽일
지는 매우 분명해진다. 위와 같은 분석을 크로크가 법정에서 보여주었
음에도 판사는 여전히 회사에 유리하도록 최후 판결하였지만 크로크의
분석에 대해서는 공판 후 사석에서 매우 높이 평가하였다.

언어변종

라보브Labov 1988에서는 또 하나의 유명한 사건을 기술하고 있는데 언
어변종에 대한 사회언어학 연구가 법률 집행에 어떻게 기여할 수 있는
지를 아주 잘 보여주고 있다. 이 사건은 로스엔젤레스의 한 항공회사
에 협박전화를 건 피의자와 관련되어 있다. 사법기관에서는 협박전화
를 녹음 한 뒤 체포된 사람이 곧 발신자라고 생각했다. 그러나 라보브
와 분석에 참여한 동료 언어학자들이 볼 때 이 사람은 결코 발신자가
아니었다. 전화녹음 분석을 통해 보면 발신자는 분명 뉴잉글랜드 동부

지역 사람이었던 데 반해 혐의자는 뉴욕사람이었기 때문이다. 캘리포니아 사람들에게 있어 뉴잉글랜드 지역 출신자들의 발음은 뉴욕 시민의 발음과 별 차이가 없다. 그냥 모두 동부음이다. 하지만 라보브의 분석을 통해 판사 자신 스스로도 두 지역 발음을 구분할 수 있었다. 라보브는 언어학적 근거를 하나의 단일 시스템으로 간단하게 보지 않고 도표로써 두 모음 체계 간의 차이를 보여 주고, 다시 정밀 기계를 이용하여 관련 말뭉치를 세밀하게 분석하였다. 이를 통해 그는 사법기관의 전사 내용 중 녹음된 on that이 on there로 전사된 것을 발견하고 이것이 곧 뉴잉글랜드 동부 방언의 분명한 모음 특징, 즉 후설 모음 [ɒ]가 저전설모음인[2] [a]로 발음됨으로써 that을 there로 들리도록 유도한다는 것을 증명하였다. 수감된 사람이 마치 이 사건의 범행범인 것 같았지만 법원은 사회언어학자들의 전문적 논증으로 무죄를 판결하고 혐의자를 석방할 수밖에 없었다.

하지만 언어학자들이 참여하는 매 사건들마다 모두 만족할 만한 결과를 얻을 수 있는 것은 아니다. 아래 또 다른 사건 하나를 보도록 하자. 영국 북아일랜드의 한 회사 직원인 무룬이 강탈이라는 죄목으로 기소를 당하고 10년 형을 선고 받았다. 1979년 9월 7일 저녁 범인은 전화통화로 4만 5천 파운드를 강탈하였기 때문이다. 범인은 앞서 피해자에게 범행 전후로 다섯 번에 걸쳐 전화를 했는데 이는 모두 경찰에 녹음되었다. 무룬이 공중전화 부스에서 전화한 것을 본 사람도 있으며 목격시간도 앞서 건 다섯 번의 협박전화 시간과 꼭 일치했다. 또 경찰

....
2) 원저에는 고전설모음高前元音을 되어 있으나 [a]의 발음 상황에 비추어 저전설모음으로 번역하였다.-역자 주

은 그를 심문할 때 녹음했던 목소리와 전화 통화 시 녹음했던 목소리를 모두 피해자에게 들려주었는데, 피해자는 그 목소리가 분명 무룬이라고 확신했다. 이에 법원은 전화 목소리에 대한 증인의 판별력에 의지하여 무룬을 범인으로 확정하고 10년 형을 내렸다. 하지만 피고측 변호인은 그 뒤 런던대학의 음성학자에게 녹음 내용 심리를 의뢰했고 음성학자로부터 다섯 번의 전화가 결코 한 사람에 의한 것이 아니라는 답을 얻었다. 그 중 두 번의 전화 음성만이 무룬과 같다는 것이었다. 경찰은 다시 영국 방언을 연구하는 리즈Leeds 대학의 사회언어학자에게 판단을 의뢰했고, 결과는 런던대학의 음성학자와 같은 의견으로서 목소리에 대한 비전문가의 판별에만 근거해 한 사람의 범죄 여부를 판정할 수 없다고 하였다. 그의 분석에 따르면, 무룬의 목소리는 질적인 면에서 혐의자와 다를 뿐만 아니라 구사하는 방언 상의 특징 면에서도 체계적인 차이를 보였다. 이 같은 결론은 무룬의 음성 녹음에 대한 계량적 음성 분석과 사회언어학적 특징에 기반한 것이다. 결국 피고측 변호인은 상고하였고 무룬 역시 금식으로 항의하였다. 1983년에 이르러서야 이 사건에 대한 재심이 진행되었지만 불행히도, 과거 판결 이전에 전문가들의 도움을 구했어야 했다는 이유로 상고가 기각되었다. 실제로 무룬은 무고했지만 집행 과정상의 문제로 승소하지 못한 채 특별가석방만을 기다려야했다. 이 사례는 어떤 문제를 말해주고 있을까? 두 가지 면에서 계발을 받을 수 있는데, 첫째는 사회언어학자나 언어학자도 법정에서 역할을 발휘할 수 있다는 것이고, 둘째는 그럼에도 불구하고 그들도 사회제도 앞에서 무기력하다는 것이다. 언어학적 입장에서, 언어학자들은 언어 분석을 통해 법정 심리에 도움을 줄 수 있지만 그 분석이 사회 속에서 기능을 발휘할 수 있는지 여부는 여전히 사회 그 자체에 달려있다.

말하기 민족지학

앞서 제2장에서 소개한 바 있듯, 말하기 민족지학의 연구 대상은 상이한 문화 체계 속에서 언어 사용에 대해 사람들이 지닌 가치관과 언어 사용에 반영된 사회문화적 관습이다. 미국 같은 국가에서는 수많은 민족이 섞여 사는 관계로 상호 간 문화 차이가 필연적으로 법률적인 문제를 불러오기도 한다. 또 다른 측면에서, 이민자들은 비록 미국에서 생활하지만 당연하게 그리고 자신도 모르게 자민족 문화의 관습을 따르기도 하는데, 이민자들의 발화 습관이 현지 습관에 저촉될 경우 동반되는 법률적 문제를 어떻게 처리할 것인가 하는 것은 모두 사회언어학의 연구 과제인 동시에 법률 집행 과정에 사회언어학이 기여할 수 있는 부분이기도 하다. 검퍼즈Gumperz 1982는 민족지학적 관점에서 필리핀어의 체계적인 담화 규칙을 분석함으로써 미국 의료업에 종사하는 필리핀계 미국인 의사들의 억울함을 벗겨주었다.(자세한 내용은 본 장 제4절 참고하라)

이 외에도 사회언어학자는 또 다른 면에서 법률의 집행 과정에 기여할 수 있다. 예컨대, 어떤 사회언어학자는 청각장애인 피고에 대한 번역 과정이 불완전함을 법정에서 증명하였다. 그 결과 이제 변호사들은 민·형사 사건처리 과정에서, 판사의 허락 하에, 법정에서 청각 장애인과 외국인에게 이중언어 서비스를 제공할 목적으로 사회언어학자에게 도움을 청하기 시작했다.

제4절 사회언어학과 의학

의학 방면에서 부딪힐 수 있는 문제는 어떤 언어로 처방전을 내리는가이다. 일반적으로 라틴어로 처방전을 내리는 것이 가장 정확할 거라고 생각하지만 해당 민족어로 처방전을 내려야한다고 생각하는 사람도 있다.

의사가 환자와 어떻게 대화해야 하는가 연구하는 것은 매우 중요하다. 따라서 이 방면의 연구 자료도 상당히 많은데, 일반적으로, 환자를 진단하고 치료하려면 의사는 환자의 특징에 공감하는 능력을 키워야 한다고 한다. 의사에 대해 환자가 일단 신임을 갖게 되면 그 힘은 의술을 초월할 수 있기 때문이다.(LA타임즈, 1983.1.14.)

의사−환자 간 대화에 대한 사회언어학 연구는 아래 몇 가지 방면에 집중되어 있다. 첫째, 언어변종의 선택 문제이다. 의사와 환자 모두가 현지인이라면 모두가 똑같은 언어 또는 방언을 구사할 것이며 의사소통 역시 비교적 쉬울 것이다. 하지만 대도시나 미국과 같은 다민족 밀집 지역에서는 때론 어떤 언어로 대화할 것인가도 문제가 된다. 의사는 보통 고등교육을 받기 때문에 영어 사용 지역에서는 비교적 널리 수용되는 표준 방언 변종을 사용하곤 한다. 하지만 환자의 출신지는 대중이 없기 때문에 누구든 환자가 될 수 있다. 의사−환자 간 발화 의사소통이 갖는 기능이 크다고 했을 때, 만약 둘 간에 공통어가 존재하지 않는다면 얼마나 많은 불편함이 있을지 상상할 수 있을 것이다. 실제로 연구자들 중에는 비주류 언어변종을 사용하는 환자에게 미국 의사 몇몇이 보여준 차별대우를 목격하기도 했다.

둘째, 의사-환자 간 의사소통에서의 구체적인 형식, 특히 흔히 발견되는 질문-대답 형식이다. 의사는 환자를 대하면서 묻고 답하는 것을 피할 수 없다. 때문에 이 같은 의사-환자 간 의사소통 속에서 많은 연구자들은 질문하기와 대답하기라는 언어행위와 대화함축 그리고 말순서 취하기 등의 문제에 주의를 기울였다. 이는 바로 앞 절에서 법률 문제를 논하며 제기했던 문제들과 비슷하다. 즉, 종사자들(예를 들면 사회복지국)이 이들 문제에 주의를 기울이지 않으면 의사소통의 실패 또는 법률 소송을 야기할 수도 있다는 것이다. 같은 이치로, 의사가 이들 문제에 주의하지 않는다면 환자와의 상호작용에 문제가 생길 수 있다. 미국의 한 조사에 따르면 대다수 사람들은 의사-환자 간 소통 방식에 불만이 있는 것으로 나타났다Bonanno 1982. 문제를 유발하는 요인은 매우 다양하다. 이들 요인은 한 편으로, 연구를 통해 미국은 의사 대다수가 남성인데 비해 환자 대다수는 여성이라는 점을 발견했다. 앞서 보았듯, 남녀 성별은 대화 책략 면에서 상당히 큰 차이를 갖는다. 여성은 비교적 간접적인 표현을 골라쓰는데, 경우에 따라서는 치료 관련 문제들에 대해 알고는 싶지만 스스로 금기시하거나 어리석게 보일까봐 걱정하기도 한다. 여기에는 의사가 환자에게 충분한 정보를 주지 않는다고 느끼는 것도 한 몫 한다. 또 다른 요인으로, 사람들은 일상의 대화 형식과 책략을 의사와의 대화 속에서도 기대하지만 진찰 시 환자가 의사와 나누는 대화는 일상의 대화와 비교해 매우 큰 차이를 보인다Bonanno 1982. 일상의 보통 상황에서 대화 쌍방의 지위는 평등하다. 주제 도입 역시 자유롭다. 그러나 의료 대화에서는 많은 면에 걸쳐 모두 이미 정해져 있다. 의사가 대화의 주제와 전개 방향을 주도하고 대화 주제 역시 대변보는 주기, 혈구 수 등 일상의 대화와는 관련성이 거의 없는 내용들이 많다.

탄넨과 월랫Tannen & Wallat 1982, 1986, 1987은 흥미로운 일례를 분석하고 이를 빌어 의사-환자 간 발화 의사소통에서 생길 수 있는 문제들을 이론에 기초하여 정리하였다. 대뇌 경련을 앓고 입원한 한 여덟 살 여아를 소아과 의사가 진찰하였다. 여아의 엄마 역시 현장에 있었다. 그 아이의 주요 증상은 저녁에 자면서 호흡할 때 큰 소리가 나는 것이었는데, 이에 대한 의사의 진찰 결과는 근육 기능이 저하되어 생긴 것이라 하였다. 아이의 엄마는 크게 걱정하며 진찰 시 의사에게 아이 병과 관련한 문제를 묻고자 하였다. 아래는 대화의 일부이다(대화문에서 기호 "?"는 선행화자의 말을 끊고 시작한 말을 표시한다):

어머니:저녁에 너무 걱정되서요.
　　　　왜냐하면……애가 잘 때 어떻게 되진 않는지 수시로 살펴보고
의사: 아시다시피, 중요한 것은
어머니:애 호흡이 어떻게 되는 건 아닌지 항상 걱정돼요.
의사: 아시다시피, 중요한 것은 아이의 문제가 근육 조절 면의 문제라는 겁니다.

위의 예에서 우리는 병세에 대한 이해가 의사와 환자 어머니 간에 확연히 다르다는 것을 볼 수 있다. 아이 어머니같이 보통 사람이라면 호흡에 관한 문제를 보고 습관적으로 기도 쪽을 연상하였을 것이다 그러나 의사는 호흡 곤란의 원인이 매우 다양하다(예를 들면 근육 조절 문제 등)고 보고 있다. 이렇듯, 어머니와 의사는 문제를 각기 상이한 방향으로 끌고 가려하면서 서로 다른 측면에서 말을 하고 있다. 이론적인 면에서, 탄넨과 월랫은 위의 예가 대화 중 가장 쉽게 범할 수 있는

실수 한 가지, 즉 대화자 쌍방이 끌어들인 지식 프레임Knowledge Schema, Script(또는 '지식 각본')이 다르다는 것을 설명해 준다고 한다. 지식 프레임은 담화분석(및 인지 심리학)에서 광범위하게 연구해온 문제 중 하나이다. 환자(또는 가족)와 의료진은 건강을 이해하는 지식 프레임이 다르다. 그러므로 환자(또는 가족)는 의사와의 대화 중 환자 자신이 이해한 내용과 다른 것을 듣게 될 때 자신의 생각만 고수할 뿐 정작 의사의 말은 외면하곤 한다. 위의 예에서도, 아이 엄마는 의사가 아이를 진찰하는 과정 속에서, 의사의 소견과는 상관없이, 여러 차례 의사에게 기도와 관련된 문제를 물었었다. 결론적으로, 의사-환자(또는 가족) 간 대화 과정에서 의사의 프레임이 어떻게 일반인의 프레임과 중첩될 수 있을까 하는 문제는 주의할 만한 가치가 있는 문제라고 탄넨과 월랫Tannen & Wallat은 지적하고 있다.

의사-환자 간 대화에 관한 사회언어학 연구 분야로서 세 번째는, 의사의 말이 환자의 병세에 어떻게 적극적으로 기능하는가 하는 것이다. 이는 정신과 의사와 같은 분야의 전공에서 특히 중요하다. 이 방면에서는 라보브와 판셸Labov & Fanshel 1977 등의 연구자들이 의미 있는 연구를 한 바 있다. 플래더Flader, 1977는 심리적 치료의 성공 여부가 진료진의 발화 기술에 대한 의존도에 따라 매우 다르게 나타난다고 하였다. 그러나 대다수의 정신과 의사들은 정작 자신의 성공이 어디에 기인하는지 짐작만 할 뿐 설명하지는 못했다. 플래더는 전문지식과 관련한 경험을 이성적 분석과 결합시키는 것이 현대 전문직 종사자들에게 있어 자신의 수준을 향상시키는 필수 과정이라고 생각하고 정신과 의사와 환자 간 대화 과정을 세 부분으로 나누어 관찰해 보았다. 특수한 대화 장소, 환자의 반응 발화어에 대한 이해, 발화 과정에 대한 이해가 그것이다. 그는 이들 세 방면에 내재된 문제를 심도 있게 분석하고 그 속에서 규칙을 정리해 냄으로써 정신과 의사에게 효과적인 훈련을 시킬 수 있다고 주장하였다. 정신과 외에 기타 수많은 의료 장에서 진행되는 의사-화자 간 원활한 의사소통도 역시 이와 동일하게 매우 중요하다.

래플러-엔젤Raffler-Engel 1989은 자신의 책 맨 뒤에 미국 마이애미의 산부인과 암치료 전문의에 대한 한 사회언어학자의 인터뷰를 실었다. 여기서 전문의는 의사-환자 간 발화 의사소통이 환자의 건강 회복에 미치는 중요성을 재차 강조하면서 실제로 사회언어학자들이 연구한 수많은 문제들을 언급하기도 했다. 예컨대 그는, 환자와의 대화 시 스스로 환자의 배경에 매우 많은 주의를 기울였다고 하였다. 카리브 지역 출신 이민자들의 경우, 그들에게 "암"에 걸렸다고 하는 것은 사형을 언도하는 것과 같은 효과를 부르기 때문이다. 따라서 환자들이 의사에게 발화로써 제기하는 요구들도 사회 배경이 상이함에 따라 다르다고 하였다. 동부에서 플로리다로 이주한 백인들은 연배가 많은 부자들인 경우가 많고 또 은퇴한 뒤 그 지역으로 이주한 경우가 많다. 이러한 배경하의 사람들은 일반적으로 의사에 대한 요구가 까다로워 모든 문제들, 심지어 현지 출신 의사가 가장 좋은 것인 지 직접적으로 캐묻기까지 한다. 하지만 플로리다 현지 출신 흑인이라면 많은 것을 알고 싶어 하지 않기 때문에 의사에겐 그저 "믿으니까 알아서 해 주세요"라고 할 때가 많다. 전문의는 또, 의사라면 증상에 따른 약 처방 외에 누군지에 따라서도 말을 가려해야 한다고 하였다. 병세를 해석하는 기술 면에서 그가 발견한 것은, 동일한 화법으로 모든 환자를 대해서는 안 되며 반드시 환자의 배경, 의학 지식에 대한 환자의 이해 정도, 병세의 호전 단계 등에 따라 적절한 해석을 환자에게 주어야 한다는 것이다.

의사-환자 간 의사소통의 중요성에 대해서는 대다수의 사람들이 모두 동의할 것이다. 하지만 여러 이유들로 인해, 일반 의학 교육에서의 발화 의사소통 훈련은 여전히 매우 미진한 상태다. 때문에 다른 사람 어깨 너머로 이들 기술을 배우는 의사가 있는가 하면 그저 직감에 기대어 환자를 대하는 의사들도 있다. 미국 의사인 렌스그라프Lensgraf 1989는 논문에서 이 같은 현상을 전문적으로 논하며 의사가 환자와의 관계를 개선하는 데 의사소통 측면에서 요구되는 다음 열 가지 요소를 제안하였다. (1) 자신의 목적을 명확히 하라. 그렇지 않으면 환자는 당신이 아무런 두서없이 무작위로 대한다고 느낄 수 있다; (2) 타인을 기꺼이 돕는다는, 호감 가는 태도를 보여라; (3) "현재시", 즉 환자를 진찰할 때는 모든 생각을 마주하고 있는 현재의 환자를 중심으로 펼쳐야 한다. 절대 정신을 분산시키지 마라; (4) 경청하는데 주의하라; (5) 대화하라. 그리고 주제를 환자의 몸에 집중시켜라. 환자가 설사 예의를 벗어나 의사에 대한 얘기를 한다고 해도 의사는 주제를 환자에게 다시 돌려야 한다; (6) 적당한 신체 접촉을 하라. 예컨대, 가벼운 악수는 환자에게 치료에 대한 믿음을 줄 수 있다; (7) 환자를 교육시켜라. 환자에게 병의 원인, 대처 방안 등을 설명하라; (8) 인정미를 보여라. 많은 부분 인지상정의 각도에서 문제를 고려하라; (9) 환자의 칭찬할 만한 부분을 찾아 칭찬하라; (10) 시간적 요인을 정확히 이해하라. 환자 역시 시간이 부족한 사람이다.

사회언어학자도 물론 의료행위와 관련된 법적 문제 해결에 기여할 수 있다. 이와 관련하여, 필리핀계 미국인 의사가 야기한 의료 사건에 대해 검퍼즈Gumperz 1982가 자세히 보여준 의사소통 전략 분석은 상당히 큰 반향을 불러 일으켰다. 미국 사우스 캘리포니아의 한 해군 병원 응급실에서 대기하던 16개월 된 한 여아가 화상으로 숨졌다. 여아의 엄마와 계부의 말에 따르면, 아이가 실외에 놓인 탓에 강렬한 햇볕 때문에 벌어진 일이라 했다. 하지만 이후 밝혀진 화상의 원인은 계부에 의한 것이었다. 이 사건에서 주치의는 한 필리핀계 미국인 의사였다. 이 의사는 일찍이 아이의 계부를 심리하는 사건에서 증인으로 출석하여, 그가 여아를 처음 보았을 땐 외부적으로 보이는 화상이 매우 미미하여 더 심각한 화상이 있으리라곤 생각할 수 없었다고 증언하였다. 이에 여아의 계부는 2급 살인죄로 4년 형을 선고받았다. 하지만 형량이 너무 가볍다는 이유로 현지인들은 사법기관에 깊은 불만을 토로하며 추후 조사를 요구하였다. 그 후 한동안 시간이 흐르고, 증언에 참여했던 의사는 위증 및 법정기만 죄로 느닷없이 기소를 당했다. 왜냐하면 그가 연방수사국에서 했던 증언과 과거 법정에서 했던 증언이 여러 군데 불일치 한다는 점이 발견되었기 때문이다. 그 결과 연방수사국과 공소인은 그가 진료를 시작하면서부터 그것이 고의적인 학대에 의한 화상임을 알았음에도 자신의 소홀로 여아가 사망했기 때문에 위증으로 법정을 속일 수밖에 없었다고 의심했던 것이다. 그렇다면 연방수사국과 공소인은 왜 의사의 증언에 앞뒤 모순이 있다, 그래서 사실을 고의적으로 숨기고 있다고 느꼈을까? 변호사와 검퍼즈의 분석에 따르면, 의사는 비록 미국 대학에서 공부하고 또 미군에서 다년간 복무하였지만 자신의 모어가 필리핀의 따갈로그였고 따갈로그의 의사소통 책략과 언어체계가 여전히 그에게 깊은 영향을 미쳤던 관계로 법정으로의 출두, 사건에 대한 조사원과의 공조 조사 같이 과중한 부담이 부여되는 상황에서 모어의 표현 방식과 관련 행위 규범이 자신도 모르게 가장 자연스러운 행위 준칙으로 형성된 탓에 언어 사용과 의사소통 활동 속 표현들에 영향을 주었다는 것이다. 언어 면에서, 실제로 그 의사가 했던 증언과 기타 관련 언어 기록에서의 표현들이 표준영어의 표현 습관과 자주 불일치했고 보통의 영어 청자들(연방수사국 직원과 법정의 청중 등을 포함한다)에게는 이 같은 언어학 지식이 없었던 이유로 그가 사실을 은폐하고 있다고 오해하고 결국에는 사법기관의 기소까지 초래했던 것이다.

이 의사의 언어행위에는 사람들을 의아하게 하는 언어적 의사소통 상의 두 가지 문제가 존재했다. 첫째, 그의 초기 증언은 여아의 계부를 고발하는데 불리했다. 둘째, 마지막 몇 차례 증언에는 상당히 많은 불일치 현상을 보였다. 검퍼즈는 여기에 수많은 언어 문화 배경적 문제가 존재한다고 지적했다. 연방수사국에서 의사는 아이의 화상 원인에 대해 병원에서 부모가 들려준 얘기의 신빙성은 자신이 여타 뚜렷한 증거를 갖고 있지 않은 한 의심할 이유가 없었다고 하였다. 공소인과 다른 의사들은 이 점을 두고 그가 아동 학대를 알았음에도 줄곧 알리지 않았다고 질책했다. 하지만 인류학적 연구에 따르면, 필리핀에서 발생하는 아동 학대 사건은 극히 적을 뿐만 아니라 일반적으로 타인의 가정 문제에 대해서 절대 함부로 참견하지도 않는다. 미국이라는 사회 상황 속에서는 경험이 적은 의사라도 상기 여아와 같은 증세를 마주했다면 곧바로 아동 학대 쪽으로 생각했겠지만, 필리핀의 언어 문화적 습관을 배경으로 했던 이 의사는 그렇게 하지 않았던 것이다. 언어 구조적인 면에서,

질문자는 과거 시제를 이용하여 질문(예를 들어, 환자를 맨 처음 봤을 때 번진 화상 표피에 주의를 기울였는지 물었다)하였던 반면 이 의사는 동사를 현재시로 대답하기도 했고 과거시로 대답하기도 했다. 일반적인 의사소통 상황이라면 어떤 시제를 쓰든 모두 하나의 의미로 이해했겠지만 사건에 대한 심문 상황에서 현재시는 표현 내용이 현재의 생각 또는 사실임을 의미하기도 하고 과거 사실에 대한 부정을 함축하기도 한다. 따라서 동일 사건의 상이한 시기를 서로 다른 말로 했다는 것은(즉 상이한 동사 시제를 사용했다는 것은) 곧 전후 모순을 의미한다. 따갈로그어에서는 원래, 동사 체계의 주요 어법 특징을 시제tense의 구분에 두기 보다는 상aspect의 구분에 두고 있다. 그러므로 따갈로그어의 동사 자체는 많은 상황 속에서 과거시와 현재시를 근본적으로 구분하지 않는다. 이밖에, 질문 해명과 사실 설명에 사용한 의사의 음률prosodic 체계도 표준 영어의 음률 체계와 많은 차이를 보였다. 영어에서는 강조 어기로 말해야 하는 내용(신정보, 중요정보 등)이었음에도 의사는 강세를 두지 않음으로써 사람들에게 자신감이 부족하다 또는 떳떳하지 못하다는 느낌을 주기도 했다. 이 같은 갖가지 이유들은 의사가 틀림없이 사실을 숨기고 있으리라는 오해를 불렀다. 다행히 변호사의 설명과 사회언어학자의 증언으로 의사에 대한 고발이 끝내 법정에서 취하되었지만 말이다.

끝으로, 의사-환자 간 대화에 관한 사회언어학 연구 분야로서, 어떤 사회언어학자들은 언어학적 지식의 힘을 빌어 의과사회학에 관련된 문제들에 유용한 의견을 제시하기도 한다. 탄넨과 월랫Tannen & Wallat 1982은 조지타운대학 아동 발달 센터의 외래 진료 영상을 분석하여 소아과 의사 한 명이 진료 시 마주하는 사회, 문화, 인지적 스트레스가 얼마나 큰 지 설명하였다. 한 편의 영상기록(바로 앞서 언급했던 대뇌 경련 아동에 대한 치료)이 보여주듯, 치료 과정에서 의사는 세 명의 커뮤니케이션 대상과 동시에 마주한다. 아동 환자, 의료 현장에 같이 배석하고 있는 환자의 어머니, 녹화 카메라를 지켜보는 관중(치료 검사 과정은 녹화 테잎으로 찍어 의학대학의 교육 및 연구용으로 제공되어야 한다)이 그것이다. 이 때 의사는 동시에 세 가지 커뮤니케이션 프레임Frame과 발화형식을 사용하는데, 아동 환자에게는 검진을 하는 의사이면서 즐거움을 주는 엔터테이너 역할을 해야 하고 동시에 대화 시에는 전형적인 "모성어motherese", 즉 높은 톤, 긴 모음 길이, 노래식의 억양, 농담식의 언어 방식 등을 사용한다. 반면에 환자의 어머니를 대할 때는 일상적인 성인 대화 시 사용하는 습관과 방식을 사용하며 건강 문제와 관련한 기초 지식이 동일하진 않더라도 질문과 대답을 지속적으로 주고받는다. 그리고 녹화 카메라 앞의 관중에게는 해설이 대부분을 차지하는데, 주로 렌즈 앞에 전개되는 사실을 표준적인 "보도Reporting" 프레임으로써 설명한다. 이 같은 연구에서 설명하는 바는, 사회언어학에서의 맥락 분석과 대화에 대한 미시 분석microanalysis이 일상에서는 쉽게 발견하지 못하는 직업상의 문제들을 사람들 앞에 분명히 내보일 수 있다는 점, 그리고 그것이 전문직 종사자들의 업무 스트레스는 줄이면서 서비스의 질은 향상시키는데 기여할 수 있다는 점이다.

제5절 사회언어학과 행정문서

행정문서라고 하면 자연스럽게 "규격화된 공문"을 떠올린다. 확실히 규격화된 공문에는 고유의 풍격이 존재한다. 더불어 관공서의 곱지 않은 모습이 흔히 함께 떠오르기도 한다. 하지만 누구도 이 규격화된 문장으로부터 벗어나 살 수는 없다. 출생 신고에서 사망 신고에 이르기까지, 혼인 신고에서 이혼 신고까지, 병원 양식에서부터 세무 신고 양식까지, 그리고 통지문에서 각종 문서, 규정제도에 이르기까지 그 명목은 수도 없이 많다. 특히 행정 관리의 시스템화, 제도화가 철저히 이루어진 현대 서양 국가들에서 양식의 기입과 하달 문서 일독은 그야말로 지극히 평범한 일상에 속한다. 행정문서가 이처럼 사람들의 생활과 밀접한 관계를 맺고 있는 만큼, 그럼에도 그것의 "규격화"된 모습을 사람들이 좋아하지 않는 것에 대해 일부 사회언어학자들은 전문적인 연구를 통해 수정해 보고자 시도하기도 했다. 미국 정부에서 설립한 미국 연구소American Institutes of Research 산하 "문서 설계 프로젝트Document Design Project, DDP" 연구팀에는 사회언어학을 전공으로 하는 학자들이 미국 정부 문서를 평가, 개선하려는 설계 작업에 참여했었는데, 이는 사회언어학자들이 역할을 발휘한 실례로 꼽힌다.

미국 정부의 행정문서에 대해 보고한 채로우Charrow 1982의 연구가 바로 앞서 언급했던 프로젝트팀의 역작 중 하나이다. 채로우는 우선 화용, 표제의 구조적 배열, 통사, 의미 이렇게 네 가지 측면에 걸쳐 규격화된 공문상에 보이는 언어학적 특징을 개괄하였는데, 먼저 화용적 측면에서, 수많은 행정문서들에는 전후 맥락과 관련한 정보가 부족했다. 예를 들면, 문서 작성의 목적을 아예 언급하지 않은 양식도 있었는데 그것이 어디에 쓰이는지 문서 설계자들은 모든 사람들이 그에 대한 정보를 알고 있을 거라 가정하는 경우가 많았다. 사용자가 문서의 목적을 이해하지 못하면 업무를 규정대로 처리토록 요구하기 어려운데 이럴 경우 행정 기관과 국민 사이에는 큰 격차가 인위적으로 유발될 수 있다. 이와 관련하여 매우 전형적인 사례로 미국 연방세무국의 세무 신고서를 들 수 있다. 미국 연방세무국의 세무 신고서는 수입 계층에 따라 상이한 양식을 기입해야 할 정도로 종류가 다양했다. 게다가 어떤 세액표는 아예 처음부터 상세한 세목을 묻고 있어 그 양식이 도대체 누구에게 적용되는지 또 어떤 세금에 관한 것인지 설명조차 안 되어 있기도 했다. 그러나 문서 설계 프로젝트 연구팀의 개선 노력을 거쳐, 현재는 각 세액표마다 간단하게 요점만 뽑은 "목적진술"이 서두에 제시되어 납세자가 한 눈에 알아볼 수 있도록 하고 있다. 이어 또 다른 문제는, 찾기 힘든 증명자료를 요구한다든지 흔히 증거물을 남겨두지 않는 사람들에게 증거 제공을 요구한다든지 하는 등 행정기관이 자신과 상대해야 할 국민들과 괴리를 보인다는 데 있다. 예컨대, 미국 이민국에서 인쇄 발행하는 양식 중에는 외국 이민자들에게 최근 5년 동안 근무했던 모든 지역의 고용주명과 자신의 업무 유형, 근무 연한, 근무 시작일, 근무 종료일 등을 적도록 요구하고 있다. 하지만 이는 이민자들 대다수가 고정직으로 근무하지 않았던 데다 임시직으로 근무했던 사람들까지 있어 몇 주마다 한 번씩 이직을 하는지 전혀 파악하지 못한 상태에서 나온 요구이다. 그저 자신들처럼 어디서든 고정직(한 번 일하면 수년 동안 하는)과 고정 수입이 있을 것이라고 생각하는 듯하다. 이 같은 상황에서 임시직으로만 일했던 이민 신청자가 정부의 요구대로 양식을 기입한다면 신청서가 얼마나 너저분해질지는 뻔하다.

표제의 구조적 배열 면에서도 행정문서는 사용자의 목적과 괴리를 보인다. 정부 문헌의 대부분은 규정과 조례이다. 이들 문서는, 제정자 측 입장에서 보면, 향후의 역사 문헌이자 조례의 구체적인 기록이다. 하지만 일반 사용자 측 입장에서 보면, 일종의 참고 문헌으로서 주로 사전류와 같은 기능을 한다. 사용자가 이들 문서를 뒤져보는 주요 목적은 자신이 알고 싶어 하는 내용을 가능한 빨리 찾기 위해서인 것이다. 그러나 실제로는, 사회언어학자들의 연구에서도 볼 수 있듯, 규정 제도와 관련한 문서의 배열이 사용자에게 매우 불편하게 되어 있다. 실례로, 아래 표는 개인 사생활 관련 법안에 대해 미국 정부 부처에서 반포한 규정인데 표제에 요지가 분명하게 드러나 있지 않은 것은 물론 그 배열 역시 불명확하다.

원문	번역문
PART 16—IMPLEMENTATION OF THE PRIVACY ACT OF 1974	제16장: 개인 사생활 법안(1974)의 시행방법
Sec.	세칙:
16.1 Purpose and statement of policy.	16.1 목적과 정책 진술
16.2 Definitions.	16.2 정의
16.3 Procedures for inquiries.	16.3 의견조사 절차
16.4 Requests for access; requirements.	16.4 서류신청; 요구
16.5 Disclosure of requested information to individuals.	16.5 요청된 정보의 개별적 개방
16.6 Initial denial of access.	16.6 서류신청의 초기 부결
16.7 Administrative review of initial denial of access.	16.7 서류신청의 초기 부결에 대한 행정처리
16.8 Request for correction or amendment to record.	16.8 기록의 수정 또는 개정 신청
16.9 Agency procedures upon request for correction or amendment of record.	16.9 기록의 수정 또는 개정 신청을 처리하는 정부 부처 절차
16.10 Appeal of initial adverse agency determination on correction of amendment.	16.10 정부 부처의 부정적 결정에 대한 상소

법안의 표제에만 기댈 경우 사용자는 자신이 알고자 한 내용을 빨리 찾지 못 할 것이다. 왜냐하면 우선, 맨 앞 두 세칙("목적과 정책 진술", "정의")의 표제는 내용을 집약적으로 보여주지 못하기 때문이다. 또한 16.3, 16.8, 16.10 등의 세칙 간 구분은 어디에 있을까? 표제 배열 면에서 16.3과 16.4는 개인과 관련되어 있고 16.5에서 16.7까지는 행정 부처와 관련된 문제들을 언급하고 있다. 하지만 16.8은 다시 개인적인 문제로, 16.9는 또 다시 행정 부처 관련 업무를, 16.10에서는 다시 한 번 개인적인 문제를 언급하고 있어 매우 심각한 널뛰기식 표제 배열을 보여주고 있다.

통사적 특징을 봤을 때, 여러 행정 공문서에서 자주 범하는 폐단으로는 언어학 이론에서 난해하다고 증명된 통사 구조를 과도하게 사용하고 있다는 점이다. 이와 관련하여 채로우는 행정 공문서에서 보이는 현대 영어 어법의 난해함을 다음과 같이 발견하였다: (1) 복잡하거나 중의를 가진 조건 양보문; (2) 불규칙적인 삽입구; (3) 피동형식의 남용; (4) 복잡한 명물화 구조; (5) 길게 이어지는 명사 중첩 내포구; (6) 이중 또는 다중 부정식.

어휘 의미적인 면에서 행정 공문서가 가진 문제로는 무의미하거나 난해한 단어 사용을 들 수 있다. 의례적인 상투어를 남용하거나 애매모호한 어휘를 사용하는 등이 그것이다.

채로우는 규격화된 공문에서 자주 보이는 문제들의 원인을 분석하였는데, 그 결과로서 아래 몇 가지 요인을 들었다. 첫째, 초안을 만드는 사람의 상당수는 변호사로서 행정 공문서를 법률 조문처럼 다루기 때문이다. 둘째, 행정 부처 간 의사소통 시스템의 폐쇄성에 기인한다.

구체적으로, 각 행정 부처에서는 주로 부처 내부 간에 공문을 주고받는데 그들 상호 간에는 이미 그 같은 언어용법이 습관화되었다는 것이다. 그 외, 행정 부처와 비행정 부문 간 의사소통이 동등한 위치에서 이루어지지 않기 때문이다. 행정 관료는 위세 면에서 일반 국민보다 더 높다. 그럼에도 그들은 일반 사람들과 원만하게 어울리려 하지 않을 뿐만 아니라 심지어는 문서에 사용하는 언어에도 자신의 위세를 높일 수 있는 표현방식을 고의로 채택함으로써 비행정 부문 수신자로 하여금 정확한 의중을 파악하지 못하게 할 때도 있었다. 게다가 때로는 행정 언어가 모방의 대상이 되면서 이미 누리고 있는 특별한 지위에 위세를 한층 더하기도 했다. 마지막으로, 행정 문서가 어느 한 개인에 의해 작성되기보다는 여러 사람들의 의견이나 작업 내용을 결합한 일종의 타협물일 때가 많기 때문이다. 문서 내부적으로 보이는 모순과 비정연함은 이 같은 과정에서 생긴 어쩌면 당연한 결과이다. 물론 시간적인 제약과 기타 여러 스트레스도 그것의 언어적 결함을 야기하는 관련 요인이기도 하다.

결론적으로, 행정 문서에서 보이는 언어 문제는 사회언어학의 여러 분과에서 분석 가능하다. 적절한 언어 지식과 훈련은 실수와 오해를 줄이고 문서의 가독성과 유용성을 높이는 데 일조 할 수 있을 것이다.

제6절 사회언어학과 제2언어 습득

제2언어 습득 및 외국어 습득 이론 연구는 독립적인 연구 영역으로 자리매김했음에도 불구하고 사회언어학 연구와도 밀접한 관계를 맺고 있다.

의사소통 적응이론communication accommodation theory, CAT 交際適應理論은 사회언어학 이론 중의 하나로서 실제 여러 곳에서 응용된다. 1973년 길스Howard Giles가 이 이론을 제기할 당시에는 "발화적응이론speech accommodation theory, SAT"이라고 했었다. 그는 사회언어학 조사를 진행하면서 한 현상에 주의하게 되는데, 조사자가 얻고자 하는 언어자료가 굳이 자연적이거나 정식 장에서 사용한 말이 아니더라도 조사자 발화의 영향으로 피조사자의 말이 조사자의 언어와 서로 유사해질 수 있다는 것이다. 후에 말소리에 대한 적응에서 전체 커뮤니케이션으로 확대되면서 SAT 개념은 "의사소통 적응이론"으로 정립되었다. 이 이론에서는 두 가지 개념이 매우 중요한데, 하나는 "통합성convergence"이고 나머지 하나는 "분리성divergence"이다. 통합성은 한 쪽 발화자의 언어가 상대 쪽 발화자의 언어로 접근한다, "차이를 좁힌다"는 것을 뜻하고, 분리성이란 화자는 무의식적으로 자신의 언어를 최대한 상대방 화자와 차별을 두려 한다는 것을 가리킨다. 실제로, 사용 속에서 생기는 언어의 이 같은 변화도 일종의 변이로서 사회언어학 연구 과제에 포함된다.

비비Beebe 1981는 61명의 태국 화교 아동들의 언어와 17명의 성인 언어를 연구하였다. 그녀는 두 명의 화자로 하여금 이들과 대화를 나누도록 하였는데, 이 중 한 명은 태국 현지인이고 한 명은 중국인(중국어 어투가 섞이지 않은 유창한 태국어도 구사할 줄 안다)이다. 연구의 초점은 여섯 개의 태국어 모음이었다. 연구 결과, 태국인 조사자와 대화를 나눌 때 피실험 발화자의 발음에는 6개 모음 중 5개가 태국어와 유사했지만 중국인 조사자와 대화를 나눌 때는, 태국어로 대화를 나눔에도, 이들 모음이 중국어와 유사하거나 중국어 어투를 지니는 것으로 조사되었다. 비비Beebe는 이 같은 변이의 출현이 심리적인 것에 기인한다고 보았는데, 상대방을 중국인으로 인지했기 때문에 자신의 어투를 상대방에게 무의식적으로 맞춰 주었다는 것이다. 실제 이 중국인 조사참여자가 구사하는 태국어에는 중국어 어투가 전혀 섞이지 않았음에도 말이다. 하지만 연구자 중에는 상대방의 민족적 요인만으로 이런 언어 변화를 해석하는 데는 한계가 있다고 여기는 학자도 있다. 왜냐하면 기타 요인들 역시 영향을 줄 가능성이 있기 때문이다. 예컨대, 영Young 1988은 미국에 거주하는 12명의 중국인을 상대로 연구를 한 적이 있다. 이들 12명은 "토플TOEFL" 성적에 따라 두 개 조로 나누어, 한 개조는 영어 능력이 뛰어났던 반면 다른 한 개조는 능력이 뒤쳐졌다. 비비Beebe의 연구에서처럼 이 연구에서도 피험자와 함께 대화를 나눌 두 명의 조사참여자가 있었다. 그 중 한 명은 미국인이고 한 명은 중국인이었는데 연구 결과, 언어능력이 뛰어났던 조의 적응현상이 다른 한 조에 비해 두드러진 것을 발견할 수 있었다. 이는 상대 발화자의 신분 외에 언어 능력도 의사소통 적응에 영향을 미치는 요인임을 보여준다.

물론 언어능력 외에 언어의 변화에 영향을 미치는 다른 요인들도 존재한다. 그 중 흥미로운 연구과제로서 흔히 말하는 "외국어식 말투foreigner talk"가 있다. 제2언어 습득연구에서 말하는 "외국어식 말투"란, 자신에게는 모어인 언어를 구사하는 사람이 그것을 제2언어나 외국어로서 배우는 사람에게 말로써 이해시키고자 무의식적으로 자신의 언어를 변화시켜 결과적으로는 상대 화자의 필요에 적응하는 현상을 가리킨다. "외국어식 말투"는 외국인이 구사하는 말이 아니다. 자신에게 모어인 언어를 사용하는 사람이 상대를 배려하면서 결과적으로는 자신에게 이익이 되게끔 속도를 늦추거나, 발음을 분명히 하거나 또 단어 사용과 어법 구조 등을 간략화 하는 것이다(엘리스Ellis 1985, 햇치Hatch 1983, 라슨-프리맨 Larsen-Freeman 1985를 참고할 수 있다). 하지만 연구에 따르면, 첫째, 결코 모든 모어 화자가 외국인과 대화할 때마다 "외국어식 말투"를 쓰는 것은 아니었고, 둘째, 흔히 "외국어식 말투"라고 하는 것에는 앞서 언급했던 여러 언어적 특징이 항상 나오는 것도 결코 아니었다. 후속 연구는 여기서 더 나아가, "외국어식 말투"를 사용하고 있는가, 그렇다면 "말투"의 구사는 화자의 의사소통 목표와 어느 정도로 관련되는가 하는 문제를 살펴보았다. 원어민은 의사소통의 유효성을 목표로 삼을 수 있다. 이 경우 원어민은 상대방이 자신의 말을 이해하길 바라거나 상대방으로부터 사회적 동일시를 획득한다든지 자신의 언어를 배우는 상대방에게 지지를 표한다든지 하고자 외국어식 말투를 사용한다. 물론 반대로, 목표를 자신과 상대방 간의 차이를 강조하려는 데 둘 수도 있다. 목표가 다르면 "외국어식 말투"를 사용하는 상황 역시 달라진다. 앞서 두 목표를 성취하기 위해, 원어민은 가능한 한 최대한 상대방의 언어로 "다가갈convergence" 수도 있지만, 자신과 차별화를 두고자 자신만의 언어 형태를 고수함으로써 "유지maintenance"와 "분리divergence"의 전략을 취할 가능성도 충분하다.

제2언어 습득연구가 사회언어학 이론의 도입으로 한층 심화되었음은 의심의 여지가 없다. 더불어 제2언어 습득과정의 복잡성에 대한 사람들의 인식에 사회언어학 이론의 도입이 그 깊이를 더했다는 것 또한 의심할 바 없을 것이다.

제7절 의사소통능력의 개념 및 그것이 대외언어교학에 미친 영향

제2언어 습득과 외국어 교육에 가장 큰 영향을 미친 것으로 사회언어학
의 제일 중요한 개념 중 하나인 "의사소통 능력"을 꼽을 수 있다. "의사소
통 능력"이라는 개념이 대두된 이래로 미국의 외국어 교육계는 그것의 능
력 배양을 최고의 목표로 삼아왔다. 그래서 어떤 교수법이든(즉 실제 어떤
방법을 사용하든지에 상관없이) "의사소통"이라는 네 글자라면 모두 주목
을 받을 수 있었다. 시중 교재들의 제목이 모두 "交際X語"였던 점으로 미루
어, 외국어 교육에서 의사소통을 논하지 않으면 마치 뒤처지는 듯 보였다.

"의사소통 능력"은 미국 언어학자인 하임즈Hymes 海姆斯 1971가 내놓은
개념이다. 이 개념이 대두될 당시에는 촘스키가 제안한 언어능력linguistic
competence과 변환생성어법이 한창 성행했던 시기였다. 이에 하임즈는 촘
스키의 언어능력이 언어연구에서 수많은 요인들을 배척한 채 이상적인
화자와 청자만을 연구하고 있다고 여겼다. 실제로 이상적인 화자 또는
청자란 존재하는 않는다는 것이다. 어떤 규칙도 없는 듯 보이는 언어
속 몇몇 현상들도 실제로는 한 층 더 내재된 규칙의 지배를 받고 있다
고 생각한 하임즈는 "의사소통 능력"을 반드시 언어 연구에 포함시켜
야 한다고 했다. "의사소통 능력"이란 다음 네 가지 측면을 가리킨다.

(1) 어떤 말이 어법에 부합되는지를 안다(어법성 grammaticality)
(2) 어떤 말이 사람들에게 수용될지를 안다(수용성 acceptability)
(3) 어떤 말이 어떤 장에 쓰여야 하는지를 안다(적합성 appropriateness)
(4) 여러 언어 형식 중 어떤 언어 형식이 실제 어느 정도 사용될지를 안다(
    가능성 probability)

어법성이란 언어 형식 면에서 그것이 성립 가능한가를 말한다. 예를 들어, "我們今天到郊外去野餐。(우리는 오늘 교외로 소풍을 간다)"란 문장은 어법에 부합한다. 즉 형식 면에서 문제가 없다. 하지만 "我們到今天去郊外野餐。(우리는 오늘까지 교외로 가서 외식을 한다)"란 문장은 한어 어법에 부합하지 않는다. 이처럼 어법성은 언어 형식이 옳은가 옳지 않은가의 문제이다. 다음으로 수용성은 어떤 문장이 어법에 부합했다 해도 심리적으로 받아들이지 못하는 경우가 있다는 것이다. 다음과 같은 긴 문장을 예로 들 수 있다. "我昨天看到的那個男孩的父親的朋友是我爸爸的朋友的親戚的兒子。(내가 어제 본 그 남자 아이 아버지의 친구는 내 아버지 친구의 친척의 아들이다)" 이 문장은 어법적으로 전혀 문제가 없다. 이 같은 "내포 구조embedded construction"는 여러 언어에서도 모두 성립 가능하다. 그래서 언어학 이론에서는 이 같은 예를 들어 심층구조와 표층구조 간 관계를 설명하곤 한다. 하지만 상기 예문이 실제 생활 속에서는 전혀 사용되지 않는다. 적합성은 당연한 것으로서 부가 설명이 필요 없을 것이다. 마지막으로 가능성이란, 어떤 문장이 어법적으로도 문제없고 심리적으로도 수용가능하며 발화 장에도 부합되지만, 어느 특정 발화 공동체에서는 사용 빈도가 낮거나 사용될 가능성이 없을 수도 있음을 말한다. 예컨대, 미국인들이 주말에 자주 사용하는 "Have a nice weekend!"는 "祝你周末愉快!(주말 즐겁게 보내길!)"란 말로써 중국어에도 존재한다. 그런데 "祝你周末愉快!"는 어법적으로 또 심리적으로 수용 가능하고 주말 이전에 사용하더라도 문제없지만 중국 사회에서는 결코 널리 쓰이지 않는, 사용빈도가 매우 낮은 말이다.

하임즈는 "의사소통 능력"이 본질적으로 촘스키가 말하는 "언어능력"의 범위를 결코 벗어나지 않는다고 하였다. 그래서 "능력"이란 용어도 여전히 사용했다. 이 점은 하임즈가 말하는 것도 결국 일종의 능력이지 실제 언어 사용이 아니란 것을 의미한다. 그럼에도, 언어학자라면 당연히 개괄적이고 추상적인 대상을 연구하고 또 그와 같은 결과를 도출해야 한다는 점에서, 하임즈의 "의사소통 능력"이란 개념은 촘스키의 "언어능력"에 비해 진일보한 것이라 할 수 있겠다.

"의사소통 능력"은 제기되자마자 외국어 교육계의 공감과 커다란 반향을 불러 일으켰고 그 결과 "의사소통 언어교육communicative language teaching"이란 교육분파까지 점차 생겨나게 되었다. 그 과정에서 언어학자 할리데이Halliday 1975가 기능적 측면에서 주장한 언어기능이론은 하임즈의 "의사소통 능력"을 보완해 주기도 하였는데, 아동이 배우는 모어에는 일곱 가지 기능이 포함된다고 하였다.

> (1) 언어를 사용하여 물건을 얻는다
> (2) 언어를 사용하여 타인의 행위를 통제한다
> (3) 언어를 사용하여 타인과 교류한다
> (4) 언어를 사용하여 감정과 생각을 표현한다
> (5) 언어를 사용하여 지식을 배우고 사물을 발견한다
> (6) 언어를 사용하여 상상의 세계를 창조한다
> (7) 언어를 사용하여 정보를 전달한다

하임즈와 더불어, 할리데이의 이론도 제2언어 습득 연구자들에게 받아 들여졌는데, 이는 제2언어나 외국어에 대한 학습과 습득이란 것이 곧 상기 일곱 가지 기능을 제2언어의 언어형식으로써 수행하는 방법

을 학습하는 것과 같은 것이라고 여겼기 때문이다.

할리데이에 이은 카네일과 스와인Canale & Swain 1980 역시 하임즈의 "의사소통 능력"을, 더욱 구체적으로, 아래 네 가지 능력으로 귀납하였다.

(1) 어법능력
(2) 사회언어능력
(3) 담화능력
(4) 전략능력

어법능력이란 통사능력과 어휘 능력으로서 촘스키의 언어능력, 즉 하임즈가 주장한 언어 형식 면에서의 성립 가능성을 가리킨다. 다음으로 사회언어능력이란 대화를 나누는 쌍방이 어떤 역할을 수행해야 하는지 그리고 어느 정도의 공통 지식과 의사소통 목적을 공유해야 하는지를 아는 능력, 즉 의사소통이 이뤄지는 사회 환경을 이해하는 능력을 가리킨다. 그리고 담화능력이란 일개 언어 단위(문장과 같은)를 어떻게 일관되게 연결하여 하나의 유기적인 집합체를 만들 수 있는가 하는 것이다. 또 전략능력이란 의사소통 과정에서 말을 어떻게 시작하고 끝낼 것인가, 대화를 어떻게 유지하고 문제가 출현할 때는 어떤 조치를 취할 것인가 하는 등을 이해하는 능력을 말한다.

결론적으로, 앞서 언급한 이론들은 모두 "의사소통 능력"이란 개념에서부터 연장되고 발전한 것들이다. 그리고 이런 이론들에 힘입어 의사소통 언어교육과 관련된 다량의 교수요목과 교재들이 출현하는데, 그 중 제일 먼저 선을 보인 것이 윌킨스Wilkins 1976의 "개념 교수요목Notional Syllabuses"으로서 의미어법 범주(예를 들면 빈도, 위치 등)와 의사소통 능력 범주가 나열되어 있다. 그 후, 유럽언어위원회Council of European는 이 교수요목을 유럽의 성인 외국어 학습자를 위한 교수요목으로 발전시켜 외국어 교육의 목표를 상세하게 규정하고 기능, 어휘, 통사 등 제 방면에 걸친 내용을 제정하였다.(van Ek & Alexander 1980를 참고할 수 있다) 하지만 얼마 지나지 않아 윌킨스의 개념 교수요목은 비판을 받게 된다. 위도우슨Widdowson 1979은 윌킨스가 제시한 일부 의미, 화용 범주가 포괄적이지도 정확하지도 못하다고 비판하였다. 윌킨스의 제안에는 사람들이 실제 의사소통 속에서 언어를 어떻게 사용할지를 설명하지 못했다는 것이다. 그러면서 그는 문장보다 더 큰 단위—담화에 주의를 기울여야 한다고 하였다. 그 후로 다시 여러 교수요목이 출현하는데 그 중에는 두 가지 주의할 만한 요목이 있다. 하나는 위도우슨의 "상호작용 교수요목Interactional Syllabuses"이다. 이 요목에서는 담화를 중심으로 교수자와 학습자 간 대화, 의사와 환자 간 대화를 분석하고 이를 바탕으로 교육 내용을 설계한다. 나머지 하나는 프라부N.S.Prabhu 1987의 "과업 중심 교수요목(Procedural Syllabus 또는 Task—based Syllabus)"이다. 1975년 말레이시아 학교에 적용된 영어 교육 교수요목이 여기에 속한다. 이 요목은 학습자 요구를 분석의 기초로 하여 세 가지 의사소통 대목표를 스물네 가지 소목표로 세분하였다. 예를 들어 대인 정보 전달을 대목표로 할 때 소목표는 아래와 같이 나뉠 수 있다.

(1) 이해하기
(2) 의문점 질문, 파악하기
(3) 더 많은 정보 질문, 획득하기
(4) 필기하기

(5) 필기한 것을 정리하기

(6) 구두로 전달하기

과업 중심 교수요목에서는 의사소통 과정이 아래와 같아야 한다고 설정하고 있다.

목표 설정→임무 완수→결과 생산(우편물, 설명, 메모, 보고, 글로 된 설명이 있는 지도나 도표 등)

따라서 언어교육도 이 같이 각 단계별로 진행되어야 한다고 보고 있다.

교수요목 중에는 어법을 기초로 하는 요목도 있다. 이 경우 개념, 기능, 상호작용 활동은 어법을 중심으로 진행된다.

교육방법적인 면에서 볼 때, 방법은 학습자로 하여금 의사소통 목표에 이르게 하고 실제 상호작용에 참여케 하는 것이 주요 목적이다. 그리고 그 과정 중 교실에서 행하는 모든 것은 완수해야할 "임무$_{task}$"가 된다. 예를 들어, 학습자들에게 설명하기 애매한 사진을 보여주고 분별하도록 하는 동시에 그것을 언어로 표현케 하기도 하고 또 어떤 경우에는 온전하지 않는 계획과 도표를 주고 완성하도록 하기도 한다. 이들 활동의 목적은 학습자들로 하여금 스스로 방법을 생각해 보고 언어적 의사소통을 통해 더 많은 지식을 얻어 주어진 임무를 완성토록 하는데 있다. 그 외에도, 가림막으로 학습자들 사이를 가린 상태에서 한 학습자로 하여금 언어만을 이용하여 물건들을 어떤 방식으로 일정하게 배열할 것인지 설명하면 가림막 넘어 다른 학습자는 그에 따라 배열케 한다. 만약 문제가 생기면 좀 더 구체적인 질문을 던지면서 임무를 완성한다. 또는 각 학습자들에게 각기 다른 녹음 내용을 들려준 뒤 서로 자신이 들은 내용을 말하는 방법도 있다. 이들 방법을 일컬어 "기능적 의사소통 활동 functional communicative activities"이라 한다. 이외의 다른 방법으로서 회화, 대화, 역할극, 촌극, 단막극, 변론 등을 포함하는 "사회적 상호작용 활동 social interactional activities"이 있다.

학습자는 자신이 참여하는 전체 교육 활동 속에서 학습자 본인, 학습 과정, 학습 목표 이들 세 요소가 조화를 이루도록 역할을 발휘한다. 단체 활동을 통해서 학습의 목적을 달성하기까지 협력은 매우 중요하다. 그래서 성공이란 협력이 성공적이었음을 의미하고 또 실패해도 모두가 공동으로 책임을 진다. 이 같은 환경에서는 전통적인 교재를 채택하지 않을 뿐더러 교실 활동 역시 상당히 자유롭다. 선생님과만 대화를 나누는 것이 아니라 학생들끼리도 이야기를 나누며 대화 도중 언어적으로 실수가 있더라도 선생님은 수정해주지 않는다. 결국, 의사소통 임무를 완수했다면 그것이 바로 성공인 것이다. 여기서 교수자는 수업을 조직하는 사람이면서 참여자의 일원으로 활동한다. 때문에 학습자가 곤란함을 겪을 때는 도움을 제공하며 그들이 의사소통 임무를 완수하도록 지도한다.

하지만 이런 방법에도 문제가 없는 것은 아니다. 문제는 주로 과업만 완수하면 된다는 것을 과도하게 강조한다는 데 있다. 그들에게 언어의 정확성은 그 다음의 문제이다. 언어 형식 상의 어떠한 실수도 의사소통에 영향을 주지만 않는다면 모두 문제될 게 없다. 그러나 이는 어법을 중심으로 한 이전의 교육이론과 완전하게 대립되는 두 개의 극단, 즉 전자가 언어형식을 과도하게 강조했다면 후자는 언어의 기능을 과도하게 강조하는 결과를 낳았다. 하지만 실제 상호작용 속에서 사용되는 언어의 기능과 형식은 동전의 양면과 같이 하나의 사물을 이루는 양 측면이다. 기능과 형식 간 관계에 대한 논의는 여기서 다시 덧붙이지 않고자 한다.

제8절 유창성에 관련한 문제

사회언어학이 상호작용과 언어의 실제 사용을 중시하였던 이유로 이 분야의 언어 교육 연구자들은 언어교육의 최종 목적이 학습자의 언어 "능력"proficiency라고 주장하였다. proficiency란 용어가 "능력"으로 자주 번역되곤 하는데 이는 결코 그리 적절한 번역이 아니다. 왜냐하면 영어에서 proficiency란 단어는 어떤 능력에 대한 한 사람의 숙련된 정도를 가리키기 때문이다. 그러므로 proficiency는 "유창성"이란 용어, 즉 언어사용의 유창성 정도로 사용하는 것이 낫다. 그것을 "언어능력"으로 번역한다면 촘스키의 "언어능력linguistic competence"과 구분되지 않을 것이고 "실제 사용능력"으로 번역할 경우 "능력"이란 두 글자보다는 좀 더 정확해지겠지만 길어진다는 게 문제다.

사회언어학자들이 의사소통 능력을 강조한 이상 언어 교육에서도 학습자의 최종 성취물이 실제 그 언어를 사용하여 의사소통을 구성하는 능력(구두어 능력과 서면어 능력을 포함한다)임을 염두에 두어야 한다. 그렇다면 학습자는 실제로 어떠한 능력을 획득해야 할까? 그것을 객관적으로 측정할 교육 방면의 기준이 존재할까? 이에 대해 미국 외국어교육 위원회American Council on Teaching Foreign Languages(ACTFL로 약칭)는 "유창성 측정 가이드라인"Proficiency Guidelines을 제정하고 유창성의 분류 등급 및 듣기, 말하기, 읽기, 쓰기 면에서 매 등급마다 도달해야 할 요구수준을 상세하게 규정하고 있다.

이 가이드라인에서는 외국어 학습자의 실제 사용 능력을 Novice, Intermediate, Advanced, Superior(초급, 중급, 고급, 최고급 등) 네

가지 등급으로 나누었다. 초, 중급에는 각각 상, 중, 하 세 등급으로 재
분류되며high, mid, low, 고급에서는 고급과 고급 이상으로 양분된다. 그
렇다면 총 합하여 모두 초급상, 초급중, 초급하, 중급상, 중급중, 중급
하, 고등, 고등 이상, 최고급 이렇게 아홉 등급이 된다. 우선 초급 수준
의 외국어 능력을 가진 학습자라면 몇몇 단어와 기계적으로 암기한 문
장은 말할 수 있으나 실제 의사소통 능력은 없다. 그 다음 중급 수준의
외국어 능력을 가진 사람이라면 간단한 면대면 의사소통이 가능하다.
간단한 질문을 할 수 있고 그에 대한 대답도 할 수 있어 해당 언어 국가
에서 현지인과 일반적이며 초보적인 대화가 가능하다. 그 위로 고급 수
준의 외국어 학습자는 일정 주제에 대한 지속적인 기술이 가능하다. 마
지막으로 최고급 수준의 학습자는 개괄적이고 추상적인 차원에서도 토
론, 변론, 가설 등 비교적 복잡한 언어활동이 가능하다. 이 가이드라인
은 또 매 등급마다의 내부적인 수준분류에 대해서도 상세하게 규정해
놓고 있으며, 그 외, 현지 언어 특징에 준해 각 언어마다 해당 언어의
실제 언어사용 능력에 대한 등급분류 가이드라인도 제정해 놓았다. 예
를 들어 중국어에는 중국어 능력 등급분류 가이드라인이 있고 프랑스
어에는 프랑스어 능력 등급분류 가이드라인이 있다.

　이 가이드라인을 기준으로 외국어 학습자에 대한 언어능력 측정 시
험이 가능하며 학습자가 일정 수준 단계에서 보이는 실제 언어사용 능
력도 평정할 수 있다. 측정 시험은 교재를 기반으로 하지 않으며 학습
자가 듣기, 말하기, 읽기, 쓰기 면에서 발휘하는 실제 의사소통 능력,
언어 응용 능력만을 본다.

　유창성 측정 가이드라인이 미국 대학의 외국어 교육에 미친 영향은

자못 크다. 그에 따라 교재와 교수법 모두가 학습자의 실제 의사소통 능력 배양을 중심으로 진행되었고 그에 못지않게 새로운 교재들이 적지 않게 출판되었기 때문이다. 중국의 외국어 교육에서도 많은 학교들이 이 가이드라인을 이용하여 지도해 보았지만, 미국의 예와는 다르게, 그와 관련하여 그렇게 많은 신교재를 선보이진 못하였다. 이와 같은 유행과 동시에, 의사소통 능력을 어떻게 배양할 것인가 그리고 외국어 교육 이론을 어떻게 도출할 것인가 하는 데에는 충분한 이해가 동반되지 않았던 관계로 일련의 논쟁도 일었다.

논쟁은 다음 몇 가지 측면에 걸쳐있다.

(1) 실제 자연적인(authentic) 자료를 사용하는 문제
(2) 숙련된 언어기교와 언어 사용의 정확성을 배양하는 문제
(3) 구어와 기타 기술적 능력 간 관계 문제

첫 번째 문제는 어떠한 교재를 채택할 것인가 하는 문제와 관련된다. 일부 외국어 교육 종사자들 사이에서는, 학습자의 실제 언어사용 능력을 배양하려면 "這是我的筆。那是他的紙。(이것은 내 연필입니다. 그것은 그의 종이입니다)"와 같이 가공되고 비자연적인 자료의 교재를 배제하고 자연적인 자료 토대의 교재를 사용해야 한다고 여겼다. 그래서 광고, 차표, 기차 시각표, 길거리 이정표 등 상당히 "자연적인" 언어자료를 모아 놓고 교재를 편성하여 학습자를 가르쳤고 미국 학습자들이 중국에 가서도 문자를 보고 이해하며 실제 환경 속에서 사용할 수 있기를 바랐다. 그러나 이와 견해를 달리하는 사람들은 이 같은 방법이

그저 표면적인 것만을 다룰 뿐 정작 본질적인 것들은 외면하고 있다고 하였다. 왜냐하면 실제 생활 속에 존재하는 자연적 자료들은 실로 무궁무진하기 때문이다. 당신이 오늘 가르치는 것이 내일이면 바뀔 수도 있는데, 하물며 서로 다른 시간과 장소에서 수집한 자료라면 언제든지 바뀔 수 있다는 것이다. 그러므로 이 방법은 과도하게 실용적인 탓에 학습자들의 기초 능력을 배양하는 데 불리하며, 결과적으로는, 유추를 이용한 다양한 언어 구사에 한계를 줄 수 있다고 여겼다.

두 번째 문제는 언어의 유창성을 강조할 때 정확성에도 주의를 기울여야 하는가와 관련된다. 앞서 언급했듯, 미국의 일부 언어학자들은 현재 참여하는 의사소통 활동을 방해할 수 있다는 이유로 학습자들이 교육과정에서 보이는 오류에 대해 수정해 줄 필요가 없다고 생각했다. 의사소통 활동을 끝까지 순조롭게 이어갈 수 있는 것 자체가 과업을 완수한 것인데 학습 과정에서 보이는 오류라 해서 그것을 오류로 받아들이면 안 된다는 것이다. 그 이유는, 제2언어 습득이론에 따르면 학습자들이 구사하는 외국어에는 "중개어interlanguage"라는, 체계성을 갖추고는 있으나 모국어와 목표어target language 간에 위치한 과도적 성격의 언어가 존재하기 때문이다. 이에 따르면 교수자가 학습자의 "오류"를 수정해 준다고 해도, 마치 엄마가 아이의 오류를 끊임없이 수정해 주지만 아이는 여전히 자신의 규칙에 따라 말하는 것처럼, 결코 별다른 효과를 보지 못한다. 그리고 일정 단계에 이르렀을 때에야 비로소 학습자는(또는 아이는) 자신의 오류를 스스로 수정하고 새로운 언어 체계를 세운다. 한편 이와 다른 입장을 보이는 사람들은, 오류는 반드시 수정해 주어야 한다고 한다. 그렇지 않을 경우 오류는 "화석화fossilize"될 수 있고 나중에는 더 이상 수정해 줄 수 없다고 생각한다.

세 번째 문제는 많은 사람들이 언어사용 능력 배양을 그저 구어에 의한 의사소통 능력 배양으로만 이해하고 있다는 것이다. 이 같은 시각은 마치 구어에 의한 의사소통만 순조롭게 이뤄지면 목적을 달성했다고 보고 있는 듯하다.

현재의 당면 과제는 의사소통 능력을 키워야 하는가에 있지 않다. 이젠 그것을 넘어, 어떻게 하면 "의사소통 능력"을 다방면에 걸쳐 이해할 것인가 그리고 그것을 어떻게 배양해야 할 것인가에 있다. 이들 문제에 나름의 명확한 답을 내리려면 현재로서는 시간이 좀 더 필요할 것 같다. 사회언어학 이론은 언어 교육과 관련하여 문제를 지적하고 또 그에 대한 해결 방향을 제안할 수도 있다. 그러나 교육과정에서 나타나는 현실적 문제는 여전히 실제 사례에 대한 여러 응용 연구를 통해 해결되어야 할 것이다.

제9절 나가며

사회 속에서 특히 교육 영역에 많이 응용되었다는 것만으로도 이미 매우 뜻 깊은 일이지만 사회언어학은 그에 머물지 않고, 우리가 앞서 봤던 것처럼, 비즈니스, 법률, 의학 등 사회 각 방면에 현존하는 문제들을 해결하는 데 그만의 공헌을 해왔다. 하지만 이들 분야는 사회언어학과 비교적 자주 언급되는 몇몇 분야일 뿐이다. 그럼에도 사회언어학은 언어학의 기타 분과들처럼 그 기능이 아직까지 사회의 기대에 크게 못 미치고 있다. 그 결과 사람들도 사회언어학이 담당하는 중요 역할에 대해 충분한 인식을 못하고 있다. 여기에는 여러 가지 이유가 있을 것이다. 우선 트루길Trudgill 1984이 언급했던 것처럼 사회언어학자들은 사회언어학의 역할 문제에 대해서도 서로 다른 입장을 취하고 있다. 어떤 사회언어학자들은 사회에 직면한 문제들에 스스로 발 벗고 나서야 한다고 하지만 일면 사회의 현실 문제를 해결하는데 그리 적극적이지 않은 사회언어학자들도 있다. 심지어는 대중 앞에 나서는 것도 꺼리며 자신의 연구 성과를 평범한 저널지에 발표하는데 만족하는 사회언어학자들까지 있다. 또 어떤 언어학자들은 자신의 연구를 사회 문제들과 연계시키고 있음에도 사회언어학에 대해서는 크게 자각하지 못하는 경우가 있다. 사회언어학 연구가 아직은 성숙하지 못하므로 사회 문제를 해결하는 데는 부족하다고 느낀 탓이다. 하지만 그것이 어떤 태도이든, 사회언어학이나 언어학이 사회로부터 일개 학문 분야로 인정받고 좀 더 발전하려면 이제는 서재를 벗어나 언어 연구를 사회 문제와 적극적으로 연계시킬 필요가 있다. 그리고 궁극적으로는 사회 속 언어생활에서 나타나는 실질적 문제들을 해결하는 방향으로 나아가야 한다. 이 점은 아마 중국 언어학계는 물론 외국 언어학계에도 보편적으로 해당될 것이다. 미국의 한 언어학자는 언어학의 응용을 논하면서 다음과 같은 점을 특별히 지적한 적이 있다. 현재 언어학과를 졸업한 졸업생들은 취직하기가 매우 어렵다. 그것의 근본적 원인은, 학생들을 가르치며 생각해 낸 직업들이 정작 사회에서는 존재하지 않는다는 데 있다. 다시 말해, 현재의 교육과정과 교육내용이 사회와는 괴리되어 있다는 것이다! 나아가 또 다른 원인으로는, 상업광고 등으로 사회언어학을 응용하는 문제와 같이 사회에서 요구하는 언어학 지식들이 수업에서는 오히려 언급되지 않거나 언급된 적이 거의 없다는 데 있다Smith 1982. 사회언어학자는 물론 언어학자라면 되새겨 볼만한 지적이다.

당대사회언어학

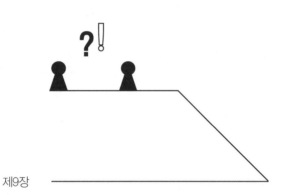

제9장

결론

제1절 언어, 어법, 어법 판단 능력

전체적으로 봤을 때, 사회언어학 연구는 기본적으로 세 부류로 나뉜다. 첫 번째는 제3장과 제5장에서 소개했듯, 뉴욕시와 마싸스 빈야드Martha's Vineyard에 대한 라보브의 연구를 필두로 하는 언어 구조에 대한 연구이다. 전형적인 "미시 사회언어학" 연구로 꼽히는데, 그 이유는 이 부류가 언어학에서 전통적으로 연구하는 어법, 음운, 의미 등의 현상을 연구하기 때문이다. 그러나 일반언어학과 다른 점은, 사회언어학은 이들 현상을 연구하고 해석할 때 언어의 사용과 사용자라는 사회적 제약 요인을 함께 고려한다는 데 있다. 사회언어학의 두 번째 부류로는, 사회행위로서의 언어행위를 연구하는 부류이다. 구체적인 연구 대상은 이미 제2장에서 언급한 바 있다. 이 부류에서는 연구 범위가 상당히 넓어, 언어 사용 규칙에 대한 기술에 치중하는 연구가 있는가 하면 언어행위의 사회적 효과 분석에 치중하는 연구도 있고 연구 중점과 시각에 따라 "거시"적 범주와 "미시"적 범주로 재분류될 수 있다. 그리고 마지막으로, 전형적인 "거시 사회언어학" 연구로서 사회언어학 연구의 세 번째 부류가 있다. 세 번째 부류에서는 사회학의 시각에서 언어를 일종의 사회문제로 바라보고 사회적 자원 또는 사회적 역량으로서 언어가 발휘하는 기능에 대해 중점적으로 고민한다. 이에 대해서는 본 서 제6장과 7장에서 다뤘는데, 그 중에서 포프라크Shana Poplack; 帕普拉克의 코드스위칭語碼轉換 연구는 어법 구조와 발화 공동체 구조를 모두 다루고 있어 "미시적" 연구와 "거시적" 연구를 모두 아우른다고 할 수 있다. 그 것이 "미시적"이든 "거시적"이든, 사회언어학 연구는 언어와 사회라는 양자가 늘 긴밀하게 결합되어 있다는 것을 보여준다. 언어가 사회를 떠날 수 없듯 사회 역시 언어를 떠날 수 없다.

　사회언어학은 언어학의 근본적인 문제들을 처음부터 다시 생각하도록 만든다. 그 중 하나가 바로 언어의 본질적인 문제, 즉 "언어란 무엇인가?"하는 것이다. 사회언어학자들은 이 문제에 대해 "언어는 사회적 의사소통의 도구이다"라는 답을 내렸다. 언어가 가진 제일 중요한 기능은 사회적 의사소통 기능이다. 인류가 상호작용을 필요로 했던 것은 협동적인 활동을 해야 했기 때문이다. 현대 사회 속에서 이뤄지는 인간의 생활과 생산 활동 역시도 협동성이라는 것으로부터 벗어날 수 없다. 이 같은 시각에서, 언어의 사회적 기능은 곧 사회를 구성하는 조직 기능이라 할 수 있다. 언어의 본질에 대해 사회언어학자들이 견지하고 있는 견해와 대립되는 관점에서는 언어의 생리적, 심리적 특징을 강조한다. 언어는 사람을 동물과 구별시켜주는 특징이다, 언어능력은 생득적이다 하는 등등이 그에 속한다. 이들 관점 모두 일리는 있다. 하지만 언어의 사회적 특징을 부정한다면 그 어떤 주장도 단편성이라는 함정에 빠질 수밖에 없다. 인류의 언어 능력은 인간이 가진 사회적 능력의 일부분이다. 사람이 기타 동물들과 구별되는 것은 단지 말을 할 수 있기 때문만이 아니라, 그 이상으로, 사회적 규범에 준해 타인과 의사소통을 할 수 있기 때문이다. 인간 사회를 완전하게 벗어난 생물학적 "인간"은 언어능력만 잃는 데 그치지 않고 사회적 의사소통 기능까지 잃어버린다. 실례로, 1970년대 미국 캘리포니아에서 발생한 아동학대 사건이 그것을 말해준다. 지니 와일리라는 여아가 정신병자 아버지에 의해 13년 간 침대에 묶여 있다 발견되는데, 신체적으로는 아무 이상 없었지만 (언어 습득 가설 중의)결정적 시기critical period도 놓치고 타인과의 교류 기회도 박탈당했던 이유로 50대가 된 현재까지 언어 습득은 물론 사회 적응에도 실패했다고 한다.

하지만 반대로, 아직 말을 배우지 않은 영아나 병 또는 사고로 언어능력을 잃어버린 사람들은 말만 할 수 없을 뿐 기타 의사소통 능력은 여전히 갖고 있다. 순수하게 생물학적인 언어나 순수하게 개인 혼자 쓰는 언어 또는 비사회화된 언어란 존재하지 않는다. 인류역사상 언어의 탄생은 인류가 사회적 발전을 거듭한 결과이다. 인류 사회의 발전은 언어의 탄생과 발전을 부추겼고 언어는 인류 사회 발전의 요구에 맞게 적응하며 발전해왔다.

언어는 사회 구성 도구이다. 언어는 사회 규약에 의한 기호 체계로서 줄곧 사회 집단을 모체로 하여 다양한 형식으로 존재해왔다. 예를 들어, 인류 사회가 부락을 기본적인 사회 단위로 여겼을 때 언어를 구분 짓는 경계와 부락 간 경계는 종종 중복되곤 했다. 그리고 그 뒤 생겨난 더 큰 단위로서의 민족과 국가는 민족 공용어의 성립을 부추겼던 반면 지역을 기반으로 한 경제 공동체는 방언을 유지하고 발전시키는 토대가 되었다. 또 사회 발전과 함께 진행된 사회적 분화는 사회 방언을 형성하였지만 국가 간 협력은 몇몇 "글로벌" 언어를 탄생시켰다. 이러한 일련의 현상들로부터, 언어는 "연합"의 기능과 "분열"의 기능을 모두 갖고 있다고 볼 수 있다. 즉 동일 언어의 사용은 연합을 이끌고, 역으로, 공통어의 부재는 소통의 장벽과 분열을 초래한다.

언어의 사회 조직 기능은 그것의 구현이 사회적 의사소통 영역에 국한되지만은 않는다. 언어의 사용 자체가 인간을 사회화시키는 강화 과

정의 한 부분이기 때문이다. 어떤 언어를 사용하든 인간은 하나의 언어를 사용함으로써 그 언어가 보여주는 사회 문화적 "속박"으로부터 벗어나지 못한다. 언어의 사용은 사회 집단을 토대로 한다. 그렇기 때문에 한 개인이 언어 시스템의 변화에 미치는 영향력은 언제나 늘 미미하다. 말을 할 때 우리는 말소리의 새로운 조합체를 마음대로 만들어낼 수도 없고 또 설령 만든다 해도 상대방이 그것을 이해하리라고 기대할 수도 없다. 예를 들어 누군가 갑자기 탁자를 "의자"라고 부르고 싶다고 해서 그렇게 부른다고 해도 그것을 정확히 이해하는 사람은 없을 것이기 때문이다. 그러므로 말을 할 땐 항상 어느 정도 선에서 기존의 규칙을 준수하고 사회적 관계를 따라야만 한다. 이런 의미에서 발화라는 행위 자체는 인간의 사회적 의식을 끊임없이 강화하고 있다고 할 수 있다. 동시에, 그렇기 때문에, 발화는 아동이 언어를 학습하는 과정에서도 그들의 사회화 과정과 떼어내 생각할 수 없다(제2장에서 자세히 기술하였다). 유아가 말을 막 배우기 시작할 때는 앞서 언급했던 것처럼 "마음대로 지어내는" 경향을 보이곤 한다. 하지만 연령이 증가할수록, 즉 그들의 행위가 점점 전반적인 사회화 과정 속으로 들어갈수록 그들의 언어도 점점 "개성"을 잃어가고 사회 전반에 퍼져있는 기준과 고정관념에도 민감해진다. 이 같은 시각에서 보면 어법이란 바로, 앞서 논의에서 뚜렷하게 확인할 수 있듯, 본질적으로는 사회적 현상의 총화라고 할 수 있다. 그것은 이상화된 행위 규범이면서 권위적인 규정이다.

인류 언어에 존재하는 여러 형식은 대부분이 사회적 의사소통 요구를 기반으로 형성된 것이다. 그리고 우연한 역사적 요인들에 의해 지속되었다. 순수한 생리적, 심리적 기본 조건과 그 제약은 언어의 구조 체계를 결정하고 생성하는 데 부족하다. 뿐만 아니라, 언어학자들이 기술해온 그 같은 형식처럼, 완전무결한 언어기호 체계란 개별적인 생물학적 인간에겐 발견되지 않는다. 다시 말해, 구체적인 언어사용자 각자의 뇌리 속에는 완전무결한 언어기호 체계가 존재하지 않는다. 개인이 가진 어법지식은 그저 언어사용의 구체적인 경험과 이를 통해 유추해 낸 규칙과 범례들에 지나지 않는다. 따라서 국한성과 단편성으로부터 자유로울 수 없다. 개인 경험의 총화와 유추라는 요인 외에, 사회적 의사소통 규범이 주는 부담도 막대한 영향을 미친다. 학교의 언어교육은 개인의 직접적인 경험이 갖는 국한성을 극복케 할 수 있지만, 동시에, 어법의 사회성을 더욱 강화시킬 수도 있다. 이러한 이유로 어법은 개인의 사고 활동으로 구성된 단순 내적 성분이 아니라 구체적인 사회 요구에 부응하는 행위 준칙이라고 봐야할 것이다.

근래 들어 사회언어학의 많은 연구들은 문화상의 편견, 사회적 불평등 및 현실적, 정신적으로 존재하는 민족과 사회적 억압이 모두 언어에 반영된다는 것을 보여주고 있다. 예컨대, 많은 언어 속에 존재하는 수많은 단어들에는 여성을 차별하는 뜻이 분명하게 녹아있었음에도 그동안 여성에 대한 사회적 차별에 그대로 반영되어 왔다. 또 일부 소수민족 언어와 지역 방언의 경우, 그것을 사용하는 대다수 사회 구성원들에게는 자신의 생각을 가감 없이 드러낼 수 있는 유일한 언어 도구이지만 그 쓰임에 있어서는 정치적 또는 기타 이유로 오히려 제약을 받거나 사용이 금지되기도 한다. 그 결과 어휘의 선택부터 변종의 채택까지, 대화의 방식과 언어의 각 방면에는 화자의 생각과 태도 및 화자가 소속된 사회의 가치관과 문화 양식이 구현되어 있고 다시 이들 가치관과 문화 양식은 언어를 매번 사용할 때마다 반복적으로 표현된다. 이 때문에 여권 운동 인사들과 사회적 억압, 민족적 억압을 반대하는 사람들은 "언어 속의 불평등 현상" 일소를 목적으로 하는 언어 개혁을 일찍부터 대대적으로 주장해 왔다. 여기서 주의할 점은, 그들이 말하는 언어 속의 불평등 현상이란 그저 사회적 불평등 현상이 언어 속에 반영된 결과라는 것이다. 이러한 관점에서 언어는 2순위이고 사회가 1순위이다. 언어만 변화시키고 사회를 변화시키지 않는다면 미봉책에 그칠 뿐 근본적인 변화를 이끌 수 없다고 보기 때문이다.(하지만 언어 개혁이 사회를 개혁하려는 전체 노력의 일부분이라면 그런대로 수용가능하다) 그러나 언어는 사회 요인의 하나로서 대등한 독립성을 지녔다고 봐야할 것이다. 사회 속에서 탄생하고 사회의 제약을 받지만 언어는 그만큼 사회에 영향을 미칠 수도 있기 때문이다.

사회언어학의 각 분야별 연구를 종합해 보면 언어 현상에 대한 사회언어학의 기본적 인식 중 하나로서 언어의 변이성을 들 수 있다. 사회언어학에서 언어는 동태적, 개방적 시스템이지 폐쇄적, 정적인 시스템이 아니다. 그리고 그 시스템 역시 수없이 상호작용하는 하위 시스템으로 구성된, 복잡한 시스템이지 단일 층차적인 시스템이 아니다. 이렇게 복잡한 상황을 마주하고 있는 우리에게, 사회언어학은 그 상황을 이해하는 관건이 사회적 조건에 있음을 일러준다. 언어의 복잡성은 결국 언어를 사용하는 인간에 기인한다는 것이다. "언어는 변하지 않는다. 오직 사람만이 언어를 변화시킨다"Croft 1990:257. 인간 사회의 구성은 복잡하고, 다원적이며 다변적이기 때문에 언어의 공리에 대한 인간의 요구 역시 다양하다. 다양화된 요구는 언어의 형식과 의미의 변이성에 필연적으로 영향을 미친다. 컴퓨터와 인터넷의 사용이 극명하게 보여주듯, 새로운 의사소통 도구의 출현이 의사소통 방식과 언어 구조의 변화를 동시에 부를 수 있는 것처럼 말이다. 이 같이 다변화하는 사회 정세 때문에 언어는 어느 한 단계 또는 어느 한 형식에 머물러 있을 수 없다.

언어학자가 서재로부터 나오면 완전무결한 불변의 기호 시스템은 더 이상 보이지 않을 것이다. 그리고 무수히 다양하면서도 변화무쌍한 언어행위와 언어활동이 보일 것이다. 추상화, 형식화의 중요성을 사회언어학이 모르는 바 아니다. 그에 대한 기존 언어학의 성취 또한 당연히 존중한다. 그럼에도 사회언어학의 역할은, 언어를 정적이고 폐쇄적인 시스템으로 간주하고 연구하는 학자들에게 실제를 벗어난 언어연구가 단편적이며 심지어 위험하기까지 하다는 것을 부단히 일깨우는 데 있다. 언어의 말소리와 어법 체계는 발화 공동체의 의사소통 활동 속에서 구체적으로 드러난다. 이들 체계와 관련된 지식은 어법, 즉 발화자의 "어법 판단 능력grammaticality judgement"이라는 언어학자들의 작품으로 정리될 수 있다. 하지만 이들 모두는 일종의 언어 반영체, 즉 개별 화자들의 경험과 관찰 결과라고만 봐야지 그것을 언어 자체라고 받아들여서는 안 될 것이다. 본서에서 이미 언급했던 것처럼, 어느 언어를 사용하든, 해당 언어를 사용하는 화자는 자신이 발화 공동체 내에서 차지하는 상대적인 지위 고하를 막론하고, 자신의 공동체 내에 존재하는 언어의 전부를 이해하기란 불가능하다. 설사 그것이 자신의 언어행위라 하더라도 그에 대해 결코 항상 객관적인 판단을 내리는 것은 아니다. 따라서 몇몇 사람들이 내린 한 때의 판단으로 언어를 관찰한다는 것은, 그것이 아주 편리하긴 하지만 단편성을 불러오기 쉽고 일정 정도는 이미 왜곡된 간접 자료만을 이용하고 있을 가능성까지 있다.

상기 논의는 언어란 일종의 심리적 현상인가라는 문제와 관련된다. 그것이 심리적 현상이라면 곧 사회 심리적 현상이다. 화자들마다 말하기 능력을 갖고 있고 발화 공동체가 이들 개개의 성원들로 구성되어 있음에도 개인에게 일어나는 (사회)심리적 현상은 언어행위로 구현될 뿐 언어 그 자체로 구현되지 않는다. 촘스키의 용어로는 "언어 수행linguistic performance"이고 소쉬르의 용어로는 "랑그langue"가 아닌 "파롤parole"이다. "파롤"은 개인적이고 "랑그"는 사회적인 개념이기 때문이다. 어떤 학자들은 촘스키의 "언어 수행"과 "언어 능력"을 소쉬르의 "파롤"과 "랑그" 간 구분과 동일한 것으로 보지만 본질적으로 이 둘 간에는 여전히 차이가 존재한다. 그 차이는 주로 촘스키는 연구의 중점을 개인에게 맞췄기 때문에 개인의 언어능력에 대한 연구로써 언어의 본질을 파헤칠 수 있다고 여겼던데 있다. 하지만 사회언어학은 이와 완전히 상반된, 즉 언어의 사회적 사용을 연구해야만 비로소 언어의 본질을 이해할 수 있다는 관점을 견지한다.

언어학이 진정한 과학으로서의 언어학으로 되려면 연구의 중점은 인간이 언어를 사용하면서 자연스럽게 발생하는 인간의 사회적 의사소통 활동에 놓여야 한다. 사회적 의사소통 활동이야말로 언어의 가장 자연스러운 "생존 환경"이고Schegloff 1989 그렇기 때문에 언어학에서 가장 의미 있는 부분이다. 기존의 언어학은 연구의 중점을 다양한 언어 형식, 즉 언어 활동의 산물에 두어왔다. 하지만 사회언어학에서는 의사소통의 전 과정이 고려 대상이다. 앞서 밝혔듯이, 언어 사용의 환경과 의사소통 목적, 의사소통 대상 등을 종합적으로 분석해야만 비로소 그 언어

형식이 나타내는 의미를 정확히 이해할 수 있다. 촘스키는 언어학 연구의 중점이 인간의 "언어능력"이어야 한다고 했다. 하지만 언어 사용을 주의 깊게 관찰한 연구자들은 그것이 현실 세계 속에서 인간 스스로가 자신의 구체적인 의사소통 환경에 적응하고자 드러낸 "의사소통 능력"임을 알게 되었다. 의사소통 환경을 벗어난 "어법 판단 능력"은 공허하고 불안정적이며 심지어 판단 자체가 불가능할 때도 많다.(예컨대, 모어 화자는 언어학자들에게 "당신이 묻는 이 말은 도대체 어떤 상황에서 하는 말이죠?"라고 자주 묻곤 한다) 따라서 "어법 판단 능력"은 사회적 조건의 제약과 이데올로기의 영향을 필연적으로 받을 수밖에 없다.

제2절 사회언어학과 언어학

다음으로 현대 언어학에서 사회언어학이 점하고 있는 지위 문제를 논해보자. 사회언어학은 언어와 사회 간의 관계를 중시한다. 하지만 이러한 중시는 사회언어학만의 것이 결코 아니다. 사회언어학에 앞서 이미 철학자, 사회학자, 심지어 역사 비교 언어학자(예를 들면 메이예 Antoine Meillet)도 이 같은 점에 주의를 기울였기 때문이다. 그러나 사회언어학은 언어와 사회라는 양자 간의 상호 영향 관계, 상호 촉진 관계를 최우선 연구대상으로 삼고 체계적인 이론과 방법으로 이들 문제를 해결하고 정리함으로써 언어의 사회적 특성을 분명하게 드러냈다는 점에서 언어학 발전에 공헌한 바가 자못 크다 할 수 있다.

사회언어학의 주요한 공헌으로서 또 다른 점은, 언어와 사회 간의 관계를 연구하면서 언어가 사회구조를 반영하고 있다는 점에 주의했을 뿐만 아니라 언어의 활동과 언어가 사회 구조를 창조하고 강화한다는 점도 강조했다는 사실이다. 어떠한 관념이나 사상, 감정을 표현하는데 있어 매 언어들마다에는 화자가 선택할 수 있는 한 가지 이상의 표현방식이 존재한다. 그 중 동일한 형식을 사용하는 화자들 간에는 사회적 배경(연령, 지위, 성별 등)도 상당 부분 비슷할 때가 많다. 따라서 형식을 공유할 경우 화자 간에 공유되는 사회적 표지도 함께 드러난다. 사회언어학은 여기서 더 나아가, 언어 형식의 선택이 사회적 표지에 대한 피동적 외현인 동시에 사회적 표지를 능동적으로 강화시키는 사회 활동이라는 점도 알게 되었다. 따라서 라보브 연구에서 마싸스 빈야드 거주민이 보여준 모음의 사용은 "현지인"이란 의식을 공고히 하고 내륙 사람들과의 차이를 의식적으로 드러내고자 했던 것이지 결코 그들의 언어 형식이 가진 특이함을 과시하고자 했던 것이 아니다.(제5장 참고) 마찬가지로, 뉴욕사람들의 (r) 변이 사용도 사회 계급 간 차이를 드러내고 강화하기 위한 것이었다. 인간의 취식, 수면 등과 같은 자연적 활동으로 간주되면서 발화 활동은 화용론 학자들에게 맨 먼저 인식되었고 그 후 고프만E. Goffman 같은 사회행위학자들의 심도 깊은 논의를 거치면서 사람들의 뇌리 속에 널리 각인되어왔다. 그러나 사회 속에서 사용되는 언어 변이에 대해 사회언어학자들이 행한 섬세하고 정밀한 분석은 "말은 행하는 것"이라는 생각의 함의를 크게 확대시켰고 언어변이 및 발화 활동에 대한 사람들의 일반적인 인식을 더욱 심화시켰다.

사회언어학은 언어변화와 역사언어학을 새롭게 정의하였다. 전통적으로 언어 역사에 대한 연구는 고대에서 현대까지의 시간 속에 드러난 기원과 변천과정을 탐구하는데 중점을 두었다. 이 때 역사 속 각 시대별로는 언어가 동질적인homogeneous 것으로, 그리고 시대 간의 언어 변화는 연속적인successive 것으로 간주된다. 사회언어학은 이 같은 기존 연구에 공간과 사회라는 요인을 주입하여 역사언어학 연구가 사회 역사언어학 연구로 거듭나게 하였다. 사회 역사언어학의 특징은 진행 중인 언어 변화를 강조하고 현재 사용되는 언어에 입각하여 과거를 증명하고 미래를 예측한다는 데 있다.(라보브 1994) 이 같은 연구의 전제는 시대가 상이해도 시대별 언어 체계 간에는 유사성 원칙(즉 "동일 과정설", Uniformitarianism 또는 Uniformitarian Principle)이 존재한다는 것이다. 사회언어학이 현재의 언어자료로써 과거나 미래를 해석할 수 있었던 것은 사회구조의 복잡성이 어떻게 언어구조의 복잡성을 동반하는

지를 사람들로 하여금 현재의 자료로써 인식케 하고 또 현재의 언어자료에 대한 정밀한 연구를 토대로 언어변화의 규칙을 귀납했던 것에 기인한다. 고대의 사회구조는 지금의 사회구조와 다르다. 언어 체계 역시 차이가 난다. 그리고 고대 사회구조와 언어구조가 현재의 그것과 보이는 차이의 정도는 이론상 측정이 영원히 불가능하다. 그럼에도 불구하고 사회구조와 언어구조 간에 영향을 미치는 기본 규칙이 동일할 수 있는 것은 현재 자료에 대한 꼼꼼한 묘사가 요원한 역사 시대에 대한 지식의 공백을 메울 수 있었기 때문이다. 이렇듯, 진행 중인 변화에 대한 관찰은 역사적인 문제 해결에 간접적이지만 귀중한 증거를 제공해 왔다.

언어변화의 속도, 내외적 요인의 영향력 및 그들 간의 상호 관계에 대해 당대 사회언어학은, 기본적으로 언어의 급격한 변화는 강력한 언어 외부적 영향으로 일어나지만 내부적 요인에 의한 변천은 완만하게 발생한다는 것을 알았다. 때문에 급격하냐 완만하냐 하는 어느 하나의 패턴으로 언어의 변천을 그려내기란 역부족이다. 내부요인과 외부요인 중에서의 선택은 더더욱 그러하다. 결국 두 쌍의 요인(급격한 변화-완만한 변화 그리고 내부 요인-외부 요인) 간에 주고받는 상호 영향력을 일별하고 형상화하는 것이 관건이다.

언어는 언어 자체의 역사를 갖고 있다. 사회구조도 그 자체의 역사를 갖고 있다. 그럼에도 언어와 사회는 지금까지 줄곧 서로 영향을 주고받아 왔다. 겉으로 보면 양자 간의 상호 영향 관계가 복잡한 모습으로 두서없이 엉켜있는 듯 보인다. 하지만 그간의 사회언어학은 언어와 사회 간의 복잡성과 이질성Heterogeneity을 드러내는 데 노력을 경주했다기보다 이질적인 겉모습 뒤에 숨겨진 질서를 밝혀내는 데 힘을 기울였다고 할 수 있다. 라보브1994:19는 언어의 이 같은 모습을 질서정연한 이질성ordered heterogeneity이라고 하였는데, 이것을 밝혀내는 것이 차이를 밝히는 것보다 더 높은 경지라고 할 수 있다. 겉으로 보이는 혼란 속에도 핵심을 관통하는 질서가 내포되어 있다. 따라서 형식 어법에서 지적한 불규칙 현상은 사실 사회행위 내에서의 일부 규칙 현상과 대응되어 있고 정태 어법에서의 비통일 현상은 언어가 사회와 주고받는 상호작용적 통일성을 반영하고 있다.

사회언어학은 언어 습득 이론에도 새로운 문제를 제기한다. 문제는 두 가지 측면에서 제기되는데, 첫 번째 문제는 제2장에서 언급했던 사회화 과정socialization이다. 사회언어학은 아동 및 성인의 언어 습득에 대해 사회화 과정이란 답을 제시했다. 습득이 가능해 진 것은 언어 내부적 요인에 의해서만도 또는 외부 신호의 자극에 의해서만도 아닌, 발화 활동 과정에 내포된 사회화 과정에 기인한다. 두 번째 문제로서 사회언어학은 언어의 변종과 변화가 일상의 관례(비언어학자인 언중들이라 해도 언어 변이를 서로 다르게 인식, 이해하고 있다)라는 점을 사회언어학이 증명했다. 그렇다면 인간은 언어 변이를 어떻게 이해하고 사용하는 것일까 하는 것이다. 인간은 어떻게 자신의 언어를 어떤 사람과는 일치시키고 또 어떤 사람과는 차별화시킬 수 있을까? 각 시대별로 유사한 언어 변종은 어떻게 언어의 역사적인 변화와 결합하여 대대로 이어져 내려오게 되었을까? 이들 모두 복잡하면서도 이론적 성격이 매우 강한 문제들이다.

마지막으로, 현재의 일반 언어학 이론이 발전하는데 미친 사회언어학의 근본적인 영향에 대해 언급해야겠다. 제1장에서 이미 다룬 내용으로서, 사회언어학의 흥기는 변환생성 문법학이 최고조에 달했을 때 일어났다. 생성언어학파는 언어(문법)를 인간이 가진 기타 인지체계와는 독립된 시스템으로 간주하였다. 그것의 대표 인물인 촘스키는 특별히, 이에 더 나아가, 언어학 이론의 연구 대상을 이상적인 화자와 청자로 국한시켜야 한다고 주장하였다. 여기서의 이상적인 화자와 청자란, 완전하게 일치된 발화 공동체 속에 생활하면서 언어에 대해서도 완벽하게 장악하고 있고 언어 지식을 사용할 때도 기억력이나 기타 여러 간섭 요인의 영향을 받지 않는 사람을 가리킨다. 이에 대해 사회언어학은 몇십 년 동안에 걸쳐 이미 개인의 언어지식은 영원히 사회를 떠나서 존재할 수도 없으며 비언어적인 사회 요인들의 영향을 받지 않을 수도 없음을, 반박할 수 없도록 철저하고도 자세하게 설명해 왔다. 이는 주도적인 지위를 누려왔던 형식 언어학으로서는 커다란 충격이었다. 이러한 충격을 영국의 언어학자 크로프트Croft 1995는, 현재의 모든 기능주의 이론 중에서 촘스키의 어법 이론을 가장 크게 흔들어 놓은 것은 언어 변이에 관한 사회언어학 연구 성과들이라고 한 바 있다.[1]

형식어법학파는 어법을 독립적이라고 생각했다. 어법 체계란 개인의 인지 능력으로서 모든 사람들의 머리 속에 독립적으로 단일하게 존

---

1) 촘스키의 중요한 견해 중 하나가 바로 언어의 자립성과 자족성이다. 촘스키는 인간이 "언어기관"을 갖고 있다는 점을 말하기 위해 이미지 비유의 방식까지 사용했다. 하지만 이러한 관점이 갖는 위험성은 언어의 사회성을 철저히 배제했다는 데 있다. 이 견해가 성립될 경우 사람이라면 설령 사회가 존재하지 않는다 해도 언어를 구사할 수 있어야 한다. 그가 말하는 "인간"이 "사회성을 가진 인간"이라면 그리고 이 "인간"이 가진 "언어기관"도 "사회성을 갖춘 언어기관"이라면 이와 관련한 논쟁은 의미가 없어질 것이다. 인간의 언어능력과 사회성이 유전자 코드 속에 얼마나 포함되어 있는가는 다른 문제이다. 이는 이리떼 속에서 자란 "늑대 소년"이 결국 언어능력을 갖지 못했다는 사실이 증명해준다. 하지만 반대로, 둘 또는 그 이상의 "늑대 소년"들이 함께 생활할 경우 언어능력이 발전될 것이라는 증거도 아직 제시된 적이 없다. 하지만 촘스키는 인간의 선천적인 언어 잠재능력은 사회적 "자극"을 받아야만 비로소 언어능력으로 바뀔 수 있다고 하였다.

재한다는 것이다. 이러한 시각에서의 동태적인 변화는 독립적으로 단일한 어법 체계 간에 이뤄진 상호 교류의 결과일 뿐이다. 이 같은 어법 이론의 오류를 증명하려면 성인의 개별 언어 체계는 원래 불안정하기 때문에 그 자체만으로도 변화를 야기할 수 있고 또 외부 변화 요인의 영향을 받아서도 변화를 초래할 수 있다는 점을 증명해야 한다. 물론 형식 어법 이론도 때로는 개별 어법체계에 미치는 외부 조건의 영향을 인정한다. 하지만 그것은 아동의 언어 습득 초기 단계에서 미치는 영향만을 인정하는데 그칠 뿐이다. 그리고 습득 과정에서 일단 매개 변항parameters이 설정되면 외부 요인은 더 이상 관여하지 않는다고 보았다. 하지만 사회언어학은 바로 이러한 부분에서 형식어법학 이론의 토대를 흔든다. 사회언어학 연구는 성인의 어법 자체에서부터 변이가 이미 포함되어 있기 때문에 그것의 어법 체계를 기술하려면 변종과 변이를 도외시해서는 안 된다고 주장했다. 본 장에서는 변이성을 발화 공동체나 사회 네트워크에 입각하여 논의하지 않았지만, 설령 성인 개개인의 어법 체계(지식)만 놓고 본다 해도 사회언어학 연구는 변이나 변종 모두가 성인 어법에 내재된 구성부분(촘스키의 언급했던 "수행오류performance errors" 문제만이 아니다)으로서 여전히 포함된다고 보았다. 서로 다른 사회적 의사소통 환경에 따라 다양한 언어형식을 사용한다는 점은 어법이 독립적으로 단일한 체계일 수 없음을 증명한다. 이렇듯 성인 개개인마다 가진 "어법 체계"에는 모두 각각 그만의 고유한 변이 성분이 포함되어 있다는 점에서 촘스키가 생각해낸 순수 개인 어법이란 원래부터 존재하지 않는 개념이었다. 결국 변이 요소를 무리하게 배제한 어법이론은 그 토대가 빈약할 수밖에 없다. 게다가 어법 체계상의 변이를 메타 어법 지식을 구성하는 몇몇 사회방언들sociolects로 간주할 때도 어법 이론은 분명 감당할 수 없을 정도로 비대해질 것이므로 그 역시도 "독립적"이라는 최초의 함의와는 거리를 두게 된다.

1960년대부터 서양 언어학계의 주도적 위치를 점한 학파는 촘스키를 위시한 생성학파였다. 현재 완전히 촘스키의 어법 체계만을 토대로 진행되는 연구는 소수에 불과하지만, "이론 언어학"이라고도 불리는, 생성학파의 영향 하에 발전된 여러 형식통사론과 음운학, 의미론은 여전히 언어학의 중심적인 지위를 차지하고 있다. 이 같은 발전에는 상당한 필연성과 합리성이 존재하지만 요즘 들어 "응용" 언어학이라고 불리며 폭발적인 호응을 얻고 있는 하위 분야가 언어학의 또 다른 차원인 사회과학의 성숙한 발전 단계를 대표하고 있다고 생각한다. 이 "응용" 언어학에는 흔히 사회언어학, 심리언어학, 전산 언어학이 포함되는데, 그것의 성숙함은, 자연과학이나 사회과학에서 쓰이는 기타 여러 가지 연구방법을 통해(라보브는 언어 변이를 연구하면서 실험 음성학의 측정 방법과 통계학의 분석법들을 사용하였다) 반복적으로 검증된 결과를 도출하고(사실 사회언어학의 저명한 연구들은 모두 후속 연구자들에 의해 반복적으로 검증을 받았다. 이에 대해서는 제5장을 참고할 것) 기타 연구 성과들과도 상호 결합할 수 있었던 데 기인한다. 이 같은 흐름에서 보면, 언어학은 이미 사변적인 학문에서 실증적인 과학으로 발전하였다고 볼 수 있다. 그리고 본서에서 언급된 연구방법과 성과 면에서 사회언어학은 언어학과 사회학의 학제간 이론을 토대로 관찰, 기록, 실험, 측정, 통계 등의 방법을 아우름으로써 언어 현상을 분석하고 종합한 연구라고 할 수 있다. 상기 방법들을 통해 사회언어학은 언어학 이론을 수정, 보충하고 추상적인 언어학 이론을 현실 속 언어 현상과 연계시켰다.

이 절을 마치면서, 사소한 부분 같아 보이지만 여전히 생각해볼만한 문제를 하나 제기해 보고자 한다. 바로 "사회언어학"이라는 용어 자체의 문제이다. 사회언어학을 창시했음에도 라보브 스스로는 정작 몇 년 동안 "사회언어학"이란 용어의 사용을 반대했었다Labov 1972. 사회를 배제시킨 언어학은 상상도 할 수 없다는 이유에서였다. 같은 이유로 "사회언어학"의 "사회"도 그것이 붙음으로 인해 언어연구에는 사회를 고려치 않아도 된다는 오해를 더 쉽게 불러일으킬 수 있으므로 군더더기라고 하였다. 하지만 이미 이 같은 명칭에 익숙해져 현재로서는 그것을 바꾸기란 쉽지 않다. "사회언어학"이라는 용어 사용을 반대하는 일각에서는 "사회"란 의미가 너무 광범위하기 때문에 그 두 자를 붙이는 것에는 큰 의미가 없다고도 하였다Chambers & Trudgill 1980. 이 용어 문제에 대해서는 상기 두 가지 의견을 모두 취할 필요가 있겠다. 그리고 확실히 사회언어학은 언어학의 기타 학문 분야와의 경계가 점점 모호해져가고 있기도 하다. 이 같은 생각은 아래 몇 가지 중요한 원인에 기인한다. 첫째, 방금 전 언급했던 라보브의 말처럼, 언어는 사회적이다. 따라서 어떠한 "사회"적 특징도 고려치 않고 언어학의 성공을 생각하기란 쉽지 않다. 둘째, 언어 사용 자체는 지극히 복잡한 활동이다. 이미 우리는 제2장에서 사회언어학과 분리하여 생각할 수 없는 몇 가지 학문 분야(상호작용 민족지학, 대화 분석 등)를 소개한 바 있다. 그 중 어떤 분야는 아예 사회언어학의 하위 연구범주로 분류되기도 한다. 이들 분야는 모두 자연 담화 자료를 토대로, 화자의 사회, 역사, 문화적 배경을 고찰하고 언어 형식과 비언어요소 간의 관계 등을 탐구한다. 사회언어학과 다르다기 보다는 오히려 공동의 이론을 전제하지만 연구 중점에 있어 사회언어학과 차이를 보인다고 해야 할 것이다. 결론을 내려 보자. 언어 자체는 복잡하고 이질적이다. 그러므로 언어학의 어떤 분야도 자신 스스로 이미 언어의 전모를 파악했다고 공언하기란 불가능하다. 그리고 학문의 명칭은 인위적으로 가공한 것에 불과하다. 물론 어떤 경우에는 사람들의 기억을 돕고 연구방법과 범주 간의 상이함을 분별하는데 명칭이 적극적인 기능을 발휘하곤 한다. 그러나 명칭에 대한 집착은, 역으로, 명칭으로 인한 오류를 초래할 수도 있다. 결국 중요한 것은, 연구에 유용한 모든 방법과 도구를 배우고 익혀 참된 언어학 문제들을 발견하고 해결해야 한다는 점이다.

제3절 발화 공동체 이론[1]

발화 공동체 이론은 당대 사회언어학의 중요한 이론적 문제이지만 아직 충분한 발전을 거두지는 못했다. 이 이론이 일단 완숙해지기만 한다면 필연적으로 사회언어학의 핵심 이론으로 자리 매김할 것이다. 이에 대한 우리의 관점은 아래 두 가지 관찰에 기인한다. (1) 구체적인 연구대상과 방법 면에서 사회언어학의 각 영역에는 여러 다른 분파가 병존한다. 하지만 그럼에도 불구하고 사회언어학자들 간에는 하나의 공통된 관점과 묵계가 존재하는데, 바로 언어학의 첫 번째 연구대상과 언어 조사의 기본 단위를 발화 공동체로 꼽는다는 점이다. (2) 언어에 대한 철학과 기타 여러 면에 걸쳐 사회언어학자들은 형식어법 연구에 종사하는 언어학자들과 이견을 보이고 있지만 그럼에도 불구하고 연구에 있어서는 두 분야 학자들 모두가 발화 공동체를 기술의 단위로 여기고 있다. 다만, 사회언어학자들은 공동체 내부 구조의 복잡성을 강조하고 과학적인 표본조사 방법의 필요성을 지적하는 반면, 형식언어학자들은 화자 개개인을 발화 공동체의 전형적인 대표로 설정하고 있다는 점에서 차이를 갖는다. 결과적으로 어떤 의미에서는 알게 모르게 언어학자들 모두가 때론 정밀한 또 때론 거친 방법으로써 발화 공동체를 연구하고 있다고 해야 할 것이다.

---

1) "발화 공동체(speech community 言語社區)"에 대한 번역 문제는 일찍이 본서 초판에서 상당히 자세하게 논한 적이 있다. 또한 "언어 공동체"의 번역에 대해서도 설명한 바 있다. 본고에서 "발화 공동체"란 번역 용어를 취한 이유는, 그것을 다른 학자들과 일치시킴으로써 용어와 둘러싼 불필요한 논쟁을 피하기 위함이 크다. 일개 이론과 관련된 체계와 개념을 완전히 이해하지 않은 상태라면 용어보다는 이론과 관련된 문제들을 명확히 하는 것이 중요할 것이다. 이에 "발화 공동체"는 직역의 하나로서, 본 절의 문제들을 논의할 때 편의를 도모하기 위한 일종의 이름표라고 볼 수 있다.

사회언어학의 연구 성과를 종합해 보면, 언어 변이와 언어 변화에 대한 연구에서부터 언어 접촉 현상과 발화 공동체 구조에 대한 연구에 이르기까지 모두 어느 정도는 구조주의 언어학과 전통 방언학, 그리고 최근의 형식 음운론 성과까지를 두루 토대로 하여 성립되었다고 봐야 한다. 그러므로 언어의 다양성을 중시한 사회언어학과 언어동일 가설을 전제한 형식 언어학 연구는 그 차이에도 불구하고 일정 정도 토대를 공유하고 있다.

"발화 공동체"란 대략, 일개 화자가 속해 있는 집단으로서, 언어의 어떤 측면에 대한 내부적 동일성이 만들어낸 차이를 기반으로 기타 집단과 구분되는 집단이라고 정의할 수 있다. 이로부터 우리는 언어학에 존재하는 여러 분파들이, 동일성과 차이성을 인정하느냐 마느냐로 구분된 것이 아닌, 동일성이나 차이성에 대한 중시의 정도와 연구의 서로 다른 무게 중심에 따라 구분된 것임을 알 수 있다.

동일성과 차이성은 변증법적이다. 따라서 언어라는 사물에도 대립과 통일이란 성질이 모두 내포되어 있다. 이러한 의미에서 사회언어학의 특별한 기능은, 발화 공동체의 내부적 차이에 대한 전통 언어학 연구의 소홀함을 보충하고 언어의 특정 측면에 대해 발화 공동체가 공유하는 동일성을 측량하고 검증할 수 있다는 데 있다.

발화 공동체 이론의 역할은 언어의 동일성과 차이성에 초점을 맞춰 연구하는 데 있다. 따라서 발화 공동체 연구는 언어 변이 연구를 형식 언어학 연구와 유기적으로 연결시킬 수 있고 또 사회언어학의 각 분파를 통일된 이론으로써 언어학의 각 하위 분야와 결합시킬 수도 있다.

발화 공동체에 대한 초기의 생각은 "동일한 언어를 구사하는 집단"

이었다. 그래서 언어를 발화 공동체와, 그리고 반대로, 발화 공동체를 언어와 일대일로 대응시켰었다. 하지만 이 과정에서 "발화 공동체"로써 언어를 정의하고 다시 "언어"로써 발화 공동체를 정의해야 했기 때문에 순환논증은 필연적으로 출현할 수밖에 없었다. 그렇다면 발화 공동체를 정의할 때 "공동체"를 우위에 두어야 할까 "언어"를 우위에 두어야 할까?

"발화 공동체"에 대한 상당히 이른 시기의 정의에서는 이 같은 순환 논증의 오류에 빠지지 않았었다. 그 예로서 블룸필드Bloomfield 1933는 발화 공동체를 이루는 토대로서 화자 간의 빈번한 상호작용 활동을 꼽고, 상호작용 빈도가 떨어지면 공동체 간 경계도 자연스럽게 형성된다고 보았다. 뒤이어 검퍼즈Gumperz 1968, 1982는 블룸필드의 상호작용 빈도라는 개념을 발전시켰는데, 발화 공동체란 발화를 이용하여 상호작용하는 장소로서 공동체 구성원 모두가 반드시 동일한 언어를 구사하지는 않으며 공동체의 "언어 창고"에는 하나 이상의 언어 코드를 포함할 수 있다고 하였다. 다만 각각의 발화 공동체에는 그만의 상호작용 규범 체계가 존재하는데 이 규범 체계에는 여러 가지 언어 변종을 어떻게 사용할 지에 대한 규범이 포함된다고 하였다. 따라서 검퍼즈는 공동체 구성원의 가장 중요한 표지로서 공동체의 의사소통 규범에 대한 이해와 준수를 언급했다. 본서에서도 소개된 뉴욕 및 기타 도시 공동체의 언어 변이와 변화에 대한 라보브Labov 1966, 1972, 1994의 연구는 발화 공동체에 대한 연구를 새로운 단계로 끌어 올렸다. 라보브 이론이 기여한 공로는, 발화 공동체에 존재하는 동일성이 주로 현 공동체 구성원의 발화 행위 질서와 언어 변이 현상에 대해 갖는 구성원들의 공통된 평가기제 상에 구현됨을 보여주었다는 데 있다. 그 외, 발화 공동체 연구에 표본

조사와 계량분석 등 실험적인 방법을 도입했다는 점에서도 그의 또 다른 중요 공로가 인정된다.

발화 공동체 연구에 사회언어학이 남긴 성과들을 종합해 보면, 공동체가 최우선이고 언어가 그 다음이라는 것을 알 수 있다. 일개 발화 공동체는 반드시 하나의 언어만이 대응되지 않는다. 그러나 발화에 의한 잦은 상호작용 결과는 종종 한 개의 언어 변종의 토대를 형성하곤 한다. 그 결과 역사가 오래된 발화 공동체라면 모두 하나의 대표성을 띤 언어를 갖는다. 반대로 역사가 짧은 공동체들 중에는 새로운 언어 변종이 이미 형성되었을 수 있지만 역사, 정치, 문화 등의 이유로 인정을 받지 못할 가능성도 존재한다. 이 경우, 언어학자라면 현상을 현상대로 보고 지나칠 것이 아니라 과학적인 방법을 이용하여 그 안에 형성된 언어 변종을 발견하고 기술해야 할 것이다. 이와 관련해서는 제6장에서 소개된 포프라크Shana Poplack의 연구를 참고할 수 있다.

사회언어학 이전의 언어학 전통에서는 발화 공동체와 언어 변종을 기본적으로 세속적인 관념에 기대어 확인하곤 했다. 유구한 역사에 문학 전통을 보유하고 있으며 언어 계획을 위한 권위적 기구를 갖고 있는 공동체와 언어에는 일반적으로 문제가 뚜렷이 드러나지 않는다. 하지만 이미 외부적 힘에 의해 공동체 간 경계가 확정지어진 경우라면 문제는 분명하게 드러난다. 전통적이고 순수한 개념에서의 발화 공동체는 동일한 언어를 구사하는 화자들끼리 한 개의 발화 공동체를 구성하는 것이다. 그러나 문제는 화자가 상대방과 "동일한 언어"를 구사하고 있는지를 어떻게 확정할 수 있는가 하는 것이다. 앞서 언급했던 것처럼, 타인과 완전하게 똑같이 말하는 화자란 존재하지 않는다. 다만, 그럼에도 불구하고, 사람들은 다른 사람이 자신과 동일한 언어를 구사하고 있는지 아닌지를 변별해낼 수 있다. 실제로 구체적인 환경 속에서 사람들의 판단은 수많은 사회적 조건들의 영향을 받곤 한다. 사람들은 일반적으로 익숙한 환경 속에서 생활하고 상호작용하기 때문에, 그리고 수많은 상호작용 속에서 사용하는 언어사용 기술도 이미 몸에 배어 있기 때문에 언어 형식 상에 얼마나 폭넓은 변량이 보이는 지 과소평가할 때가 많다. 쉬따밍徐大明은 일찍이 1988년 오타와대학Ottawa University 사회언어학 실험실에서 중국 네이멍구자치구의 빠오터우시에서 수집한 북방방언 자료를 쓰촨성四川省 출신의 (보통화를 할 수 있는)피험자에게 들려준 적이 있다. 녹음과 관련하여 어떠한 배경지식도 알려주지 않은 상황에서 이 피험자는 톈진天津과 빠오터우包頭 방언이 섞여 있는 발화자료가 한어라는 것을 전혀 알아채지 못하였다. 그 후 피험자에게 화자의 정보를 알려준 뒤 약 5분에 걸친 녹음내용을 다시 들려주자 그 때서야 피험자는 확실히 북방방언 같다고 하였지만 여전히 한 마디도 알아듣지는 못 하였다.

라보브와 애쉬Labov & Ash 1995는 일찍이 체계적인 실험을 통해 미국 북방의 각기 다른 지역 출신 영어 화자들이 상대 지역 방언을 서로 얼마나 듣고 이해하는지 그 능력을 측정한 적이 있었다. 두 연구자는 측정기기를 이용하여 녹음 내용을 음소, 음절, 구, 문장 등 여러 층차 상의 언어 단위로 분절한 뒤 녹음에 대한 피험자들의 이해정도를 측정하였다. 실험 결과, 서로 같은 도시나 지역 출신의 피험자가 상대 말에 대한 이해도 역시 가장 높았고 또 언어 단위가 크면 클수록 더 쉽게 이해했다. 하지만 같은 지역 출신임에도 여전히 백퍼센트의 이해도를 보장하지는 못했다. 출신 지역이 다른 피험자라면 더더욱 대등하지 않았다. 예컨대 갑 지역 출신 피험자가 을 지역 대부분의 음소와 구를 알아 맞추었어도, 역으로, 을 지역 출신 피험자는 갑 지역의 음소나 구 대부분을 이해하지 못할 수 있다. 또 이 같이 단방향적인 이해능력 상황은 매 지역 간에도 완전히 일치하지만은 않았다. 예를 들어, 상기 예처럼, 갑 지역 출신자라면 을 지역 출신자의 말을 듣고 이해해도 을 지역 출신자는 갑 지역 출신자의 말을 이해하지 못한다. 그런데 병 지역 출신자는 갑 지역 출신자의 말을 알아들을 수 있음에도(그래서 갑과 같이 을 지역의 말을 알아들어야 하지만) 을 지역 출신자의 말을 이해하지 못 하는 경우가 있다는 것이다. 또 어떤 방언들은 각 지역 출신자들 모두가 보편적으로 이해하기 힘들어 하기도 한다. 시카고Chicago 방언이 이에 속하는데, 예를 들어 시카고 이외 지역의 수많은 사람들은 시카고 출신의 여성 피험자가 말한 socks(양말)를 sex(성별)로 잘못 들었다.

지금까지 "동일한 언어를 말한다"는 것이 얼마나 상대적인 개념인지를 논하였다. 언어의 유사성은 현실 세계에서 연속체의 형태로 존재한다. 대단히 추상적인 관점에서, 언어로 의사소통이 가능한 사람들이라면 모두 발화 공동체를 구성할 수 있다. 다만 의사소통의 정도 차에 따라 여러 층차로 나눌 수 있다. 그리고 층차상 작은 발화 공동체가 그보다 큰 발화 공동체로 편입되는 것은 본질적으로 더욱 추상적인 발화 공동체 속으로 편입된다는 것을 의미한다.

검퍼즈와 라보브로부터 시작하여 사람들은 발화 공동체의 사회 심리적 기초에 대해 인식하기 시작하였다. 사람들이 하나의 발화 공동체를 구성하는 것은 그들이 일정 정도 유사한 언어 표현을 공유하기 때문만은 아니다. 더 중요한 것으로서, 그들이 기본적으로 일치된 언어 태도도 공유하고 있기 때문이다. 특정 언어에 대해 그들 간에는 일종의 동질감이 존재한다. 라보브의 조사에 따르면, 동일한 발화 공동체 내에서는 항상 다른 사람들보다 더 정확하고 더 전형적이라고 널리 여겨지는 화자들의 언어가 존재한다. 그리고 이 화자들은 발화 공동체의 핵심을 이룬다. 이는 마치, 영어 공동체는 영어 구사자 모두를 포함하지만 그 중에서 영어를 모어로 하는 화자는 상대적으로 그 공동체의 핵심을 이루는 반면 제2언어로 영어를 사용하거나 외국어로서 영어를 배운 화자는 상대적으로 주변에 머무는 것과 같다(Kachru 1997 참고). 주의할 것은, 모어가 동일한 발화 공동체 성원 중에도, 공동체 규범을 얼마나 적절하게 활용하고 있는가에 따라 핵심과 주변으로 나뉜다는 점이다. 수많은 화자들은 자신이 능란하게 활용하고 있는 언어 체계가 자신이 소속된 공동체 규범이 아닐 수 있다고 생각하기도 한다. 때문에 어떤 화자는 자신의 "모어"임에도 그것을 구사할 수 없다거나 구사해도 잘 하지는 못한다고 스스로를 생각하기도 한다. 이것이 바로 앞서 언급했던 "언어 불안감linguistic insecurity 語言不安全感"으로서 발화 공동체의 사회 구조적 특성을 명시적으로 보여주는 예이다.[2]

발화 공동체의 사회적 성질을 논하면서 눈에 띄는 것은, 사회구성원 간의 결합과정 또는 집단 내에서의 상호작용과 언어가 모두 동일한 방식으로 연관되어 있는 것이 아니라는 점이다. 발화 공동체를 비교해 보면 그 중에는 오랫동안 끼쳐온 영향력과 제약 기능을 갖추고 언어와의

----

2) 근래의 연구에서는 공동체 "핵심"의 권위적 위치가 반드시 코드의 정확도를 기준으로 결정되는 것이 아니라 의사소통 중심을 기준으로 결정된다고 보고 있다(Xu 2001).

상호 의존성까지 상대적으로 강한 발화 공동체들이 존재한다. 이러한 점에서 우리는 상기 "언어로써 의사소통이 가능한 사람들"이라는 과도하게 추상적인 정의에 그쳐서는 안 되며 사회언어학적인 시각에서의 "현실적인" 발화 공동체를 정의해 내야만 할 것이다. 경험을 통해 인간은 현재의 절대 다수 인구가 영유하는 일상의 언어 상호작용 범위를 가정, 마을, 촌락, 도시, 지역별 시장 지구, 국가, 무역 지대 등 상대적으로 기본이 되는 사회 경제 단위들이 상당히 강하게 제약하고 있다는 것을 알게 되었다. 그런데 이들 사회 조직이 갖는 한계가 사람들이 평소 언어 상호작용 속에서 느끼는 곤란함의 정도 차와도 종종 중복되곤 한다. 이는 상호작용의 빈도 차에 기인할 가능성이 매우 크다. 왜냐하면 경제 활동은 인간의 가장 기본적인 활동으로서 생산, 분배, 소비 활동을 모두 포괄하고 있고 인간이 갖는 의사소통의 필요성 역시 이들 활동 내에서 요구되므로 결국 그 범위가 의사소통 빈도의 분계선과도 자연스레 겹치기 때문이다. 의사소통 빈도의 분계선이란 사실상 빈도의 고저에 따라 나뉘는 것으로서, 이에 따라 나뉜 공동체가 바로 뉴욕시 영어 공동체, 뉴욕시 동할렘가의 푸에르토리코 이민자 공동체, 네이멍구 빠오터우시의 쿤두룬昆都侖 공동체 등 사회언어학자들이 실증 연구 속에서 구분한 발화 공동체다. 이들 공동체는 모두 안정성과 통합성 그리고 상당한 정도의 독립성 등과 같은 특징을 갖고 있는데, 이 같은 특징의 발화 공동체를 "자연적 상호작용 취합체Natural Communicative Concentration"라고 하면 어떨까 제안해 본다.

지리방언학에서는 등어선(또는 등화선, isogloss)과의 대조를 통해 방언의 경계를 직관적으로 표현한다. 언어 변이 연구에서 변항의 사회적 분포 범위를 확정짓는 것도 이 같은 방법에 근거한다. 하지만 언어 구조 체계에 대한 연구의 발전이 미친 영향 때문에 언어 변종에 대한 계량 분계 방법은 여전히 무르익지 못한 상태다. 게다가 '공동체가 제1기준, 언어 형식이 제2기준'이란 원칙과 사회심리적 기초 원칙을 토대로 사회언어학계가 발화 공동체를 구분하기 위해 기대고 있는 참고점은 여전히 사회학과 사회심리학 쪽 기준 및 역사, 문화 관련 자료에 치우쳐 있다. 그러므로 순수한 사회적 단위만으로 발화 공동체를 대체하는 오류를 범하지 않으려면 사회언어학자들은 향후에도 언어적 기준과 사회적 기준 모두를 참고하여 발화 공동체를 정의할 필요가 있다.

발화 공동체를 정의 할 때의 기준 문제는 싱가포르에 대한 사회언어학 조사에서 부딪혔다(Xu et al. 1998, 陳松岑 등 1997). 이 조사는 언어 사용 상황과 언어 태도에 대한 조사로서 싱가포르 화교를 대상으로 진행하였다. 주로 중국 이민자들의 후대로 구성된 싱가포르 화교는 전 인구의 77%를 차지할 정도로 싱가포르의 다수민족이다. 조사 대상은 층화 임의표본추출 방법을 이용하여 정하였고 조사 진행은 설문과 인터뷰, 관찰 조사 방법을 이용하였다. 조사 결과는 매우 복잡한 이중 언어 사용 상황을 보여주었던 동시에 발화 공동체의 구조 분석 연구에 풍부한 자료를 제공해주었다. 우선 조사 대상 전체 상황으로부터 봤을 때, 싱가포르 화교의 대다수는 영어, 중국어, 그리고 민방언이나 월방언 계통의 몇몇 (하위)방언을 구사하는 다중 언어 사용자였다. 이러한 점만 보면 싱가포르 화교들이 하나의 이중 언어(또는 "다중 언어") 공동체를 구성하고 있다고 생각할 수도 있다. 그러나 좀 더 들어가 보면 언어 태도와 언어 사용역의 분포 면에서 싱가포르 화교들이 보여주는 뚜렷한 분화를 볼 수 있다. 그리고 그 분화는 다중회귀분석법을 통해 기본적으로는 교육의 기원을 분계선으로 삼고 있음을 발견했다.[3] 더불어 화교 사회는 사회적 지위와 경제적 지위 및 교육의 정도가 상호 밀접하게 관련되어 있어, 언어 태도와 이중 언어 사용 측면에서 두 가지 상이한 발전 경향을 보여주고 있었다. 중국어 교육을 받은 화자들은 집과 공공의 장에서 중국어를 더 자주 사용하였고 중국어에 대해서도 상당한 친근함을 갖고 있었다. 나아가 중국어의 용도가 다양하고 자신의 생각을 정확하게 표현하는데 사용할 수 있다고도 여겼다. 언어 사용 면에서, 영어는 가정 수입과 상관관계를 보였는데 수입이 높은 화자일수록 영어 사용 빈도도 높았다. 하지만 중국어 사용은 연령, 성별과 상관관계를 보였던 반면 가정 수입, 교육 정도와는 유의미한 상관성을 띠지 않았다. 또 방언의 폭 넓은 사용은 가정 수입과 반비례 관계를 보였는데 가정 수입이 적을수록 여러 장에서 방언을 사용할 가능성이 높았다. 이 같이 수많은 통계 결과를 분석한 뒤 우리는, 과거 싱가포르의 화교 공동체에서는 몇 가지 상이한 한어 방언을 주요 상호작용 도구로 삼았던 반면 현재는 영어와 중국어 간의 언어 스위칭 현상이 진행 중에 있다는 결론에 도달했다. 즉, 점점 많은 가정과 개인이 공공의 장과 집에서 각각 영어와 중국어를 나누어 사용하고 있었다. 공동체의 범위 면에서 보더라도 그리고 대부분의 공동체 성원이 이 두 가지 표준어를 이중 언어 상용 수준으로 사용하고 있더라도, 언어 태도와 사용 범위 상에는 기본적으로 두 가지 유형이 존재했다. 그 중 하나는, 영어를 공리

....
3) 현재 싱가포르의 교육 수혜 화교는, "중국어華文 교육"을 받은 화교와 "영어 교육"을 받은 화교로 나뉜다. 이는 상당한 기간 동안 주요 교육 언어를 중국어華語로 하는 학교와 영어로 하는 학교가 병존했던 데 기인한다. 현재는 모든 학교가 영어를 주요 교육 언어로 하고 있다.

적 성격의 변종으로 그리고 중국어를 정체성 변별을 위한 변종으로 생각하는 것이다. 또 다른 하나는 이와 정확히 정반대로서, 중국어를 공리적 성격의 변종으로, 영어를 정체성 변별을 위한 변종으로 보는 것이다. 이런 이유로 집에서는 중국어를 쓰고 공공의 장에서는 영어를 사용하는 화자가 있는가 하면, 그 반대로, 집에서는 영어를 사용하지만 공공의 장에서는 중국어를 구사하는 화자가 존재하는 "기이"현상이 출현하게 되었다. 그것이 만약 캐나다라면 이들 두 변종은 영어와 프랑스어일 것이고 두 종류의 화자는 영국 교포와 프랑스 교포일 것이다. 그리고 캐나다에서 이런 현상은 기이한 것이 아닌 자연스러운 것으로 여겨질 것이다. 캐나다의 영국 교포와 프랑스 교포는 서로 다른 민족 집단이기 때문이다. 반대로 싱가포르를 보자. 교포 사회에서의 두 가지 서로 다른 언어 태도와 언어 행위는 그 사회 속에 두 개의 발화 공동체가 존재하고 있음을 증명한다고도 할 수 있다. 사회, 종교, 문화, 경제 활동 등의 면에서 보더라도, 이 두 발화 공동체에는 확실히 상호작용 빈도 상의 구분이 존재하고 있었다. 그러므로 최소한, 싱가포르 화교 공동체[4]는 다시 영어 화교 공동체와 중국어 화교 공동체로 나뉠 수 있다고 할 수 있을 것이다. 만일 민족적 특징만을 기준으로 한 화교 공동체를 일개 발화 공동체와 동일시했다면 앞서 논했던 중요 차이들은 모두 아무 의미 없어질 것이다.

제4장에서 소개했던 빠오터우 쿤두룬 공동체의 언어 조사는 계량적인 방법으로써 상이한 발화 공동체의 구조 모형을 측정한 연구였다. 중

---

4) 어느 정도 추상적인 단계에서는 이 같은 이중 언어 공동체가 존재한다고도 할 수 있을 것 같다. 왜냐하면 이상적인 싱가포르 화교의 이미지로서 수많은 싱가포르 화교들이 꼽는 인물은 영어와 중국어를 고루 구사하는 이중 언어 화자이기 때문이다. 하지만 이에 해당하는 화자 수가 아직 우세한 정도는 아니다.

국의 경제 개혁이 본격화되기 전의 단위 사회화를 이루던 사회 구조는 발화 공동체 구조에 오롯이 반영되어 있었다. 그리고 그것은 계급 사회와 시장 경제를 축으로 한 서양의 발화 공동체 구조와 분명한 차이를 보였다. 이 같은 연구가 보여주려는 것은, 언어 구조 체계를 받치고 있는 단위−발화 공동체가 동일 화자들의 단순 집합체가 아니라 복잡한 구조를 가진 유기체라는 점이다.

언어는 여러 방면에 걸쳐 있는 복잡한 사물이다. 때문에 다양한 시각에서 연구가 가능하다. 기호 체계라는 시각에서 언어는 형식과 의미라는 두 시스템으로 나뉠 수 있다. 그리고 형식이라는 측면에서 언어는 다시 말소리, 통사, 어휘 등의 하위 시스템으로 분류가 가능하다. 하지만 언어의 체계성에 대한 연구 중에서도, 지금까지 가장 소홀했던 부분은 사회적 차원에서의 언어 체계, 즉 사용자 측면에서의 언어 체계였다. 만약 이에 대한 연구가 깊이를 더해가지 못한다면 기타 체계에 대한 연구도 필연적으로 장애에 부딪힐 것이다. 언어의 각 하위 시스템에는 그 하위 시스템에 무시할 수 없는 영향력과 기능을 발휘하는, 발화자라는 시스템이 포함되어 있다.

사회언어학에서의 발화 공동체 이론은 바로 사용자 측면에서의 언어 시스템에 대한 해석이다. 현재 이 방면의 연구는 아직 초보적인 단계에 머물러 있지만 그만큼 발전 가능성이 매우 많은 영역이다. 언어학자들 중에는 "발화 공동체"를 가상의 분석 틀일뿐이라고 치부하기도 한다. 임의적인 변용이 가능하므로 전문적인 연구가 불필요하다는 것이다. 하지만 우리의 견해는 그와 반대다.

발화 공동체는 사회화 과정 속에서 발화에 의한 상호작용이 만들어낸 산물이다. 사회 속에서 인간이 행하는 의사소통 활동은 무엇보다도 확실한 실천적 활동으로서 고도의 협동성과 조직성을 띤다. 그러므로 발화 공동체는 당연히 관찰할 수 있고 계량화할 수 있는 실체이다. 그것의 구체성과 한정 가능성이 의사소통 활동의 파생물인 언어 변종의 구체적인 형식에 더욱 객관적인 계량 기준으로 존재하기 때문이다. 그러므로 지금까지 거둬온 언어학 연구 성과를 토대로 한다면 앞으로 발화 공동체에 대한 실증 연구를 어떻게 해 나가야할지 예견할 수 있을 것이다.

계량 연구 시각에서의 발화 공동체란 유형의 가시적인 물질적 활동 범위이자 심리적인 "자연적 상호작용 취합체自然交際聚合體"로서 계량적 지표를 이용한 일련의 조합을 통해 규정될 수 있다. 이 지표에는 의사소통 빈도, 의사소통 성취도, 주관적 동일시, 의사소통 규범 동일성 등이 포함될 수 있다. 나아가 이들 지표에 대한 조정과 판단 과정도 매우 도전적인 연구 과제가 될 것이다.

언어 활동의 산물—담화 및 그것의 추상적인 기호 체계에 중점을 둔 연구 패턴이 언어학을 지배한 지는 이미 오래되었다. 그렇다면 이제 언어학은 연구의 무게 추를 언어 활동 자체로 이동시키는 것에까지 생각이 닿을 수 있을까? 기호 체계에서부터 출발하여 지금까지 우리는 언어에 존재하는 인간적 차원의 것들을 파악해 왔다. 이 같이 인간을 고려할 때 우리는 다음과 같은 생각의 단초를 얻을 것이다. 개념 속에서 소리와 의미로 조합된 기호체계만을 언어학의 대상으로 놓는 것보다 인류 사회의 정보 상호작용과 협동 기제를 토대로 언어학의 대상을 정의하는 것이 더욱 의미 있는 일 아닐까?

당대사회언어학

참고문헌

Aman, Reinhold. 1982. Interlingual Taboos in Advertising: How not to name your product. In Robert J. Di Pietro ed., pp.215~224.

Ammon, U., Dittmar, N. and Mattheier, K. J.(eds.) 1988. Sociolinguistics: An international handbook of the science of language and society. Berlin; New York: Mouton de Gruyter.

Barale, C. A. 1982. A quantitative analysis of the loss of final consonants in Beijing Mandarin. University of Pennsylvania dissertation.

Baron, D. 1986. Grammar and Gender. New Haven: Yale University Press.

Bates, E. and Benigni, L. 1975. Rules of address in Italy: A sociological culture. Language in Society 4, pp.271~88.

Bateson, Gregory白森. 1972. Steps to an Ecology of Mind. New York: Ballantine.

Bauman, Richard and Joel Sherzer(eds.) 1990. Explorations in the Ethnography of Speaking. Cambridge University Press.

Beebe, L. M. 1981. Social and situational factors affecting the communicative strategy of dialect code-switching. International Journal of the Sociology of Language 32. pp.139~49.

Bell, Allan貝爾. 1984. Language style and audience design. Language in Society 13, pp.45~204.

Bell, Roger T. 1976. Sociolinguistics: Goals, approaches and problems. New York: St. Martin's Press.

Berlin, B and P. Kay. 1969. Basic Color Terms: Their universality and evolution. Berkeley: University of California Press.

Bernstein, Basil伯恩斯坦. 1964. Elaborated and restricted codes: Their social origins and some consequences. American Anthropologist, December 1964.

Bloomfield, Leonard 1933. Language. New York: Holt, Rinehart and Winston.

Bloom, J. P. and Gumperz, J. J. 1972. Social meaning in structure: Code-switching in Norway. In Gumperz and Hymes eds., pp. 409~434.

Bonanno, Michelina. 1982. Women's language in the medical interview. In Robert J. Di Pietro ed., pp. 27~38.

Bright, W. 布賴特 ed., 1966. Sociolinguistics: Proceedings of the UCLA Sociolinguistics Conference. 1964. The Hague: Mouton.

Brosnahan, LF 1963. "Some Historical Cases of Language Imposition". In: Spencer, J. ed., Language in Africa. Cambridge: Cambridge University Press. pp. 7~24

Brown, R. and Gilman, A. 1960. The pronouns of power and solidarity. 見 T. A. Sebeok ed., Style in language. Cambridge, Mass.: MIT Press. 或 Giglioli, P. P. 1972. Language and social context. Harmondsworth, Middlesex: Penguin.

Brown Penelope and S. Levinson 布朗和列文森. 1987. Politeness: Some universals in language usage. Cambridge: Cambridge University Press.

Bucholtz, M., A. C. Liang, et al. 1999. Reinventing Identities: The Gendered Self in Discourse. Oxford, Oxford University Press.

Bymes, Heidi, Irene Thompson and Kathryn Buck. 1989. The ACTFL oral proficiency interview: Tester training manual. New York: the American Council on Teaching Foreign Languages.

Canale, M. and M. Swain. 1980. Theoretical bases of communicative approaches to second language teaching and testing. Applied Linguistics 1(1), pp. 1~47.

Cedergren, H. 1973. The interplay of social and linguistic factors in Panama. Cornell University dissertation.

Cedergren, H. 1984. Panama revisited: Sound change in real time. Paper given at NWAVE, Philadelphia.

Cedergren H. & D. Sankoff 1974. Variable rules: Performance as a statistical reflection of competence. Language 50, pp. 333~355.

Chambers, J. K.臣伯 1995. Sociolinguistic theory: Linguistic variation and its social significance. Cambridge, MA: Basil Blackwell.

Chambers, J. K., and Peter Trudgill. 1980. Dialectology. Cambridge: Cambridge University Press.

Chao, Yuen Ren.趙元任 1976. Aspects of Chinese sociolinguistics. Stanford, CA: Stanford University Press.

Charrow, Robert and Veda Charrow. 1979. Making legal language understandable: A psycholinguistic study of jury instructions. Columbia Law Review 79(7), pp.1306~1374.

Charrow, Veda R. 1982. Language in the bureaucracy. In Robert J. Di Pietro ed., pp.173~188.

Chen, M.陳淵泉 1975. An areal study of nasalization in China. Journal of Chinese Linguistics 3: 16~19.

Chew, Cheng Hai周清海, Xu Daming徐大明 & Chen Songcen陳松岑. 1996. A survey of language use and language attitude in the Singapore Chinese community. Paper presented at the Sociolinguistics Symposium 11, University of Wales.

Chomsky, N.喬姆斯基 1965. Aspects of the theory of syntax. Cambridge, MA: MIT Press.

Chomsky, N. and M. Halle. 1968. The Sound Pattern of English. New York: Haper and Row.

Cobarrubias, Juan. 1983. Language planning: The state of the art. In J. Cobarrubias and J. Fishman eds., Progress in language planning. pp.3~26. New York: Mouton Publishers.

Patricia M. Clancy, Sandra A. Thompson, Ryoko Suzuki, and Hongyin Tao. 1996. The Conversational Use of Reactive Tokens in English, Japanese, and Mandarin. Journal of Pragmatics. 26(3), pp.355~387.

Cooper, R. L., 1979. Language planning, language spread, and language change. In J. E. Alatis and G. R. Tucker eds., Language in Public Life.

International Dimensions of Bilingual Education. Washington, D.C.:
Georgetown University Press, pp.23~50.

Croft, William. 1990. Typology and universals. Cambridge: Cambridge
University Press.

Croft, William. 1995. Autonomy and functionalist linguistics. Language 71(3),
pp.490~532.

Crystal, David. 1980. A first dictionary of linguistics and phonetics. London:
Andre Deutsch.

Currie, Haver C. 1952. A projection of socio-linguistics: The relationship of
speech to social status. The Southern Speech Journal 18, pp.28~37.

Deser, T. 1990 Dialect transmission and variation: An acoustic analysis of
vowels in six urban Detroit families. Boston University PhD dissertation.

Di Pietro, Robert J., 1982. ed., Linguistics and the professions: Proceedings of
the Second Annual Delaware Symposium on Language Studies. Norwood,
N. J.: Ablex Pub. Corp

Dillar, Karl Conrad. 1978. The Language teaching controversy. Rowley: MA:
Newbury House Publishers.

Eckert, P. and S. McConnell-Ginet(1992). "Think practically and look locally:
language and gender as community-based practice." Annual Review of
Anthropology 21, pp.46~490.

Eckert, P. and S. McConnell-Ginet(2003). Language and Gender. Cambridge,
Cambridge University Press.

Ellis, R. 1985. Understanding second language acquisition. Oxford: Oxford
University Press.

Erbaugh, Mary. 1990. Mandarin oral narratives compared with English: The
pear/guava stories. Journal of Chinese Language Teachers Association.
Vol. XXV(2), pp.21~42.

Ervin-Tripp, Susan敍溫-川普. 1964. Sociolinguistics. In L. Berkowitz ed.,

Advances in experimental social psychology, Vol.4. pp.93~107.

Ervin-Tripp, S. M. 1973. Language acquisition and communicative choice. Stanford: Stanford University Press.

Fang, H. and Heng, J. H. 1983. Social changes and changing address norms in China. Language in Society 12, pp.495~507.

Fasold, Ralph. 1972. Tense making in Black English. Arlington Va: Center for Applied Linguistics.

Fasold, Ralph. 1990. The sociolinguistics of language. Cambridge, MA: Basil Blackwell.

Ferguson, Charles A.弗格森 1959. Diglossia. Word 15.

Ferguson, Charles. 1967. National sociolinguistic profile formulae. In William Bright ed., 1966. pp.309~324. The Hague: Mouton.

Ferguson, Charles. 1971. Language structure and language use. Essays by Charles A. Ferguson. selected and introduced by Anwar S. Dil. Stanford, CA: Stanford University Press, 1971.

Firth, J. R.弗斯 1957. Papers in linguistics 1934~1951. London & New York: Oxford University Press.

Fishman, Joshua费希曼 1970. Sociolinguistics: A brief introduction. Rowley Mass: Newbury House.

Fishman, Joshua 1972. The relationship between micro-and macro-sociolinguistics in the study of who speakes what language to whom and when. In J. P. Pride and J. Holmes eds., 1972. pp.15~32. Penguin.

Fishman, Joshua. 1973. Language modernization and planning in comparison with other types of national modernization and planning. Language in Society 2(1).

Fishman, Joshua. 1977. The spread of English as a new perspective for the study of language maintenance and language shift. In J. Fishman, R. Cooper and A. Conrad eds., The spread of English: the sociology of English as an additional language. Rowly: Newbury House Publishers. pp.108~136.

Fishman, Joshua. 1980. Bilingual education, language planning and English. English World—Wide. pp.11~24.

Flader, Dieter. 1989. The psychoanalytic discourse. In walburga Raffler—Engel ed., Doctor—patient interaction. Amsterdam/Philadelphia: John Benjamins. pp.93~107.

Fowler, J. 1986. The social stratification of (r) in New York City department stores, 24 years after Labov. New York University. ms.

Friedrich, P. 1972. Social context and semantic feature: The Russian pronominal usage. In Gumperz and Hymes. 1972. Directions in Sociolinguistics: The ethnography of communication. New York: Holt, Rinehart & Winston.

Garfinkle, H.加非科 1974. On the origins of the term "ethnomethodology". In R. Turner ed., Ethnomethodology. Harmondsworth: Penguin.

Garvin, Paul L. 1973a. Some comments on language planning. In J. Robin and R. Shuy eds., Language planning: Current issues and research. pp.24~33. Washington, D.C.: Georgetown University Press.

Garvin, Paul L. 1973b. General principles of the cultivation of good language. Translated from the Czech original of the Prague School (1932). In J. Robin and R. Shuy eds., Language planning: Current issues and research. Washington, D.C.: Georgetown University Press. pp.102~111.

Gauchat, L. 1905. L'unite phoneticque dans le patois d'une commune. Festscchrift Heinreich Morf: Aus Romanischen Sprachen und Literaturen. Halle: M. Niemeyer. pp.175~232.

Giles, Howard, Coupland, Justine and Coupland, Nikolas. eds., 1991. Contexts of accommodation: Development in applied sociolinguistics. Cambridge University Press.

Giles, Howard. 1973. Accent mobility: A model and some data. Anthropological Linguistics 33, pp.27~42.

Goffman, Erving高夫曼. 1967. On face work. In Interaction ritual. New York: Anchor Books. pp.5~46.

Goldsmith, J. 1990. Autosegmental Phonology. Oxford: Basil Blackwell.

Goodenough, W. H. 1957. Cultural anthropology and linguistics. In P. L. Garvin ed., Report of the Seventh Round Table Meeting on Linguistics and Language Study. Washington, DC: Georgetown University Press.

Greenfield, L. 1968. Spanish and English usage self-reading in various situational contexts. In J. Fishman ed., The measurement and description of language dominance in bilinguals, Seventh progress report. NY: Yeshiva University.

Gumperz, J. J.甘柏兹 1966. On the ethnology of linguistic change. In Bright, W. ed., 1966.

Gumperz, J. J. 1968. The speech community. International Encyclopedia of the Social Sciences. New York: Macmillan. pp.381~386.

Gumperz, J. J. 1971. Language in social groups. Stanford: Stanford University Press.

Gumperz, J. J. 1982a. Discourse strategies. Cambridge: Cambridge University Press.

Gumperz, J. J. 1982b. Fact and inference in courtroom testimony. In John Gumperz ed., Language and social identity. pp.163~195. Cambridge: Cambridge University Press.

Gumperz and D. Hymes eds., 1972. Directions in sociolinguistics: The ethnography of communication. pp.35~71. New York: Holt, Rinehart and Winston.

Guy, Gregory R. 1988. Language and social class. Linguistics: The Cambridge Survey vol.IV, ed. by Frederick J. Newmeyer. pp.37~63.

Hall, R. A. Jr., 1942. An Italian question della Lingua. Chapel Hill: University of North Carolina Press.

Halliday, M. A. K.韓禮得 1975. Learning how to mean: Explorations in development of language. London: Edward Arnold.

Halliday, M. A. K., McIntosh, A., and Stevens, P. 1964. The linguistic science and language teaching. London: Longman.

Hatch, E. M. 1983. Psycholinguistics: A second language perspective. Rowley, MA: Newbury House.

Haugen, E. M.豪根 1966. Dialect, Language, nation. American Anthropologist, 68, pp.922~35. 又見 Pride, J. B. and Holmes, J. eds., 1972. Sociolinguistics: Hartmondsworth, Middlesex: Penguin.

Haugen, E. M. 1966. Linguistics and language planning. In William Bright ed., Sociolinguistics. The Hague: Mouton.

Haugen, E. M. 1987. Blessings of Babel: Bilingualism and language planning. Berlin and New York: Mouton de Gruyter.

Herman, M. E. 1929. Lautveranderungen in der individualsprache einer mundart: Nachrichten der Gesellschaft de Wissenschaften zu Gottingen 11, pp.195~214.

Heyd, Uriel. 1954. Language reform in modern Turkey. Jerusalem: Israel Oriental Society.

Hudson, R. A.郝得森 1980. Sociolinguistics. Cambridge: Cambridge University Press.

Hymes, D.海姆斯 1971. On communicative competence. 見 Pride and Holmes ed., Sociolinguistics: Selected readings. Harmondsworth: Penguin.

Hymes, D. 1972a. Models of the interaction of language and social life. In J. Gumperz and D. Hymes eds., Directions in sociolinguistics: The ethnography of communication. New York: Holt, Rinehart and Winston.

Hymes, Dell. 1972b. Models of the interaction of language and social Life. In J. Gumperz and D. Hymes eds., Directions in sociolinguistics: The ethnography of communication. New York: Holt, Rinehart and Winston.

pp.35~71.

Hymes, D. 1972c. Editorial introduction. Language in Society. Vol.1, No.1.

Hymes, D. 1974. Foundations in sociolinguistics: An ethnographic approach. Philadelphia: University of Pennsylvania Press.

Jernudd, Bj(rn. 1983. Evaluation of language planning: What has the last decade accomplished. In J. Cobarrubias and J. Fishman eds., Progress in language planning. pp.345~378. New York: Mouton Publishers.

Johnson, S. and U. H. Meinhof 1997. Language and Masculinity. Oxford, Blackwell.

Ju, Zhucheng 1991. The 'depreciation' and 'appreciation' of some address terms in China. Language in Society 19, pp.61~80

Kaplan, R. B. 1966. Cultural thought patterns in inter-cultural communication. Language Learning 1, pp.1~20.

Kachru, B. B. 1997. World Englishes and English-using communities. Annual Review of Applied Linguistics 17, pp.66~87.

Keshavarz, M. 1988. Forms of address in post-revolutionary Iranian Persian: a sociolinguistic analysis. Language in Society 17, pp.565~75.

Kloss, H.克洛斯 1967. Types of multilingual communities: Discussion of ten variables. International Journal of American Linguistics. Vol.33, No.4.

Kloss, H. 1968. Notes concerning a language-nation typology. In J. Fishman, C. Ferguson, and J. Das Gupta eds., Language problems in developing nations. pp.69~85. New York: Wilson.

Kloss, H. 1969. Research possibilities on group bilingualism: A report. Qu(bec: Les presses de I'Universit) Laval.

Kramer, C. 1974. Wishy-washy mommy talk. Psychology Today 8(1), pp.82~5.

Labov, W.拉波夫 1963. The social motivation of sound change. Word 19, pp.273~309.

Labov, W. 1966. The social stratification of English in New York City.

Washington, D.C.: Center for Applied Linguistics.

Labov, W. 1967. Some sources of reading problems for Negro speakers of non-standard English. In A. Frazier ed., New directions in elementary English. Champaign, Ill: National Council of Teachers of English.

Labov, W. 1969. Contraction, deletion and inherent variability of the English copula. Language 45, pp.715~762

Labov, W. 1972a. Language in the Inner City: Studies in the Black English vernacular. Philadelphia: University of Pennsylvania Press.

Labov, W. 1972b. Sociolinguistic patterns. Philadelphia: University of Pennsylvania Press.

Labov, W. 1988. The judicial testing of linguistic theory. In Deborah Tannen ed., Linguistics in Context: Connecting observation and understanding. Norwood, Ablex.

Labov, W. 1994. Principles of language change, Vol. 1: Internal factors. Oxford and Cambridge: Blackwell.

Labov, W. and S. Ash. 1995. The cognitive consequences of linguistic diversity. Language Variation and Change.

Labov, W. and David Fanshel. 1977. Therapeutic discourse. New York: Academic Press.

Lakoff, R.雷柯夫 1975. Language and Woman's Place. New York: Harper & Row.

Lakoff, R. 1990. Talking Power. New York: Basic Book.

Lakoff, R. 1979. Stylistic strategies within a grammar of style. In J. Orasanu et al. eds., Language, sex, and gender(Annals of the New York Academy of Science, 327), New York, pp.53~78.

Lambert, Wallace E. 1972. Language, Psychology and Culture: Essays. Stanford, CA: Stanford University Press.

Larsen-Freeman, D. 1985. State of the art on input in second language acquisition. In Gass, S. M. and Madden, C. G. eds., Input in second language acquisition. Rowley, MA: Newbury House.

Lavendra, B. 1978. Where does the sociolinguistic variable stop? Language in Society 7, pp.171~182.

Leet-Pellegrini, H. 1980. Conversational dominance as a function of gender and expertise. In H. Giles, W. P. Robinson, and Philip Smith eds., Language: Social psychological perspectives. Oxford: Pergamon Press, pp.97~104.

Lekus, Max. 1969. Problems in coining international brand names. The Trademark Reporter 59: pp.415~422.

Lensgraf, A. G. 1989. Ten keys to better doctor-patient relations. In Walburga Raffler-Engel ed., pp.285~288.

Li, Wei.李巍. 1994. Three Generation, Two Languages, One family: Language choice and language shift in a Chinese community in Britain. Clevedon/ Philadelphia/Adelaide: Multilingual Matters.

Livia, A. and K. Hall 1997. Queerly Phrased: Language, Gender and Sexuality. Oxford, Oxford University Press.

Loveday, Leo. 1986. Explorations in Japanese socialinguistics. Amsterdam/ Philadelphia: John Benjamins Publishing Company.

Maltz, D. N. and Borker, R. A. 1982. A cultural approach to male-female miscommunication. In Gumperz, J. J. 1982. Language and social identity. Cambridge: Cambridge University Press.

Milroy, Lesley.米爾羅伊 1980. Language and social networks. Oxford: Basil Blackwell.

Neustupny, Jiri V. 1968. Some general aspects of "language" problems and "language" policy in developing societies. In J. Fishman, C. Ferguson, and J. Das Gupta eds., Language problems in developing nations. pp.285~294. New York: Wilson.

Neustupny, Jiri V. 1970. Basic types of treatment of language problems. Linguistic Communications 1: 77~98. Also available in Joshua A. Fishman ed., Advances in language planning. The Hague: Mouton. 1974.

Neustupny, Jiri V. 1978. Post-structural approaches to language. Tokyo: University of Tokyo Press.

O' Barr, William. 1982. Linguistic evidence: Language power and strategy in the courtroom. New York: Academic Press.

Ochs, Elinor.歐可絲 1988. Culture and language development: Language acquisition and language socialization in a Samoan village. Cambridge: Cambridge University Press.

Payne, A. 1976. The acquisition of the phonological system of a second dialect. University of pennsylvania dissertation.

Poplack, S.帕善拉克 1980. Sometimes I'll start a sentence in Spanish Y TEMMINO EN ESPANOL: Toward a typology of code-switching. Linguistics 18, pp.581~618.

Poplack, S. 1993. Variation theory and language contact. In Dennis R. Preston ed., American Dialect Research. Amsterdam/Philadelphia: John Benjamins, pp.251~286.

Prabhu, N. S. 1987. Second Language Pedagogy. Oxford; New York: Oxford University Press.

Pride J., and J. Holmes eds., 1972. Sociolinguistics: Selected readings. Harmondsworth: Penguin Books.

Raffler-Engel, Walburga, 1989. ed., Doctor-patient interaction. Amsterdam/ Philadelphia: John Benjamins.

Richards, J. C. and S. R. Theodore. 1986. Approaches and methods in language teaching: A description and analysis. Cambridge: Cambridge University Press.

Romaine, Suzanne.羅曼 1994. Language in society: An introduction to sociolinguistics. Oxford & New York: Oxford University Press.

Rubin, Joan and B. Jernudd, 1971. Introduction. In Rubin and Jernudd eds.,

Can language be planned? Honolulu: The University of Hawaii Press.

Rubin, Joan. 1973. Language planning: Discussion of some current issues. In J. Robin and R. Shuy eds., Language planning: Current issues and research. pp.1~10. Washington, D.C.: Georgetown University Press.

Rubin, Joan. 1979. The approach to language planning within the U.S. Language Planning Newsletter. Vol.4~5(1). pp.3~6.

Rubin, Joan. 1983. Evaluation status planning: What has the past decade accomplished. In J. Cobarrubias and J. Fishman eds., Progress in language planning. pp.329~343. New York: Mouton Publishers.

Rustow, Dankwart A. 1968. Language, modernization, and nationhood: An attempt at typology. In J. Fishman, C. Ferguson. and J. Das Gupta eds., Language problems in developing nations. pp.87~105. New York: Wilson.

Sacks, Harvey,薩可斯 Emanuel Schegloff,舍格洛夫 and Gail Jefferson傑佛遜. 1974. A simplest systematics for the organization of turn - taking in conversation. Language 50. pp.696~735.

Sankoff, David.散可夫 1986. Sociolinguistic and syntactic variation. In Newmeyer ed., Linguistics: the Cambridge survey. New York: Cambridge University Press.

Sankoff, David and Shana Poplack 1981. A formal grammar for code—switching. Papers in Linguistics 14(1). pp.3~46.

Sankoff, Gillian. 1972. Language use in multilingual societies: Some alternative approaches. In J. Pride and J. Holmes eds., Sociolinguistics: Selected readings. Harmondsworth. England: Penguin Books.

Sankoff, Gillian 1980. Language use in multilingual societies: some alternate approaches. In Gillian Sankoff, The Social Life of Language. Philadelphia: University of Pennsylvania Press. pp.29~46.

Sapir, E.薩丕爾 1929. The status of linguistics as a science. Language 5. pp.207~14.

Schegloff, E.舍格洛夫 1968. Sequencing in conversational openings. American Anthropologist 70.

Schegloff, E. 1989. Reflections on language, development, and the interactional character of talk-in-interaction. In M. Bornstein & J. Bruner eds., Interaction in human development. Hillsdale, NJ: Lawrence Erlbaum. pp.139~53.

Scotton, C. M. and W. Zhu. 1983. Tongzhi in China: Language change and its conversational consequences. language in Society 12, pp.477~94.

Shannon, C. E.申農 and Warren Weaver 1964. The mathematical theory of communication. Urbana: University of Illinois Press.

Shuy, R.夏伊 1975. Language and gender difference. In B. Thorne and N. Henley eds., Language and sex: difference and dominance. Rowley, MA: Newbury House Publishers.

Shuy, R. 1982. Topic as the unit of analysis in a criminal law case. In Deborah Tannen ed., Analyzing discourse: Text and talk. Georgetown University Round Table on Language and Linguistics 1981. Washington D.C.: Georgetown University Press. pp.113~126.

Shuy, R. 1984. Entrapment and the linguistic analysis of tapes. Studies in Language, 8(2), pp.215~234.

Shuy, R. 1986. Language and the law. Annual Review of Applied Linguistics 7, pp.50~63.

Shuy, R., Walter Wolfram and William K. Riley, 1968. Field techniques in an urban language study. Washington DC: Center for Applied Linguistics.

Smith, Raoul N., 1982. A Functional view of the linguistics of advertising, In Robert J. Di Pietro ed., pp.189~199.

Stewart, W. A. 1962. An outline of linguistic typology for describing multilingualism. In F. Rice ed., Study of the role of second language in Asia, Africa, and Latin America. pp.15~25. CAL-MLA.

Tannen, Deborah譚楠 and Cynthia Wallat, 1982. A sociolinguistic analysis of multiple demands on the pediatrician in doctor/mother/child interaction. In Robert J. Di Pietro ed., pp.39~50.

Tannen, Deborah and Cynthia Wallat, 1986. Medical professionals and parents: A linguistic analysis of communication across context. Language in Society 15, pp.295~312.

Tannen, Deborah and Cynthia Wallat, 1987. Interactive frames and knowledge schemas in interaction: Examples from a medical examination/interview. Social Psychological Quarterly 50(2), pp.205~216.

Tauli, V. 1968. Introduction to a theory of language planning. Uppsala: University of Uppsala.

Thompson, Kenneth ed., Auguste. Comte: The foundation of sociology. London: Nelson, 1976.

Thompson, Sandra A.安珊迪, Clancy, Patrica可蘭茜, Suzuki, Ryoko鈴木亮子, and Tao, Hongyin陶紅印. To appear. Reactive tokens in three Pacific Rim language. Journal of Pragmatics.

Trudgill, P.特魯吉兒 1974. The social differentiation of English in Norwich. Cambridge University Press.

Trudgill, P. 1983. (Revised edition). Sociolinguistics: An introduction to language and society. Middlesex, England: Penguin Books.

Trudgill, P. 1984. Applied sociolinguistics. London: Academic Press.

Trudgill, P. 1984. ed., Foreword, in Peter Trudgill, ed., Applied sociolinguistics. London: Academic Press.

van Ek, J. A. and L. G. Alexander. 1980. Threshold level English. Oxford: Pergamon.

Walker, Ann Graffam. 1982. Patterns and implications of cospeech in a legal setting. In Di Pietro ed., 1982, pp.101~112.

Wang, Xia. 1994. Writing concepts in Chinese writing instruction. Issues in

Applied Linguistics 5(2), pp.211~229.

Wardhaugh, R. 沃道 1992. An introduction to sociolinguistics. Oxford: Blackwell Publishers.

Weinstein, B. 1980. Language planning in francophone Africa. Language problems and language planning 4(1), pp.55~77.

Weinreich, U. 文莱奇 1953. Language in contact. The Hague: Mouton.

Weinreich, U., W. Labov & M. Herzog. 1968. Empirical foundations for a theory of language change. In W. Lehman and Y. Malkiel eds., Directions for a historical linguistics. Austin: University of Texas Press.

Widdowson, H. G. 1979. Explorations in Applied Linguistics. Oxford: Oxford University Press.

Wilkins, D. A. 1976. National Syllabuses. Oxford: Oxford University Press.

Wolfram, Walter A. 1969. A sociolinguistic description of Detroit Negro speech. Washington D.C.: Center for Applied Linguistics.

Xu, D. 徐大明 1988. Lexical variation in the speech of four Chinese speakers. In Julie Auger ed., Tendances actuelles de la recherche sur la langue parlee. Quebec: International Center for Research on Bilingualism, pp.99~120.

Xu, D. 1992. A sociolinguistic study of Mandarin nasal variation. University of Ottawa dissertation.

Xu, D. 1993. The social differentiation of pronunciation of Mandarin nasal words. The 67th Annual Meeting of the Linguistic Society of America. Los Angeles.

Xu, D. 1995. The use of Mandarin by Singapore taxi drivers. Proceedings of the 4th International Conference of Chinese Linguistics. University of Wisconsin Madison.

Xu, D. 1996. The social differentiation of bilingualism in Singapore. Paper presented at the 5th New Zealand Conference of Language and Society.

Xu, D. 2001. From Nanjing to Beijing: The making-up of a speech community.

Paper presented at the 10th Annual Conference of the International
Association of Chinese Linguistics.

Xu, D. Tham Wai Mun, and Tan Pack Ling 1997. Post-diglossia in Singapore.
Paper presented at International Symposium on Bilingualism, University of
Newcastle upon Tyne.

Xu D., Chew Cheng Hai, and Chen Songcen. 1998. Language use and language
attitudes in the Singapore Chinese community. in S. Gopinathan, Anne
Pakir, Ho Wah Kam, & Vanithanami Saravanan eds., Language, Society
and Education in Singapore: Issues and trends(2nd edition), Singapore:
Time Academic Press. pp.133~154.

Xu, D. and Li Wei. 2002. Managing multilingualism in Singapore, in Li Wei,
Jean-Marc Dewaele, Alex Housen eds., Opportunities and Challenges of
Bilingualism, Berlin & New York: Mouton de Gruyter. pp.275~295.

Young, Linda W. L. 1982. Inscrutability revisited. In J. Gumperz ed., Language
and social identity. pp.73~84. Cambridge: Cambridge University Press.

Young, R. 1988. Variation and the interlanguage hypothesis. Studies in Second
Language Acquisition 10. pp.281~302.

陳北郊(1991) 『漢語語諱學』, 太原: 山西人民出版社。

陳松岑(1985) "北京話'你''您'使用規律初探", 『語文研究』第20期。

陳松岑(1985a) 『社會語言學導論』, 北京: 北京大學出版社。

陳松岑譯(1985b), (P.特魯吉爾著) "性別, 潛在聲望和諾裏奇市英國英語的變化", 見祝
畹瑾編 『社會語言學譯文集』, 北京: 北京大學出版社。

陳松岑, 徐大明, 潭慧敏(1997) "新加坡華人語言使用情況和語言態度的調查與分析",
新加坡: 『南大語言文化學報』。

高海洋(2002) "北京話口語高頻詞變項規則分析", 首屆社會語言學國際學術研討會, 北
京語言大學。

宮哲兵(1991) (編著, 高銀仙, 義年華原作) 『女書』, 台北: 婦女新知基金會。

胡明揚 (1991) "北京 '女國音'調查(1987)", 『語言, 社會, 文化: 首屆社會語言學學術討

論會文集』, 北京: 語文出版社。

胡明揚 (1983) "關於北京話語音, 詞彙的五項調查", 『中國語言學報』 第一期。 北京: 商務印書館。

黃長著, 林書武, 衛志强, 周紹珩譯 (1980) 『語言與語言學詞典』, 上海辭書出版社。

劉俐李 (2003) "同源異境三方言之百年演化", 首屆社會語言學國際學術研討會, 北京語言大學。

呂叔湘 (1980) "語言作爲一種社會現象-陳原 『語言與社會生活』 讀後", 『讀書』 1980年第四期。 又見 『呂叔湘語文論集』, 第112～120頁, 北京: 商務印書館 1983年。

戚雨村, 董達武, 許以理, 陳光磊等編(1993) 『語言學百科詞典』, 上海辭書出版社。

湯志祥 (2001) 『當代漢語詞語的共時狀況及其嬗變』: 90年代中國大陸, 香港, 台灣漢語詞語現狀研究』。上海: 複旦大學出版社。

陶紅印 (1999) 試論語體分類的語法學意義, 『當代語言學』 1999. 3, 第15～24頁。

王德春主編 (1986) 『外國修辭學概況』。廈門: 福建人民出版社。

王 還 (1985) 『現代漢語頻率詞典』, 北京語言學院出版社。

吳玉雯譯 (1985) (R. Brown & A. Gilman著) "表示權勢與同等關系的代詞", 見祝畹瑾編 『社會語言學譯文集』, 北京: 北京大學出版社。

徐大明 (2001) 北方話鼻韻尾變異研究, 載董燕萍, 王初明編, 『中國的語言學研究與應用-慶祝桂詩春教授七十華誕』, 上海: 上海外語教育出版社, 第394～412頁。

徐大明, 李 嵐 (2003) "多語共存: 新加坡語言政策研究", 載周慶生主編, 『國家, 民族與語言-語言政策國別研究』, 北京: 語文出版社, 第186～195頁。

趙麗明, 宮哲兵 (1990) 『女書--個驚人的發現』, 武漢: 華中師範大學出版社。

祝畹瑾編著 (1992) 『社會語言學概論』, 長沙: 湖南教育出版社。

영 · 중 용어 대조

! Kung	庫恩人
(+)consonantal	輔音化
(−)consonantal	非輔音化

A

Acceptability	可接受性
accommodation	讓步, 適應
adjacency pairs	語對
Afrikaans	阿非利坎語
age grading	年齡級差
allocation of function	功能的分配
allocation of use	用途的分配
American council on teaching foreign languages(ACTFL)	
	美國外語教學委員會
American institutes of research	美國研究所
anthropology	人類學
Antigua	西印度群島的安提瓜
apparent time	顯象時間
appropriateness	得體性
arbitrary	任意的
Aroucanians	智利的阿勞卡尼人
aspect	體
audience design	聽衆設計
authentic	真實材料
Autosegmental phonology	自分音系理論

B

| Baby talk | 娃娃腔 |
| back−channel | 襯托刑反饋形式 |

Bazaar malay	集市馬來話
Bahasa indonesia	巴哈薩印尼話
Basque	巴斯克語
begging	乞求
Berber	柏柏爾語
bi—cultural	雙文化
bidialectalism	雙方言
bilingual	雙語人
bilingualism	雙語

C

camaraderie	同志式的
Catalan	加泰隆語
catastrophic change	劇變, 災變
catastrophism	劇變說, 災變說
change in progress	進行中的變化
classical	古語
closed network	封閉網絡
code—switching	語碼轉換
codification	標準的健全
cognitive information	認知信息
collaborative finish	合作式完成
communication	交際
communication accommodation theory(CAT)	
	交際適應理論
communicative language teaching	交際語言教學
compound interdependent	合成型
congruent	一致性
constituent insertion	成分插入
contemporary	當代
context of situation	言語情景;情景的上下文

context-free	不受語境制約
context-sensitive	受語境制約
contextual style	場合語體
contextualization cues	語境綫索
continuous variable	連續變量
contrastive features	區別特徵
convergence	靠近, 會聚
Conversation analysis, CA	會話分析
conversational implicature	話語蘊含
co-ordinate independent	并存型
corpus planning	本體規劃
corrected mean	修正均值
covert prestige	隱威信
creole	克裏奧爾語, 混合語
cross-cultural communication	跨文化交際
crossover	超越
cultivation	培養

D

de-creolization	克裏奧爾脫化
de-creolization continuum	克裏奧爾脫化連續體
deferent	敬重
Deficit hypothesis	語言缺陷論
deviation	偏離
dialect	方言
dialogic	對話性
diglossia	雙言制
distant	距離, 保持距離
divergence	分離
doing	做事
Document design project, DDP	文獻設計計劃

domain theory	語域理論

E

early modern	現代早期
elaborated code	複雜語碼
elaboration	標準的擴建
embedded construction	嵌套結構
endoglossic	本土的
ends	目標與效果
ethnicity	民族
ethno	民族, 民俗
ethnography of communication	交際民族志學
ethnography of speaking	言語民族志學;交際人種志學
ethnomethodology	民俗方法論
evaluated participation	EP參與估價
evaluation	評價
exoglossic	外來的

F

feedback	反饋
field	範圍
first pair part	上聯
flagged	插旗式, 標記性
Flemish	佛拉芒語
Foreign service institute	美國外交學院
foreigner talk	外國人腔
forms of communication	交際形式
forms of speech	言語形式
fossilize	僵化
frame	交際框架

framing	框架
full turn	正式的話輪
function of communication	交際功能
functional communicative activities	功能性交流活動

G

generation difference	代差
genres	體裁
gradualism	均變說
grammaticality	合乎語法
grammaticality judgment	語法判別能力
Great vowel shift	元音大換位

H

Hausa	豪薩語
hedge	模棱話
heterogeneity	複雜性或異質性
high variety	高變體
higher mental function	高級智力功能
Hindi	印地語
homogeneous	同質的
hypercorrection	矯枉過正

I

ICAO	國際民航組織
Implementation	標準的實施
implicate	蘊含
incongruent	非一致性
index	指標
index of status characteristics, ISC	地位特徵指數
indexical information	特徵信息

language socialization	語言社會化過程
language spread	語言擴散
langue	語言
lexical diffusion	詞彙擴散
lingua franca	交際語
linguistic competence	語言能力
linguistic insecurity	語言不安全感
loanwords	借詞
low variety	低變體

M

macro−sociolinguistics	宏觀社會語言學
maintenance	維持, 保持
majorlanguage	主要語言
marker	標志項
market segmentation	市場分割
Martha's Vineyard, Massachusetts	馬薩諸塞州馬薩葡萄園島, 馬島
matched guise technique	配對語裝技術
metaphorical switching	喻義性轉換
micro−sociolinguistics	微觀社會語言學
microanalysis	微觀分析
minor language	次要語言
modern	現代
mode	方式
motherese	母親式語型
multilingualism	多語

N

nasal	鼻音
national language	國語
national official language	本國官方語言

Natural communicative concentration	自然交際聚合體
negative face	消極面子
Neogrammarian principle	規則性原理
Network analysis	網絡分析
norm selection	標準的選擇
norms	交流中的行為規范
nonce borrowing	一次借詞
novice	初等
Nynorsk	新挪威語

O

open network	開放網絡
operational definition	操作定義
ordered heterogeneity	有序異質性
overlap	同時發話

P

pairwise	語對式的
parameters	語言参數
parole	言語
participants	参與者
performance errors	表現錯誤
performance	語言行為
personal interaction	個人間交際
pervasiveness	廣泛性
phonetic change	語音變化
Pidgin	洋涇浜語, 皮欽語
politeness phenomena	禮貌現象
population	全域
positive face	積極面子
post-diglossia	後雙言制

post—imperial states	後帝制時代國家
power	權勢, 權勢量
powerless language	無勢力的語言
pre—literate	沒有書面傳統的
prescribed	對定的
primitive	原始
probability	可能性, 概率
proficiency	能力, 熟練程度
promoted	提倡的
prosodic	音律的
pseudo—linguistic	假語言
psychographics	心理風貌
public texts	公共文書

Q

questionnaire	問卷

R

race	種族
reactive expression	起應對作用的慣用表達式
reactive token	反饋形式, 反應詞語
real time	真實時間
Received pronunciation(RP)	(英語的)標準發音
recycle	話題重提
regional official language	區域性官方語言
register	語域, 行話
regulative information	調節信息
relevant	相關
repertoire	交際語庫
repetition	重複式
reporting	報道框架

restricted code	有限語碼
resumptive openner	承上啟下式
reversal	倒轉
rule of rapport	和睦原則
ruling language	統治語言

S

sample	樣本
Sapir—Whorf Hypothesis	薩丕爾-沃爾夫假說
scalar	層第現象
script	知識框架, 知識脚本
second pair part	下聯
self—contained	自足
semi—linguals	半語人
sententialcode—switching	句間轉換
setting and scene	環境和場合
show involvement with others	融洽
silence	冷場
situation	情景
situationalswitching	情景性轉換
smooth	順暢
socio—historical	社會歷史式的
social interactional activities	社會交流性活動
socialorder	社會秩序
social variable	社會變項
socialization	社會化的過程
sociolects	社會方言
sociolinguistics	社會語言學
sociology of language	語言社會學
solidarity	共聚量
speech accommodation theory, SAT	言語適應理論

speech activity	言語事件
speech acts	言語行為, 言語活動
speech community	言語社區, 語言集團, 言語共同體, 語言社
stable sociolinguistic marker	穩固的社會語言標記項
standard	標準
statusplanning	地位規劃
stereotype	成見項
stratificational sampling	分層抽樣方法
structured	有形式結構的
Stuarts	蘇格蘭的斯圖亞特王朝
style-shifting	語體轉換
subculture	亞文化
successive	連續的
superior	至高等
synchronic	共時的

T

taboo	塔布
tagcode-switching	附加語轉換
Tagalog	他伽祿語
target language	目的語
task	任務
tenor	對象
tense	時態
The New Yorker	「紐約人」
the observer's paradox	觀察者的矛盾
tolerated	容忍的
topic	話題
transactional interaction	辦事交際
treatment	治理方法
Tudors	都鐸王朝(1845-1603)

turn taking	話輪轉移
turn transition—relevance place	可能的話輪轉移點

U

understandardized alphabetized	書寫標準不健全
Uniformitarianism, uniformitarian principle	
	均變說, 相似性原則
universals	普遍性
niversals of politeness	普遍禮貌原則
USA Today	『今日美國』

V

variable	變項
variable rule	變項規則
variable rule analysis	變項規則分析法
variant	變式
variation	變異
variety	變體
varieties according to use	用途變體

W

Western Apache	西阿巴其人
where the argument is coming from	論題從哪裏來
where the argument is going	論題往哪裏去

당대사회언어학

2016년 11월 10일 초판 인쇄
2016년 11월 20일 초판 발행

지은이 | 쉬따밍 타오훙인 셰텐웨이
옮긴이 | 박찬욱
펴낸이 | 안우리
펴낸곳 | 차이나하우스

편   집 | 신효정
디자인 | 이주현 · 이수진
등   록 | 제 303-2006-00026호
주   소 | 서울시 영등포구 영등포동 8가 56-2
전   화 | 02-2636-6271 **팩   스 |** 0505-300-6271
이메일 | whayeo@hanmail.net
ISBN | 979-11-85882-27-7 93700

값: 27,000원